内藤多仲の
構造診断書を読む
時代を先取りした振動計測技術

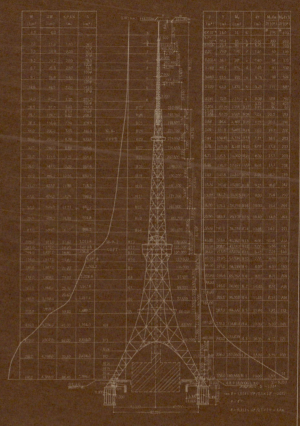

濱本卓司

早稲田大学出版部

はじめに

　建築と都市にとって，強震動による急激な損傷進行あるいは長期間にわたり徐々に進行する経年劣化がもたらす構造健全性の喪失は，その継続性を阻害する大きな要因の一つである。この社会的損失をできる限り低減するために，近年，通常時の構造物の状態を逐次監視し，非常時に備えるための技術として「構造ヘルスモニタリング」が注目されている。しかし，この技術の先駆的な取り組みが，終戦から間もない約70年前にすでに行われていたことを知る人は今となっては少なくなった。その試みは，萌芽的な研究段階にとどまることなく徐々に深化し，さらに対象とする領域を拡張していった。その理念と実用的価値は現代へと継承され，構造ヘルスモニタリングの初期段階を飾るエンサイクロペディアとでも呼べるような豊富な情報を蓄積するに至っている。

　本書は，「耐震設計の父」として，また「塔博士」としても知られる早稲田大学教授内藤多仲が，戦後まもなく，東京大学地震研究所所長を経て早稲田大学理工学研究所教授となった那須信治とともに進めた約20年間にわたる構築物振動研究会における活動を，早稲田大学内藤多仲記念館に残されている報告書（以下，診断カルテと呼ぶ）群の調査に基づき整理したものである。現在，実用化が進みつつある構造ヘルスモニタリングの先駆けとなった工学と理学を融合した当時の先端技術の開発と発展が記されている。

　内藤と那須が目指したこの技術の目標は，1952年の早稲田大学理工学部紀要16号（英文）に掲載された内藤と那須の共著による "Vibration Tests of Actual Buildings" において，以下のように4項目に分けて端的に述べられている。

「1. 建物の弾性特性を調査する。すなわち，建物の弾性，剛性，および柔性を求める。
　2. 地震に対する抵抗力を確認するために建物の強度を推定する。
　3. 損傷した建物を補修・補強した後の残留強度を調べる。
　4. 建物の振動特性のデータを収集し，地震が発生したときに建物被害の比較検討を行う。」

上記1～3では，これから発生する地震に対する振動計測の事前利活用を述べているのに対し，4では地震が将来発生したときの振動計測の事後利活用を論じている。

　内藤は，1923年の関東大震災を経験した後，東京帝国大学教授大森房吉によって行われた地震被災構造物の振動計測の利活用に関する震災予防調査会報告の論文に感銘を受け，そこで紹介されていた技術を実際に建築物の設計・施工の総合的評価のために適用することを夢見ていた。しかし，大震災後，耐震理論と耐震設計の分野における第一人者となった内藤には，その夢を実現するための時間が与えられることはなかった。

その夢を実現させたのは，皮肉なことに，大震災22年後の東京大空襲であった．米軍によるB29の大編隊が去った後，木造建物の多くは焼失して東京は焼け野原と化し，かろうじて小学校や電話局などの鉄筋コンクリート造建物が焼けビルとして点々と残されているという状態になった．それは関東大震災直後の光景に酷似していた．戦後まもない期間，米軍占領下にあったわが国には，建物を新築するような余裕はなく，この残された焼けビルを再利用して復興の道を歩み始めるほかなかった．このため，焼けビルの継続使用性を診断する必要に迫られたのである．このとき，かつて関東大震災のときに抱いていた振動計測への想いが再び蘇ることになる．

　内藤は米国留学以降，戦時中といえども米国における地震学や地震工学の動向に目を逸らすことはなかった．学術誌や洋書を取り寄せて耐震工学の最新情報を入手し続けていたが，その中に構造物に強制振動を励起するための起振機に関する論文を見つけた．焼けビルの振動性状を調査するために，この論文で紹介されていた起振機のメカニズムを利用することを思いつき，建物内部への持ち運びと持ち出しのための分解・組立・据え付け方法等を独自に考案して起振機を設計した．この起振機を用いて，数多くの実建物の振動計測を次々に行い，計測対象となった構造物の診断カルテを一つ一つ作成しながら，そのときに獲得した経験とひらめきを武器に新しい診断技術を開発していった．振動を計測・記録するための振動計の設置方法とデータの処理方法は主に那須が担当した．

　約20年間に及ぶ期間中に実施された振動計測の対象は極めて広範囲に及んでいる．初期のころは建物の上部構造の計測結果に基づく診断が中心であったが，その後，地盤との相互作用を考慮した計測，建物の減衰特性と耐震性能との関係，さらに建物単体から建築群としての計測への展開等，適用する領域を徐々に広げていった．振動計測の対象となった構造物は，建築物に限定することなく，鉄塔，インフラ施設，タンク等の工作物にまで及んでいる．その手広さは内藤が実際に設計を手掛けた領域とほぼ重なっている．また，構造健全性や耐震診断だけでなく，鉄道，道路，工場，工事現場から発生する振動に対する防振問題にも積極的に取り組んだ．

　構築物振動研究会は，内藤を会長とし，那須のほかに鶴田明や竹内盛男らを会員に加え，1949年に発足した．後年，古藤田喜久雄，風間了，山田眞らが新規に加わり，対象は上部構造から地盤・基礎構造へと徐々に移行していった．本書で扱っている研究会設立後の約20年間は，戦後の混乱から復興を経て高度成長期に向かう時代を背景として，上部構造の診断計測を中心に行っていた時期である．1970年に内藤が亡くなってからは，構築物振動研究会の活動は基礎構造を主な対象として早稲田大学理工学研究所に引き継がれた．

　構築物振動研究会が残した数多くの振動計測による構造健全性の診断カルテは，現在の構造ヘルスモニタリングにつながるもっとも初期の研究と見なすことができる．それは，計測機器や計測ソフトが当時と比べれば飛躍的に進んでいる現在においても，切り開いた地平の広さと

問題を掘り起こした深さという点でその輝きを失っていない。

　本書では，研究会が発足してから1970年ころまでの約20年間にわたり蓄積された約110件の診断カルテの内容を紹介する。すべての診断カルテを一挙に掲載すると大部の書籍になってしまうため，計測目的ごとに診断カルテ群を分類して年代順に並べ，個々の診断カルテの要約だけを本書に収録した。その上で，多くの図を含むほぼオリジナルに近い形の「診断カルテ」そのものはデジタルアーカイブ化し，ウェブサイト（次頁＊参照）から自由に参照できるようにした。

　この先駆的な研究を先導した内藤と那須の略歴を以下に記す。

内藤多仲

　1886年，山梨県生れ。1910年東京帝国大学卒業と同時に早稲田大学講師。1912年早稲田大学教授。1917年米国留学。1918年「建築構造学」出版。1920年日本興業銀行本店，大阪高島屋設計。1922年歌舞伎座，中央電信局設計。1923年「震災予防調査会」の関東大震災調査（鉄骨造を担当）。1924年「架構建築耐震構造論」出版。1925年早大図書館，千住火力発電所，愛宕山ラジオ電波塔設計。1926年地下鉄上野駅，鶴見火力発電所設計。1927年大熊講堂，帝国生命ビル設計。1928年神戸埠頭三井倉庫設計。1929年「建築構造要覧」出版，日本銀行本店第3期増設設計。1930年明治生命本館，名古屋NHK鉄塔設計。1931年大阪そごう設計。1932年大阪松坂屋，共同建物ビル設計。1933年共立講堂，大阪放送会館設計。1934年樺太敷香パルプ工場設計。1935年満州国中央銀行設計。1936年東京電気川崎工場設計。1937年日本航空輸送格納庫（東京，大阪，福岡，台北），天津火力発電所設計。1939年東芝鶴見工場9号館設計。1940年東芝新浜・京橋工場設計，東京乗合自動車江東橋車庫設計。1941年満州国松花江水力発電所，唐山火力発電所設計。1949年広島平和記念聖堂設計。1951年日活国際会館設計。1953年東京厚生年金病院，産経会館ビル設計。1954年根津美術館，神戸新聞会館，名古屋テレビ塔設計。1955年通天閣，山梨県民会館設計。1956年別府タワー，和敬塾設計。1957年大阪三井倉庫，朝日新聞東京本社設計。1958年東京タワー，野球記念館，東芝鶴見工場90号館設計。1959年山梨県民会館ビル，日本アスベストビル，東芝中央・金子倉庫設計。1960年大阪逓信病院，大阪市立大学付属病院設計。1961年早大文学部校舎，東芝浜川崎工場，日本軽金属蒲原工場設計。1962年高島屋増築，山梨学院大学本館設計。1963年日本生命日比谷ビル（日生劇場），吉池ビル，山梨県庁舎設計。1964年総持寺本堂，野田醤油第7工場，博多タワー設計。1965年新宿区役所，大阪ビル八重洲設計。1970年没（84歳）。

那須信治

　1899年生れ（内藤多仲の13歳年下になる）。1924年東京帝国大学理学部物理学科卒業（学生時代に関東大震災を経験）。1926年大学院を卒業し助手となる。1930年地震研究所勤務。1935

年理学博士。東京帝国大学教授今村明恒（1870～1948）に師事し，自ら唯一の弟子であると公言していた。内藤多仲は今村を尊敬し，今村の著書「理論・応用地震学（英文）」の出版費を補助するほどであった。今村を介して那須と内藤の親交もかなり古くからあったものと想像される。1943年東京帝国大学教授。教授職に就いたときは太平洋戦争の真っただ中である。1951年以降 SMAC 型強震計開発の分担。1953年地震研究所所長。1957年科学技術庁資源調査会「都市域地盤測定計画推進に関する勧告（案）」の策定に参画。「全国都市地盤調査委員会」の委員長に就任。この活動は建設省の「都市地盤調査」につながる。1960年東京大学退官，早稲田大学理工学研究所教授。建築分野では本書で紹介する構築物振動研究会の活動に尽力したが，学会活動としては土木学会が中心であり，本四架橋プロジェクトなどに参加している。1983年没（84歳）。

濱本 卓司

＊「診断カルテ」ウェブサイトの HP アドレス
　　https://www.waseda-up.co.jp/cat699/post-879.html
　　本書とウェブサイトの問合せ先　　thama@tcu.ac.jp

目　次

はじめに………………………………………………………………………………………… i

第1章　構築物振動研究会の活動

1　構築物振動研究会の立上げ………………………………………………………… 2

2　振動計測のための機器……………………………………………………………… 5
　　第1節　起振機　5
　　第2節　振動計　7

3　振動計測の方法……………………………………………………………………… 9
　　第1節　強制振動試験　9
　　第2節　常時微動計測　10

4　構造健全性の診断カルテ…………………………………………………………… 12

5　振動障害の診断カルテ……………………………………………………………… 15

6　本書の全体構成……………………………………………………………………… 16

7　診断カルテの手入れ………………………………………………………………… 19

第2章　振動計測の時期

1　工事前後の状態変化………………………………………………………………… 22
　　第1節　名鉄ビル　23
　　第2節　平和生命館ビル　24
　　第3節　日本貿易館ビル　25
　　第4節　吉池ビル　27
　　第5節　東亜会館ビル　28

2　竣工直前・直後……………………………………………………………………… 30
　　第1節　リーダーズダイジェスト東京支店　31
　　第2節　日本楽器東京支店　32
　　第3節　米国大使館職員宿舎　33
　　第4節　法政大学大学院棟　34
　　第5節　秀和ビル　36
　　第6節　東京都庁舎　37

第 7 節　日本アスベストビル　　38
　　　第 8 節　東海銀行本店　　39
　　　第 9 節　日本不動産銀行名古屋支店　　40
　　　第 10 節　古室ビル　　41
　　　第 11 節　新宿区役所　　42
　　　第 12 節　早稲田大学理工学部研究棟　　43
　　　第 13 節　名鉄バスターミナルビル　　45

　　3　増改築の事前・事後 ··· 48
　　　第 1 節　埼玉銀行京橋支店　　49
　　　第 2 節　国策パルプビル　　50
　　　第 3 節　東海銀行中支店　　52
　　　第 4 節　三和銀行東京支店　　54
　　　第 5 節　日本紙業ビル　　55
　　　第 6 節　守谷ビル　　57
　　　第 7 節　住友銀行名古屋支店　　58
　　　第 8 節　神田 YMCA 会館　　59
　　　第 9 節　正進社ビル　　61

第3章　剛柔混合構造の振動計測

　　1　異種構造の連結 ··· 66
　　　第 1 節　三井倉庫（大阪）　　67
　　　第 2 節　東京会館　　68
　　　第 3 節　早稲田大学文学部研究棟　　70
　　　第 4 節　唐ヶ崎電話局　　72

　　2　大空間の内包 ··· 76
　　　第 1 節　共立講堂　　76
　　　第 2 節　牛込公会堂　　78
　　　第 3 節　日本生命日比谷ビル　　80
　　　第 4 節　早稲田中学・高校講堂　　82

　　3　平面不整形によるねじれ ··· 84
　　　第 1 節　キャンプ・ドレイク　　84
　　　第 2 節　東京厚生年金病院　　86
　　　第 3 節　銀座三越百貨店　　88

第4章　地盤影響を考慮した振動計測

1　地盤－構造物相互作用 …………………………………………………………… 92
- 第1節　千成ビル　93
- 第2節　東海村 JRR-2 原子炉建屋　94
- 第3節　足立区内都営アパート　98
- 第4節　八重洲大阪ビル　100
- 第5節　名古屋商工会議所　104

2　隣接建物の相互作用 …………………………………………………………… 108
- 第1節　上野松坂屋百貨店　108
- 第2節　東京建物ビル　110
- 第3節　近三ビル　112
- 第4節　日清紡本社ビル　114

3　団地建築群の広域計測 ………………………………………………………… 116
- 第1節　日本住宅公団飯島団地　116
- 第2節　日本住宅公団高蔵寺団地　120
- 第3節　都営西台団地　124

第5章　構造損傷を評価するための振動計測

1　地震損傷を受けた建物 ………………………………………………………… 130
- 第1節　星製薬ビル　130
- 第2節　第一相互館　133
- 第3節　神戸新聞会館　135
- 第4節　日本興業銀行本店　137
- 第5節　新潟市役所　139

2　火災損傷を受けた建物 ………………………………………………………… 145
- 第1節　松坂屋銀座店　145
- 第2節　出光興産本社ビル　149
- 第3節　上野ツーリストホテル　152
- 第4節　東芝商事ビル（東芝溜池倉庫）　154
- 第5節　東京電力山梨支店　158

3　電話局 …………………………………………………………………………… 161
- 第1節　港電気通信監理所　162

第 2 節　浪花電話局　　166

　　第 3 節　墨田電話局　　168

　　第 4 節　本所電話局　　170

　　第 5 節　熊谷電報電話局　　172

　　第 6 節　東京中央電話局　　173

　　第 7 節　水戸電報電話局（3 号棟）　　176

　　第 8 節　東京中央電信局　　177

4　木造建物 ……………………………………………………………………… 180

　　第 1 節　東京第二電気通信学園　　182

　　第 2 節　東京近郊電気通信監理所　　184

　　第 3 節　立川電気通信監理所　　186

　　第 4 節　水戸電報電話局（1 号館，2 号館）　　188

　　第 5 節　日本専売公社名古屋地方局既設建物　　190

第 6 章　エンジニアリング構造物の振動計測

1　鉄塔 ……………………………………………………………………………… 194

　　第 1 節　名古屋テレビ塔　　195

　　第 2 節　大阪通天閣　　197

　　第 3 節　東京タワー　　205

　　第 4 節　NHK テレビ塔　　214

2　工場／変電所 ………………………………………………………………… 217

　　第 1 節　日本軽金属新潟工場　　218

　　第 2 節　東芝堀川町工場　　219

　　第 3 節　名古屋精糖小松川工場　　223

　　第 4 節　新和泉町変電所　　231

　　第 5 節　鹿島変電所　　234

3　工作物 ………………………………………………………………………… 240

　　第 1 節　横田基地鋼製給水鉄塔　　240

　　第 2 節　千葉火力発電所鋼製煙突　　250

　　第 3 節　首都高速道路 1 号線照明灯　　253

　　第 4 節　日本鋼管川崎工場大扇橋　　257

　　第 5 節　明豊ビル立体駐車場　　261

　　第 6 節　南千住球型ガスホールダー　　264

第7章　防振問題に関する振動計測

- 1　交通振動 ……………………………………………………………………… 270
  - 第1節　昭和飛行機工業昭島工場　270
  - 第2節　古河電気工業横浜工場　273
  - 第3節　名鉄ビル地下駅　275
  - 第4節　日本軽金属蒲原工場　279
  - 第5節　日本軽金属研究所　281
  - 第6節　ユニ・エックビル　283
- 2　工場振動 ……………………………………………………………………… 287
  - 第1節　大日本印刷市ヶ谷工場　287
  - 第2節　日本加工製紙王子工場　291
  - 第3節　不二家製菓川崎工場　293
  - 第4節　東京ガス豊洲工場　295
  - 第5節　国鉄川崎給電所　297
  - 第6節　中日新聞社印刷工場　300
- 3　建設作業振動 ………………………………………………………………… 303
  - 第1節　赤羽地区下水道の鋼矢板引抜工事　304
  - 第2節　熱海駅前第1ビル基礎工事　309
  - 第3節　王子電話局新築工事　313

付　録

- 付録A　固有周期の推定方法 ………………………………………………… 318
- 付録B　減衰の評価方法 ……………………………………………………… 319
- 付録C　常時微動計測における周期－頻度分布 …………………………… 325
- 付録D　診断カルテとしては残っていない振動計測 ……………………… 328
  - 第1節　日活国際会館　328
  - 第2節　大同生命ビル　330
  - 第3節　その他　332
- 付録E　計測年順リスト ……………………………………………………… 333

おわりに …………………………………………………………………………… 337
索引 ………………………………………………………………………………… 341

第1章
構築物振動研究会の活動

1　構築物振動研究会の立上げ

　早稲田大学理工学研究所内藤記念館の書庫には，終戦直後の1949年に発足した内藤多仲を会長とする「早稲田大学構築物振動研究会」が作成した約150の診断カルテ群が眠っている。研究会発足時の目的は，太平洋戦争の戦禍を受けた焼けビルの耐震安全性の確認であった。この診断カルテ群には，被災建物の継続使用性の検討だけでなく，建築物あるいは工作物の設計や施工の出来を確認するために，あるいは補強対策や防振対策に利用するためにといった多様な目的で振動計測を利活用した豊富な実例が蓄積されている。

　構築物振動研究会は，発足後，長期間にわたり活発に活動を続けた。内藤の業績として世間に最も知られている東京タワーの設計を完了したのは1957年であり，その翌年の年末に東京タワーは竣工した。構築物振動研究会の活動はすでにその約10年前に始まっていた。その頃，日本はまだ米軍占領下における戦後復興期であった。その後，1952年のサンフランシスコ平和条約を経て，1964年の東京オリンピック，1970年の大阪万博をエポックとする高度成長期を迎えることになる。研究会の活動が活発に行われた時期は，このような戦後復興から高度成長期へと向かう時代を背景としている。

　振動計測に基づき，建築物や工作物の耐震診断あるいは構造健全性診断を行おうとした当時の内藤の先見性と新規性には驚かされる。しかし，内藤は卓抜した構造設計者ではあったが，当時の構造設計者が振動計測という分野にそれほど精通していたとは考えにくい。しかし，少し時代は遡るが，関東大震災を経験したあたりから，耐震設計における振動計測の利活用に強い関心を抱いていたことは確かである。

　関東大震災直後の1923年11月に発行された岩波書店の「思想」は震災特集になっている。当時の著名人が寄稿しているが，その中に内藤の「建築物と震火災」という小論が載っており，この中で建築物の振動計測に関する以下のような記述が残されている。

　「大森博士（当時東京帝国大学教授大森房吉）は数年前から煙突，五重塔をはじめとし，工場ならびに各著名のビルディングについて，その建物自身の振動を験測され，これを震災予防調査会報告に発表されているが，これによるとすべての建築物は平常時に自己振動をなしている。その振動周期および振幅の大小がだいたいにおいて建物全体の柔剛を表す係数になると想像されている。すなわち建築家の設計計算および材料の如何，工事請負者の施工および監督の如何等あらゆる工事に関する人間の努力の結果が一つの答えとして，この振動の験測によって表されてくるかのごとき観がある。自分も驥尾に付して先生の教えを仰いでいるが，まだこの研究

はこれからのものであり，にわかにそれと速断するわけにはいかないと思うが，ただいまのところでだいたい次の様な結果である。」

「丸の内付近の各種建物の自己振動の周期は，だいたいにおいて 0.5 秒くらいから 0.8 秒くらいで，工事中は（たとえば丸の内ビルディングそのほか）1 秒とか 1.2 秒とかいう大きな数字となって現れている。たとえば丸の内ビルディングの振動周期は，工事中東西 − 南北が 1.11 〜 1.14 秒，完成のとき（1922 年 2 月）0.89 〜 0.94 秒であったものが，昨年 4 月の地震（1922 年 4 月 26 日の神奈川県東部地震（M6.8））のため 1.01 〜 1.09 秒となった。その後，補強工事の効果が現れて 11 月には 0.67 〜 0.71 秒という好成績を示したのである。今回の地震（関東大震災）の被害が比較的少なかったのは，先の補強工事が非常に功を奏したものと思われる。震災後の堀越助教授（当時東京帝国大学助教授堀越三郎）の験測によれば，また振動周期は大きくなり，1.1 秒から 1.2 秒くらいということである。ちなみに，今回は徹底的な補強工事がなされるそうなので，その後は完全に剛強なものとなるであろう。」

「これを見ても周期の大小は建物の柔剛を表す尊い係数であることがわかる。丸の内付近の建築物の自己振動の周期や振幅を大小の順に並べれば，それがちょうど今回の被害との大小と比例する観があるのは大いに注意すべきことである。」

内藤は，晩年，建築構造に捧げた半生を振り返り，「日本の耐震建築とともに」(1965) と「建築と人生」(1966) という一般向けの書籍を出版している。この 2 冊の書籍の中で，構築物振動研究会における活動を，ともに「建築ドクター」という 1 章を割いて振り返っている。「建築ドクター」は以下のように定義されている。「医者が患者を診察して病因を確かめるように，建築家もまた建物に事故が起こったときには，まず原因を探る。それから分に応じた処置をとる。これがいわゆる建築ドクターである。」

ここでは実建物に対する「診断」の重要性が指摘されている。「名医といわれるのも，やぶ医者といわれるのも，診断の如何にかかっている。」「建築家の診断は常に冷静に判断してあやまちを指摘するとともに，適切な処置を講ずることが肝腎である。」すなわち，「建築ドクター」とは，建築物や工作物の状態を診断するために，主として振動の物理現象に着目し，そこから構造設計にフィードバックしうる情報を収集・抽出することのできる能力を有した高度な技術者であると言うことができる。

内藤の夢の実現に協力した那須信治は，大森房吉の後を継いだ東京帝国大学教授今村明恒の唯一の弟子だと自ら語っていたと言われる。那須は多くのすぐれた学術論文を残したが，著書と呼べるものはほとんど残していない。現在，古本屋で唯一入手できる著書は，1948 年に今村が亡くなった後に那須がまとめた「大地震の前兆に関する資料−今村明恒博士遺稿」(1977 年，古今書房）である。今村は戦中の 1941 年に震災予防協会を設立して初代理事長に就き，過去の地震における前兆現象を蓄積していたが，戦後の混乱の中で出版には至らなかった。その後，震災予防協会の理事長に就いた那須は，亡き師の意思を継ぎ，これらの資料を整理して

世に送り出している。

　当然なことではあるが，那須は建築物の構造設計に精通しているわけではなかった。このため，内藤は振動計測とその分析を那須に任せ，那須がある程度まとめた診断カルテに目を通し，構造設計の観点から工学的な知見を加筆し，さらに必要な場合は現在の耐震補強に相当するような具体的な対策を提案して診断カルテを完成させていた。ただし，構造設計の知識がとくに必要とはされない地盤振動の計測では，すべてを那須に任せていたようである。こうして，工学と理学の第一人者が協力して作り上げた「建築ドクター」の技術は当時の最先端の研究テーマになった。それは近年徐々に定着してきている「構造ヘルスモニタリング」のはるか前を駆け抜けていた先駆的な研究であった。

2 振動計測のための機器

第 1 節 起振機

　構築物振動研究会の診断カルテの内容は，少なくとも初期の多くが起振機を用いた強制振動試験の結果である。その診断カルテの最初の部分には，使用した起振機に関する説明が必ず記述されている。この部分は，各診断カルテにおいて繰り返しほぼ同じ内容が書かれているので，本書で紹介する診断カルテには起振機に関する記載部分は割愛することにした。代わりに，ここで起振機に関する説明をまとめて記述しておくことにする。

　使用され起振機は手動式で，最大回転数は約 7 Hz（1 秒間に 7 回転），偏心重錘は取り換え用に複数用意されていたが，最大加振力を 2.5 トン程度とすることが多かった。建物規模でいえば，当時（1950 〜 60 年代）の標準的な中高層建物の加振に適した能力である。さらに重要な点は，組み立て起振機の平面が 1 m×1 m と小さく，分解・持ち運びができるように製作されていたため，いろいろな建物に据え付けることができたことである。このことが，100 を超える実建物・工作物の診断に関する診断カルテを世に送り出す原動力になった。この起振機を実際に設計したのは内藤自身である。このときの起振機は現在でも内藤多仲記念館に保存されている（写真 1.2.1）。

写真 1.2.1　使用されていた竪型三輪式起振機

起振機の設計は内藤がゼロから立ち上げたというわけではない。ネタとなる米国の文献があった（U. S. Department of Commerce: Earthquake Investigations in California 1934-1935）。この文献の中の論文の一つに，診断カルテの竪型三輪式の図と同じ図が描かれている。たぶん，この論文にあった機構図を手掛かりとして，それに実用性を加味し，分解・運搬のための工夫を凝らし設計図を描いたものと思われる。竪型三輪式起振機の機構図を図 1.2.1 に示す。

　竪型三輪式起振機は，上下にある間隔を保った 2 つの水平回転軸 AA'，BB' のうち，AA' 軸に 1 つ，BB' 軸に 2 つの動輪を取り付け，各軸の動輪にそれぞれ同質量の偏心重錘を付けたものである。すなわち，AA' 軸の 2 つの質量を m_1，m_2 としたとき，BB' 軸の質量 m_3 は $m_3 = m_1 + m_2$ となるように偏心重錘を取り付ける。この AA' 軸と BB' 軸の動輪はギアにより互いに反対に回転する。

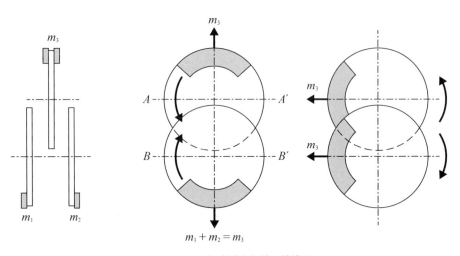

図 1.2.1　竪型三輪式起振機の機構図

　本書における強制振動試験による振動計測のほとんどにおいて，上述した竪型三輪式起振機を分解した状態で建物内へ搬入し，組み立て，据え付け，運転，解体，撤去が繰り返し行われた。数は少ないが，図 1.2.2 に示す既存の横型二輪式起振機を用いることもあった。

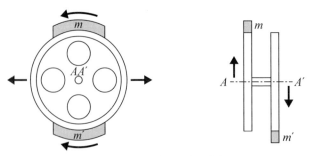

図 1.2.2　横型二輪式起振機の機構図

第2節　振動計

　振動計の選択と計測データの処理に関しては那須に任せていた。那須は東京大学地震研究所在職中から振動計を自分で設計・製作していたので，とくに活動初期のころは自分の手作りの振動計（那須信治：可搬式振動計について―その1，地震13，122-130，1941）を用いていた。ただし，振動計は当時かなり高価なものであったから，構造物の計測のために，振動計を何台も配置して同時計測するというようなことはできなかった。

　建物内における振動計の配置としては，比較的重くて移動させるのが大変な機械式振動計を1台，起振機の出力監視用として起振機の近くに固定し基準計として用いた。それ以外の振動計には，比較的軽量で持ち運びが可能な電磁式振動計（水平動用）を用い，少数を適宜必要な場所に移動させながら同期計測を行った。初期のころは，機械式振動計（写真1.2.3）と電磁式振動計（写真1.2.4）を同時に3〜4台使用するのがやっとという状況であった。

写真1.2.3　使用されていた機械式振動計

写真1.2.4　使用されていた電磁式振動計

その後，建物のロッキングを把握することが建物の振動性状を把握する上で重要なことがわかると，建物内に上下動用の振動計を配置する必要が生じた。当時の振動計は1成分計が基本であったから，振動計は水平動用と上下動用（表俊一郎：可搬式振動計について—その2，地震15, 35-43, 1943) を別個に準備しておく必要が生じ，徐々に計測に用いる振動計の数は増えていった。

3 振動計測の方法

第1節　強制振動試験

　初期の構築物振動研究会の振動計測は，もっぱら起振機（Vibration generator）を用いた強制振動試験（Forced vibration test）により行われた。建物あるいは構築物の平面形状がもっとも単純な矩形の場合，平面の短辺方向と長辺方向の互いに直交する2方向にそれぞれ水平加振を行った。診断カルテでは，矩形平面の短辺方向加振のときに生じる振動を短辺方向振動（Transverse vibration），長辺方向加振のときに生じる振動を長辺方向振動（Longitudinal vibration）と呼んでいる。矩形以外の不整形平面の場合も，矩形平面のときに準じて短辺方向振動と長辺方向振動を定義している。

　強制振動試験におけるもっとも基本的な情報は，直交する2方向の水平動（Horizontal vibration）に対する共振曲線（Resonance curve）である。この共振曲線から短辺方向振動と長辺方向振動の固有周期（Natural period）が推定できる。固有周期は一般に複数現れるが，最も長周期（低振動数）側の固有周期は基本固有周期（Fundamental natural period）あるいは1次固有周期と呼ばれ，地震や風などにより通常もっとも励起されやすい固有周期である。基本固有周期より短周期（高振動数）側に現れる複数の振動は高次振動（Higher vibration）と呼ばれる。高次振動は鉄塔や塔状建物のようにスレンダーな形状の構造物で励起されやすい。

　固有周期のときの建物各階の変位振幅をプロットし，それらを結んだ曲線を全体変形曲線（Global deformation curve）と呼ぶ。この変形曲線は建物の立面における変形状態を表しており，全体架構の水平変形に対応している。このような振動は全体振動（Global vibration）とも呼ばれる。これに対して，部分的あるいは局部的に励起される振動を部分振動（Partial vibration）あるいは局部振動（Local vibration）と呼ぶ。

　立面における変形曲線は建物の弾性変形と剛体変形の和である。弾性変形は建物の上部構造の変形であり，建物の剛性に関係している。剛体変形は建物の基礎構造と地盤の変形によって引き起こされ，基礎と地盤の剛性に関係している。相対的に見て，基礎と地盤の剛性が建物に比べて大きいときは弾性変形が支配的になり，建物の剛性が基礎と地盤に比べて大きいときは剛体変形が支配的になる。

　基本固有周期における振動は加振方向に大きく振動するが，一般に加振直交方向にも小さく

振動している。この建物に生じる2方向の振動の割合から建物のねじれの状態を検討することができる。基本固有周期とは別に，加振方向と加振直交方向に同じくらいの振動が励起されることがある。このような振動をねじれ振動（Torsional vibration）と呼ぶ。基本固有周期のねじれの状態とねじれ振動の発生は異なる現象であるが，ともに建物平面におけるねじれ変形曲線（Torsional deformation curve）に着目することにより把握することができる。

　立面における全体変形曲線は上部構造の変形特性だけでなく基礎と地盤の変形状態も反映している。基礎と地盤の変形状態を検討するには，最下階（1階あるいは地階）の床における上下動（Vertical vibration）を計測する必要がある。床上の計測点における上下動変位を平面図上でプロットし，それらを結び合わせた曲線を上下動変形曲線（Vertical deformation curve）と呼ぶ。上下動変形曲線は剛体変形と弾性変形の和であり，剛体変形は基礎版全体の傾斜，弾性変形は基礎版の部分的変形を表している。基礎版の剛体変形のうち，基礎の水平動による成分をスウェイ（Sway），基礎の回転動による成分をロッキング（Rocking）と呼ぶ。

　建物の振動増幅を抑制する振動特性が減衰である。減衰特性を表す指標は複数あり，診断カルテでは時代を追って異なる指標が用いられている。もっとも初期に用いられた減衰指標は，自由振動波形における隣り合う2つのピークの振幅比（振幅減衰比）である。次に用いられた減衰指標は，2つのピークの振幅比の対数をとったいわゆる対数減衰率（Logarithmic decrement）である。最後に用いられた減衰指標が，現在，構造設計において最もなじみのある臨界減衰比（Critical damping ratio）あるいは減衰定数である。本書では，これらの減衰指標は，当時の診断カルテにおける減衰指標をそのまま用いることにした。ただし，相互の変換は容易なので，必要に応じて臨界減衰比（略して減衰比）の値も記している。なお，減衰比の算定には，もっぱら $1/\sqrt{2}$ 法が用いられた。

第2節　常時微動計測

　強制振動試験はどんなときでも利用できるわけではなく使用限界がある。建物や構築物の規模が大きくなると，起振機で発生する振動エネルギーが建物全体にいきわたらなくなる状態，すなわち全体架構の振動を励起できない状況になる。また，風などが強く吹くと，強制振動により励起された振動よりも風によって励起された振動の方が大きくなって，強制振動試験が効力を発揮できない状況になる。実際，このような状況に遭遇した計測例も診断カルテ群の中に見ることができる。このような時，強制振動試験に代わって実施されたのが常時微動計測（Microtremor measurement）である。

　ただし，構築物振動研究会が活発に計測を行っていた時代は，まだ現在のような高精度の常時微動計測器は製作されておらず，収集データを処理するソフトも充実していなかった。現在では，高精度の常時微動計測器と高速フーリエ変換（FFT）を使って固有振動数，モード形，

減衰比などを簡単かつ高精度で出力できるが，当時はそのような状況ではなかった。このため，構築物振動研究会の活動初期のころは，あくまで強制振動試験を補佐する2次的な方法として用いられていたにすぎない。現在では時代は大きく変化し，コスト面でも時間面でも常時微動計測が建物診断の標準的な計測法となっており，多大なコストとマンパワーを必要とする強制振動試験を実施する機会は極めて限定されている。

　高速フーリエ変換がまだ普及していなかった時代の常時微動計測のデータ処理は，振動計の出力紙上の時系列波形を専用ルーペで読み取りながら周期－波数分析を行うか，振動計のデータを磁気テープに記録できるようになってからは，自動読み取りが可能な周期－頻度分析器を用いて行われた。周期－頻度分析器は東京大学地震研究所の金井清らによって開発された。開発時の手書きの解説書（付録C参照）が内藤記念館に残されている。

4 構造健全性の診断カルテ

　構築物振動研究会という名称が示すように，既存建物の構造健全性を診断する際，中心に位置づけられていたのは振動計測であった．数多い診断カルテを全体として眺めていると，振動計測に基づく診断は，依頼主の要求に応じて，いわゆる「松」「竹」「梅」といった診断ランクが設けられていたように見える．その基準となるのが平均的な「竹」に相当する診断ランクである．この標準的な診断ランクでは，4つの指標を用いて構造健全性を評価している．第1の指標は「固有周期」，第2の指標は「全体変形」，第3の指標は「ねじれ」，第4の指標は「ロッキング」である．

　第1の指標「固有周期」に関しては，振動計測により得られる基本固有周期の計測値を，推定式を用いて同規模の平均的な建物の基本固有周期の計算値と比較し，対象建物が剛構造か柔構造かという観点から診断が行われている．基本的には，平均的な建物に比べて剛構造であることが構造健全性の第1条件とみなされた．

　第2の指標「全体変形」とは，共振時における各階の最大変位振幅を高さ方向にプロットした全体変形曲線の形状のことで，固有周期のモード形に対応するものである．全体変形曲線がなめらかで連続しており，局部的な不連続性が見られないことが構造健全性の第2条件とみなされた．

　第3の指標「ねじれ」に関しては，平面上でねじれ変形曲線を描き，基本的には大きなねじれの発生は好ましくないことを前提とした．しかし，建築計画上の要求から平面形状が不整形になる場合や建物内部で閉鎖的空間と開放的空間の配置に偏りがあるような場合は，ねじれの発生をある程度許容せざるを得ないため，これをいかに小さく抑え込むかが構造健全性の第3条件とみなされた．

　第4の指標「ロッキング」は，建物最下階の上下動を計測して上下動変形曲線を求め，床版の傾斜と変形状態に注目した上で，建物を剛体と仮定したときの高さ方向のロッキングによる変形が全変形に占める割合を算定して評価した．過度のロッキングの発生は好ましくないことは前提であったが，地盤・基礎と上部構造の剛性比や建物の塔状比によってはロッキングの発生を避けることができないため，全変位に対するロッキングによる変位の寄与率が適度な値となることが構造健全性の第4条件とされた．

　地上に建物や工作物を建てる限り，ロッキングが発生することは当然なことであり，ロッキングを極力小さく抑え込む必要があるというような考えには立っていなかった．それとは逆に，

建物を剛体と仮定したときの高さ方向のロッキングによる変形と実際に計測された全変形を比較し，ロッキングによる変形が全変形に占める割合が大きいことは剛構造であることを示す一つの指標であると考え，極端に大きくならない限り，ロッキングの発生は構造健全性の観点から好ましいという観点がとられていた。

以上の4つの指標に加え，第5の指標として減衰特性を追加することもあった。減衰特性の推定は建物が剛構造であるほど難しいため，対象建物が柔構造の場合に検討される例が多くみられた。すでに記したように，内藤は剛構造であることが構造健全性の基本条件の一つとみなす立場に立ってはいたが，対象建物が柔構造と判定される場合でも，それを頭から否定することはなかった。柔構造であっても許容できると判断するための条件として減衰特性を評価するという意味合いがあったように思われる。すなわち，減衰は大きければ大きいほど振動の増幅を抑え，さらに振動している時間を短縮することになるので，柔構造ではあっても減衰が大きければ構造健全性を確保できると考えられた。

内藤は建物の耐震性能として耐震壁の配置を重視する剛構造の立場にあったが，実際には柔構造に対してもかなり寛大であった。これはたぶん，数多い鉄塔構造物の設計経験が，剛構造であることを基本としながらも，柔構造に対する視点の柔軟性を獲得させたのではないかと思われる。この点は，剛構造の立場をかたくなに守り，柔構造を排斥しようとした剛構造派とは一線を画するところである。柔構造が構造健全性を保持するためには減衰が重要な役割を果たすことは早い時期から見抜いていたようである。

減衰特性を除く4つの指標を用いる診断ランクを「竹の中」とすると，この減衰特性を含めた診断ランクは「竹の上」といってもよいだろう。逆に4つの指標のうちの1つを欠く場合，具体的にはねじれかロッキングの検討のいずれかを省略する場合，診断ランクは「竹の下」ということになる。実際には，平面や立面の形状や剛性分布と質量分布のバランスや構造物と地盤の剛性比を検討した上で，ねじれあるいはロッキングがほとんど生じないと判断して省略することが多いので，評価のレベルを落としたというわけではないのだが，形式的にはこのように分類しておいてよいと思われる。診断カルテの大半の診断ランクは「竹の中」に属している。

それでは，標準ランクより上の「松」に相当する診断ランクとはどのようなものだったのだろうか。それは，上記の振動計測による診断に，現在の耐震診断や耐震補強で行われているような構造計算，さらにコンクリートの強度試験，中性化試験，場合によっては梁の載荷試験等をオプションとして付ける診断だった。コンクリート強度の推定には，コア抜きのような破壊試験ではなく，シュミットハンマによる非破壊試験が用いられた。

逆に標準ランクより下の「梅」に相当する診断ランクはどのようなものかというと，これは振動計測に基づく診断の必要最低限として，固有周期と全体変形曲線だけに着目した診断である。「竹の下」では少なくともねじれかロッキングのどちらかの検討は行われていたが，「梅」になると割り切ってねじれの検討もロッキングの検討もしていない。この診断ランクであれば，

振動計測もそのあとのデータ処理の作業も比較的短時間ですませることができる。このような診断カルテも数は少ないが残されている。

このほかに振動計測という観点からはランク外といえる診断カルテもあった。それは，構築物振動研究会であるにもかかわらず，振動計測は一切行わず，診断ランク「松」のオプション部分だけを行うような診断である。これもごくわずかではあるが診断カルテ群の中に含まれていたが，本書では割愛する。

5　振動障害の診断カルテ

　診断カルテの中には，建築物や工作物の構造健全性や耐震性能の診断だけでなく，振動障害の低減を目的とする診断も少なからずあった。いずれも地盤振動に関連した交通振動（鉄道／道路），工場振動，建設作業振動など，現在では主に環境振動の分野で扱われている防振対策のための振動計測である。

　本書では，この問題を交通振動，工場振動，工事振動に分けて整理している（第7章）。これらの振動源は地震や風の自然現象とは異なり，人為的に引き起こされる振動であるため，時代の流れとともに振動障害の様相が変化している。

　戦後しばらくは交通振動の主役はまだ鉄道であった。当時は現在に比べて，列車も貨車も車両が重く，線路のつなぎ目の間隔も短かったので，その振動影響は深刻だった。とくに，原料と製品の運搬を鉄道に依存していた工場では，復興期における新型機器の導入に際して，機器の振動障害の検討が重要な課題となった。本書の事例は多くがこの範疇に入る。道路交通振動による人体への影響が深刻に議論されるようになったのは，高度成長期に入った1960年代以降である。道路交通振動による人体への影響を扱った計測例は1件だけであるが残されている。

　工場振動に関しては，復興期から高度成長期にかけて，工場周辺への振動公害はまだそれほど問題になっていなかった。振動計測は，工場の生産能力向上の観点から，施設計画における機器の最適配置への取り組みの一環として行われている。

　建設作業振動で昨今苦情が多いのは建物の解体に伴う振動である。しかし，当時は杭や鋼矢板の打込みあるいは引抜きに伴い生じる振動障害が最も深刻であった。現在では無騒音・無振動工法の開発が進み，このような苦情は大幅に減っている。

6　本書の全体構成

　本書で取り上げた構築物振動研究会の診断カルテは，1950年頃から1970年頃までの約20年間に作成されている．現在から振り返ると，古い診断カルテは約70年前，新しい診断カルテでも約50年前ということになる．その時点に計測が行われたということは，建物の竣工時期は少なくてもそれ以前である．このため，多くの建物は老朽化等によりすでに取り壊されており，使用され続けている建物も少数はあるが，改築・増築，補修・補強などの手が加えられており，当時と同じ状態の建物はないと言ってよい．このことは，構築物振動研究会の残した業績を現代にフィードバックしようとする際にメリットにもなればデメリットにもなる．

　デメリットは，現代の建物の構造は当時とは大きく変化しているという点である．外観からしても，現代の建物は超高層ビルやタワーマンションのように高層化が進み，ターミナルビルやショッピングセンターのように大規模化も進んでいる．それに伴い，施工の合理化や軽量化も飛躍的に進み，当時の重くて硬い構造は軽くて柔らかい構造へとシフトしてきている．こうなると，建物の耐震性能や構造健全性を評価するときの基準も変わらざるを得ない．当時と同じ基準で現代の建物を評価しても，実状とは異なる診断をしてしまうことになりかねない．評価項目は同じであったとしても，評価のための基準値は時代とともに変化しているはずである．

　一方，メリットは，古いがゆえに構築物振動研究会の診断カルテの内容を公開できるという点である．最近注目されている構造ヘルスモニタリングの技術は，橋梁構造物などでは積極的に導入されているが，それに比べて建築分野での普及は遅れている．橋梁構造物は公的な構造物であり，得られた情報は広く公開され，そのアクセス性の良さがさらなる普及を生み出しやすい．これに対し，建築物は個人所有であり，情報が公開されると建物の資産価値に影響が及ぶ可能性があるため，情報の秘匿を望むクライアントが多い．情報はあっても広く公開されることはなく，狭い領域に閉じ込められているというのが現状である．しかし，半世紀以上も前の情報ということになると，現在の建物の資産価値に影響が及ぶ要素はほとんどなく，建築物であっても公開して広く情報共有することが可能になる．古くても現代につながる貴重な情報が詰まっているとすれば，情報公開は新しい技術にとっての推進力となる．

　しかし，情報共有ができたとしても，建築物の構造ヘルスモニタリングが普及するためにはまだ大きな壁がある．それは建築物の構造の多様性という問題である．橋梁構造物は建築物に比べると力学的に単純明快である．このため，振動計測の標準化が進みやすい．これに比べて，一品生産が基本となる建築物の構造は多様かつ複雑であり，振動計測の標準化が容易ではない．

一般的な建築物の振動計測に関するガイドラインが作成されても，それを実際に適用しようとすると，新たに考えなくてはならない問題が次々に生じる．すでに，建築物の構造ヘルスモニタリングが行われている場合でも，長期間にわたる固有振動数の推移を追跡しているだけであったり，補強工事の前後における固有振動数の変化を確認するだけであったり，地震時の最大層間変位を計測するだけであったりと，定性的な評価に終始しており，実用的な診断技術と呼びうるまでには至っていない．

　それに比べると，構築物振動研究会が20年間かけて進めてきた振動計測による建築物の診断カルテを読み解くには，構造の深い知識をかなり要求される．構造ヘルスモニタリングを真の診断技術に高めるために，構築物振動研究会が残した業績は貴重である．それだけではなく，内藤の手掛けた構造設計と同じように，扱う対象がきわめて広い．診断カルテの診断対象はすべてが建築物というわけではない．変電所，ガスタンク，鋼製煙突，立体駐車場などの工作物，さらには内藤の代表作ともいえる東京タワーや通天閣のような鉄塔も計測している．本書ではこのような広範な計測対象を含め，構築物振動研究会が残した計測事例をできるだけ多く紹介するように努めた．

　情報の扱い方という観点から言うと，50年前と現代では大きな違いがある．最も大きな違いは，この年月の間にアナログ情報からデジタル情報に切り替わったことである．アナログ世代の知識体系は概念性が強く，そのため守備範囲が広くて総合化されている．これに対し，デジタル世代の知識体系は細分化・専門化され，正確かつ緻密で深く切れ込んでいく．どちらが良いかという問題ではなく，残しておくべきアナログ世代の知識体系がデジタル世代にちゃんと受け継がれているかどうかに疑問を感じることがしばしばある．本書を構成するにあたっては，アナログ世代の知識体系をデジタル世代が引き継ぐための枠組みになりうるように整理することを強く意識した．

　100を超える診断カルテ群をそのまま年代順に並べてみても，情報量が多すぎて全体像が見えてこない．本書の全体構成では，構築物振動研究会が約20年間かけて進化させた「振動計測による構造診断カルテ」の広がりと深さが見えるように整理することに努めた．内藤記念館に残っていたすべての診断カルテを通覧した上で，本書のテーマに従って取捨選択した後，テーマ別に小分類1〜18に分け，その小分類を束ねる中分類Ⅰ〜Ⅵを設定した．小分類の中の各事例（診断カルテ）は，テーマごとの視点の変化を反映できるように，年代順に並べることにした．中分類と小分類の関係は以下のようになっている．この方針で整理した結果が本書の目次構成になった．

Ⅰ．検査の時期
　1．状態変化を知るための計測
　2．竣工直前あるいは直後の計測

3. 増改築の事前あるいは事後の計測

Ⅱ. 剛と柔の混合構造

4. 異種構造を連結した建物の計測
5. 開放空間と閉鎖空間を連結した建物の計測
6. ねじれの計測

Ⅲ. 構造物の相互作用問題

7. 地盤影響を考慮した計測
8. 隣接建物間の連成に着目した計測
9. 建築群の計測

Ⅳ. 震害と火害による構造損傷

10. 強震動を経験した建物の計測
11. 火災を経験した建物の計測
12. 電話局の計測
13. 木造公共建物の計測

Ⅴ. エンジニアリング構造物

14. 鉄塔の計測
15. 工場／変電所の計測
16. 工作物の計測

Ⅵ. 防振問題に関する計測

17. 交通振動の計測
18. 工場振動の計測
19. 建設作業振動の計測

7　診断カルテの手入れ

　本書で紹介した診断カルテはそれぞれで完結している。しかしその書きぶりは，基礎的な事項まで丁寧に解説している診断カルテがある一方，簡潔に要点だけを記したものや図表だけで説明文が全くないようなものもあり，内容的な精粗のばらつきは大きかった。また，診断カルテは現在の SI 単位系ではなく，ほとんどが cgs 単位系で書かれており，さらに古い図面は尺貫法で描かれていたり，占領下の時代にはフィート・ポンド法を使っていたりするものもあった。余談になるが，尺とフィートはほとんど同じ値になる。尺の数値をそのままアメリカの推定式に代入すれば固有周期の算定ができたというのはおもしろい。

　診断カルテは長期間にわたり蓄積されてきたため，図表の表現や用語・単位の使い方には上述したように時代によって違いが見られた。さらに，診断カルテの性質上，一般的な読者向けに書かれたものではなく，あくまでも計測の依頼者だけを意識した内容であるため，第三者が計測の背景や実施状況を把握するのが困難と思われる箇所も多く見受けられた。このため，書籍全体としての一貫性を維持するために，原典の診断カルテの内容をできる限り尊重しつつも，文章部分は現在の標準的な用語・表現で統一することとし，明らかに誤記と思われる部分は修正し，必要に応じて文章中に補足説明を適宜加えた。ただし，診断カルテの最後に記されている診断結果の部分だけはほぼ原文のまま掲載した。

　一方，ウェブサイトに載せた診断カルテ中の図表に関しては 1 次資料としての価値を尊重し，できる限り原典の形式（単位系も含めて）を維持しつつ網羅的に掲載することを目指した。ただし，古い診断カルテは手書きの青焼きであるため，図も文字も感光して印字が薄く読みづらくなっているものや，湿気により紙自体が歪んでしまっているものも少なくなかった。このため，すべての図表を写経のようにトレースし，できる限り歪みは補正して描き直したが，その中には，もともと不鮮明なため完全な形では再現することが難しかったものもある。原典に極力忠実に再現したつもりではあるが，至らない箇所もあると思う。そのような場合はご容赦いただきたい。

　また，該当する個々の診断カルテの解説中に具体的に記述しておいたが，診断カルテの中には文章と図表とが対応していなかったもの，掲載すべき何枚かの図表を紛失してしまったもの，あるいは図が誤って掲載されているものなども散見された。また，他の診断カルテで参照されていることから，かつては存在したはずであるのに，少なくても内藤多仲記念館資料室からは姿を消してしまったものもあった。しかし，本書を通読していただければ，そうした点を補っ

て余りある豊かな情報が得られることをわかっていただけると思う。

第 2 章
振動計測の時期

1　工事前後の状態変化

　診断カルテ群の中から，構築物振動研究会が異なる時期に複数回計測を行った事例を探してみた。その事例を 5 件見つけることができた。診断カルテは，通常，計測終了後できるだけ早期に作成することが求められていたため，それぞれ独立に作成されており，実際には各計測時の状態変化に着目していることが明確に記されているわけではない。しかし，ここでは同一建物の状態変化による振動性状の違いに着目して，建物ごとに診断カルテを時系列的に並べて紹介する。

　各建物を複数回計測したときの時期と状況はそれぞれ異なっている。しかし，いずれの場合も，状態の異なる同一建物を複数回計測することにより，その間に建物の振動性状がどのように変化したのか，どの程度変化したのか，さらにその変化が建物の構造健全性にどのような影響を与えたのかといった点を強く意識した診断カルテになっている。同一建物を対象に，異なる時期における構造の物理的変化を推定する変化検知の試みが，構築物振動研究会により戦後間もない時期に行われていたことは驚嘆に値する。

　この章で取り上げる 5 棟の建物とその複数回計測の時期は以下のようになっている。

◆名鉄ビル〜第 1 回計測（工事中）は 1956 年，第 2 回計測（竣工後）は 1958 年。
◆平和生命館ビル〜第 1 回計測（改築前）は 1957 年，第 2 回計測（改築後）は 1960 年。
◆日本貿易館ビル〜第 1 回計測（増築前）は 1958 年，第 2 回計測（増築後）は 1959 年。
◆吉池ビル〜第 1 回計測（増改築前）は 1963 年，第 2 回計測（増改築後）は 1965 年。
◆東亜会館ビル〜第 1 回計測（根切完了時）は 1968 年 2 月，第 2 回計測（鉄骨建方ほぼ完了時）は 1968 年 9 月，第 3 回計測（コンクリート打設ほぼ完了時）は 1969 年 1 月。第 1 〜 3 回計測の結果は一つの診断カルテにまとめられている。

　上記の建物のうち，新築工事に関連した振動計測が行われた名鉄ビルと東亜会館ビルは現在でも使用されているが，増改築工事に関連した振動計測が行われた平和生命館ビル，日本貿易館ビル，吉池ビルはいずれもすでに取り壊されて現存しない。さらに，現存する名鉄ビルもリニア新幹線開通に照準を合わせた JR 名古屋駅周辺の大規模開発のため，間もなく姿を消すことになっている。

　なお，「第 6 章 1　鉄塔」の大阪通天閣と東京タワーでも 2 回の計測が行われている。これ

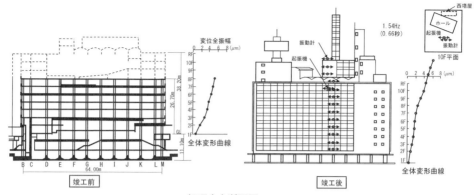

短辺方向断面図

竣工時の名鉄ビル（1959年）

図 2.1.1　名鉄ビル（1956年，1958年）

は，ここで紹介する竣工前後あるいは増改築前後という短期間の変化ではなく，使用期間中の10年前後の変化，すなわち経年劣化が振動特性に及ぼす影響を検討している。

以下に各建物に関する概要と計測結果の要約を記す。計測結果についてより詳細な情報が知りたい場合は，ウェブサイトからほぼオリジナルの診断カルテを見ることができる。

第1節　名鉄ビル

名鉄ビルは鉄骨鉄筋コンクリート造地上10階地下2階で，地下に名鉄名古屋駅があり，その上に名鉄百貨店本店が入居し，8〜10階は名鉄ホール（2015年に閉鎖）の大空間になっていた。この建物で，新築工事中（1956年）と竣工後（1958年）の2度，振動計測が行われている。工事中のときは地階から8階までが立ち上がった段階であり，竣工後は10階屋上の上に西塔（テレビ用の塔）と東塔（広告用の塔）が載っていた。

工事中と竣工後の2つの診断カルテを比較すると，計測された工事中の基本固有周期は短辺方向振動で0.38秒，長辺方向振動で0.44秒であったが，竣工後の基本固有周期は短辺方向

振動で 0.66 秒，長辺方向振動で 0.61 秒へと変化している。工事中から竣工後までの間に階数が増え，さらに西塔と東塔を載せたことにより建物全体の固有周期は大幅に増加したことになる。しかし，同じ高さの建物の平均的な基本固有周期の推定式（谷口式）を用いると，工事中における計算値は約 0.4 秒，竣工後における計算値は約 0.8 秒となる。計測値と計算値の相対的関係を見ると，工事の進捗に伴って，工事中はやや柔構造であった状態から竣工後は剛構造の状態へと変化していることがわかる。

竣工後に建物全体の一体化が達成されて剛構造化したことは，工事中はホール（開放空間）およびその両側の部分（閉鎖空間）がそれぞれ異なる周期で振動する現象（複数の固有周期の存在）が観測されたものの，竣工後になるとそのような現象は見られなくなり，単一の固有周期に統合されたという事実からも確認されている。

しかし，その一方で，診断カルテには 8 〜 10 階の大空間ホールの存在により，7 階以上で全体変形が相対的に大きく増加していること，さらに西塔も東塔もそれぞれ建物本体とは別個の振動をして局部的な振動増幅を示す場合があることが記されており，これらの点は耐震安全性の観点から今後も継続的に見守るべきであると指摘している。

第 2 節　平和生命館ビル

平和生命館ビルは，竣工当時（1932 年）菊正宗ビルと呼ばれ，銀座数寄屋橋交差点近く（現在のギンザ・グラッセの場所）に鉄筋コンクリート造地上 7 階地下 1 階として建っていた。この建物の改築前（1957 年）と改築後（1960 年）に振動計測が行われている。改築工事は内部工事だけであり，外見上の変化は生じていない。改築前の基本固有周期の計測値は長辺方向振動，短辺方向振動ともに 0.366 秒であり，平均的な基本固有周期の推定式（谷口式）により求めた計算値の約 0.5 秒と比べるとかなりの剛構造である。改築後，基本固有周期の計測値は短辺方向振動がわずかではあるが 0.01 秒，長辺方向振動が 0.02 秒それぞれ延びたことが確認されている。基本固有周期の変化は極めて小さく，改築後も剛構造であることに変わりはない。

改築前の計測では，健全な建物のねじれ周期は基本固有周期の 2/3 程度より短くなるという焼けビルの計測で得られた経験則に基づき，ねじれ周期からも構造健全性の検討を行っている。この建物の場合，計測されたねじれ周期は 0.225 秒であり，基本固有周期 0.366 秒の 2/3 の 0.244 秒よりも小さいので問題ないとしている。基本固有周期とねじれ周期の周期比を構造健全性の指標として用いている例はあまり見られないので興味を引かれる。

改築後の計測では，全変形に対するロッキングによる変形の割合からも剛構造であることを確認している。ロッキングによる変形の割合は，改築前は短辺方向振動で 5 %，長辺方向振動で 15 % であったが，改築後は短辺方向振動で 25 %，長辺方向振動で 25 % へと大きく増加していた。ロッキングが大きくなったことは，一般的に言えば建物が剛構造化したと見ること

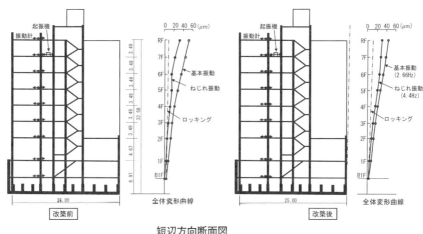

短辺方向断面図

平和生命館（1960年頃）

図 2.1.2　平和生命館ビル（1957年，1960年）

ができるが，この建物の場合は，単に改築後に建物の剛性が増加したと楽観的に考えるだけでは十分でなく，隣地で行われた工事による地盤の緩みにより生じた可能性も捨てきれないことが記されている。実際，隣地は改築前には菊正宗倉庫であったが，改築後の振動計測の時期は東映会館ビル（1960年竣工）の新築工事が行われていた。

第3節　日本貿易館ビル

　日本貿易館ビルは1930年竣工の鉄筋コンクリート造地上7階地下2階で，三越本店や三井本館に近い日本橋室町二丁目交差点角地（現在のETS室町ビルの場所）に建っていた。この建物の1〜2階の補強工事をした上で，2〜7階までの既存部は触らずに，7階の上に2階分増築して地上9階建てにする工事が行われることになった。この増築工事を挟んで，振動計測が1958年と1959年の2回実施されている。増築前は振動計測に加え，シュミットハンマに

1　工事前後の状態変化　　25

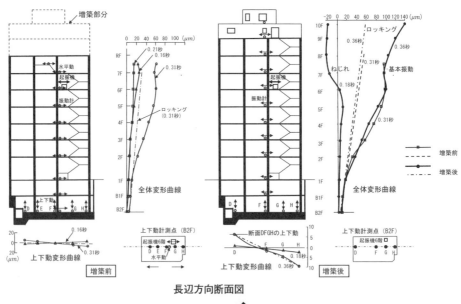

図 2.1.3 日本貿易館ビル（1958 年，1959 年）

よるコンクリート強度試験，コンクリート中性化試験，および増築後の安全性確認のための強度計算も行われた。コンクリート強度試験と中性化試験が行われた理由は，増築工事の段階で竣工後 28 年が経過しており，現状におけるコンクリートの劣化状態を確認するためである。一方，増築後の状態に対する構造計算は，増築 2 層部分の増加荷重に対し，既存部分の耐震安全性が十分に確保できるかどうかを検討するためである。

　増築前の基本固有周期の計測値は，短辺方向振動で 0.34 秒，長辺方向振動で 0.31 秒であった。両方向の基本固有周期に大きな差は見られないが，短辺方向振動の全体変形は長辺方向の約 4 倍になっており，相対的に短辺方向に揺れやすい建物であることがわかる。また，短辺方向加振の際に，加振直角方向の長辺方向振動も短辺方向振動の 1/4 程度励起されている現象が見られた。同じ高さの平均的な建物の基本固有周期は，7 階建てと考えたとき，推定式（ASCE 式）による計算値は短辺方向振動で 0.50 秒，長辺方向振動で 0.63 秒となり，計測値は

26　第 2 章　振動計測の時期

計算値よりかなり短い。この理由は建物の剛性が大きいというだけでなく，建物が軽量であることによる影響も大きいと記されている。また，ロッキングによる変形が全体変形に占める割合は短辺方向振動では約 1/4 となり，弾性変形が占める割合が比較的大きく，やや柔な構造と言える。このことに関連して，1 階の階高が他の階の約 1.7 倍と長いため，層剛性が相対的に小さくなり，弾性変形が 1 階において局所的に大きくなることが指摘されている。一方，長辺方向振動ではロッキングによる変形が全体変形に占める割合は約 1/2 と大きくなり，長辺方向は短辺方向に比べかなり剛性が高いことを示している。これは，長辺方向の一方の側に剛性の大きな壁が上から下まで通っている効果が大きいためと説明されている。

　増築後の基本固有周期の計測値は，短辺方向振動で 0.43 秒，長辺方向振動で 0.36 秒と階数の増加により大幅に延びているが，同じ高さの平均的な建物における基本固有周期は，9 階建てと考えたとき，推定式による計算値は短辺方向振動で 0.67 秒，長辺方向振動で 0.84 秒となる。増築後も計測値が計算値よりかなり短いという傾向は変らない。また，階数の増加による基本固有周期の増加率に関しては，ASCE の固有周期推定式を用いた場合，建物高さとして地上階だけの高さよりは地下階を含む高さを用いる方が計測値との対応が良いことを示している。

　最後に，減衰に関する考察が加えられている。本建物のように，支配的な共振ピークが 1 つで，その周辺に複数のピークが認められるような場合，ピーク間の距離が十分離れていれば $1/\sqrt{2}$ 法を用いて減衰を推定することができる。減衰比を求めてみると，短辺方向振動では 3 〜 5 ％，長辺方向振動でも 3 〜 5 ％となった。平均的な建物に比べ，この建物の減衰性能はやや小さい（大きい方が安全側）と評価されている。

第 4 節　吉池ビル

　吉池ビルは現在でも JR 御徒町駅のすぐ近くにある創業 90 年を超える魚介類を中心とする老舗のスーパーマーケットである。最初の建物の竣工年ははっきりしないが，地上 4 階地下 1 階であったところに 5 階部分を増築し，さらに既存建物を取り込むように，地上 8 階地下 2 階へと拡張する大規模増改築工事が行われた。この大規模増改築工事の構造設計を担当したのが内藤である。このときの工事の前後に振動計測が行われている。増改築前の計測は建物が地上 5 階地下 1 階のとき（1963 年），増改築後の計測は建物が地上 8 階地下 2 階のとき（1965 年）である。平面積にして 2 倍以上に拡張されており，もはや同一建物と呼ぶことに無理もあるが，新築建物の中には既存部分がしっかりと埋め込まれていた。

　大規模増改築工事直前の基本固有周期の計測値は，短辺方向振動で 0.51 秒，長辺方向振動で 0.26 秒となり，谷口式による同じ高さ（5 階建て）の建物の平均的な基本固有周期の計算値 0.35 〜 0.45 秒に比べると，短辺方向振動でかなり長くなり，軟構造と判定された。全体変形曲線には，3 階より上の部分とそれより下の部分との間に不連続性が見られた。ねじれ変形曲

既存部分と増築部分（1階） 　　　　　増築後の吉池ビル（内藤多仲記念館）

図 2.1.4　吉池ビル（1963 年，1965 年）

線には，中央階段付近の比較的剛な部分を挟んで，建物両端における変形が大きくなる現象が認められた。短辺方向振動のロッキングによる変形は全体変形の約 30 ％となり，剛構造というにはやや小さい値であると判定された。長辺方向振動のロッキングに関しては，基礎スラブの幅が狭い部分と広い部分とで別々の動きをしており，基礎スラブの一体化が達成されていないと判定された。すなわち，増改築前は耐震安全性にかなり不安が残る状態であった。

　大規模増築工事後の基本固有周期の計測値は，短辺方向振動では 0.51 秒から 0.45 秒に減少し，長辺方向振動では 0.26 秒から 0.34 秒へと増加した。長辺方向振動の基本固有周期は増改築前よりも 0.08 秒延びているが，これは単に建物の高さが増えたからである。短辺方向振動の基本固有周期は逆に増改築前よりも 0.06 秒短くなっているが，これは工事前に 1 スパンしかなかった部分が 3 スパンに増え，水平剛性が大幅に増加したためである。大規模増改築工事後は，工事前に見られた全体変形曲線における不連続性もねじれ変形曲線における両端部での増幅も見られなくなり，この建物の増築部分と既存部分が完全に一体化されたことが確認された。

第 5 節　東亜会館ビル

　東亜会館ビルは，新宿歌舞伎町のコマ劇場（現在の新宿東宝ビルの場所）の近くに建てられた鉄筋コンクリート造地上 7 階地下 2 階の総合レジャービルである。構造設計は内藤が担当している。竣工は 1969 年，当時はレジャーとしてボウリングが人気の的であった。3 階以上をボウリング場とするため，短辺方向の梁には長さ 21.6 m の純鉄骨の長尺梁が使用され，長辺

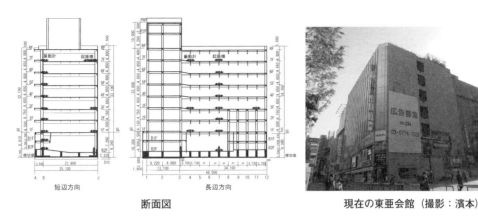

図 2.1.5　東亜会館ビル（1968 年）

方向の梁および柱は鉄骨鉄筋コンクリート造が採用された。

　この東亜会館ビルにおいて，工事の進捗とともに変化する構造の振動計測が工事期間中に 3 度行われている。第 1 回計測は根切の完了時（1968 年 2 月），第 2 回計測は鉄骨建方のほぼ完了時（1968 年 9 月），第 3 回計測はコンクリート打設のほぼ完了時（1969 年 1 月）である。第 1 回計測では根切底および地表の常時微動計測，第 2 回計測では短辺方向の強制振動試験と短辺方向および長辺方向の常時微動計測，および人力加振による自由振動試験が行われた。人力加振は，最上階の柱を 5 〜 6 人で建物の基本固有周期に合わせて手で押して加振し，振幅が十分に大きくなったとき，手を離して加振をやめるという方法が用いられた。第 3 回計測では，短辺方向の強制振動試験，短辺方向および長辺方向の常時微動計測，および短辺方向だけ起振機の急停止による自由振動試験が行われた。起振機の急停止は，起振機を建物の基本固有周期に一致するまで回転数を上げたのち，その回転を急激に止める方法が用いられた。

　第 1 回計測と第 2 回計測の常時微動計測の結果を比較することにより，敷地地盤の卓越周期はほぼ 0.2 秒付近であると特定している。周辺地盤はきわめて硬質（第 1 種地盤）であることがわかる。第 2 回計測と第 3 回計測の強制振動試験の結果の比較からは，コンクリート打設により基本固有周期が約 2 割短くなったこと，さらに減衰比が純鉄骨状態の 0.4 ％ から 3.7 ％ へと大幅に増加したことを確認している。また，この建物は長尺梁を使用した特殊な構造にはなっているが，従来の鉄骨鉄筋コンクリート造建物の振動性状と大きく異なるところはないことも確認している。

　コンクリート打設がほぼ完了した第 3 回計測の際に，大スパン床の歩行振動に関する計測も行われている。人が大梁上を歩いた場合，梁中央に荷重を落下させた場合，およびスラブ中央に荷重を落下させた場合の 3 ケースの計測を行い，大梁の固有周期は 0.084 〜 0.086 秒であり，解析値との比較により，大梁の境界条件は両端ピンと考えて設計してよいことを確認している。

2　竣工直前・直後

　ここでは，新築建物の竣工直前あるいは直後のどちらかに実施された振動計測を取り上げる。厳密には竣工検査とは言えないが，この時期の振動計測には竣工検査の意味合いが多分に含まれている。すなわち，竣工した建物が設計で意図したとおりに施工されているか，竣工した建物の耐震性・耐久性を含む構造健全性が確保されているか，あるいは設計では想定していなかった弱点が顕在化していないか等の疑問に対し，振動計測を利用してできる範囲で確認するという方針で臨んでいる。

　診断カルテの中で，このような竣工直前あるいは直後に行われた振動計測の数は比較的多い。その中には，一般的なビル建築や大学施設だけでなく，旧都庁舎や新宿区役所などの公共建物も含まれている。取り上げた事例の竣工前後の区分けおよび計測年は次のとおりである。

◆リーダーズダイジェスト東京支店〜竣工後計測，1952 年

◆日本楽器東京支店〜竣工前計測，1952 年

◆米国大使館職員宿舎〜竣工後計測，1953 年

◆法政大学大学院棟〜竣工後計測，1953 年

◆秀和ビル〜竣工前計測，1958 年

◆東京都庁舎〜竣工後計測，1959 年

◆日本アスベストビル〜竣工前計測，1961 年

◆東海銀行本店〜竣工前計測，1961 年

◆日本不動産銀行名古屋支店〜竣工前計測，1962 年

◆古室ビル〜竣工前計測，1962 年

◆新宿区役所〜竣工前計測，1966 年

◆早稲田大学理工学部研究棟〜竣工前計測，1967 年

◆名鉄バスターミナルビル〜竣工後計測，1967 年

　以下に各建物に関する概要と計測結果の要約を記す。計測結果についてより詳細な情報が知りたい場合は，ウェブサイトからほぼオリジナルの診断カルテを見ることができる。

第 1 節　リーダーズダイジェスト東京支店

　リーダーズダイジェスト東京支店は，レーモンドの意匠設計，ワイドリンガーの構造設計で1951年度日本建築学会賞作品賞を受賞した名建築の一つである。しかし，比較的短期間（12年間）で取り壊される運命にあった。その大きな引き金になったのは，東京大学教授坪井善勝と建築研究所所長竹山謙三郎による耐震性の欠如を指摘した構造批判である。これにワイドリンガーが反論し，さらに坪井と竹山が応じる形で構造論争になった。その論争の最中に，構築物振動研究会がこの建物の振動計測を行い診断カルテとしてまとめている。

　リーダーズダイジェスト東京支店は，皇居平川門の近く，現在はパレスサイドビルが建っている場所に1951年に竣工した。中央の主柱から両側に張り出した梁を鉄骨パイプで支えることにより，南北両面を開放した軽快な造形の特異性が当時大きな話題となった。建物を取り巻く庭園はイサムノグチが初めて手掛けた作品でもあった。構築物振動研究会が計測を実施したのは竣工後間もない1952年である。

　短辺方向の全体変形曲線を見ると，建物は主に曲げ変形をしており，建物と地盤中の杭があたかも1自由度系のように，地下室より下のかなりの深さから振動している。短辺方向振動の基本固有周期は0.183秒，減衰比は0.08であった。長辺方向振動の計測も行われたが，加振振動数範囲（7.3 Hz）内に共振現象は現れなかった。加振機試験の代わりに行われた常時微動計測の結果，長辺方向振動の基本固有周期は0.12秒，減衰比は0.12となった。同じ高さの建物の平均的な基本固有周期を推定式（ASCE式）により求めると，短辺方向振動では0.2秒以上，長辺方向振動では0.17秒以上となり，計測値は計算値より十分に小さく，見かけとは異なり極めて剛な構造物であることがわかった。減衰比も通常の建物よりはかなり大きく，耐震的に有利であると評価している。内藤による診断結果は以下のように記されている。

　「この建物が極めて短周期になった理由は，軽量化を追求した構造として設計された結果といえる。実際，建物の単位面積当りの平均重量は通常の建物の70％以下になっていた。短周期の構造物となった原因が，主に従来の建物に比べてはるかに強度の高い高強度コンクリートを使用して達成されているという事実も見逃せない。……この建物の場合，地震に対して大きな減衰を有していることは，耐震的に最も有利な振動特性であると言える。この建物は激しい地震動を受けたとしても，地震時における建物の応答を比較的小さくとどめ，その揺れもすぐに減衰して収まるはずであり，耐震安全性を維持しうる極めて良好な状態である。」

　この診断カルテは英文で書かれており，内藤はこの建物の耐震性能として「very good」という最高評価を与えている。剛構造の立場でこの建物を批判した坪井と竹山の陣営に加わらず，独自の視点に立ち，この建物がデザイン面だけでなく耐震面でも優れているという点を強調していることには興味を引かれる。

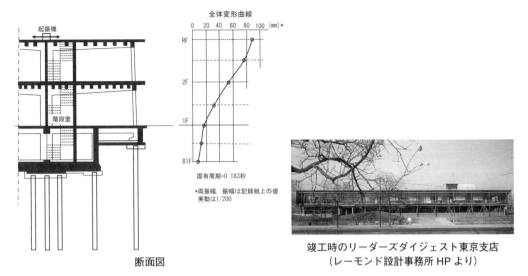

図 2.2.1　リーダーズダイジェスト東京支店（1952 年）

第 2 節　日本楽器東京支店

　日本楽器東京支店は鉄骨鉄筋コンクリート造地上 6 階地下 1 階で，銀座 7 丁目の中央通り（銀座通り）に面した場所に 1951 年に竣工した。これもレーモンドの意匠設計である。建物の下層部はすでに店舗，事務室，倉庫などとして使用が開始されていたが，上層部はまだ仕上工事中という竣工直前に計測が行われている。現在，この計測対象となった建物はすでに取り壊されており，同じ場所に新ビルが 2010 年に竣工している。

　振動計を各階床と階段室踊場（床レベル中間点）に設置し，高さ方向に密な計測を行っている。このときの計測で一番興味を引くのは，長辺方向振動において，基礎と上部構造の全体系の振動モード（全体振動）と上部構造だけの部分系の振動モード（部分振動）が別々に励起されたという点である。長辺方向には，共振曲線に 0.205 秒，0.230 秒，0.255 秒の 3 つの固有周期が認められ，ねじれ変形曲線から 0.205 秒はねじれ振動，全体変形曲線から 0.230 秒は上部構造だけの部分振動，0.255 秒は基礎と上部構造の全体振動であることがわかった。一方，短辺方向には 0.205 秒と 0.366 秒の 2 つの固有周期が認められ，0.205 秒はねじれ振動，0.366 秒は全体振動であることがわかった。すなわち，長辺方向振動においては全体振動と部分振動が別個に現れ，短辺方向振動では部分振動は認められなかった。なお，同じ起振力に対して，短辺方向振動の振幅は長辺方向振動の約 2 倍であり，短辺方向に揺れやすい建物であった。

　同規模の建物の平均的な基本固有周期を ASCE の推定式を用いて算定すると，長辺方向振動は 0.39 秒，短辺方向振動は 0.48 秒となり，両方向ともに計測値は計算値よりはるかに短周期となり，建物は剛構造であると判定された。ただし，建物上層部には大きな開放空間（音楽

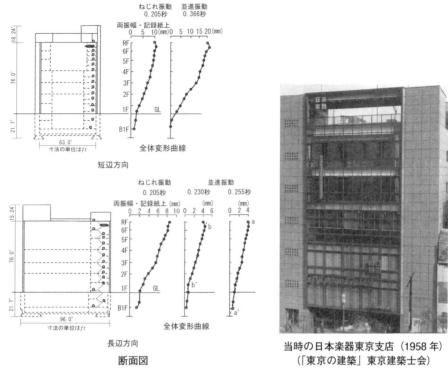

図 2.2.2　日本楽器東京支店（1952 年）

室）があり，軽い構造であることも短周期であることに寄与していると思われる。

　ねじれ振動の固有周期と並進振動の固有周期（長辺方向振動と短辺方向振動の固有周期の平均値）の比（ねじれ・並進周期比）を計算すると 0.66：1 となった。焼けビルの計測では，ねじれ・並進周期比は 0.70：1 を超えていたことから，本建物のねじれ抵抗は大きいとは言えないが，それほど小さいとも言えないと記されている。

第 3 節　米国大使館職員宿舎

　日本軍によるハワイ真珠湾攻撃により太平洋戦争に突入した 1941 年 12 月 8 日に赤坂霊南坂にあったアメリカ大使館は閉鎖され，終戦後の 1952 年に同じ場所で再開されることになった。診断カルテには，アメリカ大使館職員宿舎の 1 棟が 1952 年に竣工し，その年に構築物振動研究会が計測を行ったことが記されているが，この建物が戦前から大使館用地にあった 2 棟の職員宿舎の建て替えなのか，あるいは大使館用地外に新たに建てられたものなのかは調査不足のためよくわからなかった。建物は，鉄筋コンクリート造地上 6 階地下 1 階，敷地の地質は東京山手を覆う硬いローム層である。

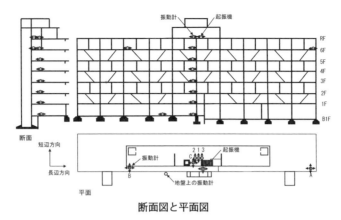

断面図と平面図

図 2.2.3　米国大使館職員宿舎（1953 年）

　この建物の構造の特徴は，地下階がコンクリート造の箱型で，その上に上部構造が載っており，アパート形式のため短辺方向には多くの間仕切壁がある一方，長辺方向には皆無と言えるほど壁が少ないという点である。すなわち，短辺方向は壁付ラーメン構造，長辺方向は純ラーメン構造であり，一つの建物に異種構造が同居していると言うことができる。この構造形式は，1950 年代後半の大量住宅供給の時代に入るとごく見慣れた構造になったが，1950 年代初めはまだ珍しかったのであろう。

　壁の存在を無視した基本固有周期の推定式による計算値を計測値と比較することにより，このような構造では壁量が固有周期の値に大きな影響を与えることを示している。計測値は短辺方向で 0.325 秒，長辺方向で 0.345 秒，ASCE 式による計算値は短辺方向で 0.62 〜 0.76 秒，長辺方向で 0.25 〜 0.29 秒となった。すなわち，短辺方向では計測値が計算値よりかなり小さく，長辺方向では逆に計測値が計算値よりも大きくなっている。

　診断カルテの最後には以下のような記述がある。「周期の計測のみで地震に対する抵抗力の過不足を論じることはできないが，基本固有周期の計測値と計算値の比較から短辺方向と長辺方向の強度の相対的な比較はできると考えられる。」

第 4 節　法政大学大学院棟

　法政大学大学院棟は当時法政大学助教授であった大江宏が意匠設計を担当したモダニズム建築であり，剛構造を良しとした内藤から見ると，新しい時代を予感させる構造であった。「53 年棟」と呼ばれ，東京大空襲により荒廃した法政大学市ヶ谷キャンパスの再建計画における最初の建物として 1953 年に竣工している。平面は 36.0 m×11.6 m の矩形，高さは地上 20.8 m，構造は鉄骨鉄筋コンクリート造地上 6 階地下 1 階（ただし地下は玄関寄りの北側半分のみ）である。近代建築の形態的特徴を採用し，1 階エントランス部のピロティ，四周を取り巻くキャン

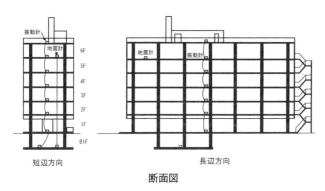

当時の法政大学53年館と後方の55号館
（Wikiwand「法政大学」）

図 2.2.4　法政大学大学院棟（1953 年）

ティレバー，ガラスカーテンウォールのファサード，壁の少ない開放的な内部空間などが実現されていた。この建物は 1995 年に解体されている。

　構築物振動研究会は，この建物を竣工直後の 1953 年 8 月から 3 か月間かけて計測している。法政大学から依頼されて計測したというよりも，今後の設計の参考資料作成のために計測させてもらったという感じが強い。内藤は壁の少ないこの構造の振動性状を，強制振動試験だけでなく，実際の地震動と風圧力に対する応答挙動も計測し（これが計測期間が長くなった理由である），荷重と応答との関係に着目している。

　強制振動試験の共振曲線には，長辺方向加振では固有周期 0.39 秒が 1 つだけ，短辺方向加振では大きなピークの 0.57 秒と小さなピークの 0.39 秒の 2 つが認められた。0.39 秒は長辺方向振動の基本固有周期，0.57 秒は短辺方向振動の基本固有周期である。短辺方向加振のとき，短辺方向振動だけでなく，長辺方向振動もある程度励起されていたことがわかる。起振機の据え付け位置を変えてねじれ振動も励起し，その固有周期が 0.43 〜 0.44 秒であることも確認している。同規模の建物の平均的な基本固有周期の計算値と比較したところ，長辺方向には十分剛であるが，短辺方向にはやや柔であるという結果になった。

　地震計は地下室に設置し，1 成分計であったため計測期間前半は短辺方向振動の計測，後半は向きを変えて長辺方向の計測を行っている。9 月 24 日に発生した地震に対する短辺方向振動の 6 階と地下室の最大変位振幅の比（振幅比）は 4.0，10 月 14 日に発生した地震に対する長辺方向振動の振幅比は 1.53 となった。すなわち，短辺方向に揺れやすい建物であることがわかる。また，地震動が収まった後も上部構造は両方向ともしばらく揺れ続いたことが報告されている。

　風圧力に対する計測は，台風 13 号が東京に接近した 9 月 25 日から 26 日にかけて行われた。東京に最も近づいたときの中心気圧は 950 ミリバール，瞬間最大風速は 20 〜 25 m/s くらいである。このときの短辺方向の 6 階と地下室の最大変位振幅の比（振幅比）は 10.0 であった。このことは，地震時の応答は基礎と上部構造を含む全体系の振動になるのに対し，風圧力に対す

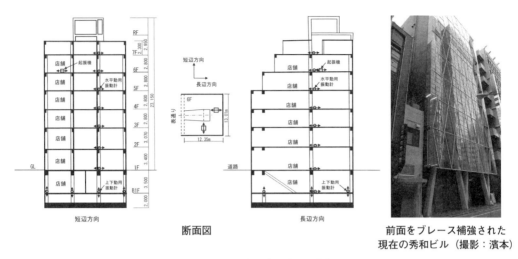

図 2.2.5　秀和ビル（1958 年）

る応答は上部構造だけの部分系の振動になることを示唆している。

　最後に，全体変形曲線を曲げ変形とせん断変形に分離する方法を示し，塔状比（建物の高さと幅の比）が $\sqrt{3}$ より大きくなると曲げ変形が卓越し，$\sqrt{3}$ より小さくなるとせん断変形が卓越することを具体的に示している。

第 5 節　秀和ビル

　秀和ビルは銀座 8 丁目に建てられたクラブやバーが入る鉄筋コンクリート造地上 7 階地下 1 階の商業ビルである。地盤条件は良く，直接基礎になっている。竣工は 1958 年，改築されているが現在も使用されている。当時は，通りに面した 1 面（短辺方向）だけが壁のない開放的なファサード，残り 3 面は開口部のないコの字形の閉鎖的な壁面を形成し，中央には階段室とエレベータホールが長辺方向に並んで配置されていた。このため，短辺方向は長辺方向に比べると相対的に柔な構造となり減衰も小さかった。

　共振曲線から，短辺方向振動の基本固有周期は 0.302 秒，減衰比は 0.03，長辺方向の基本固有周期は 0.217 秒，減衰比は 0.075（短辺方向振動の 2 倍以上）と求められた。同規模の建物の平均的な基本固有周期を推定式により算定してみると，谷口式によれば 0.49 〜 0.63 秒，ASCE 式によれば，短辺方向振動で 0.445 〜 0.535 秒，長辺方向振動で 0.395 〜 0.474 秒となる。いずれの場合も計測値は計算値よりも短周期側にあり，この建物は剛構造であると判定された。

　全体変形曲線から，長辺方向の変位振幅は短辺方向の約 40 ％であり，相対的に短辺方向に揺れやすく，長辺方向には揺れにくいことがわかる。また，ねじれ変形曲線から，壁のない側

の振動は大きく，壁がある側の振動は小さいことも確認できた。ロッキングによる変形が全変形に占める割合は，短辺方向振動で約 30 %，長辺方向成分で約 40 %となった。短辺方向は地盤と建物の剛性がともに中程度の場合の値であり，長辺方向はかなり剛と見なせる値である。

第 6 節　東京都庁舎

　計測対象の建物は 1991 年に現在の新宿に移転する前の旧都庁舎であり，現在，東京丸の内の国際フォーラムが建っている場所にあった。旧都庁舎はわが国のモダニズムを牽引した丹下健三の代表作の一つであり，竣工は 1957 年である。内部の壁は少なく，外壁はカーテンウォールで覆われていた。構造は鉄筋コンクリート造地上 8 階（ペントハウス 3 階）地下 2 階である。

　構築物振動研究会は，この旧都庁舎を竣工 2 年目の 1959 年に計測している。診断カルテには計測結果だけが示されており，普通だと最後の部分に記入する診断結果に相当する記述は見られない。しかし，計測結果を見る限り，耐震的な観点からは，この旧都庁舎はやや不安を覚えるような指摘事項が少なくない。このことが診断結果をあえて記述しなかった理由と関係しているのかもしれない。

　共振曲線には，短辺方向振動では 3 つの固有周期，長辺方向振動では 2 つの固有周期が認められた。短辺方向で支配的なのは周期 0.59 秒，長辺方向で支配的なのは周期 0.41 秒であり，これらが各方向の基本固有周期と考えられる。補助的に行われた常時微動計測においても，短辺方向は 0.59 秒，長辺方向は約 0.43 秒に卓越周期が認められた。8 階に設置されていた SMAC 強震計により記録された 1959 年 1 月 24 日の地震記録波形からも，短辺方向で周期 0.61 秒，長辺方向で周期 0.43 秒の比較的規則的な波形が数秒間観測されている。地震時は強制振動試験のときよりもわずかではあるが長周期化する傾向が認められる。$1/\sqrt{2}$ 法により求めた減衰比は，短辺方向振動で約 0.03，長辺方向振動で約 0.04 であり，これまでに構築物振動研究会が経験していた値として最も小さかった法政大学大学院棟（第 4 節）における短辺方向振動で約 0.04，長辺方向振動で約 0.05 と比べてもさらに小さな値となった。

　全体変形曲線を見ると，長辺方向振動の変位振幅は短辺方向振動の約 1/3 であり，この建物は短辺方向に揺れやすいことがわかる。短辺方向の基本固有周期の全体変形曲線は 1 階と 2 階の間で局所的に急激に増加しており，3 階以上では高さとともに線形的に増加していた。長辺方向の基本固有周期の全体変形曲線は，2 階以上では高さとともに線形的に増加していたが，2 階より下の部分では変形の増加率が小さくなっていた。ねじれ変形曲線を見ると，6 階床の短辺方向振動は全体として両端自由で振動する梁のような曲げ振動をしていたが，その変形は非対称であり，西側では局所的な変形が生じていた。一方，長辺方向振動では変形がかなり小さくなっていた。基礎版における短辺方向振動の上下動変形曲線を見ると，短辺方向振動では南側の変形領域が大きく，北側の変形領域が小さかった。長辺方向振動では西側の変形領域が

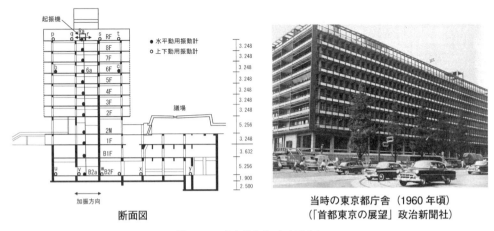

図 2.2.6　東京都庁舎（1959 年）

小さく，東側の変形領域が大きかった。このため，短辺方向振動も長辺方向振動も上下動変形曲線に不連続的な段差が生じていた。

以上纏めると，旧都庁舎を振動計測した結果には，全体変形曲線に局所的に大きな変形が現れ，ねじれ変形曲線に非対称性と局所的な変形が見られ，基礎版の上下動変形曲線に不連続的な段差が生じ，さらに減衰比の値が小さいと言った耐震安全性の観点からは不安が残るような事項が記されている。

第7節　日本アスベストビル

日本アスベストビルは，1961 年，鉄骨鉄筋コンクリート造地上 9 階地下 3 階（ペントハウス 4 階）として銀座西 6 丁目に竣工した。意匠設計は明石信道，構造設計は内藤多仲である。横幅に比べて比較的背の高いペンシルビルで，地下 3 階より地上 7 階までは床が同一の矩形面積を有し，8 階，9 階，屋上の床面積は階段状に順次小さくなっていた。計測は竣工直前に行われた。その診断結果は，全変形に対して弾性変形の占める割合が大きい比較的柔な構造であり，減衰も通常の建物よりも小さく，耐震安全性の観点からはやや不安を残す内容となった。構造設計を手掛けた建物を自ら診断した結果は厳しい評価になっている。

共振曲線から，短辺方向振動の基本固有周期が 0.40 秒，長辺方向振動の基本固有周期が 0.367 秒であることが明瞭にわかった。周期 0.2 秒にも小さなピークが見られたが，ねじれ変形曲線からねじれ振動の固有周期であることが判明した。同規模の建物の平均的な基本固有周期は，ASCE の推定式によれば短辺方向振動で 0.80～0.97 秒，長辺方向振動で 0.69～0.82 秒，谷口の推定式によれば 0.63～0.81 秒となった。計測値は両方向ともに計算値よりもはるかに小さく，固有周期からは剛な構造であると判定された。$1/\sqrt{2}$ 法により求めた減衰比は，短辺

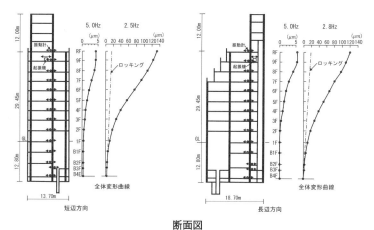

断面図 当時の日本アスベストビル
（内藤多仲記念館）

図 2.2.7　日本アスベストビル（1961 年）

方向振動で 0.03，長辺方向振動で 0.034 であり，両方向とも鉄骨鉄筋コンクリート造としては減衰がかなり小さかった。

短辺方向振動の全体変形曲線は不連続点がなくなめらかであった。ロッキングによる変形は全変形の 3.3 ％に過ぎず，ほとんどが弾性変形である。長辺方向振動の全体変形曲線も不連続点がなくなめらかであった。ロッキングによる変形はやはり全変形の 5.8 ％と小さく，弾性変形が支配的である。

以上のように，日本アスベストビルのようなペンシルビルの場合，固有周期からは剛構造と判定されても，弾性変形が全体変形に占める割合が支配的となり，実質的には柔構造と見なすべき状態になっている。その上，弾性変形が支配的なときは減衰比も小さくなる傾向があり，耐震安全性の観点から課題を残した。

第 8 節　東海銀行本店

東海銀行本店は，1961 年，東海地方唯一の都市銀行として名古屋の中心地錦広小路に竣工した。地上 8 階地下 3 階（ペントハウス 3 階）の鉄骨鉄筋コンクリート造ビルで，7 階と 8 階にはホールの開放的な空間が設けられていた。構造的な特徴は，3 階部分を大きなトラス構造で囲い込み，非常に堅固に造られていた点である。

共振曲線を見ると，短辺方向振動の基本固有周期は 0.435 秒，長辺方向の基本固有周期は 0.417 秒で，両方向の基本固有周期はほぼ同じであった。8 階建ての建物の平均的な基本固有周期を推定式（谷口式）により求めた計算値は 0.6 秒以上になった。計測値は計算値よりも大幅に小さく，建物は非常に剛な構造であると言える。

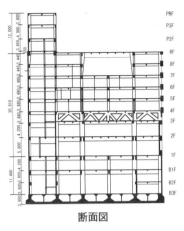

断面図　　　　　　　　　　当時の東海銀行本店（2005，Wikipedia）

図 2.2.8　東海銀行本店（1961 年）

　全体変形曲線の形状も両方向でほぼ同じであり，1～2 階の変形は他の階に比べて大きく，3 階以上屋上までは弾性変形が小さくなっていた。屋上のペントハウスは曲げ変形ではなくラーメン変形を示した。変形量は長辺方向が短辺方向の約 60 % になった。ねじれ変形曲線にはねじれ変形がほとんど生じておらず，ねじれ抵抗が非常に大きな建物である。ねじれが生じにくいことは，重心と剛心がかなり接近していることを示している。

　診断カルテの最後には，「この建物は地震の際に有利な基本条件を充たしている」と記されている。

第 9 節　日本不動産銀行名古屋支店

　日本不動産銀行名古屋支店は，名古屋市中区にあった地上 9 階地下 2 階（ペントハウス 3 階）の鉄骨鉄筋コンクリート造ビルで，基礎は直接基礎と深礎地業を併用していた。竣工は 1962 年である。振動計測は竣工直前に建物の耐震性能を評価するために行われた。

　共振曲線から短辺方向振動の基本固有周期が 0.55 秒，長辺方向振動の基本固有周期が 0.36 秒であることがわかった。同規模の平均的な建物の基本固有周期は，谷口の推定式で 9 階の場合，0.63～0.81 秒になる。計測値は計算値より両方向とも十分小さく剛な構造と認められる。また，共振曲線は両方向ともに単峰性を示し，振動的に単一構造と見なすことができる。

　短辺方向振動の全体変形曲線はなめらかで局所的な増幅もなくラーメン変形を示しており，各階の剛性はほぼ均一であることがわかった。ペントハウス部分において多少の振動性状の差異は認められたが，全体としては一体として振動していると見なすことができる。長辺方向振動の全体変形曲線は直線的に増加しており，せん断型の振動である。その変位振幅は短辺方向振動の 1/4 程度であり，短辺方向に揺れやすい建物と言える。ねじれは両方向ともにほとんど

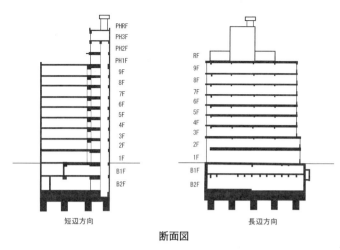

図 2.2.9　日本不動産銀行名古屋支店（1962 年）

生じておらず，重心と剛心はほぼ一致している。ロッキングによる変形が全変形に占める割合は，短辺方向振動では 37 % でごく平均的な値であり，長辺方向振動では 93 % と極めて大きくほぼ剛体と見なせる。

　診断カルテの最後には，「本建物は十分な耐震性能を備えている」と記されている。

第 10 節　古室ビル

　古室ビルは東京駅八重洲口の一画にあった鉄筋コンクリート造地上 5 階地下 1 階の小規模ビルである。平面は L 形，地盤はかなり良好で，基礎には径 30 cm のコンクリート杭（長さ 4.5 m）が使われていた。竣工は 1963 年であるが，計測は 5 階がまだ工事中であった 1962 年に行われている。このビルはごく最近まで使用されていたが，八重洲の再開発に伴い解体された。

　短辺方向振動の基本固有周期は 0.226 秒，長辺方向振動の基本固有周期は 0.15 秒である。共振曲線は両方向ともに単峰性で，一体として振動していることがわかる。同規模の建物の平均的な基本固有周期は，谷口式によれば 0.35 〜 0.45 秒になる。両方向とも十分剛であると言える。このことは，全変形に占めるロッキングによる変形の割合が，短辺方向振動では約 60 %，長辺方向振動では約 70 % と大きな値になっていることからも確認できる。

　短辺方向振動の全体変形曲線は不連続点のないなめらかなせん断変形であった。長辺方向振動の全体変形曲線は，その振幅が短辺振動よりもはるかに小さく，これも連続的なせん断変形であった。L 形平面にも関わらず，ねじれ変形曲線に顕著なねじれは見られず，十分なねじれ抵抗を有している。

　診断カルテの最後には，「本建物は十分な耐震性能を備えている」と記されている。

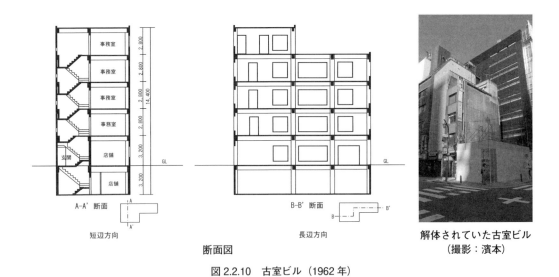

図 2.2.10　古室ビル（1962 年）

第 11 節　新宿区役所

　新宿区役所は歌舞伎町に建てられた鉄骨鉄筋コンクリート造地上 8 階地下 2 階（ペントハウス 3 階）の建物で，意匠設計は明石信道，構造設計は内藤多仲が担当している。1～2 階はピロティになっているが，耐震性を考慮して建物四隅には耐震壁が設けられている。議場や 2 つの会議室では，大梁やトラス梁を用いて柱を抜き大スパンになっている。水平力をコア部に伝達するために周囲の床は剛強に造られている。基礎は深礎で地下 18 m にある東京礫層に達している。竣工は 1966 年である。診断カルテに，計測時期は「ほぼ竣工時」と記されており，計測は竣工直前に行われたものと思われる。2011 年の東日本大震災で窓ガラスなどが破壊されたのを機に耐震診断を行い，I_S 値が 0.3 以下となり耐震不足を指摘されたため，免震化による耐震補強が行われている。

　通常，短辺方向加振のときは短辺方向振動のみ，長辺方向加振のときは長辺方向振動のみの計測が行われるが，このときの計測では，両方向加振ともに両方向同時計測が行われた。短辺方向加振のとき，短辺方向振動だけでなく，2 番目のピークとして長辺方向振動が現れ，加振直交方向の振動が励起されていることが確認された。長辺方向加振のときは，長辺方向振動よりも短辺方向振動の方が大きくなる現象が生じた。このことは，短辺方向振動が長辺方向振動に比べてかなり生じやすいことを示している。共振曲線から，短辺方向振動の基本固有周期は 0.4 秒，長辺方向振動の基本固有周期は 0.36 秒であることがわかった。

　短辺方向振動も長辺方向振動も，全体変形曲線は不連続点のないなめらかな曲線となり，各階の剛性がほぼ均一であることを示している。ロッキングによる変形が全変形に占める割合は，短辺方向振動で約 20 %，長辺方向振動で約 30 % である。短辺方向にはやや柔構造になって

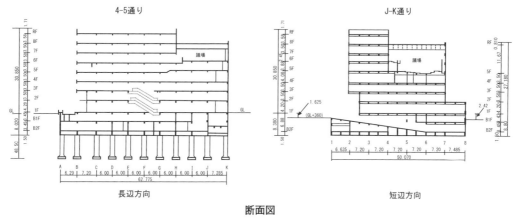

断面図

免震化された現在の新宿区役所（撮影：濱本）

図 2.2.11　新宿区役所（1966 年）

おり，長辺方向も剛構造と呼ぶにはやや小さな値である。

　ねじれ変形曲線からは，ねじれが励起されやすい傾向が認められた。これは，階段室やエレベーターシャフトのあるコア部分と議場の外壁による影響と考えられる。

　強制振動試験に加えて常時微動計測も実施された。短辺方向と長辺方向の卓越周期が，強制振動試験の短辺方向と長辺方向の基本固有周期と一致したことを報告している。

　診断カルテの最後には，「長辺方向振動と短辺方向振動の基本固有周期は平均的な建物に比べて十分短く剛構造と見なすことができ，水平動の高さ方向の変形性状および上下動の床の変形性状に異常は認められず，大きな構造上の問題はない」と記されている。ただし，本文中ではコア部と議場外壁の位置関係によりねじれが生じやすいことと，短辺方向には部分的ではあるが柔構造となっている個所があるという弱点も指摘している。

第12節　早稲田大学理工学部研究棟

　早稲田大学理工学部研究棟は，鉄骨鉄筋コンクリート造地上18階地下2階で，日本最初の超高層建築と言われる霞が関ビルが竣工する前年の1967年に竣工している。竣工当時は，日

本で3番目の高層建築であった。意匠設計は安藤勝男，構造設計は松井源吾，1967年度日本建築学会賞作品賞を受賞している。高層建築ではあるが，長辺方向にはK形ブレースのペアを千鳥状に配し，短辺方向にはX形ブレースを上下一列に配して剛構造として設計されている。振動計測は竣工直前に行われた。強制振動試験の他に，常時微動計測，人力加振による自由振動試験，地震動観測も行われた。強制振動試験では手動式起振機と電動式起振機を用意したが，手動式で短辺方向振動と長辺方向振動の1～3次モードをすべて励起できたため，電動式は使用されていない。起振機は屋上中央に据え付けられた。

　強制振動試験により，短辺方向振動の固有周期は，1次が1.10秒，2次が0.33秒，3次が0.18秒，長辺方向振動の固有周期は，1次が0.89秒，2次が0.29秒，3次が0.17秒であることがわかった。人力加振でも短辺方向と長辺方向の1次と2次の固有周期は強制振動試験の結果と同じになり，比較的長周期の建物の場合は人力加振が有効な加振方法であることを確認している。

　短辺方向加振による1～3次の3次元全体変形曲線（立体モード形）を描かせてみると，ねじれはほとんど生じておらず，加振直角方向の変位振幅は非常に小さかった。これに対し，長辺方向加振のときは加振直角方向の変位振幅は加振方向の20～30％となり，ねじれが生じていた。短辺方向に揺れやすい建物であると言える。

　全変形に対するロッキングとスウェイによる変形の和は1次モードでは極めて小さく，基礎固定と見なすことができる。2次モードと3次モードもロッキングとスウェイによる変形は小さく，基礎の上下動変形曲線のロッキング中心はほぼ建物中心に一致し，その変形は直線的になった。つなぎ梁の剛性が高く基礎は一様な剛性を有していると考えられる。

　減衰比は短辺方向振動でも長辺方向振動でも振動数に比例する傾向が見られた。1次モードの減衰比は0.01～0.015，2次モードでは0.025，3次モードでは0.04となり，いずれも比較的小さな値である。

　常時微動計測の周期−頻度分布曲線から1～3次モードのすべての固有周期を求めることができた。この建物のように，高層建築で減衰が小さいときは常時微動計測で高次振動をしっかり計測できている。ただし，短辺方向振動の1次モードは強制振動試験の1.1秒よりも小さな0.9秒となった。このとき長辺方向振動が励起されていた可能性がある。常時微動計測により求めた全体変形曲線は，短辺方向振動の1次モードに関しては強制振動試験の結果とよく一致したが，長辺方向振動に関しては1～10階付近まで振幅が強制振動試験の結果よりも大きくなる傾向が見られた。高次モードが影響している可能性がある。強風時には，短辺方向振動は周期1.1秒（0.9秒ではなく），長辺方向振動は周期0.8秒の振動が支配的になった。これらの振動周期は強制振動試験の短辺方向と長辺方向の1次固有周期とほぼ一致している。

　地震観測により，地震発生直後に2次，3次の高次モードが励起され，これらの高次モードが消失した後に1次モードが現れる傾向が認められた。振動計測を実施した翌年に発生した

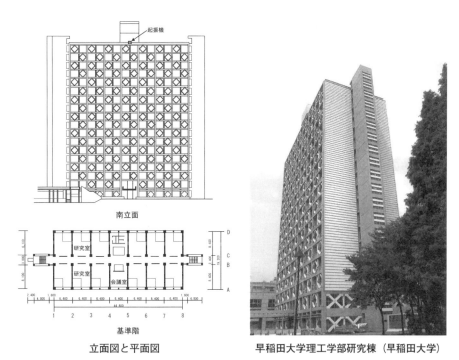

図 2.2.12　早稲田大学理工学部研究棟（1967 年）

十勝沖地震のときは，短辺方向振動の 1 次固有周期が 1.1 秒から 1.4 秒に，長辺方向振動の 1 次固有周期が 0.89 秒から 1.0 秒付近まで延びることが観測された。地震動が大きいときは固有周期の長周期化が生じている。

　診断カルテの最後には，「この建物の振動は地震動に 1.0 秒付近の長周期成分が含まれていると比較的大きく増幅されると考えられる。しかし，現時点においては地震時に破壊をもたらすような欠陥は何も見つかっておらず，この建物は構造的に健全であると判定できる」と記されている。1967 年の時点で，長周期地震動の影響をすでに懸念していた点に興味を引かれる。

第 13 節　名鉄バスターミナルビル

　名鉄バスターミナルビルは，谷口吉朗が意匠設計を担当した鉄骨鉄筋コンクリート造地上 20 階地下 2 階の立体バスターミナルビルである。この建物も高層建築ではあるが，11 階と 12 階に井桁状耐震壁を形成することにより剛構造として設計されている。竣工は 1967 年であり，竣工後まもなく構築物振動研究会により強制振動試験と常時微動計測が行われた。強制振動試験は電動式起振機（偏心重量 100 kg，偏心距離 33 cm）を用い，その据え付け位置は屋上ではなく 7 階あるいは 6 階という中間階が選ばれた。高層階（11 階以上）がホテルとして使用されていたことがその理由であると思われる。

2　竣工直前・直後　　45

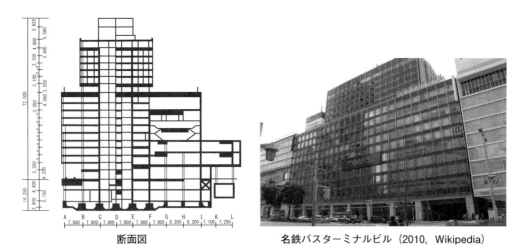

断面図　　　　　　　　　　名鉄バスターミナルビル（2010，Wikipedia）

図 2.2.13　名鉄バスターミナルビル（1967 年）

　短辺方向振動の共振曲線には 2 つのピークが現れ，大きいピークが 1 次固有周期の 0.55 秒，小さいピークが 2 次固有周期で 0.235 秒であった。3 次固有周期は起振機の回転力不足で明確なピークは現れなかったが，共振曲線を外挿して 0.1 秒前後と推定された。長辺方向振動の共振曲線は 3 つのピークが現れ，1 次固有周期は 0.585 秒，2 次固有周期が 0.24 秒，残る周期 0.54 秒は 7 階から上部の部分振動の固有周期ではないかと推定された。これは，バスターミナルの存在により，7 階より上の建物部分を 6 階で固定した状態で解析したときの 1 次固有周期が 0.54 秒になったためである。3 次固有周期は，短辺方向振動と同様，起振機の回転力不足で明確なピークは現れなかったが，共振曲線を外挿して 0.1 秒前後と推定された。基本固有周期の推定式（谷口式）を用いた計算値によれば，この建物の 1 次固有周期は従来の 9 階建ての固有周期とほぼ同じ値であり，構造設計で意図したとおり，非常に剛性の高い構造に仕上がっていることがわかる。

　短辺方向振動の全体変形曲線は，1 次固有周期のとき，5〜6 階と 12〜14 階で変位振幅がほかの階に比べて小さくなっていた。これは，井桁壁の効果が現れたものと考えられる。2 次固有周期のときはなめらかな変形形状になった。長辺方向の全体変形曲線でも，1 次固有周期のとき，4 階と 13 階の変位振幅が小さくなっており，井桁壁の効果が現れている。各階の剛性の計測値は，解析モデルにより求めた解析値に比べ，11 階から上部においてかなり大きくなった。間仕切壁や 11 階と 12 階の井桁壁の剛性を設計時に適切に評価することは難しいことを示している。

　ねじれ変形曲線は，短辺方向振動も長辺方向振動も，2 階，7 階，9 階の 3 つの階で求められた。いずれの階もねじれは小さく，ねじれ抵抗が大きいことを確認している。

　短辺方向振動では，全変形に対するロッキングの寄与率は 33 %，スウェイの寄与率は 6 %であり，長辺方向振動では，全変形に対するロッキングの寄与率は 26 %，スウェイの寄与率

は 6 % であった。他の高層建築に比べると，弾性変形の寄与は比較的小さく，剛な構造である。

　減衰比は，$1/\sqrt{2}$ 法を用いて，短辺方向振動の 1 次固有周期は 0.04，2 次固有周期は 0.07，長辺方向振動の 1 次固有周期は 0.02，2 次固有周期は 0.07 になった。他の高層建物に比べて減衰は大きめである。

　この時期の常時微動計測は補助的な位置づけにありまだ主役ではない。得られた周期－頻度分布曲線とフーリエスペクトルの結果が強制振動試験の結果とおおむね整合していたことが記されている。

　診断カルテの最後には，本建物が「構造設計で計画された通り，非常に剛性の高い建物である」と記されている。

3　増改築の事前・事後

　建物の増改築をする場合，「1．状態変化を知るための計測」で紹介した計測例のように，増改築の前と後で振動計測を行い，その構造的な状態変化を確認することが本来は望ましい。しかし，実際には時間的にも経済的にもそこまで余裕がないのが普通であり，増改築前後の複数回計測を行うことを躊躇したとしても無理はない。こうした状況下で，事前か事後のどちらかだけの振動計測で済ませるという事例も多く見られる。

　増改築の事前計測と事後計測のうちどちらが多いかというと圧倒的に事前計測である。事前計測の目的は，建物の構造健全性の状態を客観的に評価し，その評価に基づいて構造面から増改築の計画案を作り上げるための基本情報の収集・整理である。増改築工事に入る前に，新築時の設計情報に基づく机上計算や目視だけでなく，新築時からは変化しているはずの増改築時における状態を計測に基づいて確認しておく一歩進んだ視点と言える。

　一方，事後計測の目的は増改築工事が計画通りに行われたかどうかの確認になる。このとき，事後計測により設計の妥当性を問われたり，追加工事を要求されたりする事態は避けたいという消極的な意識が，設計者や施工者に事後計測を躊躇させる原因の一つになることは否めない。そうであっても，建築主があえてやりたいという意思表明をしたときは事後計測を当然行うことになるが，この場合も建築主が費用負担するということになると建築主にもためらいが生じることになる。

　増改築の事前あるいは事後の計測が，前章の「2．竣工直前あるいは直後の計測」と異なる点は，増改築の段階で建物はすでに何年間か使用されているということである。このため，竣工から経過した年月分だけ構造体は多かれ少なかれ劣化あるいは損傷している。振動計測によって得られる情報は，この経年劣化の影響を包含した結果であり，経年劣化だけを分離して評価することは難しい。振動計測だけでこの経年劣化の影響を評価したい場合は「1．建物の状態変化を知るための計測」を建物の使用期間中に繰り返すことが必要であり，これは構造ヘルスモニタリングとして最近徐々に取り入れられつつある技術そのものである。しかし，これを行うには，振動計測システムを常時運用し，継続的に維持管理を行う必要があり，このための経済的な負担と労力負担が技術普及の大きな障壁になっていることも事実である。

　当時でも，振動計測から得られる情報に加えて，竣工以降に進行した建物の損傷進行あるいは経年劣化の影響を調査したいという要求はあった。この要求に応えるために，構築物振動研究会では，振動計測を行った後に，コンクリートの強度試験と中性化試験，場合によっては部

材の載荷試験をオプションとして実施していた。本章ではこのような例をいくつか見ることができる。建物診断は非破壊試験である振動試験を中心に据えているため，コンクリートの強度試験は現在の耐震診断で使われているコア抜きによる破壊試験ではなく，シュミットハンマによる非破壊試験が用いられている。

ここでは，増改築の事前あるいは事後のどちらかに実施された計測事例を紹介する。取り上げた次の建物はいずれもすでに取り壊されており現存していない。

◆埼玉銀行京橋支店〜増築前計測，1953 年
◆国策パルプビル〜増築前計測，1956 年，1964 年
◆東海銀行中支店〜増築前計測，1958 年
◆三和銀行東京支店〜増築後計測，1959 年
◆日本紙業ビル〜増築後計測，1959 年
◆守谷ビル〜増築前計測，1962 年
◆住友銀行名古屋支店〜増築前計測，1963 年
◆神田 YMCA 会館〜増築前計測，1964 年
◆正進社ビル〜増築前計測，1964 年

以下に各建物に関する概要と計測結果の要約を記す。計測結果についてより詳細な情報が知りたい場合は，ウェブサイトからほぼオリジナルの診断カルテを見ることができる。

第 1 節　埼玉銀行京橋支店

　埼玉銀行京橋支店は，1922 年，中央通り（銀座通り）の日本橋と京橋の間に竣工した武州銀行京橋支店を再利用した建物であり，関東大震災と東京大空襲を生き延びていた。建物の平面は矩形で，その長辺方向が中央通りに平行に取られていた。構造は鉄筋コンクリート造地上 4 階地下 1 階で，中 2 階があり，1 階の天井はとくに高く造られていた。振動計測が行われたのは 1953 年で，埼玉銀行はまだ地方銀行の時代である。計測の目的は，対象建物の振動特性を明らかにし，増築計画の参考資料を得るためであった。しかし，その後，どのような増築工事がなされたのかに関する記録は残っておらず，建物もすでに取り壊されており現存しない。

　共振曲線から読み取られた建物の短辺方向振動の基本固有周期は 0.317 秒，長辺方向振動の基本固有周期も 0.317 秒であった。外力に抵抗する壁量の短辺方向と長辺方向のバランスにより，両方向の基本固有周期がたまたま一致したことになる。ASCE の推定式により同規模の平均的な建物の基本固有周期を求めると，短辺方向振動では 0.428 〜 0.513 秒，長辺方向振動では 0.380 〜 0.456 秒となる。計測値は短辺方向も長辺方向も計算値よりも十分に短く，この建

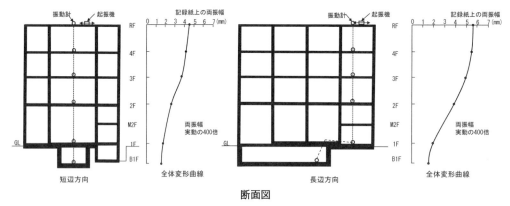

図 2.3.1　埼玉銀行京橋支店（1953 年）

物が剛な構造であることを示している。

　共振曲線には周期 0.2 秒付近にも小さなピークが現れていたが，これはねじれ振動の固有周期である可能性が高いと考えられた。起振機の位置が中央よりかなり離れていたため，普通の建物であればねじれ振動が明瞭に現れてもおかしくなかったが，この建物ではねじれはほとんど生じておらず，ねじれ抵抗はかなり大きいと言える。

　全体変形曲線は，短辺方向振動も長辺方向振動もなめらかで，健全な建物が示す形状であった。1 階の階高が高いことによる局所的な変形の増加も生じていない。柱には十分な剛性が付与されていたと思われる。

　同じ起振力に対して，短辺方向振動と長辺方向振動の最大振幅比を求めてみると，屋上では 4.5：5.6＝1：1.24，1 階では 1.9：2.1＝1：1.06 となった。短辺方向振動と長辺方向振動の変形量は，屋上では長辺方向振動がやや大きく，1 階ではほぼ同じである。すなわち，上部構造の強度は方向によってやや異なるが，基礎の強度は両方向でそれほど違いがないことがわかる。診断カルテには「強度」と記されているが，実際には「剛性」である。

第 2 節　国策パルプビル

　国策パルプビルは現在の日比谷シャンテ前の広場に建っていた。建物の竣工は 1949 年ころと思われる。鉄筋コンクリート造地上 8 階地下 1 階（屋上にペントハウス），建物の平面形状はほぼ梯形であった。江戸時代に日比谷入江を埋め立てた地盤は軟弱で，基礎は木杭で杭長は 21.0 m，周囲は深礎地業が施されていた。竣工当初，1 階には銀行，2 階以上は貸事務所，地下室には食堂，喫茶店が入っており，スカラ座，みゆき座，日比谷映画の 3 つの映画館が近接していたため，建物 1 階には東宝三番街という表示を出していた。

　国策パルプビルに関する診断カルテは 1956 年（竣工後約 7 年目）に 1 冊，1964 年（竣工後約

15 年目）に 2 冊の全 3 冊が残されている。いずれも増改築前の計測である。国策パルプビルは同じ地盤条件の周囲の建物に比べ，地震時の揺れが大きくなりやすいと言われていた。1956 年は強制振動試験により，1964 年は常時微動計測により，実際にどの程度揺れやすいのかが調査されている。

強制振動試験では，基本固有周期が地盤の卓越周期に近く，建物が地盤の揺れと共振する可能性があることが指摘されている。上部構造の構造設計としてはとくに問題となるような点はないものの，壁が薄くて変形しやすく，減衰が比較的小さいことが地震時の大きな揺れに影響していると推測している。また，この建物の特徴的な振動性状として，基礎と上部構造が一体として揺れる全体系の振動（基本振動）と上部構造だけが揺れる部分系の振動がそれぞれ別々に励起されていることが記されている。

共振曲線と全体変形曲線より，短辺方向振動では周期 0.7 秒が基礎を含む建物全体の固有周期，周期 0.57 秒が 1 階より上の上部構造の部分振動であり，長辺方向振動では周期 0.63 秒が建物全体の固有周期，周期 0.50 秒が上部構造の部分振動であることを示している。また，ねじれ周期の存在は認められるものの，その影響は小さく，ロッキングも両方向ともあまり生じておらず，ねじれとロッキングが耐震上問題になることはないと記されている。

全体変形曲線の形状は，短辺方向振動では 2 階付近から急激に大きくなり，2 階から 8 階までは直線的に増加し，8 階以上でまた大きくなっていた。長辺方向でも 2 階付近で変形が増加し，2 ～ 6 階はとくに問題ないが，6 階以上でまた変形が大きくなっていた。このことから，構造上の弱点が 2 階付近にあることを指摘している。

常時微動計測では，道路を挟んで国策パルプビルの前にあった同じ高さの三信ビル（跡地は現在の東京ミッドタウン日比谷）も計測しており，両建物の比較検討が行われている。三信ビルは，当時，耐震的に優れているという定評があった建物である。1964 年の診断カルテ 2 冊中の 1 冊は常時微動計測の概報となっており，両建物の各階で計測された短辺方向と長辺方向の周期－頻度分布曲線が羅列（本書では省略）されている。他の 1 冊は，この常時微動計測の結果を 1956 年の強制振動試験の結果と比較しつつ考察した内容になっている。

国策パルプビルと三信ビルの低層階はともに同じ 0.4 秒で揺れていた。この 0.4 秒を両建物共通の地盤の卓越周期とみなし，同じ地盤条件のもとで，国策パルプビルは三信ビルよりも明らかに揺れやすいと判定している。また，強制振動試験において見られた全体系と部分系の振動は，常時微動計測においても確認されたことが報告されている。ちなみに，三信ビルで計測された基本固有周期は，短辺方向振動が 0.58 秒，長辺方向振動が 0.4 秒であった。

ASCE の推定式により同じ高さの建物の平均的な基本固有周期を求めると，短辺方向振動で 0.65 ～ 0.78 秒，長辺方向振動で 0.55 ～ 0.66 秒となった。国策パルプビルの計測値は，かろうじてこの計算値の範囲内にあるが，やや柔な構造に属している。それに比べて，三信ビルの計測値は，計算値に比べて両方向とも十分に短く，明らかに剛な構造に属する。

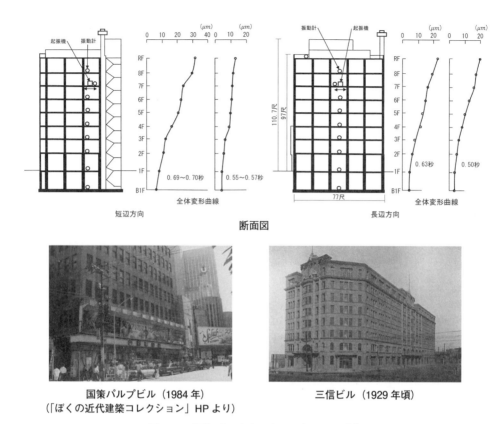

図 2.3.2　国策パルプビル（1956 年，1964 年）

最後に，計測結果に基づき，建物の補強対策の方針が以下のように記述されている。
「補強対策として比較的容易で効果のある方法として次のような方法が考えられる。
1. 建物の外面および内面に耐震壁を適切に配置する。
2. 外壁のみ増強する場合は，窓を埋めて耐震壁とする。
3. 内部のみ増強する場合は，耐震壁を適切に配置する。耐震壁を取り付けられない箇所は柱間をアーチ構造として補強する。」

第 3 節　東海銀行中支店

　東海銀行中支店は地上 3 階地下 1 階（ただし電車通りに面した表玄関付近は地下室がない）の建物であった。1 階に営業室があり，2 階は壁のない大きな吹き抜けで周囲を回廊だけが取り巻く開放的な空間になっており，3 階には多くの小部屋が設けられていた。3 階の表通りに面した部分は貸室で，構造は比較的開放的であった。これに対し，3 階の奥の部分には小貸室，倉庫，階段等があり，壁が多く閉鎖的になっていた。この建物の改装工事のための基礎資料を得るために振動計測が行われた。

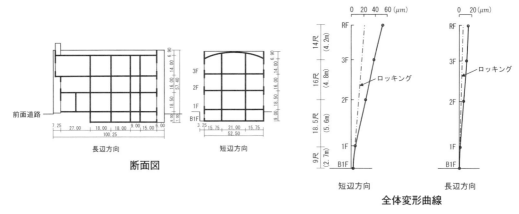

図 2.3.3 東海銀行中支店（1958 年）

共振曲線から，短辺方向振動の基本固有周期は 0.35 秒，長辺方向振動の基本固有周期は 0.28 秒であることがわかった。ともに単峰性の形状であり，両方向に単一振動体として建物全体が振動しており，構造体としての一体化が確認できる。ただし，ASCE の推定式で同規模の建物の平均的な基本固有周期を求めてみると，短辺方向振動で 0.317 秒，長辺方向振動で 0.23 秒となり，両方向ともやや柔な構造であることがわかった。

全体変形曲線から，同じ起振力に対して，短辺方向振動の振幅は長辺方向の 3.6 倍もあることがわかった。短辺方向に揺れやすい建物と言える。短辺方向振動の全体変形曲線の形状は，地下階から 1 階の変形は小さいが，1 階から 2 階にかけて急増し，2 階から屋上まではほぼ直線的に増加していた。1 階から 2 階にかけての局所的な変形増加は，1 階の階高が大きいことと，内部に壁の少ない開放的な構造が原因である。一方，長辺方向振動の変形曲線の形状はラーメン変形に類似しており，とくに異常は認められなかった。ねじれ変形曲線からは，ねじれ変形がほとんど生じていないことが確認された。

基礎の上下動変形曲線から，短辺方向振動では剛体的にロッキングしており，基礎の変形は小さいことが確認された。一方，長辺方向振動では，地下室が床下にはない部分において上下動の変位振幅が大きくなることが観測された。これは，該当部分直下の地盤が柔らかく，上下方向に振動しやすいためと考えられる。屋上におけるロッキングによる変形が全変形に占める割合は短辺方向振動では 37 %，長辺方向振動では 28 % であり，一般的な建物のほぼ平均値に相当していた。

この建物では，3 階の貸室で前面道路からの交通振動に対する苦情があったため，床振動の計測も行われた。床振動の計測位置として 4 点を選び，そのうち最大振幅が最大となったのは床版中央であった。そのときの振動数は 10.7 〜 12.5 Hz，加速度は約 6 cm/s^2 であり，地震の震度階に当てはめてみると震度 2 に相当することが判明した。

診断の結果，この建物はごく平均的な剛性を有していて大きな欠陥は見られないが，短辺方

向の剛性がやや小さいことを指摘している。この結果を踏まえ，改築に際しては，壁あるいは柱，アーチ等を取り付けて短辺方向を補強することを提案している。また，交通振動に対する対策としては，床版に梁を入れて剛性を増す方法を提案している。

第4節　三和銀行東京支店

　三和銀行東京支店は大手町の永代通りに面し，本館と別館で構成されていた。本館の建物は，関東大震災と東京大空襲を経て終戦まで台湾銀行として使われていたL字形平面の鉄骨鉄筋コンクリート造4階建て（竣工は1916年）を，戦後まもなく表通り部分だけ鉄骨造軽量コンクリート被覆で2階分増築（1949～1952年）していた。このとき，表回り部分の基礎はコンクリート杭（杭径は300 mm，杭耐力は1本当たり15 t）で補強された。また，梁の補強を行い，1階ロビーの柱1本を撤去している。別館の建物は戦後の竣工であり，1階を駐車場とした鉄筋コンクリート造地上3階地下1階であった。振動計測はさらなる増築のために，1955年，本館と別館に分けて行われた。計測時に，建物の不同沈下は認められなかったが，丸ノ内一帯の地盤沈下の影響は建物周辺部と道路の段違いとして明らかに生じていた。計測された本館と別館はすでに取り壊されており，1973年に地上25階地下3階の三和銀行東京ビルに建て替えられ，そのビルも2012年には解体されて，現在は大手町パークビルになっている。

1. 本館

　短辺方向振動の共振曲線には周期0.33秒と0.263秒の2つの明瞭なピークが現れた。周期0.33秒は，ねじれ変形曲線を見ると，建物がほぼ一体となって振動する基本振動であり，周期0.263秒はL字形平面の両端が尾を振るように変形していた。周期0.263秒の振動は，この建物が2個の振動体の結合された構造であることを示唆している。

　短辺方向振動の全体変形曲線を見ると，周期0.33秒と0.263秒ともに，5階までは直線的なせん断変形であるが，5階以上になると大きく増幅していた。とくに，周期0.263秒のときにその傾向が顕著に見られた。すなわち，戦後の増築工事の前後で，変形曲線に不連続性が見られた。この原因は，増築部分の材料および工法が増築工事前後で異なるためと考えられる。1階床における上下動変形曲線は，ロッキングが極めて小さく，弾性変形が顕著であった。また，L字形平面の両辺で別個の鉛直振動をしていることも確認されている。

　長辺方向振動の共振曲線にも周期0.33秒と0.263秒の2つのピークが確認できたが，0.263秒のピークはやや不明瞭であった。長辺方向振動の全体変形曲線は，短辺方向振動と異なり，増築前後での不連続性は見られず，1階から6階まで一体となって振動していた。1階床の上下動変形曲線は，短辺方向振動と同じように，ロッキングが極めて小さく，弾性変形が顕著であった。

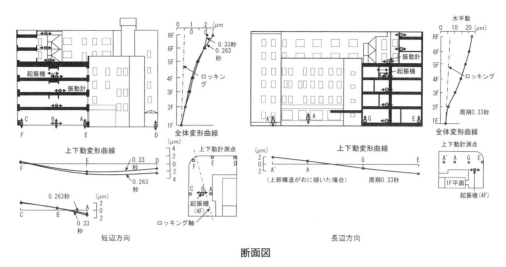

図 2.3.4　三和銀行東京支店（1959 年）

以上の振動計測に基づき，本館は当初から剛性を十分に有しているので，表通り以外の部分を軽量構造で 2 階分程度増築することは問題ないが，L 字形の端部が損傷しないように十分補強しておく必要があることを提案している。なお，新規の増築計画は戦後の増築以外の部分（増築が行われなかった部分）を 2 層分増築することが想定されていた。

2. 別館

短辺方向振動の共振曲線は単峰性であり，固有周期は 0.165 秒であった。全体変形曲線は，地下部分と地上部分の変形が不連続であり，地上部分で大きく増加していた。これは，1 階が開放的な構造（駐車場）で変形しやすいためである。ロッキングがかなり大きくなっており，屋上においてロッキングによる変形が全変形に占める割合は 40 % であった。

長辺方向振動の共振曲線も単峰性であり，固有周期は 0.151 秒であった。全体変形曲線は，短辺方向振動と同じように，地下部分と地上部分の変形が不連続になっていた。長辺方向振動における基礎の上下動変形曲線は，途中で折れ曲がるような形状となった。基礎が剛性の大きく異なる 2 つの部分で構成されていることを示唆している。

以上の振動計測に基づき，別館は増築工事の前に，1 階を強固な構造に補強しておく必要があると提案している。

第 5 節　日本紙業ビル

日本紙業ビルは神田須田町にあり，1929 年の竣工時には 3 階建てであったが，その後，屋上に 1 階分増築して 4 階建てになっていた。地下室はなく，通りに面した部分は柱が少なく

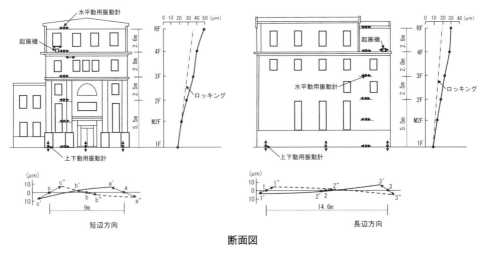

図 2.3.5 日本紙業ビル（1959 年）

開放的な構造であり，奥の部分は階段室や小部屋があって比較的剛な構造になっていた。この増築した状態における構造健全性を評価することを目的に，1959 年に構築物振動研究会による振動計測が行われた。

共振曲線から，短辺方向振動の基本固有周期は 0.31 秒，長辺方向振動の基本固有周期は 0.30 秒であることがわかった。短辺方向振動の全体変形曲線は，3 階までは通常のラーメン変形であり，4 階の変形はやや大きくなっていた。これは，4 階鉄骨部の剛性が下部（1〜3 階）鉄骨部に比べて小さいためと考えられる。一方，長辺方向振動の全体変形曲線には，4 階における増幅は見られなかった。

基礎における上下動変形曲線から，短辺方向振動も長辺方向振動も，ロッキングだけでなくスウェイも大きくなることがわかった。全体変形に占めるスウェイとロッキング変形の割合は支配的になっていた。

谷口式により同規模の建物の平均的な基本固有周期を求めてみると 0.28〜0.36 秒となる。短辺方向振動も長辺方向振動も計測値はこの範囲に入っており，とくに軟構造であるとは言えない。短辺方向振動に現れた 4 階部分の増幅に関しては，診断カルテの最後に「4 階では長辺方向振動に比べて短辺方向振動が大きくなっているが，建物の平面あるいは断面から見て当然の結果であり，とくに弱い構造ということではない」と記されている。

建物の竣工年代が古いため（振動計測の時点で竣工後 30 年），コンクリートの経年劣化の調査としてシュミッとハンマによる強度試験と中性化試験が追加された。この建物の当初のコンクリートの所要強度を 135 kg/cm^2 と考え，少なくとも計測時には 270 kg/cm^2 程度になっているはずであると推定した上で，各所の平均的な計測強度はだいたいこの数値に近い値になっているが，3 階の壁と 4 階の壁および柱は多少小さめの値であったと報告している。また，推定式

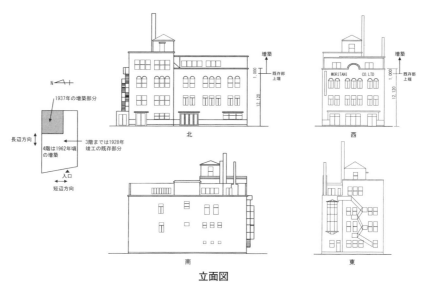

図 2.3.6 守谷ビル（1962 年）

によれば中性化深さは 2 cm になるが，1 階および 3 階の内壁における計測値が 1.9 cm となり推定値とほぼ一致し，その他の箇所では中性化が認められなかったことを報告している。

第 6 節　守谷ビル

　守谷ビルは東京駅八重洲北口に近い外堀通りに面して建っていた。鉄筋コンクリート造地上 4 階建てで，3 階以下は関東大震災後の 1928 年に建てられており，戦時中に火災を受けて修復されていた。一部に 1937 年に増築された部分があったが，この部分は火災を受けていなかった。構築物振動研究会による計測が行われたのは 1962 年である。4 階の増築はその少し前であった。増築前後の基礎はそれぞれ別々に造られていたが，上部構造では既存部分と増築部分とがつながっていた。振動計測の目的は，終わったばかりの 4 階の増築工事の確認と次の増築計画のために基礎資料を得ることであった。

　共振曲線から，短辺方向振動の基本固有周期は 0.33 秒，長辺方向の基本固有周期は 0.24 秒であることがわかった。共振曲線の形状は両方向ともに単峰性で，振動系として 1 自由度と見なすことができる。全体変形曲線からも，建物がほぼ一体となって振動していることが確認された。ねじり変形曲線からは，建物全体としてのねじれが生じるような兆候は見られなかったが，短辺方向も長辺方向も両端での変形に少し差が見られた。これは，一端が開放的な構造であるのに対し，他端が内壁や階段室などの多い閉鎖的な構造であるという剛性の違いによって生じたものと考えられる。基礎における上下動変形曲線からは，基礎は剛体的に振動しており弾性変形は極めて小さいことがわかった。また，閉鎖的な構造があるとロッキングに対して

も振動を抑制する効果があることが確認された。

　谷口式を用いた同規模建物の平均的な基本固有周期は 0.28～0.33 秒となる。計測された基本固有周期はこの範囲に入っており，構造としては中程度の剛性を有していると言える。また，火災と複数回の増築を経験しているにもかかわらず，「高さ方向の剛性分布はバランスが取れている」と記されている。

　この建物も竣工年代が古いため（振動計測の時点で竣工後 34 年），強度試験と中性化試験が行われている。シュミットハンマによるコンクリート部材の圧縮強度と中性化試験の結果は，ともに材齢から見て中程度の値になっており，とくに劣化が進行している状態ではないと報告されている。最後に，総合的にみて「4 階増築部を含むこの建物は中程度の健全性を有すると考えられる」と判定されている。

第 7 節　住友銀行名古屋支店

　住友銀行名古屋支店は名古屋市中区錦 2 丁目に建っていた。竣工は 1925 年である。鉄骨鉄筋コンクリート造地上 8 階地下 1 階で，サイドコア形式のため，地上各階とも長辺方向両側各 1 スパンの周囲を耐震壁で囲み，それ以外の部分は耐震壁がなかった。ただし，3 階以上の各階長辺方向の中央廊下に面する壁は鉄筋コンクリート壁になっていた。3 階以上の各床には，短辺方向に大梁，長辺方向に小間隔で小梁を配置したジョイストスラブを採用していた。道路の拡幅計画により，道路境界線より建物を後退させる必要が生じ，その際に建物の一部を改築することになった。それに先立つ 1963 年に構築物振動研究会の計測が行われている。計測の目的は，改築に先立ち建物の振動性状を調べ，完成後の性状と比較して建物の構造健全性を確認することであった。診断カルテには「今回はその第 1 次的な計測である」という記述がある。しかし，改築後の振動計測は実現されることなく，改築前の調査だけに終わっている。

　共振曲線から，短辺方向振動の基本固有周期は 0.51 秒，長辺方向振動の基本固有周期は 0.455 秒であることがわかった。短辺方向振動も長辺方向振動も，共振曲線の形状は単峰性であり，両方向に単純な 1 自由度系の振動をしている。谷口の推定式により求めた同規模の建物の平均的な基本固有周期の計算値は，8 階建てとして 0.55～0.70 秒である。両方向とも計測値は計算値より小さく，比較的剛な建物であると判定された。また，起振機の位置が剛心からずれていたにもかかわらず，通常だと基本振動よりも短い周期となるはずのねじれ振動は励起されていなかった。ねじれ抵抗の大きな建物であることがわかる。

　短辺方向振動の全体変形曲線は通常のラーメン構造の形状であったが，7 階の変形が他の階に比べてやや大きく，ペントハウスで増幅が認められたことが報告されている。7 階の変形が大きな理由は，この階に起振機が設置されたためである。一方，長辺方向振動の全体変形曲線は正常なせん断変形であった。屋上における全変形に対するロッキングによる変形の割合は，

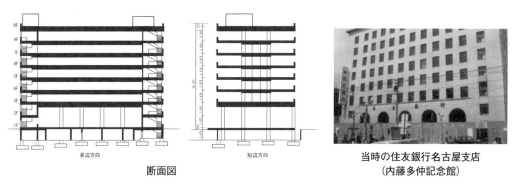

断面図　　　　　　　　　　　　当時の住友銀行名古屋支店
　　　　　　　　　　　　　　　　　（内藤多仲記念館）

図 2.3.7　住友銀行名古屋支店（1963 年）

短辺方向振動も長辺方向振動も約 1/2 と大きく，これからも剛な構造であることが確認できる。

短辺方向振動のねじれ変形曲線は，建物両端の振幅が比較的小さく，中間部で大きくなっており，中間部が突出したような形状であった。これは，サイドコア形式のため，建物両端の外壁により振動が抑えられたためである。短辺方向の基礎の上下動変形曲線は，通常とは異なり，傾斜角の異なる 2 つの曲線が合成されたような形状になっていた。これには，エレベータコアの位置が関係しているものと考えられる。一方，長辺方向の上下動変形曲線は通常見られるようなシーソー運動のような形状であった。

$1/\sqrt{2}$ 法により求めた減衰比は，短辺方向振動で 0.046 となった。この値は通常の建物（固有周期 0.5 秒以上の場合は，おおむね 0.035 以下）に比べると大きな方である。長辺方向振動の共振曲線はピークの左右が非対称形となったが，全体を通じての減衰比は 0.103 と大きく，ピークの左右で別々に求めた場合は，低周期側は 0.048 と小さめに，高周期側は 0.131 とかなり大きめなった。この建物の減衰特性は概して良好であると言える。

最後に以下のような記述がある。「この建物はその振動性状から見て，とくに指摘すべき欠陥を有する点は認められず，比較的良好であると言える。なお，改装工事完成後にも今回のような計測を行い，振動性状を調査することが望まれる。」しかし，前述のように，この望みは叶えられなかったようである。

第 8 節　神田 YMCA 会館

神田 YMCA 会館は千代田区神田美土代町の本郷通りに面して建っていた。構造は鉄骨鉄筋コンクリート造地上 6 階地下 1 階で，屋上にペントハウスがあった。平面は 3 階までが矩形，4 階以上はコの字形で，中央に採光のための光庭が設けられていた。現在は取り壊されて，跡地には高層ビルが建っている。振動計測は 1963 年に行われた。計測目的は，増築計画に伴う荷重増加に対し，建物が耐えることができるかどうかを判定することであった。診断カルテは，

3　増改築の事前・事後　　59

振動計測を中心に据え，コンクリートの強度試験と中性化試験，および増築に備えた構造計算によって構成されている。

　振動計測では，コの字形部分は構造的に連続していたが，振動性状の見通しをよくするために，便宜的に3つに分割し，各部分に代表点を設けて計測点とし，短辺方向加振と長辺方向加振が行われた。

　短辺方向振動では，共振曲線において，3つの計測点とも周期0.342秒に明瞭なピークを示した。これが短辺方向振動の基本固有周期である。共振曲線には，周期0.315秒において，基本固有周期のピークの2/3程度の別のピークが現れた。全体変形曲線を検討することにより，このピークはペントハウス部分の副振動によって励起される振動であることがわかった。すなわち，短辺方向振動には，ペントハウスが単に荷重として載っている場合の振動（基本固有周期）とペントハウスが構造体と連成して振動する場合（チューンドマスダンパのように挙動する場合）の両方の振動が励起されていた。

　コの字形部分の自由端では，いわゆる尾を振るような振動が発生することが予想された。実際，短辺方向振動のねじれ変形曲線には，自由端が振れるような振動が如実に現れた。この部分的なねじれ現象は，建物の上部に行くほど顕著になっていた。ロッキングの状態を調べるために，基礎における上下動変形曲線も求めているが，ごく一般的な形状であった。屋上においてロッキングによる変形が全変形に占める割合は約30％で，通常の建物と地盤の場合の値と同程度であり，とくに変わった点は認められなかった。

　長辺方向振動でも，共振曲線に2つのピークが現れた。周期0.312秒と周期0.333秒である。全体変形曲線から，0.312秒はペントハウスが単に荷重として載っている場合の長辺方向振動の基本固有周期，周期0.333秒はペントハウスが下部の建物本体と連成して振動した場合（副振動）の周期であることがわかった。なお，全体変形曲線における長辺方向振動の振幅は短辺方向振動の約2/3であった。

　長辺方向振動のねじれ変形曲線には，短辺方向振動のような特異な揺れは生じていなかったが，エレベーターシャフト等が存在して比較的剛な部分とこのようなものがない相対的に柔な部分との剛性の違いにより，部分的に振動がやや大きくなる箇所があった。基礎の上下動変形曲線にも，エレベーター等があって基礎条件が異なる位置とそうでない位置とでは部分的に振動の違いが認められた。

　コンクリート強度試験の結果，この建物におけるコンクリート圧縮強度はかなり良好な値であった。中性化試験の結果は，仕上げがタイル張りであったこととコンクリートが良質であったことから，35年という材齢から考えると，中性化は予想に反して進んでいないと判定された。最後に，増築荷重に対する上部構造と基礎構造の構造計算が行われた。上部構造に関しては，「現存する各部材は，その強度にかなりの余裕が見込まれており，新たにRC造2階分の建物を増築しても，十分な安全性を保持できる。コの字形平面の光庭部分をオーバーブリッジ式に

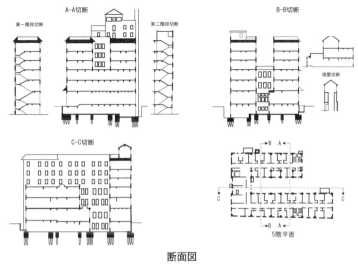

断面図

当時の神田 YMCA（1935 年）
（「建築の東京」（都市美協会）より）

図 2.3.8　神田 YMCA 会館（1964 年）

2 階分増築したとしても安全である」と診断された．基礎構造に関しては，本建物の基礎部分の剛性は十分高いと判定した上で，荷重増加に伴う杭支持の検討が行われた．杭の支持力は現状のままで十分であり，地盤沈下の心配もないと診断されている．

この後，実際にどのような増築工事が行われたのかに関する記録は残っていない．

第 9 節　正進社ビル

正進社ビルは，いまも文京区関口にある教育図書教材出版社の自社ビルで，当時は鉄筋コンクリート造 2 階建て屋上の一部に鉄骨造ラスモルタル仕上げの 1 階分を載せた 3 階建ての比較的小規模な建物であった．しかし，診断カルテには振動計測を中心に据えた大掛かりな調査結果が残されている．それには以下のような事情があった．この建物は 1954 年の竣工後 10 年しかたっていなかったが，すでに 2 度の増改築と 1 度の増築の計 3 回の工事を経ていた．

初めから将来2階（倉庫）を増築する設計になっており，まず平屋建て倉庫兼事務所が竣工した。その後，時期は不明であるが，おおむね当初の設計通りに2階が設けられ，また時期は不明であるが，さらに屋上に軽量構造の3階が増築された。このとき，1階柱・梁の補強と内部の模様替えが行われている。しかし，建築図書等は保存されておらず，その間の建物履歴はあいまいな点が多い。また，10年しかたっていない割には，梁にきれつがかなり入り，損傷・劣化が進行していた。構築物振動研究会による振動計測が行われたのは1964年である。計測の目的は，補強対策の参考になるような資料を得ることであった。このため，振動計測に加えて，わかる範囲での建物履歴の再調査，コンクリートの強度試験と中性化試験，目視による部材のきれつ調査，梁の載荷試験による荷重－変形関係の調査，および載荷試験の計測値と設計図面に基づく計算値の比較も行われている。

1．振動計測

振動計測では，起振機による短辺方向加振と長辺方向加振が行われた。

短辺方向振動の共振曲線には2つのピークが現れた。大きなピークの周期は0.30秒，小さなピークの周期は0.153秒であった。0.30秒は短辺方向振動の基本固有周期である。ピークの位置は，周期0.30秒のときは各階で同じであったが，0.153秒のときは低層階ほど長周期側にずれていた。全体変形曲線を見ると，周期0.3秒では上部構造はほぼ直線的な変形であったが，基礎のスウェイによる変形が非常に大きく，地盤が軟弱であることが明らかである。0.153秒のときはロッキングとスウェイによる変形は小さかったが，1階と2階の弾性変形がかなり大きくなっていた。

短辺方向振動の基本固有周期におけるねじれ変形曲線は，道路側が奥側よりも大きな変形となった。これは，道路側に外壁が少ないことが原因である。基礎における周期0.153秒の上下動変形曲線は，両端で大きな変形を示した。これは，建物が地盤に対して相対的に弱いときに生じやすいい現象である。

長辺方向の共振曲線には大きなピークが1つだけ現れ，その周期は0.30秒であった。これが長辺方向振動の基本固有周期である。全体変形曲線はほとんど直線であったが，ここでもスウェイによる変形がきわめて大きかった。ねじれ変形は極めて小さく，ほとんど生じていない。基礎における上下動変形曲線は，ロッキングの回転中心が一方に大きくずれるような形状であった。

以上の振動計測の結果に基づき，以下のような診断が示されている。

・一般的な鉄筋コンクリート造2階建ての基本固有周期は0.14〜0.18秒である。これに比べると，短辺方向振動と長辺方向振動の基本固有周期はともに0.30秒であるが，これは極めて長いと言える。基本固有周期が長い原因は建物の剛性が小さいことである。建物全体の剛性を高める必要がある。

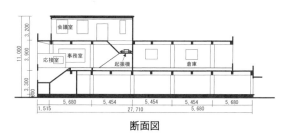

断面図　　　　　　　　　　　当時の正進社ビル（内藤多仲記念館）

図 2.3.9　正進社ビル（1964 年）

- 共振時に見られる変形は，木造家屋に見られる変形と変わらない大きさになっている。これは，柱と梁あるいは床との結合が剛接合ではないためと考えられる。
- ロッキングによる基礎の変形状態から見て，建物全体を強固にし，地盤との相対強度を増やす必要がある。

2．コンクリート強度試験

1 階柱などのごく一部を除き，コンクリート圧縮強度は 250 〜 400 kg/cm^2 であり，梁やスラブに見られるきれつ状態や過去に他の機関が行った試験結果から想像していたよりは高めの値を示した。

3．コンクリート中性化試験

中性化深さはおおむね 1.5 〜 2.0 cm であった。この値は推定式による計算値と比べるとやや大きく，建物の年齢の割には中性化の進行が速いと言える。

4．きれつ調査

2 階床の大梁と小梁のきれつ状況を観察し，きれつ状況のスケッチを残している。

5．梁の載荷試験

建物内に載荷装置を持ち込み，2 階床の大梁 2 本と小梁 1 本の載荷試験を実施した。荷重－変形曲線を描き，中央最大変位と残留変位を求めた。

6．建物の履歴調査

竣工から調査時点までの建物の履歴調査を行い，残されていた竣工時の設計図書から載荷試験を行った位置付近の断面を再現した。

7. 梁の変形計算

再現された断面図を基に，両端支持と両端固定のときの大梁と小梁の変位を計算した。計測値と計算値を比較することにより，計測値の変位が計算値よりも大きくなることを示し，梁の強度不足を指摘している。

以上の総合的な調査に基づき，以下のような補強対策と方針が示されている。
1) 補強対策の方針
   （ⅰ） 全面的補強を必要とする。（注：2 階スラブを含めた 1 階の補強を主とする。）
   （ⅱ） 基礎は実情調査を実施した上で，必要があれば，その補強について検討する。
2) 補強対策の方法
   （ⅰ） 柱・梁の補強はアーチによる。
   （ⅱ） 現在の外壁の一部を補強する。
   （ⅲ） 基礎を補強するときは，連続基礎，もしくはつなぎ基礎とする。

この後，実際にどのような補強工事が行われたのかに関する記録は残っていない。

第3章
剛柔混合構造の振動計測

1 異種構造の連結

　一つの建物が異種構造を連結して構成されている状況には，水平方向に連結されている場合と上下方向に連結されている場合とがある。また，計画段階から意図的に異種構造を連結する場合と結果的に異種構造を連結した状態になってしまう場合がある。意図的に異種構造を連結した建物の設計は，構造設計者にとっては腕の見せ所であり，高度の技術が要求される。とくに，異種構造がつながる接合部における設計には細心の注意が必要である。一方，意図せずに異種構造を連結した状態になってしまう場合は好ましくない結果を招くことが多い。ここでは，このような異種構造を連結した建物の計測例として以下の4件を取り上げる。

◆大阪三井倉庫～剛構造と柔構造の水平方向連結（意図した場合），1957年
◆東京会館～剛構造と柔構造の上下方向連結（意図しない場合），1958年
◆早稲田大学文学部研究棟～高層棟と低層棟のT字形連結（意図した場合），1967年
◆唐ヶ崎電話局～鉄塔とビルの上下方向連結（意図した場合），1967年

　上記3件は，ほかの分類の事例として紹介してもおかしくない建物ばかりである。三井倉庫は「第3章2　大空間の内包」，東京会館は「第5章1　地震損傷を受けた建物」，早稲田大学文学部研究棟は「第3章3　平面不整形によるねじれ」，唐ヶ崎電話局は「第5章3　電話局」の中に入れても少しも不自然ではない。しかし，あえてこの4件を取り出して一つの分類として独立させた理由は，いずれも計測以前の段階で，連結構造を対象に計測するという強い方針が打ち出された診断カルテになっているからである。その方針は計測方法，すなわちどのように計測システムを構築するか（起振機と振動計の配置をどのようにするか）という戦略に反映されることになる。
　構造設計ではふつう振動計測にはなじみが薄いこともあり，計測の必要性が生じた場合，計測の専門家に外注して投げてしまう傾向が見られる。しかし，大規模で複雑な建物を計測するときは，構造と振動計測の両方を熟知した技術者により，対象構造物をどのような方針で計測するかという判断が重要になる。建築物は一品生産であり，それぞれが個性を持っているから，その個性を定性的に読み解く能力がまずは必要である。これは計測の専門家では手が出ない領域であり，構造設計の知識が不可欠である。このようなときの振動計測は，定性的に読み取った建物の個性を定量化する技術と言うことができる。

ここで取り上げる建物の計測では，前述したように，対象とする建物が意図的であれ結果的であれ，異なる構造を連結して造られているということが計測以前に読み取れているかいないかが計測の成否の分かれ道になる。その上で，定性的に読み取った振動性状をどのように定量化するかが計測段階での次の課題になる。このように，構造と振動の両方に習熟しているか，あるいは構造と計測の専門技術者の密な連携体制を作れるかが重要なポイントになる。

　以下に各建物に関する概要と計測結果の要約を記す。計測結果についてより詳細な情報が知りたい場合は，ウェブサイトからほぼオリジナルの診断カルテを見ることができる。

第1節　三井倉庫（大阪）

　三井倉庫は大阪市土佐堀（薩摩藩中屋敷跡）に今もある。竣工は1956年である。建物は3つの部分で構成されており，中央に当たる部分は柱や壁等がない開放的な空間であり，その東側および西側の部分は，通常のビルディングのように柱や間仕切壁等のある4階建てになっている。倉庫の大きな空間を左右の硬いビルが挟み込み，水平方向に異種構造を連結している。計測が行われたのは竣工翌年の1957年である。この計測では，たった2つの振動計しか使用していない。倉庫（大空間）と両側のビル部分（ラーメン架構）との連結部を集中的に計測することを事前に決め，1台は屋上に据え付けた起振機の近くに固定し，もう1台は連結部近くのビル部分の各階を順次移動しながら計測が行われている。

　共振曲線には，長辺方向振動にピークが1つだけ現れ，その周期は0.31秒であった。これが長辺方向振動の基本固有周期である。左右のビル部分で計測された2つの全体変形曲線から，左右のビル部分の変位振幅はほぼ同じと見なすことができる。ただし，わずかではあるが左側のビル部分の方が変位振幅は大きかった。これは，起振機を据え付けたのが左側のビル部分であったこと，また右側のビル部分の床面積が若干大きかったことによるものと考えられる。

　短辺方向振動にはピークが2つ現れ，その周期は0.346秒と0.157秒であった。0.346秒のピークの方が大きく，これが短辺方向振動の基本固有周期と考えられる。周期0.346秒における左右のビル部分の2つの全体変形曲線から，左右のビル部分はほぼ同じ変位振幅で振動していると見なすことができた。ただし，長辺方向と同じように左側のビル部分の方が変位振幅はわずかに大きかった。一方，周期0.157秒のときの全体変形曲線には，左右のビル部分の変位振幅に大きな違いが見られた。起振機を据え付けた左側のビル部分が剛体的に大きく振動し，倉庫部分を介して右側のビル部分が引きずられるように小さく振動していた。計測点が少ないため建物の振動性状を正確に把握することはできないが，振動しやすい倉庫部分を挟んで両側のビル部分が剛体的にずれるようなねじれ振動のように見える。

　振動カルテの最後には以下のような記述がある。「建物全体の振動性状から判断すると，地

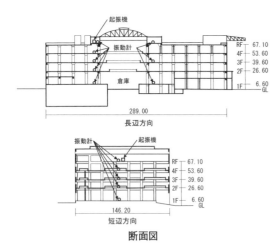

図 3.1.1　三井倉庫（大阪）（1957 年）

震時には各部の部分振動が大きくなり，倉庫部分とビル部分の連結部の近くできれつが生じる可能性は否定できない。しかし，長辺方向振動も短辺方向振動も，基本固有周期のときは両側のビル部分がほぼ一体となって振動していることから，各部の連結がそれほど緩いものとも思われない。したがって，地震時に致命的な損傷が生じるようなことはないと考えられる。」

第 2 節　東京会館

　東京会館は皇居二重橋近くに 1922 年に竣工した。鉄骨鉄筋コンクリート造地上 5 階地下 1 階の宴会場・レストランを収容するビルである。建設中の 1922 年 4 月 26 日，浦賀水道付近を震源とする神奈川県東部地震（M6.8）による被害を受けている。このとき，床コンクリートはすべて打ち終わり，外壁は 4 階までできあがっていた。外壁南西側の 2 階には大きなきれつが入り，そのほかの階にもきれつが認められた。さらに，竣工 1 年後の 1923 年の関東大震災（M7.9）でも甚大な被害を受けた。中でも 2 階の被害はもっとも激しく，南側と西側の外壁がほとんど崩落して鉄柱が露出状態になった。ほかの面も似たような状態だった。1 階と 3 階にも大きなきれつが生じたが，外壁が崩落するまでには至らなかった。1 ～ 3 階の被害に比べ，4 階と 5 階にはきれつの発生がほとんど見られなかった。基礎にも目立った被害は認められなかった。被災から 4 年たった 1927 年に補修工事が行われている。基礎はそのまま手を付けず，地階以上 3 階までの部分を補強あるいは改造し，4 階と 5 階はほぼそのままの状態で使用することになった。建物は 1970 年まで使用された後に取り壊され，現在は同じ場所に新館が建てられている。

　構築物振動研究会がこの建物を計測したのは 1958 年である。このとき竣工後 36 年が経過していた。東京会館は，上述したように，関東大震災により損傷した箇所を部分的に補強した

ことにより，当初は比較的均質であった構造が硬い構造（補強部分）と柔らかい構造（未補強部分）に分離されてしまい，結果的に異種構造が上下方向につながる連結構造になった。この建物の診断カルテは通常の形式ではなく，計測結果を示す前に，連結構造に関する理論展開が詳細に行われており，研究的要素の強い診断カルテになっている。すなわち，上部と下部をそれぞれ1質点系モデルとして表し，これを縦に連結した2質点系モデルを構築した上でこの建物の振動性状を説明している。

具体的な式展開はウェブサイトに譲り，ここでは理論展開の要約のみ記す。減衰を無視した1質点系が2つ直列に繋がれていると考え，長辺方向振動と短辺方向振動に対し，上の質点と下の質点をそれぞれ加振したときの運動方程式を解き，1次と2次の振動数を解析的に求めておく。振動計測を行うと，長辺方向振動と短辺方向振動の1次と2次の固有振動数が求まるので，さきほどの逆問題を解き，上の質点系と下の質点系の質量比と剛性比を求める。上の質点系と下の質点系の連結点は，1次の全体変形曲線から3階床あたりと推定し，上の質点系の加振は5階床，下の質点系の加振は3階床で行われた。

上述の方法により実際に求めた結果は，長辺方向振動の場合，上の質点系を加振したときの質量比は1：3.18，剛性比は1：2.79，下の質点系を加振したときの質量比は1：3.11，剛性比は1：3.50となった。質量比はほぼ同じ値であり，剛性比は少し離れた値になっているが，質量比も剛性比もおよそ1：3になっていることがわかる。短辺方向振動の結果は示されていない。このとき，上の質点を加振したときの長辺方向振動の1次振動数は2.75 Hz（周期0.365秒），2次振動数は4.90 Hz（周期0.205秒），短辺方向振動の1次振動数は2.90 Hz（周期0.345秒），2次振動数は4.90 Hz（周期0.205秒）であった。単一振動と見なせるような建物の場合，1次振動数と2次振動数の比は通常3程度であるが，この建物の場合は1.7～1.8であり，2つの振動数は近接しており，通常とは異なる振動をしていると言える。

全体変形曲線は，前述のとおり，長辺方向振動も短辺方向振動も，1次振動数では3階床あたりで上部と下部の変形に不連続性が生じて上部が大きく揺れることが確認できた。2次振動数でも3階床あたりで上部と下部の変形に不連続性が生じ4階以上で増幅していた。また，起振機の設置階で局所的に揺れが少し大きくなる現象も認められた。長辺方向振動の屋上におけるロッキングによる変形は全変形の17％と小さかった。この建物は柔構造に属すると言える。4.0 Hz以下においては1次モードの単一振動と見なすことができるので，$1/\sqrt{2}$法により減衰比を求めてみると，長辺方向振動は0.07，短編方向振動は0.09となった。減衰に関しては通常の建物よりは大きくなっている。

診断カルテの最後には，この建物の診断結果が以下のように要約されている。「長辺方向振動と短辺方向振動を計測した結果，いずれの振動方向においても，建物の上部と下部の連成振動が生じていることが判明した。その原因は，震災後の補強工事により3階付近を境として剛性が不連続的に変化しているためである。剛性の比は上部と下部でおおよそ1：3である。

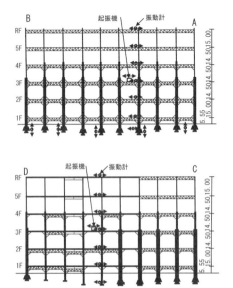

図 3.1.2　東京会館（1958 年）

このような連成振動は，従来の振動計測では見られなかった現象である。地震時には，建物は一体となって振動することが望ましく，部分的に異なる振動が生じることは好ましいことではない。このため，将来，建物を補強する機会があれば，建物の下から上までバランスの取れた剛性分布となるように，すなわち建物全体が振動的に単一振動体と見なすことができるように補強する必要がある。」

第 3 節　早稲田大学文学部研究棟

　早稲田大学文学部研究棟の竣工は 1962 年。村野藤吾の意匠設計，内藤多仲の構造設計である。高層棟は地上 12 階地下 1 階（基礎深さ 4.5 m）で，高さが長辺方向長さの 2 倍ある板状の構造物である。高層棟の一端は地上 7 階まで直角方向に低層棟の中央部付近と連続的に交わり，全体として T 字形を形成している。さらに高層棟は地上 2 階で講堂ともつながっていた。高層棟の構造は，下層の 3 階までが鉄骨鉄筋コンクリート造，4 階以上が鉄筋コンクリート造になっていた。これは主として経済的な理由によるものである。地盤は良好であり，基礎の安定性を確保するために，地下 1 階は両側にそれぞれ 1 スパンずつ張り出し，直接基礎で直下の砂礫層に支持させていた。高層棟と低層棟は一体の構造物として設計された。現在，早稲田大学文学部研究棟は老朽化のため取り壊されており，文学部は新しいキャンパスとして生まれ変わっている。

　計測が行われたのは 1967 年である。上述した連結構造と支持条件のため，単一の構造物と

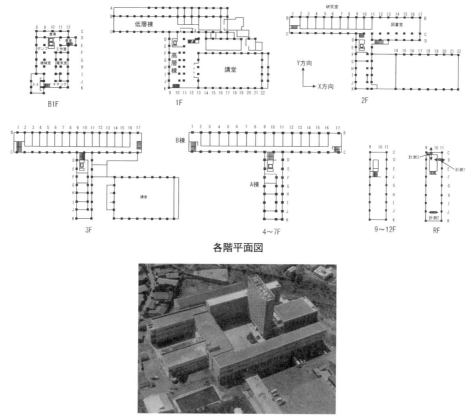

各階平面図

当時の早稲田大学文学部研究棟（内藤多仲記念館）

図 3.1.3　早稲田大学文学部研究棟（1967 年）

は異なり，常時も地震時も複雑な振動性状を示すことが予想された。振動計測の目的は，起振機による強制振動試験および常時微動計測により，実際の振動性状がどのようなものなのかを確認することであった。

　高層棟の短辺方向，すなわち低層棟の長辺方向に加振したとき，共振曲線からは 0.46 秒，0.34 秒，0.275 秒，0.25 秒，0.195 秒の 5 つの共振周期が認められた。3 次元全体変形曲線から，0.46 秒は高層棟の短辺方向振動の 1 次固有周期，0.34 秒は高層棟の長辺方向の 1 次固有周期であることがわかった。短辺方向の変形は，低層棟の影響を受けて，低層棟との結合部の変形が端部に比べて小さくなっていた。また，低層棟の高さまでの高層棟の階は，それより上の階に比べて変形が極端に小さかった。変形の大きな上の階は明らかに曲げ変形になっており，地震時には鞭振り現象（ホイッピング）が生じる懸念が記されている。

　高層棟の長辺方向，すなわち低層棟の短辺方向に加振したとき，低層棟の変形は結合部では小さいが両端では大きく増幅し，あたかも鳥が羽ばたいているかのような挙動を示した。このときの周期が 0.275 秒であり，解析的な検討からこれが低層棟の短辺方向振動の 1 次固有周期

であることが示されている。周期0.25秒は，3次元全体変形曲線から高層棟と低層棟の全体としてのねじれ振動の固有周期であることがわかった。周期0.195秒についても解析的な検討が行われ，計測された3次元全体変形曲線の形状も踏まえ，高層棟の短辺方向の2次固有周期と考えて間違いないという結論を導いている。

減衰比を$1/\sqrt{2}$法により求め，高層棟の短辺方向と長辺方向はともに0.02～0.03と通常の建物に比べてかなり小さく，低層棟でも0.05以下であることを確認している

常時微動計測による高層棟の卓越周期は，短辺方向で0.46秒，長辺方向で0.34秒であり，強制振動試験の結果とよく一致していた。低層棟に関しては，共振周期が0.19秒，0.245秒，0.275秒と近いこともあり，周期－頻度分布曲線が入り乱れたような形状となって，固有振動数を明確に特定することはできなかった。

診断カルテの最後は以下のように記述されている。「高層棟は1次固有周期が短辺方向0.46秒，長辺方向0.34秒であり，地上12階の建物の周期としてはかなり小さいと言える。この程度の高さの建物だと0.8～1.0秒くらいの周期が通常の値である。周期が小さい理由としては，7階建ての低層棟と2階建ての講堂により高層棟が拘束されていることと，この建物が比較的軽量であることが挙げられる。このため，建物はその高さにも関わらず，かなり剛強になっている。高層棟は低層棟および講堂と接続されているが，接合部はそれぞれ構造設計上十分に補強されている。減衰比は1～2％と標準的な建物の値より小さく，この点に関しては地震動に対してやや不利ではあるが，構造の剛強さがこの点を補うものと考えられる。ただし，低層棟の両端の上層階は，振動時に「羽ばたき」をするような性状が見られるので，研究棟として過大な荷重にならないように配慮すべきである。たとえば，倉庫や書庫のような重いものを上階に置くことは望ましくない。」

第4節　唐ヶ崎電話局

唐ヶ崎電話局は，屋上から聳える巨大な通信鉄塔とそれを支える鉄筋コンクリート造地上9階地下3階（機械室部分は地上6階地下2階）の建物との連結構造である。かつてのマイクロ波通信（長距離通信）の時代の象徴的な建造物である。地上から屋上までが31 m（地下深さは15 m），その上に建つ鉄塔はさらに高さ69 mで，全高は100 mになる。鉄塔には4つのプラットフォームがある。上下方向に構造と材料が異なる鉄塔とビルが連結した構造は，鉄塔と建物との連成がまったく生じず，建物と鉄塔が別々の構造体として振動する技術的に洗練された構造物になっている。構造設計者の苦闘が思い浮かぶ連結構造物である。竣工は1966年で，当時，鉄塔には巨大なパラボラアンテナが取り付けられていたが，光ケーブルと携帯電話が主流になった現在，パラボラアンテナは取り外され，代わりに小型アンテナが設置されている。いまも東急東横線の学芸大学駅～都立大学駅間の車窓からよく見える。

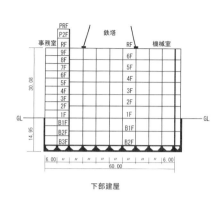
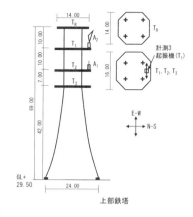

断面図

現在の唐ヶ崎電話局（撮影：濱本）

図 3.1.4　唐ヶ崎電話局（1967 年）

構築物振動研究会が計測を行ったのは竣工翌年の 1967 年である。計測は以下の 4 段階に分けて行われた。

1. 起振機を屋上で NS 方向に据え付けた強制振動試験

共振曲線には周期 0.35 秒，0.278 秒，0.217 秒にピークが現れた。最も大きなピークは周期 0.35 秒であり，これが建物の NS 方向の 1 次固有周期である。1 次固有周期の 3 次元全体変形曲線には，加振方向の NS 成分だけではなく，加振直交方向の EW 成分も励起されており，その振幅は NS 成分の約 2/3 と大きかった。周期 0.217 秒は，変形曲線の形状から明らかに建物のねじれ振動であることがわかった。残る周期 0.278 秒については後述する。地下最下階の床での 1 次固有周期における上下動変形曲線は，建物中央から少し南側にロッキング中心を有し，ロッキングによる全体変形曲線は直線的で，全変形に占める割合は約 30 % であった。

2. 起振機を屋上で EW 方向に据え付けた強制振動試験

共振曲線には周期 0.36 秒，0.278 秒，0.217 秒にピークが現れた。最も大きなピークは周期 0.36 秒であり，これが建物の EW 方向の 1 次固有周期である。1 次固有周期の 3 次元全体変

形曲線にも，EW成分だけではなくNS成分が励起されていた。周期0.217秒は前述の建物のねじれ振動の固有周期である。周期0.278秒における3次元全体変形曲線の形状から，これが鉄塔の2次固有周期であることがわかった。鉄塔の共振曲線には，建物の固有周期0.36秒と0.217秒のピークは見られず，建物と鉄塔はそれぞれ別の振動をしていることを示している。鉄塔は建物に固定されているような振動をしており，建物の変形は鉄塔の変形よりはるかに小さかった。NS方向加振の場合と同様に，地下最下階の床での1次固有周期における上下動変形曲線は，建物中央から少し西側にロッキング中心を有し，ロッキングによる全体変形曲線は直線的で，全変形に占める割合は約30％であった。

3. 起振機をプラットフォーム最下層に据え付けた強制振動試験

鉄塔の共振曲線には，鉄塔の2次固有周期0.278秒と周期0.45秒のピークが現れた。鉄塔の1次固有周期は加振機の能力範囲では励起することができなかった。周期0.45秒は，鉄塔の3次元全体変形曲線から鉄塔のねじれ振動の固有周期であることがわかった。鉄塔の2次固有周期0.278秒における全体変形曲線において，ロッキングによる変形は全変形の24％，スウェイによる変形は12％であった。

アンテナ部分の共振曲線と全体変形曲線から，鉄塔の2次固有周期0.278秒において，一つのアンテナの振動が大きく増幅する現象が見られた。別のアンテナも，建物のねじれ振動，鉄塔の2次固有周期，および鉄塔のねじれ振動のときに増幅が見られた。このようなアンテナ部分の局所的な振動の増幅は，アンテナ頭部を鉄塔に緊結することにより大幅に低減できるはずであると記されている。

4. 鉄塔の常時微動計測

強制振動試験では鉄塔の1次固有周期を求めることができなかったため，建物屋上と鉄塔の4つのプラットフォームにジオフォンを設置して常時微動計測が行われた。その結果，鉄塔の1次固有周期は約0.9秒であることが判明した。1次固有周期における3次元全体変形曲線を描くと，EW方向，NS方向，およびその45度方向の変形はほぼ同じようになった。最上階のプラットフォームではやや大きな変形が観測された。鉄塔の1次固有周期と2次固有周期の比は0.9秒：0.278秒＝3.2：1であり，東京タワーや名古屋タワーにおける結果とよく一致していた。

診断カルテの最後には以下のように記されている。「唐ヶ崎電話局の建物本体の全体変形はせん断型であり，変形曲線の形状もなめらかで，周期も比較的短く，構造的に剛性が高い建物であることが確認できた。鉄塔と建物の連成振動はまったく生じておらず，建物と鉄塔がそれぞれの固有周期をもち，これらの周期で鉄塔と建物が別々に共振を起こすことがわかった。ア

ンテナ頭部が局所的に大きく増幅されていたが,アンテナ頭部を鉄塔に緊結することにより,かなりの程度振動を低減できるものと思われる.」

2 大空間の内包

建物の一部がホールや劇場のような大きな無柱空間になっているか，あるいは建物のほとんどが外周を除き無柱の外殻構造になっているような建物の振動計測を取り上げる。このような建物は，通常のビルに比べると柱や床が少ないため柔構造となり，固有周期は長くなるのが普通である。一般的な固有周期の推定式はビルのような建物を前提にしているので，建物の健全性を判定する際に，大空間であるか大空間を内包する建物は適用外になる。しかし，計測した固有周期が，推定式の結果と同程度あるいはそれよりも短くなることもあり，このような場合は構造として極めて剛強な部類に入る。

ここで取り上げる4件の大空間を内包する計測対象と計測年は次のとおりである。

- ◆共立講堂〜4階建ての全階がホール，1956年
- ◆牛込公会堂〜4階建ての3〜4階がホール，1964年
- ◆日本生命日比谷ビル（日生劇場）〜8階建ての2〜5階（4層分）がホール，1964年
- ◆早稲田中学・高校講堂〜3階建ての1階が道場，2〜3階が吹抜けの講堂，1965年

なお，本書で大空間を内包した建物には，ほかに第2章1第1節の名鉄ビル，第2章2第11節の新宿区役所，第3章1第1節の三井倉庫（大阪），第5章1第3節の神戸新聞会館などがある。以下に各建物に関する概要と計測結果の要約を記す。計測結果についてより詳細な情報が知りたい場合は，ウェブサイトからほぼオリジナルの診断カルテを見ることができる。

第1節　共立講堂

共立講堂は内藤多仲の構造設計により戦前の1938年に竣工している。当時は規模・設備の点で日比谷公会堂と並ぶ大講堂だった。東京大空襲の被害は免れたものの，1956年に発生した火災により内部が全焼した。しかし，構造体は再利用できることがわかり，火災の翌年に復旧工事を行い，継続使用されることになった。振動計測は火災後の復旧工事のための参考資料を作成するために実施された。講堂の内部に大きく張り出した2階観客席の上下動と建物全体の水平動の振動性状が調査された。振動計測とともに，火災によるコンクリートの劣化状態を確認するため，シュミットハンマによる強度試験と中性化試験も行われている。2000年に

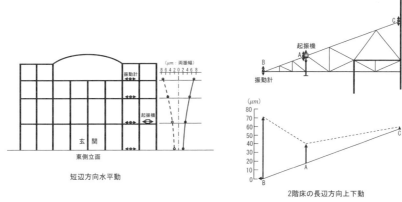

断面図

当時の共立講堂（内藤多仲記念館）

図 3.2.1　共立講堂（1956 年）

耐震補強工事を行い，現在も使用されている。

1. 2 階客席の上下動

起振機を 2 階の鉄桁中央に据え付けて上下動を励起した。梁上では周期 0.16 秒で共振したが，客席前端の振動はやや高振動数の周期 0.14 秒で共振した。すなわち，梁から前方と梁上では完全に一体となった振動ではないことがわかる。梁上の上下動は，両端で小さく，中央に近づくほど大きくなった。ただし，中央部の変位はその近傍の左右よりも小さくなっていた。客席前端の上下動は梁上よりもかなり大きかったが，ここでも前端中央部の上下動はその近傍の左右よりも小さかった。

2. 建物全体の水平動

起振機を 2 階通路に移動して，短辺方向（舞台と客席を結ぶ線に直角方向）に加振したときの共振曲線には，1〜3 階では周期 0.18 秒に共振らしきピークが認められたが，4 階では生じていなかった。短辺方向には舞台，客席，玄関寄りの階段室等，かなり剛性を異にする部分が互いに相隣あって並び，これらが複合振動体となり，共振現象が顕著には現れにくくなった可能

性がある。周期 0.18 秒における全体変形曲線は，なめらかなせん断変形になっていた。

　長辺方向（舞台と客席を結ぶ方向）に加振したときは，周期 0.15 秒に共振が明瞭に現れた。これは，長辺方向振動の方向にはほぼ単一振動体に近い振動をするためと考えられる。この周期 0.15 秒の全体変形曲線もなめらかなせん断変形になっていた。

3. コンクリートの中性化試験と強度試験

　中性化深さは，火力が激しかったと想像される箇所では大きかったが，そうでなかった箇所は材齢に見合った値になった。漆喰あるいはモルタル等で被覆されている部分の中性化深さは概して小さな値であり，とくに火害のなかった外壁タイル張りの箇所では 0.1 mm と非常に小さかった。

　シュミットハンマの反発硬度は最低のもので平均硬度 40，ほかの部分はいずれも 44 〜 45 であり，推定圧縮強度は 450 〜 500 kg/cm^2 と見積もられ，コンクリート強度としては十分と判定された。

　診断カルテの最後には以下のように記されている。「この建物は，その高さおよび平面の広さを考えると，周期が短かく剛な建物といえる。ただし，周期の短い理由の一つは，内容物が少なく軽量なためでもある。2 階客席の先端の振動が大きい理由は，片持梁になっているためで当然のこととはいえるが，一応，構造力学上の強度を確認しておく必要がある。」

第 2 節　牛込公会堂

　牛込公会堂は，新宿区に統合される前の牛込区役所として，関東大震災から間もない 1928 〜 29 年ころに竣工した。地上 4 階地下 1 階の建物で，3 〜 4 階がホールになっていた。東京大空襲の被害は免れていたが，戦災により設計図書は散逸し，振動計測時には参考にする図面もなかった。震災後の復興建築であり，構造は剛強に造られてはいたが，各所でコンクリートは剥落し，鉄筋も露出して劣化が進行していた。このため，振動計測だけでなく，シュミットハンマによる強度試験，中性化試験，さらに基礎部の掘削調査が行われた。建物はすでに取り壊されており，現在は新宿区地域区民センターになっている。

1. 振動計測

　短辺方向振動の共振曲線には周期 0.305 秒と 0.235 秒に 2 つのピークが認められた。全体変形曲線を見ると，周期 0.305 秒は，地下室床から 3 階床までの間に特に急激な変化は見られず，建物全体が基礎から変形していることがわかった。一方，周期 0.235 秒は，変形は主として 1 階より上部で生じており，1 階床と地下室床の変位差はわずかであるのに対し，1 階床と 2 階

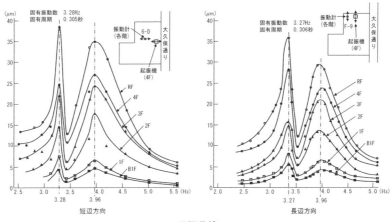

共振曲線

当時の牛込公会堂（内藤多仲記念館）

図 3.2.2　牛込公会堂（1964 年）

床の変位差が大きくなっていた。このことから、周期 0.305 秒は建物全体が振動する短辺方向の基本振動であり、周期 0.235 秒は地上部分だけが振動する部分振動であると判別された。これらの変形曲線には、ともに 4 階床〜屋上床の変形とその下層の変形との間に不連続性が認められた。これは、3 階から屋上階はホールとして使用され、この部分が開放的で柔な構造であったためである。ねじれ変形曲線からは、顕著なねじれは認められなかった。地下室床の上下動変形曲線は直線的にロッキングしており、床の変形は小さかった。

　長辺方向振動の共振曲線にも周期 0.305 秒と 0.235 秒に 2 つのピークが認められた。全体変形曲線も短辺方向振動と同じような傾向が見られ、周期 0.305 秒が建物全体が振動する長辺方向の基本振動、周期 0.235 秒が地上部分だけが振動する部分振動であると判別された。ここでも 3 階床〜屋上床の変形とその下層の変形との間に不連続性が認められた。理由は短辺方向振動の場合と同じである。長辺方向振動のねじれも顕著ではなかった。地下室床の上下動変形曲線も短辺方向振動と同じ傾向が見られた。

2. 強度試験と中性化試験

強度試験は，コンクリートの表面約 30 cm 四方の仕上げをはつり取り，構造コンクリート表面を碁盤目状に区画して試験を行った。コンクリート表面の状態から，コンクリートはかなり緻密で良質と推測された。実際の強度試験の結果からも十分なコンクリート強度を有していると判定された。

中性化試験の結果は，建物の実際の年齢よりも中性化が進行している箇所もあったが，全体として見れば必ずしも悪いとは言えず，中性化の状態は普通程度と判定された。

3. 基礎の調査

東京地盤図より，公会堂の地盤は関東ローム層（N 値は 4～7）と判断された。地下 1 階であることと，RC 構造としては柱割間隔が比較的小さいことから，建物はかなり剛であると考え，長期許容地耐力は 15～17 t/m^2 程度と推定された。基礎の調査により，基礎は一方向には連続しており，他の一方向は基礎を地中梁で繋いでいることがわかった。

診断カルテの最後には以下のような記述がある。「この建物は構造上から予想されるように，短辺方向にも長辺方向にも均等な剛性を有し，振動計測の結果からも，両方向の基本固有周期がまったく等しくなっていることが確認された。基本固有周期は，通常 4 階建ての場合は 0.28～0.36 秒であるから，計測値が短辺方向で 0.305 秒，長辺方向で 0.306 秒ということは，ホールを有する建物としては比較的短い方であり，したがって建物は剛な構造であると言うことができる。」

第 3 節　日本生命日比谷ビル

日本生命日比谷ビルは，日比谷公園を前に建てられた地上 8 階地下 5 階のビルである。竣工は 1963 年，意匠設計は村野藤吾，構造設計は内藤多仲であり，1964 年度日本建築学会賞作品賞を受賞している。構造は鉄骨鉄筋コンクリート造の地上 8 階（高さ 31 m）地下 5 階であり，外壁には石材を貼ったカーテンウォールが採用された。建物は営業拠点としての自社ビル機能を持たせつつ，日生劇場という大ホールを内包している。建物は平面的に二分され，一方が会社のオフィス部分，他方が劇場部分で構成されている。このため，構造的に見ると，建物の半分は普通の多層構造，ほかの半分は空洞のような大ホールがある大空間内包構造になっている。建物は現在も使用されており，日生劇場では途切れることなく様々な公演が行われている。

振動計測は竣工翌年の 1964 年に行われた。この計測では思いもよらぬことが起こった。いつもの通り起振機を据え付け，振動計を配置して強制振動試験を始めたところ，建物の規模が大きすぎ，起振機の加振力が建物全体を振動させることができないことが判明した。強制振動

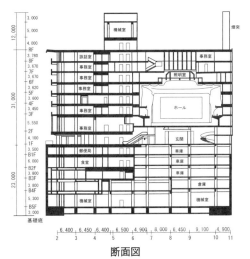

断面図　　　　　　　　　　　現在の日本生命日比谷ビル（撮影：濱本）

図 3.2.3　日本生命日比谷ビル（1964 年）

試験は諦めざるを得なくなったが，計測を中止することはせず，急遽，常時微動計測に切り替えて，当初予定していた振動性状の調査を試みている。計測にはノイズがかなり混入し，データ処理段階では，工学的判断を頼りに共振曲線を描くという難しい作業になった。この工学的判断は那須が行ったようである。

常時微動計測による短辺方向の共振曲線を各階で求めてみると，いずれも周期 0.4 秒にピークが現れた。これが短辺方向の基本固有周期である。通常，常時微動計測では，横軸に周期（あるいは振動数），縦軸に発生頻度をとった周期－頻度分布曲線を用いるが，この計測では，強制振動試験と同じように横軸に振動数，縦軸に最大変位振幅をとった共振曲線を描いている。しかし，結果はばらつきが大きく，強制振動試験のような明瞭な共振曲線は得られなかった。当時の振動計は，まだ正確に常時微動を計測できるような精度を有していなかった。

固有周期 0.4 秒における全体変形曲線を描くと，地下 5 階の深い基礎部分の変形はかなり小さく，地上部分になると急に変形が大きくなっていた。しかし，これは地下部分に比べて地上部分の変形が相対的に大きいということであり，実際の地上部分の変位は屋上で 12 μm 程度であり決して大きな値ではなかった。地上部分はいわゆるラーメン変形をしており，この変形状態から判断して各階の剛性はほぼ一様であることが伺えた。地下 5 階の床の上下動変形曲線から，床の変形は一般の建物に見られる形状で，変形量は普通程度と判定された。

常時微動計測による長辺方向の共振曲線を各階で求めてみると，いずれも周期 0.5 秒にピークが現れた。これが長辺方向の基本固有周期である。短辺方向に比べるとわずかに長く，長辺方向の剛性が短辺方向の剛性よりやや小さいことがわかる。長辺方向の全体変形曲線は，短辺方向とほとんど同じになった。しかし，固有周期がわずかに長く，剛性が小さい分だけ，変形がやや大きくなっていた。変形曲線の形状は，短辺方向と同様，ラーメン変形であり，全体と

2　大空間の内包　　81

して一様な剛性を有していることがわかった。地下5階の床の上下動変形曲線も短辺方向振動と大きな違いはなかった。

以下に最後に記述されている診断結果を記す。「この建物の短辺方向と長辺方向の剛性はほぼ同じであり，両方向にバランスの取れた構造になっている。基本固有周期の計測値は，短辺方向が0.4秒，長辺方向が0.5秒である。同規模の平均的な建物の基本固有周期を与える谷口式による計算値が0.56〜0.72秒になることから，両方向とも小さい値になっており剛な構造と言うことができる。したがって，この建物は健全であると判定する。」

第4節　早稲田中学・高校講堂

早稲田中学・高校講堂は1935年頃の竣工である。3階建てで1階が道場，2階と3階が吹抜けの講堂になっており，一部の柱を除けば外殻構造になっている。この建物の増改築計画の参考資料を作成することを目的に，振動計測を中心にした総合的な調査が行われた。振動計測以外に，地盤と基礎の調査，シュミットハンマによるコンクリート強度試験，および中性化試験が実施された。調査は比較的大掛かりになったが，その背景には，この建物の1階部分が過去に火災を経験していることがあった。現在，この建物は取り壊されて存在しない。

1. 振動計測

短辺方向振動の共振曲線にはピークが1つだけ現れ，周期は0.231秒であった。これが短辺方向振動の基本固有周期である。この固有周期における全体変形曲線は，1階では変形が小さく，2階では変形が大きくなっていた。その原因は，1階にはほぼ中央部に2本の円柱があり，両端付近には壁が比較的多く存在していたのに対し，2階は中央部の柱を取り去り，構造がより開放的になっていたためである。1階床の上下動変形曲線は，通常の建物によく見られる形状であった。3階床のねじれ変形曲線は，起振機を据え付けた側で大きくなり，その反対側では約1/3になっていた。

長辺方向振動の共振曲線にはピークが1つだけ現れ，周期は0.245秒であった。これが長辺方向振動の基本固有周期である。長辺方向振動の全体変形曲線は，短辺方向に比べ長辺方向には変形しにくいことを示していた。長辺方向振動の上下動変形曲線は，通常の建物によく見られる形状であった。3階床のねじれ変形曲線も，起振機を据え付けた側がその反対側よりも大きくなっていた。

2. 強度試験・中性化試験

強度試験の結果から，全般的にはかなり良好な強度を有していることがわかった。とくに，2階，3階はきわめて高い強度を示した。それに比べると，1階の強度はやや低かったが，実

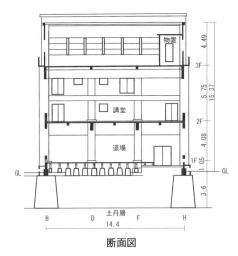

断面図　　　　　　　　　　当時の早稲田中学・高等学校講堂（内藤多仲記念館）

図 3.2.4　早稲田中学・高校講堂（1965 年）

用上は何ら差し支えない範囲であった。

　中性化深さは最大 55 mm に達する箇所もあったが，多くは 35 mm 以下であった。全般的に見れば，3 階，2 階ではコンクリートの中性化はそれほど進んでおらず，これに比較して 1 階では中性化がやや進んでいた。この原因は火災の経験によるものと考えられる。各部材の鉄筋は中性化が深く進行した箇所でも錆びておらず健全な状態であった。

3. 基礎・地盤調査

　深さ 3.4 m から下の地盤は安定した東京層の地盤であり，地下水位は地表より約 1.5 m であることを確認した。基礎の施工は設計図通りに正確に実施されていることも確認できた。フーチングを支持する東京層粘土層は，ボウリング調査によれば厚さ 2～3 m であるが，講堂付近はかなり厚くなっており，約 7 m あることがわかった。標準貫入試験により N 値は 20 になることを確認した。これは東京層上部粘土層としては一般的な平均値よりやや高い値であり，設計時における許容地耐力の推定値を 40 t/m^2 程度としたことの妥当性が確認できた。以上より，基礎の設計および施工に関しては，現状において一切の構造的不安はないと判定された。

　診断カルテの最後は以下のように記されている。「この建物の振動性状に関してはとくに異常は認められない。強いて言えば，建物の弾性変形が多少大きい点が指摘できる。固有周期も長めではあるが，計測値の程度であれば，建物は一応健全であると言って差し支えない。コンクリート強度試験によれば，強度はかなり良好である。増築の場合は側方に拡張するのが構造的に有利である。屋上に増築する場合は，軽量構造であれば何ら差し支えない。現在屋上にある壁は除去した方が建物全体の安全性を高めることになる。調査の結果，基礎も十分に強度を有していることが認められた。」

3　平面不整形によるねじれ

　ここでは，平面形状の不整形性が顕著な建物を取り上げる。平面が不整形な建物は，矩形平面に比べると振動挙動が複雑になりやすい。矩形の建物であれば通常ねじれ振動は小さいが，不整形になると大きくなる。また，強制振動試験において，矩形平面のように短辺方向を短辺方向振動，長辺方向を長辺方向振動と定義して2方向加振を行えばよいという単純なことにはならず，不整形平面の振動の主軸が実際にはどこにあるのかという問題に遭遇することもある。

　不整形平面は複数の矩形平面が剛に連結している状態と見ることもできる。この場合，連結部に相当する箇所の結合度が十分であり，構造体としての一体化が図られているかどうかを確認するために振動計測を利用することができる。また，連結部に相当する箇所を伸縮継手（エキスパンションジョイント）でつないだような場合は，各部分構造の挙動が衝突など相互に悪影響を及ぼさないかを確認するためにも振動計測を利用することができる。

　ここで取り上げる3件の建物の特徴とその計測年は次のとおりである。

◆キャンプ・ドレイク～伸縮継手を用いた複雑な十字形平面，1950年
◆東京厚生年金病院～Y字形の不整形平面，1953年
◆銀座三越百貨店～いびつなI字形の不整形平面，1958年

　このほかに本書で平面の不整形が顕著な建物としては，第3章1第3節の早稲田大学文学部研究棟（T字形の不整形平面），第5章2第2節の出光興産本社ビル（片側が尖った不整形平面），第5章3第6節の東京中央電話局旧館（ヒの字形の不整形平面）等がある。以下に各建物に関する概要と計測結果の要約を記す。計測結果についてより詳細な情報が知りたい場合は，ウェブサイトからほぼオリジナルの診断カルテを見ることができる。

第1節　キャンプ・ドレイク

　キャンプ・ドレイクは米軍占領下における埼玉県朝霞の米軍基地（現在の自衛隊朝霞駐屯地）である。この基地内に，建物の中心部に極めて剛な十字形の中央ヴォールトを配し，そこから4つのウィングが分岐し，さらに各ウィングの先端部が二股に分かれた複雑な形状の建物があ

った．この建物を構成する各部分構造は矩形の鉄筋コンクリート2階建てであり，それらが伸縮継手（緩衝スペース）を介して相互に連結される構造になっていた．今でこそ，複雑で大規模な建物はエキスパンションジョイントで適当に縁を切り，単純な構造体に分割して安全性を確保することは常識になっているが，計測が実施された当時は見慣れない工法であった．内藤はこれを新しい技術と捉え，興味津々で建物の振動計測を行っている．

敷地の地盤条件は一様ではなかった．玄関のある建物南端部は比較的硬質の良好な地盤上に建っていたが，東端部は軟弱な地盤上に載っていた．建物各部は硬質地盤では別々の基礎の上に建っていたが，軟弱地盤になると共通の連続的な基礎の上に載っていた．建物全体としてみると，単一構造ではなく連結構造になっているため，建物の構成部分によりその振動性状は異なることが予想された．このため，建物各部の相対的な動きを把握する目的で，様々な位置において振動計測を行うことになった．通常の強制振動試験では，起振機の位置を固定し，振動計の位置だけを変化させながら計測していたが，この計測においては，起振機も移動させ，その都度，振動計も適宜配置しなおす移動計測方式が採用された．

起振機を中央ヴォールト，東ウィング，北ウィング，南ウィングの順に移動して加振が行われた．振動計は緩衝スペースを挟んだ各部分構造の緩衝スペースごく近傍に設置し，部分構造間の相対変位を緩衝スペースの平行方向と直角方向に計測している．建物の全体振動には目をつぶり，各部分構造間の局所的な振動性状の把握に集中している．起振機の移動と振動計の再配置により計測ケースがかなり多くなったため，詳細についてはウェブサイトに譲ることにし，診断カルテの最後にまとめられている内藤の知見だけを以下に記す．

「計測結果の要点を箇条書きに記す．
1)　計測した建物は複雑な平面形状をしており，建物を構成する各部分はお互いにわずかに異なる固有周期を有していた．
2)　その固有周期はいずれも比較的短周期であった．その理由は建物の軽量化によるものと考えられる．建物の施工状態は良好であった．
3)　連続する部分構造間に存在する緩衝スペースの耐震効果に関しては，この計測だけではっきりとした結論を述べることはできないが，この緩衝スペースを跨いで計測を行ったとき，振動が急激に低減するという現象は確かに認められた．計測結果から緩衝スペースの耐震効果は小さいと結論付けることは早急である．起振機により励起される加振力は，地震の加振力に比べれば極めて小さいからである．

以上の計測結果に基づき，複雑な平面形状の建物を緩衝スペースによって分割した効果について思うところを述べる．過去の多くの地震において，複雑な平面形を有する建物の場合，異なる構造の結合部分で地震損傷が生じやすいということは体験済みである．今後，接合部をこの建物のように緩衝スペースを設けて設計すれば，地震に対する損傷を低減することができそうである．また，不整形平面でもX形あるいは十字形の建物は，一般に地震動に対して安全

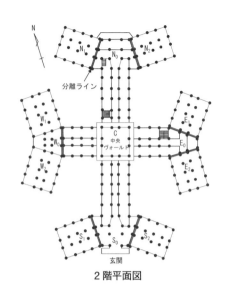

計測対象の特徴的な建物が見える

２階平面図　　　　　　　　　　キャンプ・ドレイクド北地区（1974年）（国土地理院空中写真）

図3.3.1　キャンプ・ドレイク（1950年）

な形状であるように思われる．とくに，この建物のように構造が非常に軽量な場合は，こうした形状が有効と思われる．」

第 2 節　東京厚生年金病院

　東京厚生年金病院は新宿区津久戸町に 1952 年に竣工した．鉄筋コンクリート造地上 5 階・地下 1 階である．中央に螺旋状斜路を有する直径 14 m の円筒状の塔（以下，螺旋塔）が建ち，そこから剛に接合された西棟・東棟・南棟の三つの腕の部分が 120 度間隔で延び，全体として Y 字形平面を形成する特徴的な建物である．建物の外回りには壁がなく開放的な空間が提供されていた．建築家山田守の代表作の一つであり，構造設計は内藤多仲が担当している．振動計測は竣工直前に行われた．計測は 1 期工事と 2 期工事の継ぎ目の接合度と 3 棟が交わる連結部の接合度に注目している．当時の建物は 1987 年から 1998 年にかけて順次取り壊された（1987 年南棟解体，1990 年西棟解体，1998 年東棟解体）．その後，新館が 2000 年に竣工し，2014 年には病院名も東京新宿メディカルセンターに改称された．

　振動計測は以下の 4 段階に分けて実施された．

【計測Ⅰ】：螺旋塔内の屋上に起振機を据え付け，建物を西棟の短辺方向に加振し，振動計を第 1 期工事完成部と第 2 期工事の継ぎ目を挟んで設置した．共振曲線には周期 0.26 秒と 0.175 秒の 2 つのピークが現れた．いずれの周期の振動も同位相同振幅であることから，第 1 期工事と第 2 期工事の継ぎ目は完全につながっていると判定された．周期 0.26 秒のとき螺旋塔近傍と西棟端部での振幅は同程度でやや西棟端部が大きい程度であった．周期 0.175 秒のとき螺旋

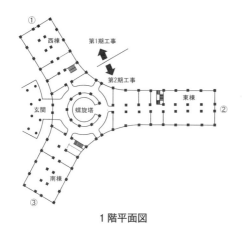

　　　　1階平面図　　　　　　　　　当時の東京厚生年金病院（内藤多仲記念館）

図 3.3.2　東京厚生年金病院（1953 年）

塔近傍の振幅は小さかったが西棟端部ではかなり大きくなった。

【計測Ⅱ】：起振機の位置および加振方向は【計測Ⅰ】と同じとし，東棟の短辺方向と南棟の長辺方向の振動を同時計測した。共振現象は周期 0.28 秒と 0.17 秒のときに生じた。周期 0.28 秒のとき東棟端部の短辺方向振動の振幅は南棟の長辺方向振動の 2 倍程度と大きかった。周期 0.17 秒のとき螺旋塔近傍の振幅は小さかったが東棟端部ではかなり大きかった。

【計測Ⅲ】：起振機の位置および加振方向は【計測Ⅰ】と同じとし，東棟の短辺方向と南棟の短辺方向の振動を同時計測した。共振現象は周期 0.27 秒と 0.17 秒のときに生じた。周期 0.27 秒のとき振幅が全体的に大きくなり，東棟端部では南棟端部の 2 倍程度になった。周期 0.17 秒のとき，東棟の振幅は螺旋塔近傍で小さかったが，端部では南棟端部の 1.5 倍程度と大きかった。

【計測Ⅳ】：螺旋塔に比べてやや柔と思われる病棟中央付近の階段室に起振機を移動し，東棟の短辺方向と南棟の短辺方向の振動を同時計測した。周期 0.27 秒のとき建物全体の振幅が大きくなり，東棟の螺旋塔近傍と南棟端部は同程度，東棟端部はその約 2 倍になった。周期 0.17 秒の時，振幅は小さくなり，東棟端部は南棟端部の約 2 倍になった。東棟において，各階共振曲線を求め，短辺方向と長辺方向の全体変形曲線に関する検討を行った。周期 0.27 秒における東棟の短辺方向と長辺方向の全体変形曲線はともにラーメン変形となったが，振幅は長辺方向が短辺方向の約 1/2 であった。長辺方向は短辺方向に比べて揺れにくいことを示している。

　計測Ⅰ〜Ⅳの結果を総合すると，螺旋塔を中心としてねじれを生じるときの周期が 0.17 秒，建物全体として変形するときの周期が 0.26 〜 0.28 秒と考えられる。

　診断カルテの最後の部分を以下に記す。「Y 字形を構成する各棟の短辺方向の固有周期は 0.26 〜 0.28 秒である。各棟の長辺方向の固有周期は短辺方向とほぼ同じ 0.27 秒である。この建物は 5 階建てなので，建物の基本固有周期の予測式（谷口式）によれば 0.35 〜 0.45 秒になるが，計測された固有周期はそれよりもかなり短い。これは，建物が比較的軽量なうえ，Y

3　平面不整形によるねじれ　　87

字形の平面構成により各棟が相互に剛となる構造になったためと考えられる．地震に対しても剛強な建物ということができる．」

第3節　銀座三越百貨店

　銀座三越百貨店の現在の建物は1968年の竣工であるが，このとき計測された建物は，その先代になる三越が銀座4丁目交差点に進出した1930年竣工の建物である．構造は鉄筋コンクリート造地上6階地下1階であった．東京大空襲により銀座一帯は新富町から築地にかけてと銀座7，8丁目を除いてほぼ全域を焼失し，鎮火後には鉄筋コンクリート造の焼けビルが点々と残されていた．当時の銀座三越も例外ではなく，建物内部が全焼し，1947年に改装が行われるまでは廃墟のような状態になっていた．

　振動計測が行われたのはそれから10年ほど経過した1958年である．当時の建物平面はいびつなI字形であった．交差する2つの道路（銀座通りと晴海通り）にそれぞれ平行になるように起振機を設置して振動性状を検討したが，加振方向と建物の主軸がずれていたため，従来の短辺方向振動と長辺方向振動の定義では説明しにくい状況が生じている．振動計測に関しては火災に関する記述は一切出てこない．しかし，戦時中の火災による劣化を検討するために，診断カルテにはシュミットハンマによるコンクリート強度試験と中性化試験の結果が付録として付けられている．

1．振動計測

　建物の平面形状は不整形であったが，付属棟を除いた全体の平面形状を大局的に矩形と置き換えて長辺方向振動と短辺方向振動が定義された．その結果，矩形平面の計測とは異なり，見かけ上は長辺方向振動と短辺方向振動が混り合った複雑な挙動になった．

　長辺方向振動の共振曲線には，周期0.17秒，0.33秒，0.43秒，および0.48秒において共振現象が見られた．0.43秒と0.48秒のピークが同程度の大きさとなったため，長辺方向振動の基本固有周期がどちらであるのかを特定できなかった．0.17秒は全体変形曲線の形状および基本固有周期を0.48秒としたときの約1/3であることから2次モードと推測された．この時点で0.48秒が長辺方向振動の基本固有周期であることがほぼ確定した．一方，0.43秒はねじれ振動と判定された（詳細はウェブサイト）．0.33秒のピークは小さかったが，起振機の回転数が減少し，2次モードを過ぎて，6階より上の部分が下の部分と同じ方向に振動する変形へと移行する過渡期に生じた．0.43秒と0.48秒の各共振時の全体変形曲線は，ともに7階の変形が屋上より大きくなった．この原因としては，起振機の加振力が7階に作用していたこと，および屋上部分が軽くて慣性力が小さいことが考えられる．

　短辺方向振動の共振曲線には，長辺方向振動とまったく同じ周期0.17秒，0.33秒，0.43秒，

および 0.48 秒において共振現象が見られた。0.43 秒のピークは 0.48 秒のピークより大きかった。0.33 秒のピークは相対的に小さかったが，短辺方向振動の基本固有周期は消去論的に 0.33 秒と推定された。0.48 秒の短辺方向の振幅は長辺方向よりも大きかったが，それ以外の周期では逆になっていた。0.17 秒，0.33 秒，0.43 秒の 3 つのモードの全体変形曲線は，長辺方向振動でも短辺方向振動でも似たような形状であった。しかし，0.48 秒は，5 階より上の部分の変形が長辺方向振動のときとは異なり，6 階から屋上に近づくにつれて振幅が増大していた。これは 6 階以上で床面積が小さくなることが原因と考えられる。

起振力方向と起振力直角方向の変位振幅を同時計測して合成し，振動の実際の方向を求めてみると，周期 0.17 秒のときは起振力方向のみに振動しており直角方向には動いていなかったが，周期 0.33 秒のときは直角方向にも振動していた。周期 0.48 秒の基本振動は起振力方向から 45 度傾いていたが，周期 0.43 秒の振動はほぼその直角方向になっていた。このような複雑な挙動を構築物振動研究会はこれまでに経験したことがなかった。

この建物の平面は比較的複雑な構成で，階段室やエレベーターシャフトなどの比較的剛性の高い部分がある一方，壁のない比較的剛性の低い部分もあり，これらの剛性分布の不釣り合いにより建物の振動しやすい方向がおのずと決まるものと考えられる。起振力方向（最初に定義した長辺方向振動と短辺方向振動）にかかわらず，建物はこの揺れやすい方向に振動すると考えるべきである。不整形平面の場合は，建物の主軸方向を事前に読み取り，主軸方向とその直角方向の振動を計測していれば，基本固有周期はもっと明瞭に現れたはずである。

7 階床上で長辺方向と短辺方向の上下動変形曲線を求めてみると，両方向とも周期 0.17 秒のときに床面の傾斜・変形がもっとも著しく，それ以外の周期のときは比較的小さかった。この建物のロッキング現象は，周期 0.17 秒の 2 次モードのときに主に生じることがわかる。

2. 強度試験と中性化試験

強度試験と中性化試験の結果には以下のような記述がある。「本建物は 1930 年 4 月の開館なので，コンクリートの材齢は約 28 年以上に達しており，戦時中に火災を受けた部分もある。」「本建物の当初のコンクリート強度が 135 〜 150 kg/cm^2 であったとすると，少なくとも 2 倍の 270 〜 300 kg/cm^2 程度になっていなければならない。材齢 10 年までの実験やほかの研究者の発表によれば，初期の強度の約 2.5 〜 2.6 倍になることが明らかにされているので，仮に初期の強度を 135 kg/cm^2 とすると 340 〜 350 kg/cm^2 と想定される。本計測の結果によれば，各箇所の平均強度はおおむねこの値に近い数値である。本建物は途中で火災を受けているが，どの部分がどの程度の火害を受けたのかは明らかでない。コンクリートを削ってみたが，脆弱になっている個所は見当たらなかったため，内部のコンクリートは仕上げそのほかにより相当保護されたのではないかと考えられる。」「中性化の程度もコンクリートが置かれている条件により一定しないが，一般に中性化深さは浜田博士が発表した $t = 7.2x^2$ の式によって検討されて

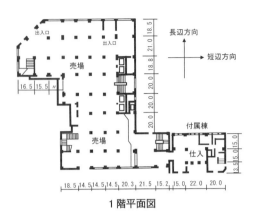

1階平面図　　　　　　　　　　　　　当時の銀座三越百貨店

図 3.3.3　銀座三越百貨店（1958 年）

いるので，この式に当てはめてみると $x = 2$ cm になる。本計測では 6 階外壁（内側）では中性化は全く認められなかった。これはモルタルが 2 〜 3 cm 塗られており，さらにほかの部分と同様に漆喰モルタル，プラスターという仕上げにより完全に保護されていたためと考えられる。しかし，これ以上の階になると中性化深さは大きくなっていた。これは，火災を受けた影響ではないかと思われる。」

　診断カルテの最後の部分を以下に記す。「この建物の平面図から今回仮定した長辺方向振動と短辺方向振動は必ずしも建物の実際の振動の方向を表すものではない。もし最初の振動方向の仮定が正しいとすれば，長辺方向振動の基本固有周期は 0.48 秒，短辺方向振動の基本固有周期は 0.33 秒である。しかし，実際の建物の振動方向は，仮定した短辺方向振動と長辺方向振動の方向ではなく，これから 45 度傾いた方向であると考えられる。ただし，最初の仮定に基づく長辺方向振動と短辺方向振動の基本固有周期は，従来の経験から言えば，両方向とも比較的短周期である。8 階建ての場合の基本固有周期の平均値は 0.55 〜 0.70 秒であるので，周期だけからいえば剛な建物と言える。現在の建物は百貨店の構造上，開放的な部分とそうでない部分が混在して剛性分布が一様にはなっていないが，今後の増改築計画においては剛性分布のバランスをとることが重要と思われる。現在の柱や壁はなるべく保存しつつも，できれば補強した方が良いと思われる。上部に増築する場合は，軽い材料を使用することはもちろんであるが，同時に現在よりも建物の剛性を低下させないように留意することが必要である。」

第4章
地盤影響を考慮した振動計測

1 地盤−構造物相互作用

　建物への地盤影響と言うと，地盤と構造物の連成挙動の計測という印象を与えるかもしれない。しかし，ここで取り上げている計測事例は，建物の上部構造だけに着目するのではなく，基礎・地盤の上部構造への影響を強く意識した計測という程度の意味合いであり，必ずしも地盤−構造物相互作用に関する詳細な検討を対象としているわけではない。

　構築物振動研究会は，当初から地盤−構造物相互作用としてのロッキングを，建物におけるごく一般的な現象として捉え，許容値以下である限り，ロッキングが生じることを構造健全性の阻害要因とは考えていなかった。むしろ，建物の全変形にロッキング変形が占める割合が適度に大きいことは，構造的に剛であることの指標だと見て好ましい構造特性と考えていた。

　しかし，これは建物の揺れが構造健全性を満足する範囲内の話であって，ロッキングが構造健全性を阻害するような場合は対策が必要になる。こうした状況は，建物を支持する地盤が軟弱であったり，基礎構造が脆弱であったり，上部構造の変形や重量により地震による慣性力が過度に大きくなったり，あるいは安全性には問題がなくても機能性・居住性に甚大な障害が生じたりするようなときである。さらに，ロッキングだけでなくスウェイを含めた建物の剛体的な変形が大きくなることもある。

　計測対象となる既存建物に上記のような状況が懸念されるような場合は，普通，構造設計の段階で構造健全性を保持するための何らかの対策や工夫が施されているはずである。その効果を確認するには，竣工後に地盤−構造物相互作用による悪影響が顕在化していないかどうかを検討する必要がある。したがって，計測の中には地盤−構造物相互作用が全く表面化しない事例もある。ここでは，このような観点から次の5件の診断カルテを取り上げる。

◆千成ビル〜深礎工法の確認，1958年
◆東海村 JRR-2 原子炉建屋〜ロッキング挙動の検討，1959年
◆足立区内都営アパート〜ごく軟弱地盤の建物応答，1963年
◆八重洲大阪ビル〜深い埋込み基礎の影響，1967年
◆名古屋商工会議所〜計測と解析の融合，1968年

　以下に各建物に関する概要と計測結果の要約を記す。計測結果についてより詳細な情報が知りたい場合は，ウェブサイトからほぼオリジナルの診断カルテを見ることができる。

第 1 節　千成ビル

　千成ビルは 1958 年に新橋駅の近くで竣工した鉄骨鉄筋コンクリート造地上 9 階・地下 1 階の商業用ビルである。短辺（1 スパン）と長辺（3 スパン）のアスペクト比は約 1：3，短辺と高さの塔状比は約 1：4 の細長いペンシルビルである。通常の杭基礎であれば，短辺方向に大きな地震力が作用すると，上部構造は曲げ変形し，引張側では杭の引き抜きや破断，圧縮側では杭の圧壊などが生じやすい形状である。このような破壊を回避するために，地表面から深さ 12 m のところにある砂礫層に達する大断面のケーソン基礎を深礎工法により打設するとともに，上部構造の軽量化を図るために軽量コンクリートが使用された。高さによって使用したコンクリート材料は異なっており，3 階床より下の階は密度 2.4 の普通コンクリート，3 階床〜7 階床は密度 2.0 の大島火山礫コンクリート，7 階床〜屋上は密度約 2.0 の浅間火山礫コンクリートが使用された。振動計測は竣工後まもなく行われている。

　短辺方向振動の共振曲線には大きなピークが周期 0.575 秒に，それよりも小さなピークが周期 0.325 秒と 0.192 秒に現れた。変形曲線の形状から，0.575 秒は短辺方向振動の基本振動の固有周期，0.325 秒はねじれ振動の固有周期，0.192 秒は短辺方向 2 次モードの固有周期であることが判明した。基本振動の全体変形曲線の形状は，高さに比例してほぼ直線的に増加するせん断変形であり，6 階の振幅が少し大きくなっていた。これは起振機を 6 階に据え付けたことによる局所的な増幅である。全体として見れば，高さ方向の材料特性の違いにかかわらず，不連続的な変化は現れていない。0.192 秒が 2 次モードであることは全体変形曲線の形状だけでなく，その周期が基本振動 0.575 秒の約 1/3 になっていることからも確認できる。

　ねじれ振動の変形状態はねじれ変形曲線から読み取ることができるが，その回転中心は床面中心から階段室やエレベーターシャフトの剛な壁がある側に少しだけずれていた。地下室床面における上下動変形曲線は通常見られる形状であったが，ロッキングの回転中心は基礎中央からずれていた。これは，上下動に対する深礎杭の抵抗が基礎の両端で異なるためである。基礎下の地盤条件の違いが反映されたと考えられる。屋上においてロッキングによる変形が全変形に占める割合は 28 ％とやや小さかった。短辺方向にはやや柔であると言える。全体変形曲線の弾性変形は地下室ではほとんど生じていなかった。これは，地下室における剛性が建物のほかの部分よりもはるかに大きいためである。

　長辺方向振動の共振曲線にはピークが周期 0.295 秒に一つだけ現れた。全体変形曲線の形状はせん断変形であった。ロッキングの傾斜角は短辺方向振動の約 1/10 と小さく，屋上においてロッキングによる変形が全変形に占める割合も 21 ％と小さかった。地下室床面の変形状態は，短辺方向振動と同様に通常の形状であった。

　基本振動の減衰比を $1/\sqrt{2}$ 法により求めると，短辺方向振動では 0.019 と鉄筋コンクリート

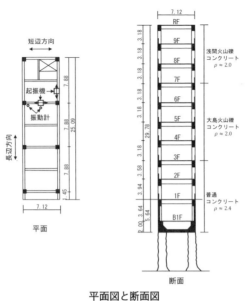

平面図と断面図
図 4.1.1　千成ビル（1958 年）

造としてはきわめて小さな値であった。一方，長辺方向振動では 0.092 となり，こちらは比較的大きな値になった。ちなみに，2 次モードの減衰比は 0.036，ねじれ振動の減衰比は 0.015 であった。

　この診断カルテの最後には，基本固有周期の推定式による計算値と計測値の比較に基づき以下のような記述がある。「ASCE の推定式による基本固有周期の計算値は，短辺方向が 0.92 秒，長辺方向が 0.49 秒となった。計測値における短辺方向 0.575 秒，長辺方向 0.295 秒と比較すると，計測値は計算値よりはるかに短周期であることがわかる。建物の剛性が大きいと固有周期は短周期になるが，重量が小さくても固有周期は短周期になる。この建物は明らかに短辺方向には剛であるとは言えないから，固有周期が短周期になった理由は，地震荷重を低減するために軽量コンクリートの使用等により十分な軽量化を図ったことによるものと考えられる。すなわち，固有周期だけでは構造物が剛構造であるか柔構造であるかを判別することができない場合もある。」

第 2 節　東海村 JRR-2 原子炉建屋

　この診断カルテの執筆者は那須の単名になっており，参加者ということで内藤の名が載っている。調査補助員として早稲田大学大学院生 3 名と記されており，実際に建屋内で計測を行ったのは那須と学生と考えられる。診断カルテが作成されたのは 1959 年である。その翌年に東京大学地震研究所を退官する那須は，この時期すでに早稲田大学への再就職が決まっており，内藤多仲との共同研究体制のもとで構築物振動研究会の機材と人材を使って唯一の原子炉建屋

の振動計測に関する診断カルテを残したものと思われる．当時，内藤と那須はともに日本原子力発電の諮問機関である地震対策委員会（委員長は武藤清）の委員を務めており，この関係でJRR-2建屋の振動計測を担当したものと思われる．わが国初めての原子炉JRR-1はコールダーホール改良型で，1957年に臨界に達し，12年後の1969年に廃炉になっている．振動計測が行われた2代目のJRR-2はこれとは異なるChicago pile-5型で，1960年に臨界に達し，36年後の1996年に廃炉になっている．

　振動計測はJRR-2の竣工直前の1958年6月6日～9日の4日間で行われた．計測時，建屋はおおむね完成して仕上げ段階に入っていた．建屋の地上部分は正確には多角形の平面であるが，ほぼ円筒形といってよく，その外径は25.32 m，内径は24.0 m，高さは地表上18.2 mであった．円形床面（地表とほぼ同じ標高）の中央部に原子炉が設置されている．地上部分の円筒側面には制御室が外側に向かって突き出して設けられ，ほぼ円筒形の建屋はエアロック室および通路によって周囲の建物と連結されている．地下部分も地上部分と同じほぼ円筒形になっている．地下室の基礎底面は，地表に近い砂層とローム層を除去し，地表面下8.94 mの硬質砂礫層上に載っていた．地下室の内部は，重水ポンプ室，送風機室，燃料貯蔵プール，ホットケーブ（比較的高い放射能をもつ物質を処理する施設）等のために区画されている．建屋の地上部分は開放的な構造であるが，地下部分は間仕切りがかなりあり，相対的に剛な構造と言うことができる．円筒の内部側壁に沿って，床面より5.0 mの高さに回廊（キャットウォーク）が巡らされ，高さ11.0 mにはクレーンガーダーがあった．屋根はドーム状の部分（キャップ部）であり，これを直接支持するリング状の部分は鉄骨造，そのほかはすべて鉄筋コンクリート造である．

　この建屋の中の制御室に起振機を据え付け，壁面の水平動と一階床の上下動が計測された．振動計測の目的は，原子炉建屋が当時としてはほかに類を見ない構造であったため，この種の建物の振動特性を調査し，今後の類似建物の設計計画の参考資料にするためと記されている．診断カルテとしては，建屋の構造安全性に関する和文報告書と，それとは別にロッキング挙動だけに着目した学術的な英文報告書の2つが別々に残されている．

1．和文報告書

　建屋の円筒平面が強制振動によりどの程度変形（惰円化）するかを調べるために，建屋側壁の円周に計測点を設け，回廊の高さにおける半径方向変位が計測された．共振曲線には周期0.15秒付近と0.30秒付近に2つのピークが現れた．周期0.15秒のとき，起振機に近い計測点の変位（約5.0 μm）が最大になり，向かいの計測点の変位（約1.7 μm）はその約1/3になった．周期0.30秒のとき，起振機に近い計測点の変位（約5.0 μm）が最大になり，向かいの計測点の変位（約1.0 μm）はその約1/5になった．この値は，起振機の力を一定（周期0.15秒のときと等しい力）と仮定したときの値である．強制振動試験により建屋側壁がいびつになる変形は，起振機を据え付けた制御室側のほぼ円周半分が相対的に大きくなるような楕円形になっていた．

建屋側壁の高さ方向の変形を調べるために，起振機の向かい側にある計測点から床面に垂直な線を引いて4点の計測点を設け，この線が振動によりどのように変形するかを計測した。周期0.15秒のときは，地上部の床面で折れたような変形曲線になり，地上部のみが単独で振動しているような変形になった。周期0.3秒のときは，変形曲線がかなり直線に近い形になっており，地下部分と地上部分が一体となって振動しているような変形になった。すなわち，周期0.15秒のときは地上部と地下部の剛性の違いを反映して1階で側壁が不連続に変形していたが，周期0.30秒のときの側壁の変形は連続的になっていた。

上下動による床面の変形を調べるために，1階床面上にほぼ一直線に6台の振動計を並べ，周期0.15秒と0.3秒付近の共振時における上下動を計測した。円形床面の中央を回転軸とするロッキングが明瞭に生じていることが確認された。周期0.15秒の上下動変形曲線には多少の湾曲が見られたが，一般の建物と同じような変形状態であった。周期0.3秒の上下動変形曲線は，周期0.15秒のときより変位量が小さくなり直線に近づいていた。

原子炉建屋の計測により得られた知見を要約すると以下のようになる。

1) この円筒形建屋は，その構造が単純な軸対称形であり，とくに荷重が偏在しているということもなく，部分的に特異な振動を生じることもなかった。
2) 建屋の円筒形の側壁は，その形状から見ても変形しにくい形であり，実際に起振機で振動させてみても変形は極めて小さかった。変形しにくい理由は，側壁が円筒形の閉鎖曲面であり，しかも開口部が少ないためである。
3) 外壁が変形しにくいという特徴はあるが，周期0.15秒付近で地上部が振動することは明らかであった。地上部と地下室では壁の厚さ，間仕切りの有無，階高の差などにより，剛性には相当の開きがあり，上下両部分が別々に振動するのは当然のこと言える。
4) 周期0.30秒付近では，建屋が全体としてロッキングしていた。この種の比較的巨大で重い建物ではロッキングが顕著に現れると言える。

2. 英文報告書

英文報告書では，和文報告書において周期0.30秒付近（正確には0.31秒）で確認されたロッキングのばね定数を求める方法と実際に算定した値が示されている。直接基礎のロッキングは地盤の弾性変形によって生じる。直接基礎に作用する地盤反力は，バネがフーチング底面に連続的に分布しているとみなして，単位面積当たりのばね定数として求める。このときのばね定数が地盤反力係数（単位は kg/cm^3）である。以下に理論展開の流れを要約して記す。

末広博士（東京帝国大学教授・地震研究所初代所長）の研究によると，ロッキングの周期は次式により近似的に算定することができる。

$$T = 2\pi \sqrt{\frac{I}{(pi - WH)g}}$$

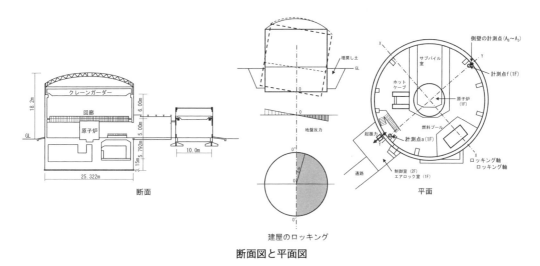

断面図と平面図

図 4.1.2　東海村 JRR-2 原子炉建屋（1959 年）

ここに，T はロッキングの周期，I はロッキング軸に関する建屋の慣性モーメント，W は建屋の質量，H は建屋の重力中心の高さである。pig はロッキング軸に関する基礎版の単位傾斜角に対応する単位面積当たりの地盤反力モーメント，p は地盤の単位沈下に対応する単位面積あたりの地盤反力（地盤反力係数），i はロッキング軸に関する基礎面積の幾何学的慣性モーメント，g は重力加速度である。

この式を導く際には以下の仮定が置かれている。

1) 建屋は基礎底面の中心を通る水平軸に関して回転する。
2) 地盤反力は地盤が圧縮状態のときのみ作用する。基礎が地盤から離れる（浮上る）と地盤反力は作用しない。
3) 建屋の水平方向に作用する地盤反力は無視できる。建屋の周辺を取り巻く地盤は建物の運動に抵抗することはない。

末広の式から地盤反力係数 p は以下のように表せる。

$$p = \frac{1}{i}\left(\frac{4\pi^2 I}{gT^2} + WH\right) \approx \frac{1}{i}\left(4.03\frac{I}{T^2} + WH\right)$$

地盤反力が有効な面積は半径 r の半円であると仮定する。基礎版が単位角だけ傾いたとすると，回転軸に関する地盤の反力モーメント pi（kg-m 単位）は，θ を半径ベクトルが軸（$\theta = 0$）となす角度とすると以下のように求められる。

$$pi = 2pr^4 \int_0^{\frac{\pi}{2}} \cos^2\theta \sin^2\theta d\theta = \frac{1}{4}pr^4 \int_0^{\pi} \sin^2\theta d\theta = p\left[\frac{\pi r^4}{8}\right]$$

したがって，基礎版の幾何学的慣性モーメント i は次式で与えられる。

1　地盤－構造物相互作用　　97

$$i = \frac{\pi r^4}{8}$$

JRR-2 建屋の地盤を対象として地盤反力係数を具体的に求める。$r = 12.66$ m，$i = 1.008 \times 10^4$ m^4，$W = 1.016 \times 10^4$ ton，$H = 6.43$ m，$I = 13.126 \times 10^5$ ton・m^2 を代入することにより，地盤反力係数 p は以下のように求まる。

$$p = 5{,}510 \text{ ton/m}^3 = 5.51 \text{ kg/cm}^3$$

このようにして求めた値は，地盤反力係数 p の最大値である。仮定の 2) と 3) において，基礎の半円の外側の地盤反力は無視されている。その影響は量的に小さいが，もし考慮するとすれば，p の値は算定値よりも幾分小さめの値になる。

第3節　足立区内都営アパート

戦後の住宅難解消のために始まった鉄筋コンクリート造アパートの建設が，都内中心部から都内周縁部へと移った初期の頃（1950 年後半～1960 年代前半），構築物振動研究会は足立区の綾瀬駅北方にあった新築の都営アパート 2 棟を竣工直後に振動計測している。計測が行われたのは 1963 年である。2 棟とも RC 造 4 階建ての細長い平面形で，1 棟は片廊下型アパート，もう 1 棟は階段室型アパートであり，ともにこの時期の代表的なアパート形式である。2 棟の敷地地盤は，標準貫入試験の N 値がかなりの深さまで 0～5 程度という極めて軟弱な状態で，スウェイとロッキングが全応答に占める割合は，構造振動研究会がそのときまでに経験した計測中，もっとも大きな値になった。以下に各棟の計測結果を記す。

1. 片廊下型アパート

南側にバルコニーを設け，北側に廊下を一直線で配置した片廊下型のプランのアパートである。鉄筋コンクリート造 4 階建て，各階 2DK の居室が 10 室並び，階段室が東側に一つあった。

短辺方向振動の共振曲線には，周期 0.374 秒，0.261 秒，0.208 秒の 3 つのピークが認められた。もっともピークが大きかった周期 0.374 秒は短辺方向振動の基本振動，周期 0.261 秒は後述するが長辺方向振動の基本振動である。残る周期 0.208 秒はロッキングとスウェイが支配的な変形になっていた。短辺方向加振であるにもかかわらず，長辺方向振動が混入している。全体変形曲線において，ロッキングとスウェイによる変形（スウェイが卓越）が全変形に占める割合は，これまでに計測した建物の中でもきわめて大きい値となった。敷地がごく軟弱地盤であったため，建物の弾性変形よりも地盤の弾性変形の方が大きく励起されていた。かつての足立区は水田が広がる地帯であった。ねじれ変形曲線は，起振機を据え付けた階段室側の変形が反対側の変形よりも大きくなった。1 階床における短辺方向の上下動変形曲線は，短辺中央

から廊下側にずれた位置にロッキング中心を有し，長辺方向に3ヶ所計測した結果は，階段室に近づくほどロッキングが顕著になっていた。

長辺方向振動の共振曲線には，周期0.296秒，0.261秒，0.217秒の3つのピークが認められた。長辺方向振動の変位振幅は短辺方向振動の1/4程度で小さかった。周期0.261秒と0.217秒のピークは尖っていたが，0.296秒のピークはなだらかであった。もっとも大きなピークを示した周期0.261秒が長辺方向振動の基本振動である。全体変形曲線を見ると，基本振動も他の2つの周期の振動もロッキングとスウェイによる変形が支配的になっていた。ねじれ変形曲線は，ベランダ側よりも廊下側で大きな変形になった。1階床のロッキングの傾斜は短辺方向振動に比べてはるかに小さかった。

2. 階段室型アパート

隣接する2つの居室が一つの階段室を共有する階段室型のプランである。鉄筋コンクリート造4階建てで，階段室は3つあり，各階2DKの居室が計6室あった。

短辺方向振動の共振曲線には，周期0.372秒，0.325秒，0.250秒，0.222秒の4つのピークが認められた。もっともピークの大きかった周期0.372秒は短辺方向振動の基本振動である。基本振動の全体変形曲線は，全変形のほとんどがロッキングとスウェイによる変形で占められ，弾性変形は非常に小さかった。4階の変形はほかの階の変形よりやや大きくなったが，これは起振機が4階に据え付けられたためである。他の周期の振動もロッキングとスウェイによる変形が支配的になっていた。ねじれ変形曲線は長辺方向の計測点で変位振幅がほぼ同じとなり，ねじれはほとんど生じていなかった。1階床の上下動変形曲線はほぼ短辺中央にロッキング軸を有し，弾性変形はほとんど生じておらず直線的であった。

長辺方向振動の共振曲線には，周期0.260秒，0.235秒，0.187秒の3つのピークが認められた。長辺方向の変位振幅は短辺方向の1/5程度で小さかった。もっともピークの大きかった周期0.260秒は長辺方向振動の基本振動である。基本振動の全体変形曲線はロッキングとスウェイによる変形が支配的であったが，3階以上では弾性変形が大きくなる傾向が見られた。その原因は，4階に起振機を据え付けたこともあるが，構造に起因する可能性も捨てきれない。周期0.235秒と0.187秒の全体変形曲線もロッキングとスウェイによる変形が支配的であった。ねじれ変形曲線は起振機を据え付けた側で少し変形が大きかったが短辺方向の計測点でほぼ同じような変位振幅となり，ねじれはほとんど生じていなかった。1階床の上下動変形曲線はほぼ長辺中央にロッキング軸を有し，通常の建物において見られる形状になっていた。

2棟のアパートの診断カルテの最後には以下のような記述がある。「2棟の振動性状は，いずれもロッキングとスウェイの影響が極めて大きく，建物自体の弾性変形はかなり小さい。これは地盤が軟弱なため，起振機により建物を振動させても，建物の弾性変形が生じるよりも，建物全体が剛体的に水平移動（スウェイ）あるいは傾動（ロッキング）しやすいということを示

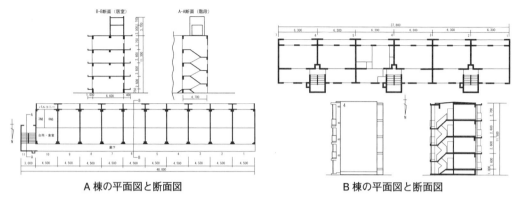

A 棟の平面図と断面図　　　　　　　　B 棟の平面図と断面図

図 4.1.3　足立区内都営アパート（1963 年）

している。このことは，ある意味で建物内部に生じる応力が小さくなるという点で，外部からの強制力に対して有利な状態ということもできる。しかし，この両棟の建物は，従来の振動計測では経験したことがないほどロッキングとスウェイの割合が大きくなっている。このため，建物が強い地震動を受けると，そのあとで不同沈下あるいは過剰沈下の現象が現れる可能性が十分考えられる。不同沈下や過剰沈下が生じるかどうかは，建物の基礎構造によるところが大きい。この計測の時点では，基礎構造と地盤状態の情報が十分には得られていないため，地震動を受けたときの振動性状に関しては今後の検討課題としたい。」

第 4 節　八重洲大阪ビル

　八重洲大阪ビルは東京駅の八重洲側に 1967 年に竣工したオフィスビルで，意匠設計は村野藤吾，構造設計は内藤多仲である。左右非対称のセンターコア形式で，3 つのペントハウスが屋上に屹立した外形は人目を引いた。機械室を地下とペントハウスの上下に振り分け，2 〜 9 階の事務室スペースを大きく確保している。構造は鉄骨鉄筋コンクリート造地上 9 階地下 5 階（ペントハウス 4 階が 3 本）である。地下 5 階の基礎版が N 値 50 以上の東京礫層の上に直接載る深い直接基礎であり，地下 2 階で八重洲地下街とつながっていた。社名変更により八重洲ダイビルと名称が変わり，最近，八重洲地区の大規模再開発に伴い姿を消した。

　当初の予定では，ほかの多くの建物の振動計測と同様，起振機を建物内に据え付けて強制振動試験を行うことが考えられていた。しかし，計測時期が建物の竣工直前になってしまい，機器設置等のための時間的な余裕がなくなったため，急遽，夜間の常時微動計測に切り替えて計測を実施することが決まった。当時，常時微動計測は強制振動加振に比べ，まだセンサの精度も解析技術も十分とは言えず，ロッキングと減衰特性の推定はとくに難しいとされていた。

　診断カルテの本編では，基礎と上部構造に関する通常の検討が行われている。地盤影響を定量的に検討しているのは本編ではなく付録においてである。上部構造だけの計測から地盤影響

を考慮した地盤−構造物相互作用の計測へと移行する時期の始まりを告げる診断カルテと言うことができる。

まず本編における通常の診断内容を記す。常時微動計測により得られた記録波形から 0.01 秒間隔で 2 分間読み取り，周期頻度計を用いて周期−頻度分布曲線を求め，建物の短辺方向と長辺方向の振動性状について検討している。診断カルテに記録波形は示されていないが，屋上で計測した記録波形と各階に移動して同時計測した記録波形を比較したところ，1 階からペントハウス 3 階までの波形は，振幅は異なるがほぼ同じ形状になり，ペントハウス 2, 3 階の波形には機械室の振動と思われる短周期（0.1 秒以下）の波が基本周期の波形の上に重なっていたことが記されている。

地上階（1～5 階）における短辺方向の周期−頻度分布曲線には，0.25 秒，0.31 秒，0.43 秒の 3 つのピークが明瞭に現れていた。地下階（地下 5 階）における周期−頻度分布曲線には，0.11 秒，0.21 秒，0.31 秒の 3 つのピークが目立っており，下階になるほど地下 5 階の周期−頻度分布に近づくことが確認できた。建物の地下階では，種々の振動源により励起された地盤の常時微動が優勢に現れ，建物の固有周期はほとんど認められない。これに対し，建物の地上階になると地盤の振動が減衰し，風やそのほか人為的作用のもとで励起された建物固有の振動が卓越するようになる。地上階では周期 0.43 秒が卓越しており，これが短辺方向の基本振動と見なされた。この周期 0.43 秒は地下 5 階の周期−頻度分布曲線にははっきりとは現れていなかった。地上と地下の両方に現れた周期 0.31 秒は，建物の一部の部分振動ではないかと考えられた。

長辺方向の周期−頻度分布曲線には，地上階では周期 0.38 秒でピークが卓越し，これが長辺方向の基本振動と見なされた。周期 0.25 秒の小さなピークも認められた。地下階では卓越したピークは見られず，周期 0.1～0.5 秒の範囲に盛り上がりが見られた。地上階の周期 0.38 秒と 0.25 秒は地下 5 階の周期−頻度分布曲線にも現れていた。

この後，固有周期に関して，八重洲大阪ビルと規模，形状，高さがほぼ同じ新宿区役所（第 2 章 2 第 11 節）と比較している。常時微動計測により得られた八重洲大阪ビルの基本固有周期は，短辺方向 0.43 秒，長辺方向 0.38 秒。これに対し，新宿区役所の基本固有周期は，短辺方向 0.40 秒，長辺方向 0.35 秒。短辺方向も長辺方向もほぼ同じであるが，両方向とも大阪ビルの方がやや長周期になっている。

屋上（R1F）における変位を 1.0 と規準化したときの全体変形曲線を描いてみると，短辺方向と長辺方向の形状はおおむね一致し，両方向とも同じようにせん断変形していた。変形には不連続点は見られず，なめらかな曲線になっていた。このことから，各階の剛性はほぼ均一であることがわかる。ただし，詳細に見ると，5 階以上で軽量コンクリートを使用した影響がわずかに認められた。地下部分の変形は両方向とも非常に小さくなった。これは，地下部分の深い埋め込みによる拘束効果によるためである。ペントハウスの変形はその 2 階以上で増幅が

見られたが，とくに異常というほどではなかった。ペントハウスが高く突出しているにもかかわらず変形が抑えられている理由は，ペントハウス上部を相互につないだ効果によると考えられる。短辺方向と長辺方向の基本固有周期におけるねじれ変形曲線を描いてみると，短辺方向の基本固有周期では，センターコアが長辺方向に片寄った側の変形が反対側の1/2程度，長辺方向の基本固有周期では，センターコアが短辺方向に片寄った側の変形が反対側の1/1.2程度になった。センターコアの位置の偏りによりねじれが生じていることがわかる。

　地下5階における上下動の周期－頻度曲線は広く分散し，どの周期が地盤の卓越周期であるのかがはっきりしなかった。これまでの振動計測の経験や地盤がN値50以上の東京礫層であることを考え，周期0.31秒と0.41秒付近の比較的大きな変形を平均化して地下5階における上下動変形曲線を描いてみると，ロッキングは生じておらず，純粋な上下動になっていた。地盤が均一であるとともに建物の質量分布がほぼ均一であることが伺われる。

　この診断カルテの最後には，いつもの簡単なコメントは記されていない。その代わりに，建物をモデル化した振動解析による解析値と常時微動計測で得られた計測値の比較検討を行っている。振動解析は，早稲田大学建築学科谷資信研究室に依頼したことが記述されているが，その資料は残っておらず，解析モデルの詳細はわからない。解析値は，解析モデルの地下5階を固定して間仕切壁とペントハウスの影響を考慮した場合と無視した場合，および地下1階を固定して間仕切壁とペントハウスの影響を無視した場合の計3ケースについて求めている。ただし，埋込部の地盤影響は考えられておらず，間仕切壁とペントハウスの影響をどのように評価したのかの記述もない。結果だけになるが，計測値は，短辺方向では地下5階を固定して間仕切壁とペントハウスの影響を無視した場合の解析値とよく一致し，長辺方向では地下5階を固定して間仕切壁とペントハウスの影響を考慮した場合の解析値とよく一致していた。少なくとも，間仕切壁とペントハウスの影響をどのように評価したかにはかかわらず，実際の建物の振動性状が，1階を固定した上部構造の挙動ではなく，地下5階を含めた建物全体の挙動になっているということは言えそうである。

　解析では建物基礎の境界条件は固定になっており，建物の地盤影響は考えられていない。しかし，この地盤影響を手計算により間接的に評価しようとした形跡が，付録として残されている。その検討内容はまだ予備的検討段階にとどまっているが，将来的に地盤－構造物相互作用を建物の診断カルテに取り入れることを念頭にメモとして残したという意図を感じる。以下に付録部分を簡単に紹介する。

　地下5階における上下動の常時微動計測により求めた卓越周期の一つが，建物竣工時に建物の全質量により生じた卓越周期であると仮定する。すなわち，そのほかの卓越周期は地盤由来のものであるが，建物ができたことにより，そこに新たな卓越周期が一つ加わったものと考える。質点と軸ばねで構成される上下動用の1質点系モデルを用いると，その周期Tは次式で与えられる。この式の誘導は後述の重力式（164頁）に基づくと思われる。

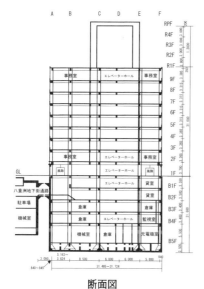

断面図

取り壊し前の八重洲大阪ビル（撮影：濱本）

図 4.1.4　八重洲大阪ビル（1967 年）

$$T=\frac{\sqrt{y+y_0}}{c}$$

ここに，y は上下動変位，y_0 はロッキング変位，分母の係数 c は通常 5.5 ～ 6.0 の値になると記されており，ここでは中間的な 5.88 を用いている。ロッキング変位 y_0 は，基礎のロッキングの傾斜角を求めて算定する。竣工時に建物の全質量により生じた卓越周期 T としては，地下 5 階における上下動の常時微動計測の結果から 0.19 秒と 0.22 秒が選ばれた。以上の定式化の妥当性については誘導過程を含め疑問が残る。

9 階におけるロッキング率 $y_0/(y+y_0)$ を算定したところ，八重洲大阪ビルは，$T=0.19$ 秒のとき短辺方向で 43.7 %，長辺方向で 17.0 %，$T=0.22$ 秒のとき短辺方向で 58.6 %，長辺方向で 22.0 % となった。この規模の建物の場合，ロッキング率は通常 20 ～ 30 % 程度であるので，短辺方向の値は大きすぎるし，地下 5 階の深い基礎による地盤の拘束効果を考えても結果は矛盾しているように思われる。新宿区役所に対しても同じような検討が行われており，$T=$ 0.15 秒のとき，計測値 21.0 % に対し計算値 27.1 %，長辺方向の計測値 28.5 % に対し計算値 21.7 % となり，計測値と計算値の関係が短辺方向と長辺方向で逆になってはいるが，こちらは比較的妥当な値である。

構造物の診断に構造物－地盤相互作用の影響を考慮することはそれほど簡単なことではなく，まだ試行錯誤の段階にあるように見える。構築物振動研究会は，診断カルテにおいてロッキングに着目することの重要性を早い時期から認識していたが，具体的にロッキングが発生するメカニズムを構造物－地盤相互作用の文脈で考えるようになるまでには時代の流れを待つ必要があった。この付録が作成された段階では，計算値と計測値の適合は良くないが，これはメカニ

ズム解明のためのモデル化がまだ十分ではないことを示唆している。本編には入れずに付録として残したのは，そのような意味合いがあるのかもしれない。

第5節　名古屋商工会議所

　名古屋商工会議所は名古屋伏見駅の近くに1967年に竣工したオフィスビルである。構造は鉄筋コンクリート造（一部鉄骨造耐火被覆）地上11階地下2階（ペントハウス3階）。左右対称のセンターコア形式で，両側のオフィス空間を広く取るために14 mを超える長尺梁が使われている。長尺梁は梁成35〜37 cmのRC梁の下端にH形鋼（H-588×300）を付加した合成梁になっている。地震力は，長辺方向では鉄骨ブレース入り耐震壁により，短辺方向では耐震壁により大部分を負担している。エレベーター周りのコア壁は自立壁（壁厚12 cm）であり地震力は分担していない。建物はN値50〜60の熱田層と呼ばれる砂礫地盤に直接基礎で支持されている。

　振動計測が行われたのは1968年である。計測の目的は，当時としては，普通の構造設計とは異なる考え（長尺梁の採用）で設計された建物であるため，地震時にどのような振動性状を示すのかを予測することであった。架構の起振機試験と常時微動計測に加えて，11階スラブの自由振動試験が行われた。床スラブの自由振動試験はスラブ上40 cmの位置から30 kgの砂袋を落下させて計測している。ここでも，診断カルテの本編は上部構造の通常の検討を行っており，地盤影響を検討しているのは本編ではなく付録になっている。

　長辺方向振動の共振曲線には周期0.456秒と0.480秒付近に2つの共振点が現れた。全体変形曲線は，周期0.480秒はほぼ直線であるのに対して，周期0.456秒は10階付近から変形が大きくなった。上層部では周期0.480秒よりも周期0.456秒の変形が大きく，下層部になると周期0.456秒よりも周期0.480秒の変形が大きくなった。このことから，長辺方向振動の基本固有周期は0.480秒であり，周期0.456秒は，とくにペントハウスの変位が大きくなることから，自立コアの部分振動の固有周期と考えられた。

　ねじれ変形曲線は加振方向にほぼ平行移動した形になっており，ねじれ変形は認められなかった。地下2階における周期0.456秒と0.480秒の上下動変形曲線はほぼ同じ形状になった。屋上におけるロッキングによる変位が全変位に占める割合は，周期0.456秒のとき約50 %，0.480秒のとき約51.2 %とかなり大きくなった。これは，基礎に杭を使用しておらず，地盤の弾性変形が大きくなったためと考えられる。

　短辺方向振動の共振曲線には周期0.37秒，0.456秒，0.480秒の共振点が現れた。ねじれ変形曲線から，周期0.37秒はねじれ振動の固有周期であることがわかった。周期0.456秒では建物のすべての階に共振点が見られたが，周期0.480秒では5階以上にだけ共振点が生じていた。周期0.456秒のときの全体変形曲線は0.480秒のときに比べて上層部で変形がやや大きく，せ

ん断変形を示しており，ペントハウス部分の変形は非常に小さかった。これはペントハウス壁のブレース等による影響と考えられる。したがって，周期 0.456 秒が短辺方向振動の基本固有周期と考えられる。周期 0.480 秒は長辺方向振動の基本固有周期と一致しているので，短辺方向に加振したときに長辺方向振動が励起されたと見ることもできた。しかし，周期 0.480 秒のときに長辺方向振動はまったく励起されておらず，共振現象は生じていなかった。このことから，周期 0.480 秒はコア部分または建物上層部の部分振動の固有周期と考えられた（この考察には疑問が残る）。

周期 0.456 秒のときのねじれ変形曲線は加振方向にほぼ平行移動した形であり，ねじれ変形は生じていなかった。上下動変形曲線のロッキングの回転中心はほぼ建物中央にあり，屋上での全変位に対するロッキングによる変位の割合は，長辺方向振動と同じように約 50 ％と大きくなった。

常時微動の水平動時刻歴は 1 階から屋上まで長辺方向成分と短辺方向成分の振幅は違っていたが，波形はほぼ同じになっていた。しかし，地下 2 階の波形は 1 階以上の波形とは全く異なる性状を示した。このため，屋上と地下 2 階において水平動の周期－頻度分布曲線を求めることにした。屋上の周期－頻度分布曲線は，長辺方向は 0.42 秒，短辺方向は 0.41 秒付近で最大頻度を示した。これらの周期は強制振動試験における長辺方向振動の基本固有周期 0.480 秒，短辺方向振動の基本固有周期 0.456 秒とは異なっている。また，両方向とも基本固有周期付近に卓越周期と呼べるようなピークは生じていなかった。

周期 0.37 秒付近には両方向ともに小さなピークが生じており，常時微動でもねじれ振動が現れることが確認された。地下 2 階の水平動の周期－頻度分布曲線には，0.08 秒，0.17 秒，0.24 秒付近に比較的大きなピークが現れた。これらの卓越周期の少なくとも一つは地盤の卓越周期か建物が建てられたために現れた卓越周期と思われるが，原地盤の常時微動計測を行っていないため明確なことは言えない。地下 2 階の上下動の周期－頻度曲線には，0.08 秒，0.16 秒，0.24 秒付近に比較的大きなピークが現れており，これらは水平動の卓越周期とほぼ一致している。

各階同時計測を行って得られた全体変形曲線は，11 階の変位を 1.0 に規準化したとき，周期 0.34 秒において，常時微動と強制振動の長辺方向の結果はよく一致したが，短辺方向では中間層でかなりずれていた。ねじれ変形曲線は，周期 0.34 秒ではきれいにねじれていたが，周期 0.45 秒では長辺方向も短辺方向もほぼ平行に移動しており，ねじれはほとんど生じていなかった。このことから，常時微動計測で卓越する短辺方向の周期 0.42 秒，長辺方向の周期 0.41 秒の変形は，強制振動試験におけるねじれ振動から並進振動へと遷移する中間的な変形と考えられる。地下 2 階における上下動の卓越周期の中で，変位振幅が比較的大きくなった周期は 0.28 秒付近であった。この 0.28 秒付近で地下 2 階の上下動変形曲線を描くと，強制振動試験とは異なり，明確なロッキング振動は生じておらず，建物全体が上下動していることがわかった。

床スラブの自由振動試験では，砂袋をスラブ中央，大梁中央，および小梁中央に落下させた。

いずれの場合も，周期 0.102 秒で振動し，スラブ全体（大梁，小梁を含む）の振動が卓越していた．変形状態はなめらかであり，不連続点は見られなかった．減衰比は各場合ともほぼ 0.061 であった．

付録では，八重洲大阪ビル（前節）の付録の内容を一歩進め，振動解析を実施し，地盤－構造物相互作用を無視した場合（1階固定）と考慮した場合（地盤ばねの導入）における解析値を計測値と比較することにより，地盤－構造物相互作用を考慮することの重要性を喚起している．ただし，「建物重量，ばね定数，および計算書は省略する」という記述があり，解析結果のみが示されているだけである．「計算書」は残されていない．このため，付録からは，地下2階における水平動と上下動の卓越周期から地盤の水平ばね定数と鉛直ばね定数をそれぞれ推定し，この地盤のばね定数を用いて建物と地盤の連成系の解析モデルを構築した上で，連成系の固有周期とロッキング変位およびスウェイ変位を求め，その結果を計測値と比較するという解析の流れを読み取るので精いっぱいである．

しかし，以下のような解析モデルの仮定条件だけは具体的に記されている．
1) 計測時の状態を考慮して，建物重量は固定荷重のみとする．
2) ペントハウス重量は屋上階の重量に含める．
3) 建物の剛性は構造計算書の剛性を用いる．
4) 地盤の水平ばね定数と鉛直ばね定数は，地下2階で計測された常時微動の卓越周期の一つが建物の存在により生じたものとして求める（これは八重洲大阪ビルの報告書の添付資料と同じ仮定である）．

1．1階固定

1階を固定して求めた基本振動の固有周期の解析値は，長辺方向で 0.258 秒，短辺方向で 0.247 秒となった．常時微動計測による計測値は，長辺方向で 0.480 秒，短辺方向で 0.456 秒である．解析値は，計測値に比べて両方向ともほぼ1/2になっている．すなわち，1階固定と考える（地盤影響を無視する）と実現象をまったく再現することができていない．地盤－構造物相互作用が固有周期に大きな影響を与えていることを示している．

2．地盤ばねの導入

長辺方向の解析モデルとして4種類が考えられた．しかし，解析モデルと解析方法に関する内容が省略されているため，掲載されていた付表から各モデルの内容を概略読み取る以外にない．解析モデルを作るために，まず地下2階において計測された水平動と上下動の卓越周期の中から，解析モデルに用いる卓越周期を選び出している．それは，長辺方向においては，水平動が周期 0.18 秒と 0.23 秒，上下動が 1.50 秒と 2.52 秒である．これらを組合せて4種類のモデルが考えられている．卓越周期の各組合せに対し，地盤の水平ばねと鉛直ばねを求め，

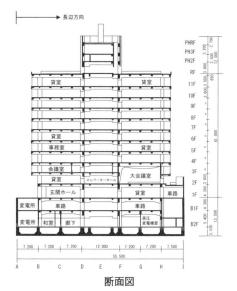

断面図　　　　　　　　　　　現在の名古屋商工会議所（Wikipediaより）

図 4.1.5　名古屋商工会議所（1968年）

　それらの地盤ばねを用いて地盤−構造物相互作用解析が行われた。長辺方向に関する解析により，固有周期，ロッキング率，スウェイ率を求めた。4種類の中の2つのケースで解析値と計測値が比較的よく一致し，そのうちの一つは全体変形曲線に関しても解析値と計測値の一致が良かった。そのケースとは，水平動の卓越周期が 0.23 秒，上下動の卓越周期が 0.21 秒である。推定された水平地盤ばね定数は 2.73 kg/cm^3，鉛直地盤ばね定数が 1.50 kg/cm^3 となり，基本固有周期は 0.48 秒，ロッキング率は 54.5 %，スウェイ率は 17.0 %になった。対応する計測値は，基本固有周期は 0.48 秒，ロッキング率は 51.5 %，スウェイ率は 11.60 %であった。

　短辺方向に関しても同じような解析が行われた。解析モデルのために選ばれた卓越周期は，水平動が周期 0.18 秒と 0.23 秒で長辺方向と同じ，上下動は 0.10 秒，0.16 秒，0.21 秒と少し長辺方向とは異なっている。ここでも4種類の中の2つの解析値が計測値と比較的よく一致し，そのうちの一つは全体変形曲線に関しても，解析値と計測値の一致が良かった。そのケースは，水平動の卓越周期が 0.18 秒，上下動の卓越周期が 0.10 秒である。推定された水平地盤ばね定数は 4.43 kg/cm^3，鉛直地盤ばね定数が 2.52 kg/cm^3 となり，基本固有周期は 0.435 秒，ロッキング率は 54.5 %，スウェイ率は 17.0 %になった。対応する計測値は，基本固有周期は 0.465 秒，ロッキング率は 50.0 %，スウェイ率は 15.2 %であった。

　以上のように，地盤の常時微動の卓越周期から水平地盤ばねと鉛直地盤ばねを求め，地盤−構造物相互作用を考慮した解析モデルを構築し，建物の基本固有周期，ロッキング率，スウェイ率を求める試みは，この計測に関しては，卓越周期の選び方にもよるが，計測値とかなり良く一致している。ただし，解析方法の妥当性に関しては，「今後も異なる建物に適用して確認する必要がある」と控えめに記されている。

2 隣接建物の相互作用

2棟の建物が至近距離で隣接している場合，一方の建物の振動が地盤あるいは連結部を通じて他方の建物の振動に影響を与えることがある。このような場合，逆に他方の建物も一方の建物に影響を与えている。このように隣接建物が相互に影響を与え合う関係が隣接相互作用（建物間連成）である。ここでは隣接相互作用が観測された次の4つの建物の診断カルテを紹介する。

◆上野松坂屋百貨店～ブリッジと地下通路による2棟の連結，1958年
◆東京建物ビル～接触面摩擦と地盤による2棟の振動伝播，1958年
◆近三ビル～25年差の新旧2棟の連結，1958年
◆日清紡本社ビル～35年差の新旧2棟の連結，1963年

隣接建物の相互作用を扱った診断カルテとしては，これらのほかに第5章1第2節の第一相互館と第4節の日本興業銀行本店がある。以下に各建物に関する概要と計測結果の要約を記す。計測結果についてより詳細な情報が知りたい場合は，ウェブサイトからほぼオリジナルの診断カルテを見ることができる。

第1節　上野松坂屋百貨店

江戸時代から現在まで同じ場所で商いをしている東京の百貨店は，日本橋三越と上野松坂屋の2店だけである。上野松坂屋は1923年の関東大震災で全焼した後，旧館が1929年に地上8階地下1階で再建され，新館が1957年に地上7階地下3階で増設された。旧館は修復工事を繰り返しながら現在も使われており，建物の内部には当時の面影がまだ色濃く残っている。新館は2014年に取り壊され，今は23階建て複合ビルに建て替えられている。

振動計測が行われたのは1958年である。このとき，新館はできたばかりで，旧館と通りを挟んでブリッジと地下通路でつながれていた。旧館の一部改造のための参考資料を作成することが目的であったが，連結部を介した新旧建物間の振動影響も検討された。起振機は旧館の7階に据え付けられ，新館での加振は行われていない。

旧館の短辺方向振動の共振曲線は，周期0.625秒で著しい共振現象を示し，これ以外の周期

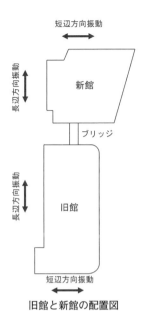

旧館と新館の配置図　　　　現在の上野松坂屋のブリッジ（撮影：濱本）

図 4.2.1　上野松坂屋百貨店（1958 年）

で共振現象は見られなかった。これが旧館の短辺方向振動の基本固有周期である。周期 0.625 秒の全体変形曲線は，6 階以上の部分とそれ以下の部分の変形性状に大きな違いが見られた。6 階以下はラーメン構造によく見られる変形曲線であったが，6 階以上はその延長とは見られない独自の変形曲線になっていた。6 階と 7 階の変形量はほぼ等しいか 7 階がやや小さい程度であったが，8 階の変形はかなり大きかった。これは，8 階が大食堂になっており，構造が比較的開放的なためと考えられる。

　旧館の長辺方向振動の共振曲線には，周期 0.365 秒と 0.475 秒に同程度の 2 つのピークが生じた。周期 0.475 秒は新館における共振曲線から新館の長辺方向振動の基本固有周期であることがわかった。旧館に生じた周期 0.475 秒の全体変形曲線は，短辺方向振動のときに見られたようなやや特異的な変形になった。残る周期 0.365 秒は旧館の長辺方向振動の基本固有周期と言うことになるが，全体変形曲線を見ると確かに基本振動の形状になっていた。

　旧館と新館の間にはブリッジが架かっており，さらに両館は地下でもつながっているため，旧館を長辺方向に加振したときに新館も振動し，新館の共振現象が生じた。新館の長辺方向振動の共振曲線には 2 つのピークが現れ，大きなピークの周期 0.475 秒はすでに記した長辺方向の基本振動，小さなピークの周期 0.395 秒はねじれ振動であった。

　旧館のロッキングは短辺方向振動でも長辺方向振動でもほとんど生じていなかった。旧館の短辺方向振動のねじれ変形曲線には大きなねじれは認められなかったが，補強工事により剛性が増加した位置において変形が局所的に小さくなっていた。

　旧館を短辺方向に加振したとき，新館の短辺方向振動は現れなかった。新館には起振機が置

2　隣接建物の相互作用　　109

けなかったため，新館の短辺方向の固有周期を求めるために常時微動計測が行われた。短辺方向の周期－頻度分布曲線のピークは周期 0.44 秒で生じた。これが新館の短辺方向の基本固有周期である。短辺方向振動のときは，旧館と新館は別々の振動としてふるまい，相互の振動の関連性はきわめて小さいことがわかる。新館の短辺方向の周期－頻度分布曲線には，長辺方向の基本固有周期（0.475 秒），ねじれ振動の固有周期（0.395 秒），旧館の基本固有周期（0.365 秒），地盤の固有周期（0.55 秒）等において小さな膨らみが生じていた。

　以上のように，この診断カルテの本文では旧館と新館の振動の関連性に関する考察が行われているが，診断の対象は旧館だけであったので，診断カルテの最後のコメントは新館について一切触れていない。そこでは，短辺方向振動と長辺方向振動の基本固有周期の計測値を ASCE 式と谷口式から推定した計算値と比較し，以下のように記されている。「旧館は短辺方向にも長辺方向にも平均的な建物の基本固有周期の値に比べて長周期になっており，多少柔構造であると言える。ただし，このことが必ずしも地震の危険を伴うとは限らない。一般に，百貨店は内部が開放的であるため長周期になりやすい傾向がある。」

第 2 節　東京建物ビル

　東京建物は日本でもっとも古い不動産会社である。東京駅中央口に近く，八重洲通りに面して最近まで旧館と新館が並んで建っていた。しかし，現在は八重洲の再開発のために取り壊されて姿を消した。旧館の竣工は関東大震災後の 1929 年，新館の竣工は戦後の 1958 年である。旧館も新館も構造は鉄骨鉄筋コンクリート造地上 8 階地下 2 階である。旧館と新館の境目は直接つながってはおらず，相互の粗い壁の面が接触している程度であり，基礎も別々であった。旧館の内部改造のための参考資料を得ることを目的に，1958 年（旧館竣工から 30 年後）に振動計測が行われた。上野松坂屋（前節）のように新旧両館はブリッジや地下通路で直接つながれてはおらず，旧館から新館への振動伝播は地盤あるいは接触面摩擦を介して行われることになる。

　起振機は旧館 8 階に据え付けられた。旧館を短辺方向に加振したとき，旧館と新館の短辺方向振動の共振曲線には，周期 0.38 秒と 0.41 秒の 2 つのピークが認められた。旧館では周期 0.41 秒のピークの方が大きく，新館では周期 0.38 秒のピークの方が大きかった。すなわち，旧館の短辺方向振動の基本固有周期は 0.41 秒，新館の短辺方向振動の基本固有周期は 0.38 秒と考えられる。新館の方が旧館よりもやや短周期である。両館の全体変形曲線は比較的なめらかで，その形状はラーメン変形に近く，健全な状態に見えた。ただし，旧館の 3 階から 4 階にかけての変形は多少大きくなっていた。新旧両館の基本固有周期におけるねじれ変形曲線を描くと，旧館においては周期 0.41 秒の振幅の方が周期 0.38 秒よりやや大きいが，新館では逆に周期 0.38 秒の振幅の方が周期 0.41 秒よりも大きくなっていた。旧館と新館の連結部の両側

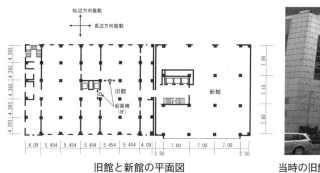

旧館と新館の平面図　　　　　当時の旧館と新館（多摩美術大学ホームページより）

図 4.2.2　東京建物ビル（1958 年）

の最大変位振幅はほとんど差がないことが確認された。

　旧館を長辺方向に加振したとき，旧館と新館の長辺方向振動の共振曲線には，周期 0.385 秒のピークが一つだけ認められた。新旧両館の共振曲線は大きさも形状もほぼ同じであり，両館が単一体として振動していることを表している。旧館の全体変形曲線は，短辺方向振動と同じように健全な状態に見えた。長辺方向振動の振幅は短辺方向振動よりもやや大きくなった。短辺方向より長辺方向に揺れやすい建物と言える。

　地下 2 階と 8 階において，周期 0.385 秒の長辺方向振動の上下動変形曲線を求めた。新旧両館の境目付近では上下動が非常に小さくなっていた。地下 2 階では振幅が旧館の自由端に向かってほぼ直線的に増加していた。すなわち，旧館の基礎は新館との境目付近を回転軸として全体が丁番のように上下に振動していることになる。ただし，その変位量は比較的小さかった。8 階床でも自由端が最大となり，新旧両館の接続点の少し手前で増幅が見られた。新館の抵抗を旧館の上部が受け止めている状態かもしれない。周期 0.41 秒における短辺方向の上下動変形曲線を求めてみると，基礎のほぼ中央を軸としてロッキングをしていることがわかった。その変形は通常の建物に見られる形状になっていた。傾斜角は長辺方向よりも大きかった。このことから，建物が短辺方向にロッキングしやすいことがわかる。

　旧館の診断結果を以下にまとめる。谷口式により同規模建物の平均的な基本固有周期を推定すると 0.56 〜 0.72 秒になった。計測された旧館の短辺方向振動の基本固有周期は 0.41 秒，長辺方向振動の基本固有周期は 0.385 秒であったので，推定式による計算値よりはるかに短周期である。このことは，この建物の剛性は両方向で十分に高く，一般に振動しにくいことを示している。全体変形曲線は，長辺方向振動も短辺方向振動も比較的なめらかであり，局所的な乱れもなかった。建物各階の剛性バランスが適切であったことを示している。基礎の変形も比較的なめらかで，とくに長辺方向振動のときは変形も小さかった。基礎も健全と考えられる。新旧両館の連結程度は，短辺方向振動のときは各館がある程度自由に振動しているが，長辺方向振動になると両館が一体となって振動する傾向が見られる。診断カルテの最後には以下のよう

に記されている。「この建物の現時点の状態は，振動的に見て何らの不安もないと言ってよい。したがって，建物に小規模の改築が加えられたぐらいでは，全体としての振動性状には大きな変化は生じないと思われる。」

第3節　近三ビル

　近三ビルは現在も現役のオフィスビルとして日本橋室町4丁目に建っている。意匠設計は村野藤吾であり，独立後最初の作品である。鉄筋コンクリート造地上7階地下1階（旧館）として1931年に竣工した後，1956年に北側に地上8階地下1階（新館）の増築が行われ，床面積は約2倍になった。建物正面は江戸通りに面しており，通りに近いのが旧館，奥が新館である。建物は一体化されており，一見しただけでは新館と旧館の区別はつかない。振動計測が行われたのはこの増築後間もない1958年である。振動計測の目的は，次の増改築計画における資料を得ることであった。

　起振機は旧館7階に据え付けられた。短辺方向振動の共振曲線から，新・旧両館の基本固有周期は同一の0.445秒を示した。両館は短辺方向に一緒に振動しており，新・旧両館の連結度は短辺方向にはかなりしっかりしていることを示している。ただし，強制振動試験は微振動の範囲に過ぎないので，実際の地震動のもとでは，両館の相対変位が大きくなり，きれつを生じることもあり得る。$1/\sqrt{2}$法により求めた短辺方向の減衰比は標準的な0.05となった。

　新館と旧館の全体変形曲線はともに比較的なめらかで連続的なラーメン変形を示した。周期0.445秒においてねじれ変形曲線を描くと，旧館内の振動は新館よりも大きくなっており，旧館の振動に引きずられて新館が動いているように見えた。これは旧館内に起振機が据え付けられたためである。ただし，新・旧両館の境界には振幅の不連続性は認められなかった。地階1階の上下動変形曲線から基礎の傾斜角を求め，屋上におけるロッキングによる変形が全変形に占める割合を計算すると18％とかなり小さくなった。短辺方向には柔な構造と言える。

　長辺方向振動の共振曲線には，新館で0.370秒に1つのピーク，旧館で0.357秒と0.405秒に2つのピークが認められた。短辺方向振動のときとは異なり，新館と旧館は一緒には振動していない。新館の長辺方向振動の基本固有周期は0.370秒であり，旧館では0.357秒のピークが0.405秒のピークよりも大きいので，旧館の長辺方向振動の基本固有周期は0.357秒と考えられる。各館の基本固有周期における減衰比は，旧館では0.092，新館では2つのピークを分離して0.086となった。ともに短辺方向の減衰比に比べて大きくなっている。ねじれの固有周期は，通常，長辺方向振動と短辺方向振動の固有周期の中間値をとる。旧館の長辺方向振動の2番目のピーク0.405秒はねじれ振動と考えられる。以上の結果から，長辺方向振動においては，新館・旧館それぞれ異なる振動をしていることがわかる。また，旧館ではねじれ振動が生じるが，新館ではねじれ振動は認められない。

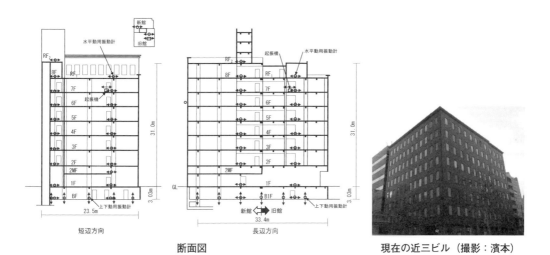

断面図　　　　　　　　　　　　現在の近三ビル（撮影：濱本）

図 4.2.3　近三ビル（1958 年）

　長辺方向振動の全体変形曲線の振幅は短辺方向振動よりも小さかった。建物は長辺方向に振動しにくいことを示している。3 階以上の上層部では，ほぼ高さとともに直線的に増加するせん断型の変形になっていた。地下 1 階の上下動変形曲線を見ると，新・旧両館の境界付近を回転中心として互いにシーソー運動をしていた。新・旧両館は基礎でしっかりと連結されているように見える。ただし，床の変形を詳細に見ると，地下室床にはそれぞれ別々の変形が生じており，厳密に言えば，基礎は一体というよりは，2 個の基礎が接合しているという表現が相応しい。地下室床の傾斜角を求め，屋上におけるロッキングによる変形が全変形に占める割合を計算すると 35 ％となった。短辺方向振動とは異なり，長辺方向には剛な構造であると言える。

　同規模の建物の平均的な基本固有周期を ASCE 式により推定すると，短辺方向振動は 0.63 ～ 0.76 秒，長辺方向振動は 0.52 ～ 0.63 秒となった。いずれも計測値は計算値よりもかなり小さくなっている。診断カルテの最後には，付録として添付されたコンクリートの強度試験と中性化試験の結果も含め，以下のように記されている。「この建物は比較的剛であるといえる。変形曲線もなめらかで局所的な不連続性も見られない。したがって，この建物の上部に多少の増築（なるべく軽量であることが望ましい）をしても振動性状を著しく変化させることはないと考えられる。なお，旧館部分は竣工が 1931 年であるので，コンクリートの強度試験と中性化試験を行い，コンクリートに関しては健全であることを確認した。コンクリートの劣化は見られず，磁性タイルによる仕上げがコンクリートを十分に保護しているようである。」

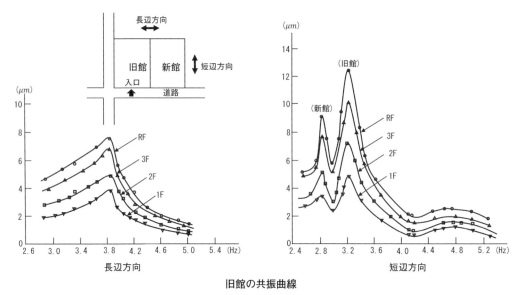

図 4.2.4 日清紡本社ビル（1963 年）

第4節　日清紡本社ビル

　日清紡本社ビルは日本橋横山町の清洲通りに面して建っていたが今は移転している。計測時には旧館と新館を連続的につなげた建物であった。旧館は関東大震災前の 1921 年に建てられ，豊国銀行として使用されたのち，戦中の 1942 年に昭和銀行となった。新館は戦後の 1956 年に建設された。旧館は 1923 年の関東大震災と 1945 年の東京大空襲による火災を経験している。建物基礎の状態は不詳であるが松杭が使用されていた。敷地内における地下水面は地表下 1.4 m の深さであった。

　起振機は旧館 3 階に据え付けられた。長辺方向振動の共振曲線には周期 0.26 秒で明瞭なピークが一つだけ認められた。これが長辺方向振動の基本固有周期であり，長辺方向には単一振動体として振動している。全体変形曲線は健全な建物に見られる形状であり，取り立てて指摘すべき構造的欠陥は見つからなかった。ねじれ変形曲線にはねじれがほとんど生じていなかった。1 階床の上下動変形曲線は一般の建物に見られる形状であり，新旧両館が一体となってロッキングしていることが確認できた。新旧両館が別々に振動しているような傾向はまったく認められなかった。

　旧館の短辺方向振動の共振曲線には大きな 0.31 秒のピークとそれより小さな 0.35 秒のピークが生じた。大きなピークが旧館の短辺方向振動の基本固有周期，小さなピークが新館の短辺方向振動の基本固有周期と考えらえる。新館の共振時（周期 0.35 秒）と旧館の共振時（0.31 秒）

における旧館の全体変形曲線は，いずれも形状に特異な点は見られず，構造上特に指摘すべき欠点は見られなかった。旧館と新館の共振時におけるねじれ変形曲線を描いてみると，旧館端部から新館端部に向かって変位振幅が徐々に減少していた。これには起振機が旧館に据え付けられていることと，新館に地下室があることが影響していると考えられる。新・旧両館の接合部に不連続性は見られなかった。地下1階の上下動変形曲線も正常な建物に見られる形状であり特に指摘すべきことはない。

　診断カルテの最後は以下のように記されている。「振動計測の結果を総合すると，この建物は振動的には正常である。新・旧両館とも，全体変形，ねじれ，ロッキングの状況から見て，とくに欠陥があるとは思われない。また，基本固有周期から判断して，中程度以上の剛度を有する建物と判定される。現状の建物の上に1階分増築しても問題はない。ただし，常識的には軽構造による増築が望ましい。」

3　団地建築群の広域計測

　地盤－構造物相互作用の影響を診断カルテの中に取り入れる試みは，1960年代後半～1970年代前半の大規模団地開発の時期に花開くことになる。それまでの個としての建築の診断カルテから群としての建築の診断カルテへと拡張されている点でも画期的である。大規模団地を対象とする計測では，造成前の自然地盤の計測，造成後の盛土と切土の計測，建設後の地盤－建物相互作用を考慮した計測，同一建物に異種基礎を用いたときの計測，隣接建物間相互作用を考慮した計測など，工事の進捗に伴い，対象を異にする様々な振動計測が活躍する場が与えられた。ここでは，構築物振動研究会が到達した一つの頂点ともいえる時期の診断カルテを覗いてみることにしたい。この時期に行われた団地建築群の計測は次の3件である。

◆日本住宅公団飯島団地～高低差の激しい丘陵地の団地開発，1968年
◆日本住宅公団高蔵寺団地～多摩・千里ニュータウンに次ぐ巨大団地，1969年
◆都営住宅西台団地～人工地盤の上に造られた高層集合住宅，1972年

　以下に3件の団地開発の概要と計測結果の要約を記す。計測結果についてより詳細な情報が知りたい場合は，ウェブサイトからほぼオリジナルの診断カルテを見ることができる。

第1節　日本住宅公団飯島団地

　日本住宅公団飯島団地の振動計測は，戦後の住宅供給のピークを迎える1970年代前半の少し前にあたる1966～68年に行われた。飯島団地はJR戸塚駅と藤沢駅の中ほどにある高台に位置し，その敷地は丘陵部と谷部が複雑に入り込み，敷地内の高低差がかなり激しいという特徴があった。振動計測は団地内全域を対象とし，3期に分けて行われた。第1期と第2期は敷地地盤の造成前後であり，造成工事による地盤特性の変化を調査するために地盤の常時微動計測が行われた。建築群の建設が進む第3期に入ると，切土地盤と盛土地盤が複雑に入り組む敷地内の3棟を計測対象に選び，起振機試験と常時微動計測を併用し，杭基礎と直接基礎という異種基礎の上に建つ建物，および支持層までの深さが異なる基礎杭を有する建物の振動性状を検討している。各期における計測年月日，計測対象，計測方法を以下に示す。

　第1期：1966年12月28日，原地形地盤の常時微動計測（15：00～20：00）

第 2 期：1967 年 4 月 7 日，造成後地盤の常時微動計測（18：00 ～翌日 3：00）
第 3 期：1968 年 2 月 15 日，13 号棟の強制振動試験および常時微動計測
　　　　1968 年 2 月 17 日，15 号棟の強制振動試験および常時微動計測
　　　　1968 年 2 月 18 日，23 号棟の強制振動試験および常時微動計測

第 1 期計測のときは，西丘陵をブルドーザーが切土整地しており，一の谷と二の谷の合流点付近の湿地を埋め終り，二の谷の埋め立てが南側から開始されていた。しかし，そのほかの敷地地形は原形のままであった。第 2 期計測のときは，二の谷でサンドドレーンが実施されており，切土工事はほぼ終了し，仕上げ整地工事に入っていた。

1. 第 1 期と第 2 期における地盤の常時微動計測

第 1 期および第 2 期の地盤の常時微動計測が行われた計測点の位置を図 4.3.1 に示す。この常時微動計測から各計測点の水平動と上下動の周期 − 頻度分布曲線が描かれた。その詳細な結果はウェブサイトに譲り，ここではその主要な結果のみ記す。

第 1 期計測のときに湿地の埋め立て工事が行われていた場所は D 点あたりである。第 1 期計測は，造成工事が開始された直後であったため，地形はほぼ原地形に近く，各計測点の地盤の状況は，台地部，谷部，および盛土の区別がはっきりしていた。

台地部における土丹の露頭あるいは洪積層粘土混り砂質土における各計測点の水平動の卓越周期は 0.09 ～ 0.13 秒の範囲にあり短周期であった。台地地盤上に薄く盛土した地点でも 0.13 秒と短周期であった。典型的な谷部における卓越周期は，第 1 のピークが 0.3 ～ 0.45 秒と長周期で，第 2 のピークとして短周期の 0.13 ～ 0.2 秒が現れていた。谷の斜面の地崩れによって現れた土丹直上の固結した砂質土上では，第 1 のピークが台地部に近い 0.16 秒，第 2 のピークが谷部に近い 0.37 秒になっていた。

上下動の卓越周期も水平動と傾向的には類似しており，台地部では短周期，谷部では長周期となった。台地部の第 1 のピークは短周期に現れるが，これらの短周期はほぼ 1 秒の長周期の波に乗っており，その傾向は水平動よりも上下動で顕著に見られた。

第 2 期計測の結果からは，卓越周期は，大別して 0.16 ～ 0.2 秒程度の比較的短周期のもの，0.3 秒の比較的長周期のもの，0.2 秒と 0.37 秒付近に 2 つのピークが現れるものの 3 種類が識別できた。全体としては，第 1 期計測と類似した結果を示したと言える。

2. 第 3 期における建物 3 棟の強制振動試験と常時微動計測

計測対象建物として 13 号棟，15 号棟，23 号棟の 3 棟が選ばれた。13 号棟はアースドリルピア基礎，15 号棟は PC 杭基礎，23 号棟はアースドリルとラップルコンクリートの異種基礎である。強制振動試験は短辺方向加振と長辺方向加振を実施した。短辺方向加振は，13 号棟，15 号棟，23 号棟の全て，長辺方向加振は 15 号棟のみに対して行われた。

各棟の短辺方向振動には基本振動とねじれ振動の固有周期が認められた。13号棟の基本振動は0.285秒，ねじれ振動は0.148秒，15号棟の基本振動は0.245秒，ねじれ振動は0.204秒，23号棟の基本振動は0.194秒，ねじれ振動は0.125秒であった。$1/\sqrt{2}$法により求めた基本振動の減衰比は，13号棟では0.055，15号棟では0.04～0.11，23号棟では0.095となった。地盤条件により大きくばらついている。

　地盤－構造物相互作用の影響を評価するために，屋上におけるスウェイとロッキングによる変形が全変形に占める割合が計算された。長辺方向中央で計算された基本振動の値は，13号棟のスウェイ率が29%，ロッキング率が78%，15号棟のスウェイ率が44%，ロッキング率が48%，23号棟のスウェイ率が27%，ロッキング率が41%であった。いずれも地盤－構造物相互作用の影響はかなり大きくなっており，建物の弾性変形は極めて小さく，ほぼ剛体として振動していることがわかる。

　スウェイ率とロッキング率を短辺方向の通りごとに詳しく見てみると，13号棟ではほぼ同じような値になっていたが，15号棟では各通りに大きな開きが見られ，23号棟では15号棟に比べると各通りの差異は小さいものの明らかに差異が生じていることが確認できた。15号棟で差が生じた原因は，支持層の深さが不均一であるために杭長が通りによって異なっていたためであり，23号棟で差が生じた原因は，同一建物にラップルコンクリートとアースドリル杭という異種基礎を併用したためであることが，この後の解析的検討により明らかになっている。これらの検討は，本章1第4節，第5節に示した基礎の卓越周期から地盤反力係数を推定する方法を発展させ，基礎における水平方向と上下方向の卓越周期から水平地盤係数と鉛直地盤係数を推定し，地盤ばねとして解析モデルに導入することにより行われた。その内容はウェブサイトに譲ることにする。

　長辺方向振動は，上述のように振動性状の特異性が大きく現れた15号棟のみを対象に行われた。共振曲線には0.20秒付近に共振周期が明瞭に現れたが，これは短辺方向振動でも見られたねじれ振動の固有周期0.204秒である。長辺方向振動の基本固有周期は起振機の性能限界により求めることはできなかったが，長辺方向振動のねじれ振動の固有周期0.132秒は小さく励起されていた。周期0.204秒におけるねじれ変形曲線は，加振直角方向に建物の両端が羽ばたいているような性状を示していた。

　上下動の共振曲線を各通りで求めてみると，通りによって共振点がずれていることがわかった。これらの共振点における上下動変形曲線を描いてみると，かなり複雑な性状を示したが，全体として見れば，建物中央部で支持層が浅く両端で深いことに対応して，アースドリル杭の杭長が長くなるほど変形が大きくなる傾向が見られた。

　3棟の強制振動試験とともに常時微動計測も行われた。常時微動計測による周期－頻度分布曲線における卓越周期は，強制振動試験による固有周期とかなりよく一致していた。しかし，詳細に見ると，短辺方向の卓越周期は各建物とも通りによって多少異なっており，建物両端部

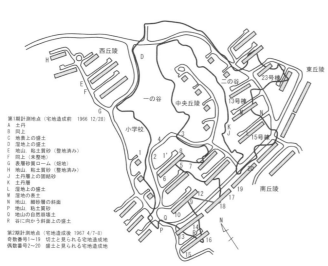
建物配置と地盤

現在の飯島団地（撮影：濱本）

図 4.3.1　日本住宅公団飯島団地（1968年）

では中央部よりも短周期になる傾向が見られた。短辺方向の全体変形曲線はほとんど直線でロッキングが支配的であり，長辺方向はスウェイが支配的になっていた。ねじれ変形曲線を描いてみると，異種基礎を有する23号棟で一番ねじれが小さくなるという意外な結果となった。

　この診断カルテは，個の建築を扱っていたそれまでの診断カルテに比べ，量的に大部になっており，内容も豊富なため，最後に書かれていたコメントも長くなっているので，一部のみ抜き出して記すことにする。「飯島団地における計測では，異種基礎の建物よりも，むしろ建物中央部で支持層が浅く両端で深いアースドリル杭で支持された15号棟で見られたように，杭長の違いによる影響と考えられるやや異常な振動性状が強制振動と常時微動の計測でともに観察されている点に注意が必要である。」「飯島団地で調査した範囲においては，異種形式の基礎の併用による弊害は認められなかった。飯島団地では表層では異種地盤に跨っていても，支持地盤という点では異種地盤に跨っているわけではなかった。飯島団地の各建物は，すべて硬質地盤上に支持されており，盛土部も谷部では強制圧密工法を採用したほか，盛土材料も締固めやすい材料を使用しており，建物および盛土地盤の沈下障害の危険性は小さいと言える。」「一般に，飯島団地のような丘陵地に建てられる造成団地においては，造成工事中および完了後の豪雨や長雨時の排水や斜面の安定化に留意する必要があるほか，各建物の基礎については，とくに支持層の起伏が激しい場合，杭などの支持層中への確実な定着と貫入について入念な管理が必要である。しかし，軟弱な沖積層が厚く堆積した低地の軟弱地盤に比較すれば，建物の沈下や浮上りによる障害の危険性は小さく，相対的にではあるが耐震性の懸念も小さいと考えられる。」

第2節　日本住宅公団高蔵寺団地

　日本住宅公団高蔵寺団地は，名古屋駅から JR 中央本線で30分ほどの標高 80 〜 120 m の丘陵地帯にあり，名古屋のベッドタウンとして開発された。東京の多摩ニュータウン，大阪の千里ニュータウンと並ぶ黎明期の大規模団地である。1964年に造成工事が始まり，1967年に住宅建設工事に入り，1968年に第1回入居となった。団地の中心部には，当初移転する予定であった航空自衛隊高蔵寺駐屯地がある（その後，移転計画は頓挫した）。

　振動計測は2期に分けて行われた。第1期は1967年6月23日の造成後地盤の常時微動計測，第2期は1968年2月26日〜3月1日の建物の強制振動試験である。計測の目的は，前節の日本住宅公団飯島団地の計測と同じく，異種地盤上に異種基礎構造を有する建物の耐震性に関する調査であった。丘陵地の造成団地に建つ建物は，異種地盤に跨り，異種の基礎構造を有することを避けがたい場合があるが，高蔵寺団地ではこの異種基礎を有する建物が多く建てられた。なお，高蔵寺団地の計測結果は飯島団地の計測結果を含めて検討されており，2つの診断カルテは姉妹編のような関係にある。

1. 地盤の常時微動計測

　振動計測以前に，ボウリングおよび標準貫入試験が実施されており，敷地地盤に関する事前情報は得られていた。高蔵寺団地の敷地は，地山の切取り面であったり盛土面であったりとまちまちであり，とくに旧谷部を埋めた北方では最大盛土厚さは 12 m にも及んでいた。建物の強制振動試験を行うことになる A 地区，C 地区，K 地区の地盤状況は以下のようになっていた。

　A 地区：A 地区は地山の切土面である。標高は 88 m 内外であるが，支持層は西南部で標高約 86 m 以深，東北部で若干深く約 76 m 以深である。東北部に標高 80 m 付近で層厚 1 m の粘性土層が認められたが，全般的に中〜極密の密度を示す砂・砂礫地盤で構成されている。

　C 地区：C 地区の調査は行われていない。C3 棟は建物の中央より西半が標高 97 m，東半が 88 m の急斜面に建っている。

　K 地区：K 地区は盛土面である。盛土は中央部でもっとも厚く約 8 m，北側および東側に向かって順次薄くなっている。K6 棟の建っている位置では，西側が盛土面，東側が地山切土面になっている。地山表面層では，粘性土あるいは砂質土が狭在するほかは，ほとんど砂礫地盤からなっている。N 値は西側の旧谷部の 2 次堆積層で小さい値を示している。

　常時微動計測による建設予定の建物付近の計測点における周期−頻度分布曲線から，第1卓越周期は表層厚に関係なくばらついており 0.13 〜 0.3 秒，第2卓越周期は各計測点とも 0.37 秒で卓越している場合が多いことを確認した。この程度の切土および盛土であれば，卓越周期には切土と盛土では大きな差はないと考えてよさそうである。また，計測点周辺の地盤

の卓越周期の特徴として以下の2点を挙げている。

1) 同一建物の基礎下において，切土部分と盛土部分のそれぞれの地点で2つの卓越周期が現れる場合，盛土部分では長周期の卓越周期のピークが顕著に現れる傾向がある。
2) 切土部分には2つの周期が現れ，これに隣接する盛土部分では，切土部分に現れた長周期側の周期がやや卓越する傾向がある。

2. 建物の強制振動加振

建物の強制振動試験は，C3棟，K5棟，K6棟，A1棟の4棟で行われた。4棟はいずれも切土部分から盛土部分に跨り杭長の異なる杭基礎で支持されているか，建物の一部が杭で支持され他の部分は直接基礎で支持されているか，あるいは一部に厚いラップル（栗石）コンクリートを打っているかなど，異種基礎を有している建物である。

C3棟は斜面に建ち，西側半分の基礎底面は直接地山に接し，東側半分では杭基礎になっている。両側の基礎条件を揃えるために，西側の地山を一度切り取ったのち，これを東側の盛土と同じように盛土し，地山深さに合わせて杭長10～15 mのPC杭（径300 mm）を打っている。

C3棟では短辺方向振動のみが計測されている。共振曲線には周期0.196秒の明瞭なピークが見られた。その全体変形曲線は直線的であり，ほぼ剛体的な振動をしていた。屋上におけるねじり変形曲線の振幅は西側でやや大きく東側でやや小さくなった。1階における上下動変形曲線は，周期0.196秒にピークを有し，ロッキングの回転中心は短辺中央にあった。以上より，基礎と地盤の剛性はほぼ均一と考えられる。

K5棟は西側寄りの中央部で旧地表高が一部低くなっている。このため，基礎底面のほぼ全面に厚さ1 m内外のラップルコンクリートを打っているが，中央より西側寄りの一部ではラップルコンクリートの厚さが2.5 mと厚くなっている。

K5棟では短辺方向振動のみが計測されている。共振曲線には周期0.186秒の明瞭なピークが見られた。その全体変形曲線は直線的であり，ほぼ剛体的な振動をしていた。屋上におけるねじり変形曲線におけるねじれの程度は極めて小さかった。1階における上下動変形曲線は，周期0.186秒にピークを有し，ロッキングの回転中心は短辺中央にあった。以上より，基礎と地盤の剛性はほぼ均一と考えられる。

K6棟は中央部より西半分で旧地表高が低くなっている。このため，東半分が直接基礎，西半分は長さ12 mのPC杭（径600 mm，センターオーガ式），中央部は薄いラップルコンクリートを打っている。

K6棟では短辺方向振動と長辺方向振動が計測されている。短辺方向振動の共振曲線には周期0.175秒の明瞭なピークが見られた。共振曲線のピークを精査してみると，杭長が長くなるに従い共振周期がわずかに延びていることが確認できた（範囲0.170～0.180秒）。直接基礎部分の剛性は杭基礎部分に比べて大きいと考えられる。屋上におけるねじれ変形曲線は場所によ

って変形量がかなり異なっていた．1階における上下動変形曲線は，ロッキングの回転中心が短辺中央にあることを示していた．K6棟の短辺方向振動の結果から，建物が一体としては振動しておらず，特異な振動性状を示していることがわかった．一方，長辺方向振動の共振曲線には0.173秒とそれに比べると小さい0.152秒の2つのピークが現れていた．全体変形曲線により，0.173秒は短辺方向の振動，0.152秒は板が捩れるようなねじれ振動であることが判明した．長辺方向振動の基本固有周期は起振機の回転能力不足から求めることができなかったが，共振曲線から0.1秒前後と推測された．以上より，長辺方向振動においても一般の建物には見られない特異な振動性状が認められる．

隣接するK5棟とK6棟の隣棟間相互作用を調査するための振動計測が行われた．

K6棟を短辺方向に加振したときのK5棟の短辺方向および長辺方向の共振曲線から，K5棟での短辺方向の共振周期は0.176秒，長辺方向は0.170秒であり，K5棟の短辺方向振動の基本固有周期の0.186秒とは一致していないことがわかった．K5棟の1階における上下動の共振曲線は位置によって共振周期が異なっていることを示していた．その変形曲線を見ると，わずかな周期のずれで変形状態が大きく変化していることがわかった．なお，K5棟5階の短辺方向の変位振幅は，K5棟を直接加振したときの約1/4になっていた．

K6棟を長辺方向に加振したときのK5棟の長辺方向および短辺方向の共振曲線から，K5棟は長辺，短辺方向とも0.170秒で共振していることがわかった．位置によって共振周期は異なっており，周期0.168秒のときの1階における長辺方向の上下動変形曲線は，変位の差が位置により6～7倍に達していた．また，短辺方向の2つの通りの変形状態を比較すると，0.145秒のときは同位相であったが，共振時の0.170秒には逆位相になるような現象が見られた．このように，1階の上下動は非常に複雑な振動をしていた．

K5棟を短辺方向に加振したときのK6棟の短辺方向および長辺方向の共振曲線から，両方向ともに0.180秒で共振していることが確認できた．この共振周期もK6棟の基本固有周期0.175秒とは一致していない．共振周期0.180秒はK5棟の基本固有周期0.175秒とK6棟の基本固有周期0.186秒の中間の値である．このときのK6棟の変形状態を見ると，杭打ち部分は直接基礎部分に比べて水平動，上下動ともに変位が大きくなっていた．

A1棟は建物の中央部で旧地表が深くなっている．このため，中央部に盛土した後，長さ数メートルのRC杭（径300 mm）を打っているが，建物両端は直接基礎である．西端の一部にはラップルコンクリートを打っている．

A1棟の振動計測は常時微動計測により行われている．5階における短辺方向および長辺方向の周期－頻度分布曲線では，短辺方向は0.190秒，長辺方向は0.125秒が卓越していた．これらの周期が各方向の基本固有周期と考えられる．短辺方向の全体変形曲線を描いてみると，ほぼ直線的であり，屋上における全変位に対するスウェイ変位の割合は約37％と大きく，全変形からスウェイ変位を除いた変位はほぼロッキング変位と考えられる．

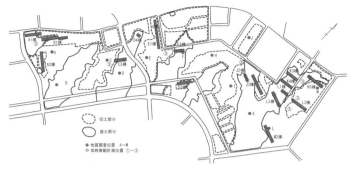
建物配置と地盤

現在の日本住宅公団高蔵寺団地
（国土地理院）

図 4.3.2　日本住宅公団高蔵寺団地（1969 年）

　なお，$1/\sqrt{2}$ 法により求めた減衰比は，建物間の差異はあまり認められず，0.075～0.09 の範囲にあり比較的大きかった。建物がほぼ剛体に近い振動をしているため，この減衰比はおおむね地盤の減衰比と考えてよいと思われる。

　この後，飯島団地のときと同じように，基礎における水平方向と上下方向の卓越周期から水平地盤係数と鉛直地盤係数を推定し，地盤ばねとして解析モデルに導入する方法により検討が加えられているが，ここではその内容はウェブサイトに譲り割愛する。

　診断カルテの結びの部分の一部を以下に記す。

　「この振動計測では，異種地盤および異種基礎併用建物の振動性状に現れる特異性を調査することを目的とした。片側が杭基礎，他の側が直接基礎である K6 棟の振動性状を見ると，両端部における共振周期等に明白な差異が認められる。すなわち，杭基礎の部分の共振周期が 0.17 秒であるのに対して，直接基礎の部分の共振周期は 0.18 秒と長く，全振幅に対するロッキングとスウェイの割合も大きい。これに対し，飯島団地の場合は，全般的な傾向として，杭基礎の建物は杭長の平方根にほぼ比例して固有周期が大きくなることは認められたが，異種基礎の各部の振動性状には基礎構造の異種性に基づく差異は認められなかった。この理由は，高蔵寺団地の異種基礎の建物は，その底面積が西半分と東半分がほぼ半々なのに対し，飯島団地では杭基礎部分が 4，直接基礎部分が 1 と，ごく小部分の異種基礎の使用であったためと考えられる。

　高蔵寺団地では，K6 棟の両端で多少の振動性状の差異は認められたが，これまでの振動計測の結果から総合的に判断すると，とくに特異な性状というほどのものではなく，全体的には正常な範囲内と見なすことができる。これは，高蔵寺団地では，地山が密実な砂礫層を主体とする地盤であり，盛土の部分でも盛土厚が概して薄く，かつ締固めの容易な砂礫を材料としているため，振動波の伝播速度の比較によっても明らかなように，基礎条件が比較的均一になっているためと考えられる。」

第3節　都営西台団地

　都営西台団地は，団地の下が16車線の地下鉄の車庫になっており，その上に人工地盤を築き，その人工地盤から4棟の高層アパートが聳え立つ，まさに土木構造物と建築物が一体化したような建物群である。このうちの1棟を選んで振動計測が行われている。ここでも強制振動試験と常時微動計測を併用しているが，振動計測の主力が徐々に強制振動試験から常時微動計測に移行する動きがはっきりと見られる。団地内には強震計も取り付けられており，計測中に発生した地震動の観測結果も示されている。

　上部構造は，高さ49.5 m，地上14階，塔屋1階の鉄骨鉄筋コンクリート造で，各棟は約9 m×80 mの細長い建物が2つ合わさって構成されるツインコリドー型である。1階（電車車庫）の階高は9 m，2階（ピロティ）の階高は6 m，3階以上（居住部分）の階高は2.85 mである。桁行方向は純ラーメン，梁間方向は1階と2階がラーメンおよびブレース，3階以上は壁厚20 cm（3～11階）あるいは15 cm（12～14階）の耐震壁付きラーメンである。コンクリートは基礎から5階床までは普通コンクリート（Fc＝210 kg/cm^2），5階から上は軽量コンクリート（Fc＝210 kg/cm^2）を使用している。高層部の周辺は鉄筋コンクリート造人工地盤が広がっており，高層部と低層部の間にエクスパンションジョイント（幅60 cm）を設け，構造的に両部を分離している。

　基礎構造は独立フーチング基礎で，フーチング底面の深さは4.5 m，各フーチングは剛なつなぎ梁で連結されている。フーチングの下は，地下12～20 mにN値がほぼ0の極めて軟弱な地盤があるため，長さ21 m，直径1.2 mあるは1.0 mのベノト工法によるピア基礎とし，東京礫層に支持させている。

　計測計画の段階では，強制振動試験には出力の大きな電動型起振機を使用する予定であったが，現場における事情から手動型起振機に切り替えている。この建物にはSMAC強震計が1，2，8，R階に各1台，地中地震計が建物直下（杭先端）GL－23 mおよび建物の振動に影響されない遠方地点のGL－2.5 mとGL－27 mに設置されている。この地中地震計を利用して，建物直下と建物の振動に影響されない地盤（フリーフィールド）の常時微動計測が行われた。ただし，計測方向は短辺方向のみである。このとき，SMAC強震計がまだ完全な地震計測体制にはなっておらず予備計測段階であったが，計測期間中に2回の小さな地震動が観測された。これらの地震観測についてもデータ解析を行っている。

1．建物の強制振動試験

　短辺方向振動の共振曲線には周期0.53秒と0.188秒に2つのピークが現れた。ねじれ変形曲線を見ると，周期0.53秒（1次モード）のときは一端の振幅が他端よりもやや大きな並進振

動，周期 0.188 秒（ねじれモード）のときは細長い平面の建物で発生しやすい両端自由の梁の曲げ変形モードに近い形状であった．2 階における上下動変形曲線を描くと，1 次モードでは直線的で同位相，ねじれモードでは端部と中央部で変形の向きが反対になっていた．ロッキングの回転中心は，1 次モードもねじれモードも短辺中心にあった．ツインコリドー型の建物は一体として振動していることがわかる．全体変形曲線を描くと，屋上における 1 次モードのスウェイ＋ロッキング率は約 60 ％となった．高層建物としてはかなり大きな値である．これは，短辺方向のラーメンごとに間仕切り壁があり，剛性を発揮しているためと考えられる．ねじれモードのときのスウェイ＋ロッキング率は約 40 ％であり，1 次モードに比べて小さくなった．これは，上下動変形曲線にたわみが生じているためと考えられる．1 次モードもねじれモードも 6 階以上の変形の増加が下層に比べて大きくなる傾向が見られた．これは，5 階以上で軽量コンクリートを使用しているためと考えられる．なお，共振曲線から減衰比を求めると，1 次モードでは 4.5 〜 5.0 ％と比較的大きく，ねじれモードでは約 2.5 ％になった．

　長辺方向振動の共振曲線には周期 0.645 秒，0.195 秒，0.14 秒に 3 つのピークが現れた．ねじれ変形曲線を見ると，周期 0.645 秒（1 次モード）と 0.195 秒（2 次モード）は，ほぼ並進振動で両廊下は同振幅・同位相で振動し，ねじれモード（0.14 秒）は加振直角方向の変位が加振方向と同程度になっていた．これは建物内に採光のための大きな吹き抜けがあるためと考えられる．2 階における上下動の共振曲線には，1 次モードの共振点は現れなかった．2 次モードとねじれモードの上下動変形曲線は長辺中央あたりに回転軸を有し，ほぼ直線的な変形をしていた．全体変形曲線を描くと，屋上における 1 次モードのスウェイ＋ロッキング率はきわめて小さかった．これは，長辺方向の壁量が短辺方向に比べて小さいためと考えられる．この壁量による影響は，長辺方向の 1 次モードの振幅が短辺方向の約 1/2 と小さいことからも確認できる．減衰比は，1 次モードでは 3.5 〜 4.0 ％，2 次モードでは約 2.5 ％，ねじれモードでは 2.6 〜 3.0 ％になった．短辺方向振動とほぼ同じ値である．1 次モードの減衰比は鉄骨造の高層建築物に比べると比較的大きな値になっているが，これは鉄骨鉄筋コンクリート造であることと地盤の影響が大きいことが考えられる．

2. 建物の常時微動計測

　長辺方向の常時微動波形は，2 つの廊下で常に同位相かつ同振幅であった．しかし，短辺方向の記録波形は，長辺方向の一端と他端では振動方向が同位相になるときと逆位相になるときがあった．同位相のときのねじれ振動曲線は，強制振動試験の結果とよく一致していた．逆位相のときの振動は強制振動試験では見られなかった現象であるが，時刻歴波形が乱れたところで生じていた．この傾向は早稲田大学理工学部 51 号館（地上 18 階地下 2 階）の常時微動計測（第 2 章 2 第 12 節）のときにも見られた現象である．

　短辺方向の常時微動波形は正弦波に近く，その周期は強制振動試験で得られた 0.53 秒（1 次

モード）であった。長辺方向の常時微動波形は，強制振動試験で生じた周期とは異なり，約0.4 秒，0.6 秒，0.7 秒が卓越し，その中でも 0.4 秒は比較的強風のときに卓越する傾向が見られた。全体変形曲線は短辺方向では強制振動試験の結果とよく一致していた。長辺方向では，周期 0.4 秒のときに 5 階から上層の変形が大きくなり，周期 0.6 秒のときに強制振動の 1 次モードの変形とほぼ一致した。これに対して，周期 0.7 秒のときは 2 階の変形が相対的に大きいことから，かなり深い地中からの振動ではないかと考えられる。

　常時微動波形のフーリエ解析を行ってみると，短辺方向には 1 次モードの 0.53 秒に近い 0.56 秒のほかにも，0.7 秒と 0.48 秒にピークが見られた。一方，長辺方向には，1 次モードの 0.645 秒に近い 0.6 秒と 0.7 秒，短辺方向の 1 次モードにほぼ一致する 0.53 秒，それと 0.4 秒にもピークが見られた。強制振動試験では見つからなかった短辺方向の 0.7 秒と 0.48 秒，および長辺方向の 0.7 秒と 0.4 秒のピークが常時微動計測で現れた原因についての考察が行われている。周期 0.7 秒の振動は，地中のある深さより上層の地盤部分が主に振動する建物－地盤連成系の振動であり，周期約 0.48 秒と 0.4 秒はそれぞれ建物上層（5 階から上）の短辺方向および長辺方向の部分振動ではないかと推定された。長辺方向の周期 0.4 秒は前述したように比較的強風時に現れるが，これは 5 階から上層が軽量コンクリートを使用していることにより生じた部分振動ではないかと推定された。以上のように，1 次モード以外にも周期約 0.7 秒および 0.4 〜 0.5 秒の振動が常時微動中に現れており，これらの周期は後述する地震観測のときも現れていた。

3. 地盤の常時微動計測

　地盤の表層と東京礫層（地中）における建物直下（A 点）と建物遠方（B 点）の計測波形を同一深さで比べると，地中ではほぼ同振幅・同位相で振動し，地表に比べて長周期成分が明瞭に見られた。これに対し，表層の波形は A 点と B 点でおおよそ位相は一致していたが，ときどき位相がずれることもあった。短辺方向の変位フーリエスペクトルから地盤の変形曲線を求めることにより，約 0.7 秒は地下約 -27 m から上層（細砂，シルト層）の卓越周期，1 秒および 2.0 〜 2.5 秒の卓越周期は GL -27 m 以深の振動系の周期と判断された。地盤で生じた 0.53 秒のピークは A 点の建物 1 階（地表）のみで大きく，他の計測点ではほとんど認められないことから，建物の振動（1 次モード）により生じたものと判断された。

4. 強震計による地震観測

　振動計測の実施期間中に 2 つの地震記録が得られた。1972 年 7 月 21 日の地震（八丈島東方沖，深さ 80 km，東京震度 0）と 1972 年 11 月 6 日の地震（茨城県南西部，深さ 40 km，東京震度 III）である。

　1972 年 7 月 21 日の地震では，建物の 1 次固有周期にほぼ一致する 0.5 〜 0.55 秒，建物お

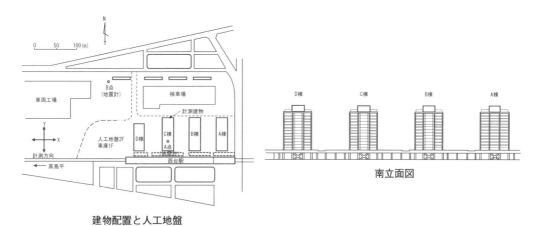

現在の都営西台団地 (撮影：濱本)

図 4.3.3　都営西台団地 (1972 年)

およ び地盤の常時微動計測で現れた表層地盤の 0.7 秒，および地盤の深い層からの振動周期と考えられる約 1.0 秒が明瞭に現れていた。これらの周期のほかに，常時微動計測で現れた建物 5 階以上の変形が大きくなる約 0.46 秒の周期も卓越していた。周期 0.7 秒のピークの値は常時微動計測とは異なり，0.5〜0.55 秒（建物の 1 次固有周期）に比べて大きくなった。この理由は，地震時に建物の振動が軟弱な表層地盤に大きく影響されるためと考えられる。

　1972 年 11 月 6 日の地震では，GL−27 m（B 点）と GL−23 m（A 点）のフーリエスペクトルに 0.5 秒前後でピークが見られたのに対し，GL−2.5 m（B 点）には 0.7 秒前後で大きなピークが現れた。これは，地中 GL−27 m および GL−23 m では地震波特性が卓越しているのに対し，GL−2.5 m では表層の地盤特性が卓越しているためと考えられる。GL−2.5 m のフーリエスペクトルには，短辺方向では約 0.8 秒，0.67 秒，0.53 秒，0.24 秒の大きさの順で，長辺方向では約 0.72 秒，0.6 秒，0.8 秒，0.27 秒の大きさの順でピークが現れた。常時微動の短辺方向の計測結果では 0.72 秒の周期が大きく卓越しており，この 0.72 秒は地震時の卓越周期の約 0.6〜0.8 秒に対応していると考えられる。地震時に大きく現れた 0.8 秒の卓越周期は常時微動に現れた 0.72 秒の卓越周期が地震時に長周期化したものと考えられる。

　以上の結果は，比較的小さな地震時の結果であるが，傾向的には常時微動計測の結果にほぼ一致していると言える。

診断カルテの最後の部分を以下に記す。

「起振機試験により求めた建物の短辺方向の1次固有周期は0.53秒，長辺方向の1次固有周期は0.645秒，2次固有周期は0.195秒である。1次の短辺方向の減衰比は4.5～5.0％，長辺方向は3.5～4.0％である。1次のロッキングとスウェイによる変形が全変位に占める割合は，短辺方向で約60％，長辺方向で約20％となり，とくに短辺方向で大きい。

建物の常時微動計測の結果には，上記の固有周期のほかに，表層地盤の卓越周期0.7秒が短辺方向にも長辺方向にも顕著に現れた。このときの建物の振動モードは，相対的に地盤部分の変位が建物の1次固有周期のときに比べて大きくなった。振動計測中に観測された無感地震においても，1次固有周期のほかに表層地盤の0.7秒が建物の振動に現れた。

この振動計測（強制振動試験と常時微動計測）および地震観測による比較的微小変形時の建物の1次固有周期と，設計時における1次固有周期の計算値とを比較してみると，短辺方向は計測値0.53秒に対して計算値0.79秒，長辺方向は計測値0.645秒に対して計算値1.36秒になった。計算値は大きな変形のときの値であり，一般に建物の固有周期は地震時に延びることが確認されているが，計測時のロッキングとスウェイの変形状態を考慮すると，実際の建物の剛性は計算に用いた剛性よりも大きいと考えてよいと思われる。この点については，さらに多くの地震観測を行い検討する必要がある。」

第 5 章
構造損傷を評価するための振動計測

1 地震損傷を受けた建物

　ここで取り上げる建物は，1923年の関東大震災を経験した3棟，1964年の新潟地震を経験した1棟，および1995年の阪神淡路大震災（兵庫県南部地震）を経験した1棟の計5棟である。計測時点で強震動をすでに経験していたか，あるいは計測後に強震動を経験することになる建物を選んでいる。ほかの章で取り上げた建物と同じように，起振機による強制振動試験か常時微動計測により建物の健全性診断を行うという内容は同じであるが，それに加えて，計測より以前あるいは以後に強震動が作用し，その建物の耐震性能が直接的に確認された事例を集めたとも言える。ただし，強震動が作用した時期と振動計測を行った時期にはいずれも時間的な差があり，被災後の損傷程度を直接的に計測したものではない。

　ここで取り上げる強震動を経験した5棟の建物は次のとおりである。

◆星製薬ビル〜経験地震：1923年関東大震災，計測1955年
◆第一相互館〜経験地震：1923年関東大震災，計測1957年
◆神戸新聞会館〜経験地震：1995年兵庫県南部地震，計測1957年
◆日本興業銀行本店〜経験地震：1923年関東大震災，計測1960年
◆新潟市役所〜経験地震：1964年新潟地震，計測1976年（1957年）

以下に各建物に関する概要と計測結果の要約を記す。計測結果についてより詳細な情報が知りたい場合は，ウェブサイトからほぼオリジナルの診断カルテを見ることができる。

第1節　星製薬ビル

　星製薬ビルは，京橋交差点の角地に1914年に竣工した。関東大震災（1923年9月1日発生，M7.9，震源深さ23 km，最大震度6）を経験している。この建物の特徴は，震災で甚大な被害を受けたにもかかわらず，その後，平面的にも立面的にも増改築を繰り返し，竣工時に鉄筋コンクリート造の4階建てに過ぎなかった建物が，構築物振動研究会の計測時には8階建てへと変身していたことである。

　星製薬ビルは関東大震災で外壁に大きなきれつが入るなど甚大な被害を受けた後，被災建物を根本的に補強したうえで，建物の左右両側，後側，そして上方の7階まで増築して，1927

年に再竣工を果たした。戦時中には火災の被害を受けたが，終戦後，さらに8階部分が増築された。その後，このビルは昭和生命に買収され，さらに昭和生命が第一生命と合併したことにより第一相互生命ビルと呼ばれるようになった。計測が行われた1955年ころがこの時期に当たる。現在，かつての星製薬ビルがあった場所には第一生命ビルが建っているが，その竣工が1965年であるので，星製薬ビルはその少し前に取り壊されたことになる。

この数次にわたって増改築を繰り返した建物が，強震動に対して強度上の問題がないかどうかを調査することを目的に，構築物振動研究会による調査が行われた。起振機による強制振動試験を中心に置き，さらに載荷試験による部材強度の確認，中性化の進行状況の検査，およびコンクリート強度の推定が行われた。振動計測による架構全体としての構造健全性の確認に加えて，部材レベルおよび材料レベルでの調査も行われたことになる。この診断カルテは，構築物振動研究会が，建物のロッキングの把握を目的に，1階床における上下動を計測した最初の診断でもある。この計測以降，ロッキングに関する検討は，診断のための主要な計測項目として定着することになる。

1. 振動計測

短辺方向振動の共振曲線には周期0.417～0.455秒に共振ピークが認められた。その全体変形曲線には，1階から4階（あるいは5階）とそれ以上の階（後に増築された部分）とで変形性状に差が生じていた。建物全体が一体化しているときの変形状態とは少し異なる形状であった。短辺方向振動の共振時において，1階床上の上下動変形曲線を求めてみると，短辺中央よりもエレベーターシャフト寄りに回転中心をもちシーソー運動するロッキングが生じていた。基礎の変形は比較的小さかった。

長辺方向振動の共振曲線には周期0.400～0.435秒に共振ピークが認められた。その全体変形曲線は，短辺方向振動と同じように，1階から4階（あるいは5階）とそれ以上の階とは変形性状に差が生じていた。長辺方向振動の共振時において，1階床上の上下動変形曲線を求めてみると，長辺中央よりもエレベーターシャフト寄りに回転中心をもつロッキングが生じていた。基礎の変形は長辺の両端付近で少し大きくなっていた。

この計測以前に，構築物振動研究会がロッキングの計測を実施した例は見られない。星製薬ビルの計測を通して，ロッキングが建物の振動性状に関する明瞭な指標になり得ることが判明した。この計測以降，ロッキングの計測は構築物振動研究会の必須検討項目として定着することになる。

診断カルテにおいて，振動計測のまとめとして以下のような記述がある。「振動計測の結果を見る限り，建物の全体架構としては著しい欠点を有しているとは考えられない。ただし，振動的に見ると，後から増改築した部分がほかの部分とは多少異なる挙動をしていることがわかる。とくに8階での振動の増幅がかなり大きくなっている。建物の固有周期から考えて，こ

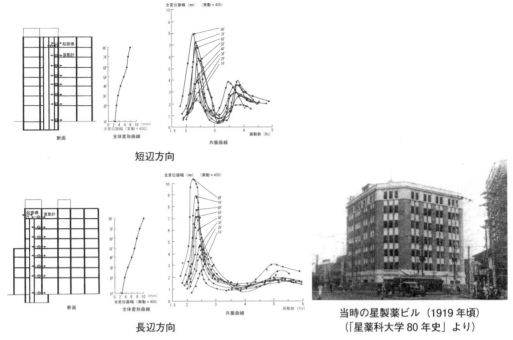

図 5.1.1 星製薬ビル (1955 年)

の建物は必ずしも柔構造であるとは言えない。この計測で新たに着目したロッキングは，どの建物にもふつうに存在する振動である。ロッキング現象が生じているからと言って，その建物に欠点があるというわけではない。」

2. 載荷試験

振動計測の結果，増改築以前の部分と以後の部分には若干異なる変形状態が観察された。そこで，関東大震災後の1927年および終戦後の2回にわたって増改築された元の部分（補修部分）と増築部分の梁を対象に，最小数ではあるが，各1か所の載荷試験を実施することになった。荷重は0.5 t刻みで増加させ最大荷重は11 tである。主として，変形の変化と荷重除去後の残留変形の程度を計測することにより，現状における建物の強度に関して検討が行われた。載荷試験の結果，残留変位の最大変位に対する比はいずれも11 %以内となり十分安全な値と判定された。

3. 中性化試験と強度試験

フェノールフタレイン溶液を用いたコンクリート中性化試験により，コンクリートの表面がモルタルや漆喰等で仕上げられ保護されているにもかかわらず，中性化深さはいずれも大きいことが判明した。このことは，戦時中の火災など，単に自然のまま放置された以上の作用が影

響している可能性があることを示唆している。

　シュミットハンマにより反発硬度を計測しコンクリート強度を推定した結果，柱と壁は340〜370 kg/cm^2，床は220 kg/cm^{2}となった。打設時の強度が150〜180 kg/cm^{2}であったと仮定すると計測時には350〜450 kg/cm^{2}程度になるはずであることから，柱と壁の強度は普通程度であるが，床の強度はかなり低めであることがわかった。

第2節　第一相互館

　第一相互館は京橋交差点の星製薬ビル（前節）の斜め前に1921年に竣工した。意匠設計は辰野金吾で，竣工後まもなく関東大震災を経験している。関東大震災で浅草12階が倒壊した後，しばらくの間，わが国で最も高い建物になっていた。1957年の構築物振動研究会による計測時には，本館とそれに相接する別館（増築）とで構成されており，本館と別館の個々の振動性状の調査だけでなく，両館相互の振動影響についても検討が行われている。また，立地が交通量の多い場所であり，ビル内の貸しオフィスでは交通振動による苦情が出ていたため，交通振動の計測とその結果に基づく振動対策についての記述もある。ここでも，振動計測に引き続き，星製薬ビルと同じように，梁の載荷試験，コンクリートの強度試験および中性化試験が行われている。

1. 振動計測

　長辺方向振動の本館の共振曲線には周期0.53秒の顕著なピークが一つだけ現れた。別館の共振曲線にも周期0.53秒に明瞭なピークが一つだけ認められた。周期0.53秒における本館と別館の全体変形曲線を求めると，別館の変形は本館よりもやや大きく，本館と別館の振動が全く同じとは言えないことを示していた。しかし，本館と別館のピークは一つだけでその周期も等しいことから，本館と別館が一体となって振動していることは明らかである。1階床の上下動変形曲線において，変形は屋上に塔屋のある直下の部分に限られており，それ以外の部分ではほとんど生じていなかった。このことは，本館中央部の地下構造が強固であることを示しており，それに比較して塔屋の直下部分の基礎がやや弱いことを示唆している。7階床の上下動変形曲線を描いてみると，3点で節になっており，腹の部分で振動が大きくなっていた。塔屋のある部分を除けば，ごく一般的な形状と言える。

　短辺方向振動の本館の共振曲線には周期0.54秒と0.34秒の2つのピークが現れた。別館の共振曲線においても，同じ周期で2つのピークが現れた。変位振幅の大きさから判断して，0.34秒が別館の基本固有周期，0.54秒が本館の基本固有周期であり，本館と別館は短辺方向にそれぞれ別個の振動をしていることを示している。周期0.54秒のときの本館の全体変形曲線は，7階以上の塔屋を含む上部がそれ以下の階の変形に比べてかなり大きくなっていた。周

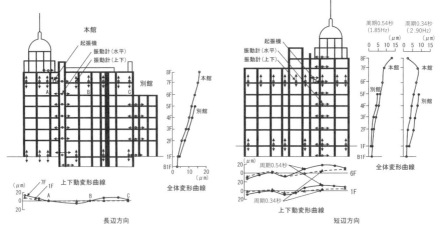

断面図

当時の第一相互館（撮影時期不明）
（「明治対象建築聚覧」日本建築学会より）

図 5.1.2　第一相互館（1957 年）

期 0.34 秒のときは，塔屋を含む上部がそれ以下の階と反対方向に振動しており，ここでも上層部の変形が下層部よりかなり大きくなっていた。共振時（周期 0.54 秒および 0.34 秒）における 6 階床と 1 階床の上下動変形曲線はほぼ同じ形状で，6 階がやや大きい程度であった。基礎の変形は本館と別館の相互影響によりやや複雑になり，単一体のロッキングのような単純な形状にはならなかった。

　本館内において，とくに振動を強く感じるという苦情の出た部屋の床面で上下動が計測された。6 階の床中央において上下動加速度は 6 cm/s^2 に達したが，これは十分人体が知覚できる大きさであり，場合によっては振動障害になることもある。床の端部に近づくほど上下動加速度は小さくなっていた。5 階床の中央では 3 cm/s^2 弱の加速度を示しており，この値も振動を感じるのに十分な強さである。4 階床は，その中央部が下から柱で支えられているため上下動加速度は小さくなっており，床面で大きく揺れている個所はなく一様な振動になっていた。以

上のように，6階における振動は床面が太鼓状に振動していることが明らかである。5階床と6階床において，4階床のように下部より柱で支えれば，中央部の異常な振動は取り除くことができると考えられる。

診断カルテの最後は以下のように記されている。「この建物の振動計測から判断すると，本館と別館は別個の振動体として振動していることが明らかである。このため，両館の連結部があまりに強すぎると，かえってその境界面できれつを生じることが考えられる。この建物の本館は関東大震災を生き延びて耐震性は証明されており，その後も構造の強度が低下しているとは考えられないので，耐震上の大きな問題はないと思われる。ただし，震災後に付加された部分に関しては，その連結部を適切に処理する必要がある。また，振動計測の結果，7階以上の部分が変形しやすく，変位振幅が比較的大きくなっているが，塔屋付近に新たに増築したり付加物を設置したりすることは，軽量構造であれば何ら強度面の支障は生じないと考えられる。なお，（交通振動により）床の振動が大きくなるような箇所には柱を立てることが有効である。また，2階の間仕切壁に水平きれつが生じており，この箇所には若干の補強をすることが望ましい。」

2. 載荷試験

梁の載荷試験では，最大荷重を 2 t（0.25 t 刻み），5 t（0.5 t 刻み），8 t（0.5 t 刻み）とした 3 パターンの載荷を行った。このとき，いずれの梁の荷重－変形曲線も弾性的な挙動を示し，残留変位も安全な値を示したことが記されている。

3. 強度試験と中性化試験

コンクリート強度試験では，強度不足となるような個所は見られなかったことが記されている。しかし，中性化試験の結果は，2階の壁だけは全体的に中性化して鉄筋が錆びていたことが報告されている。2階で一度火災に遭っていることと，2階部分のきれつが多いことが原因と思われる。2階の壁以外の部分は健全と判定された。

第3節　神戸新聞会館

神戸新聞会館は，村野藤吾の意匠設計，内藤多仲の構造設計で1956年に竣工した。その約40年後，兵庫県南部地震（1995年1月17日発生，M7.3，震源深さ16 km，最大震度7）を経験している。他の診断カルテがすでに強震動を経験した後の振動計測であるのに対し，この診断カルテだけは振動計測の後に強震動を経験することになる建物であり，地震影響がまだない状態での計測である。被災直後の建物には，内藤のもとで東京タワーの設計に携わった早稲田大学教授の田中弥寿雄先生と一緒に内部に入り被災状況を調査したことがある。田中先生が感慨深

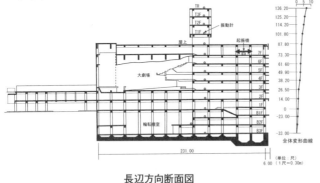

長辺方向断面図　　　　　　　　　　当時の神戸新聞会館（内藤多仲記念館）

図 5.1.3　神戸新聞会館（1957 年）

く建物の被災状況を黙って見詰めていたことを記憶している。被災後に建物は全壊と判定されたが、周辺ビルの多くがピロティ崩壊あるいは中間層崩壊するなかで、この建物は崩壊だけは免れていた。新耐震設計法における「強震動の下で損傷は許容しても崩壊は生じさせない」というぎりぎりの状態を体現したビルでもあった。崩壊しなかったおかげで、建物内に蓄積されていた神戸新聞の資料類のほとんどすべてを外部に運びだすことができ、貴重な情報の継続性を確保できたことは特筆に値する。兵庫県南部地震の被災後、大破と診断され、その後早々と取り壊された。あっさりと取り壊された理由は、被災時に、すでにハーバーランドに新本社ビル（神戸情報文化ビル）を建設中で、翌年春には新社屋移転が決まっていたからである。

　神戸新聞会館は地上 9 階地下 3 階の鉄骨鉄筋コンクリート造で、神戸新聞の本社機能を中心に商業施設や映画館が入っていた。神戸の山手大地に続く良好な地盤に建てられており、構造上、建物は南半分と北半分で異なっていた。南半分は地上 8 階地下 2 階の合計 10 階で、食堂や貸事務室など比較的間仕切りが多く、北半分は大劇場、輪転機室等の大部屋が配置されていた。調査の目的は、この建物の振動性状を調査し、固有周期により建物の強さを判定することであった。

　長辺方向振動の共振曲線には周期 0.278 秒と 0.330 秒の 2 つのピークが認められた。大きなピークの周期 0.330 秒は長辺方向振動の基本振動と考えられるが、周期 0.278 秒の振動は屋上の塔の部分振動によるものではないかと推定された。塔は建物の長辺方向振動に対して揺れやすい形状になっている。基本振動の全体変形曲線において、屋上階以下 3 階床に至る間の変形はそれ以下の階よりやや大きくなっていた。これは、大劇場等の比較的開放的な部分があり、

136　第 5 章　構造損傷を評価するための振動計測

剛性がほかの部分に比べて小さいためと考えられる。3階以下基礎に至る間は剛性が大きいため変形は小さくなっていた。このように，高さ方向には剛性の異なる3つの部分が重なっているため，変形曲線は連続的ではあるがなめらかな形状とは言えなかった。

短辺方向振動の共振曲線には周期0.330秒と0.393秒の2つのピークが認められた。大きなピークの周期0.393秒は短辺方向振動の基本振動と考えられる。周期0.330秒は瘤のような小さなピークであり，長辺方向振動が若干励起された結果である。基本振動の全体変形曲線において，3階床から上の階で急に変形が増加していた。その増加の程度はとくに異常というわけではないが，この階より上にある大劇場等の開放的部分による影響と考えられる。

診断カルテの最後には以下のような記述がある。「この建物の変形状態を見ると，大空間の存在により構造上当然起こり得る結果になっているが，このことが建物の欠点を表しているということではない。むしろ，この建物の振動性状はきわめて単純であり，共振現象も明瞭に認められ，振動体として一体と見なしてよいことを示している。」この後に，ASCEの推定式により同規模の建物の平均的な基本固有周期の計算値が，長辺方向で0.33秒，短辺方向で0.45秒となることを示し，計測値の値は長辺方向では同程度，短辺方向ではかなり短周期になっていることから以下の結論を得ている。「この建物は平面形状が矩形であり，振動性状は単純である。しかも，その固有周期から判断すると，（大空間を内包しているにもかかわらず）計算値よりも剛になっている。」また，付記として輪転機による建物内振動に関する以下のようなメモを残している。「本建物の地下輪転機室における床の振動を計測してみると，建物と振動源は絶縁されており，柱には振動がほとんど伝わっていないことが確認できた。また，床自身の振動も小さいようである。」

第4節　日本興業銀行本店

東京大学教授大崎順彦の著書「地震と建築」には以下のような記述がある。「日本における耐震建築第一号は，早稲田大学教授内藤多仲が独自の発想に基づいて耐震設計を行った東京丸の内の日本興業銀行本店である。この建築は竣工直後に関東大地震に遭遇し，アメリカ直輸入の工法によった当時著名な大ビルディングがことごとく崩壊し大破した中にあって，ビクともしなかったことから，内藤の名は耐震工学の第一人者として，一躍世界的に有名になった。実際このときの内藤の発想と，この建築の耐震設計に用いた地震動強さの評価値とは，その後今日に至るまで，設計手法の原点をなしている金字塔なのである。」

日本興業銀行本社の意匠設計を担当した渡辺節は，「建築雑誌」に掲載された内藤の耐震理論の論文を読み，構造設計の担当者としてまだ若かった内藤を指名した。建物が竣工したのは，関東大震災のわずか3か月前であった。構造は鉄骨鉄筋コンクリート造地上7階地下1階である。第1階は銀行営業室で，高さを2階分とし，中央の柱を一列除いてスパンを約12mと

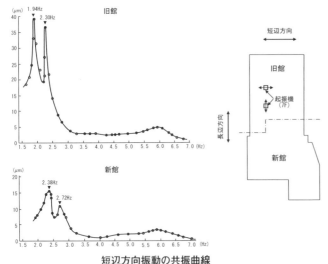

短辺方向振動の共振曲線

図 5.1.4　日本興業銀行本店（1960 年）

し，上階の 6 階分をトラスガーダーで支えている。柱の間隔はすべて 6 m×5.6 m で，鉄柱は下部で H 型，上部で L 型に組み立てている。梁は柱をつなぐ大梁を鉄骨とし，小梁はすべて鉄筋コンクリートである。営業室は大きな空間になっているため，外周四隅はとくに十分に剛強な耐震壁を設けて補強している。また，金庫の壁やエレベーターの周囲等，平面計画的に支障が少なく都合が良い壁は耐震壁として利用した。柱はすべて鉄筋コンクリートにより被覆し，外壁はカーテンウォール煉瓦 1 枚半とし，内部の間仕切は中空煉瓦を用いて軽量化している。

　構築物振動研究会による計測が行われたのは，竣工から 37 年経過した 1960 年である。このとき，関東大震災を経験した建物は旧館として使用されており，新たに新館が増築されて外見上は一体化した建物になっていた。振動計測はこの旧館と新館を跨いで実施された。その建物は計測後 10 年以上たった頃に取り壊され，1974 年竣工の再び村野藤吾が設計した軍艦ビルと呼ばれた 2 代目の建物に席を譲った。このときの構造設計も内藤が担当している。その建物もみずほ銀行本店と名を変えた後，2017 年に取り壊されている。

　短辺方向振動の旧館の共振曲線には周期 0.51 秒と 0.42 秒の 2 つのピークが現れ，新館には周期 0.42 秒と 0.38 秒の 2 つのピークが見られた。周期 0.51 秒は旧館の基本固有周期，周期 0.42 秒は新館の基本固有周期と考えられる。旧館で生じた周期 0.42 秒は新館の基本固有周期が励起されたものと推定された。新館で生じた周期 0.38 秒は後述するようにねじれ振動の固有周期である。起振機が旧館のほぼ中央部に据え付けられていたため，旧館のねじれ振動はごく小さく，共振ピークは認められなかったが，新館の中心部からは大きく離れていたため，新館ではねじれ振動が生じやすく明瞭に現れたものと考えられる。

　短辺方向振動における旧館の 2 つの周期の全体変形曲線は，ともに正常なラーメン架構に

見られる形状であり，なめらかで局所的な不連続性は見られなかった。また，ロッキングによる変形はほとんど生じておらず，弾性変形が支配的になっていた。新館の全体変形曲線は片持ち梁に見られる形状になったが，これは新館上部の剛性が小さいためと考えられる。

長辺方向振動の旧館の共振曲線には周期 0.38 秒と 0.31 秒の 2 つのピークが現れ，周期 0.18 秒当たりにも比較的大きなピークが生じていた。このとき，新館にも周期 0.38 秒と 0.29 秒の 2 つのピークが見られた。周期 0.38 秒は短辺方向でも生じていたが，両方向で同じ周期で共振しており，ねじれ振動であることがわかる。周期 0.31 秒は旧館の長辺方向振動の基本固有周期，周期 0.29 秒は新館の長辺方向の基本固有周期と考えられる。周期 0.18 秒は高次のねじれ振動であった。

長辺方向振動における旧館と新館の全体変形曲線の振幅は短辺方向振動に比べて小さく，この建物が短辺方向に振動しやすいことを表している。基本振動もねじれ振動も変形形状は短辺方向振動とあまり変らず，ロッキングもほとんど生じていなかった。

診断カルテの最後には以下のような記述がある。「新館と旧館が互いに相接して建てられている場合，微振動に対しては一体となって振動する場合もある。たとえば，今回の計測における長辺方向振動がその例である。しかし，短辺方向振動に関しては，新館と旧館それぞれ個別の共振現象が認められる。」「短辺方向振動の基本固有周期は，旧館で 0.51 秒，新館で 0.42 秒，長辺方向振動の基本固有周期は旧館で 0.31 秒，新館で 0.29 秒である。短辺方向振動では旧館と新館は別個に振動し，長辺方向振動では（計測誤差の範囲で）旧館と新館は一体となって振動している。旧館と新館で共通に現れる周期 0.38 秒はねじれ振動である。このほかに高次のねじれ振動も励起されているが，その影響は小さい。全体変形曲線の形状から見ると，新旧両館はそれぞれ違った形式の変形をしている。新館は中層部までの剛性がとくに大きいため，片持ち梁のような変形をしている。旧館と新館の変形特性が異なっているため，地震が作用したときは新旧両館の境界できれつが生じる可能性がある。それ以外の点に関しては，とくに振動的な支障は認められない。」

第 5 節　新潟市役所

新潟市役所の診断カルテが作成されたのは 1976 年であり，この診断カルテだけは本書が対象としている 1950 ～ 1970 年頃という期間と少しずれている。実は，構築物振動研究会による新潟市役所の第 1 回目の計測は，建物が竣工して間もない 1957 年 9 月に行われていた。しかし残念なことに，この第 1 回目の診断カルテは紛失してしまったようで探しても見つからなかった。ここで紹介する 1976 年の診断カルテには，幸い 1957 年の計測についての記載があり，計測の方針と方法は第 1 回目とほぼ同じであると記されていた。さらに，1957 年に得られた計測結果との比較も診断カルテの中に記載されていた。新潟地震（1964 年 6 月 16 日発生，

M7.5, 震源深さ34km, 最大震度5) は第1回目計測と第2回目計測の半ばあたりに発生した。このため, 新潟地震がこの建物に及ぼした構造的変化が, 振動性状の変化として確認できる内容になっている。

新潟は火災の多いところで, 初代の市庁舎は1908年3月8日の新潟大火で焼失し, 2代目の市庁舎も1933年6月12日の火災により焼失し, そして3代目の市庁舎は1955年10月1日の新潟大火により焼失した。振動計測の対象となった市庁舎は4代目として1958年に竣工した建物である。意匠設計は佐藤武夫である。内藤は構造アドヴァイザーとして設計に参加している。4代目市庁舎の設計では, 液状化の可能性が予見されており, 当時の耐震基準を上回る耐震性をもつように設計されたため, 新潟地震では大きな被害を受けることがなかった。佐藤による以下の発言が残されている。「わたしは砂の層が心配だったので内藤多仲博士に相談しましたら, 基礎工事の際に井戸側地業をやってみたらどうかと言われた。この工法は昔から, 地盤の悪いところで使われていた日本的工法ですが, 基礎周囲に矢板を打ち込むんです。新潟市庁舎では, 干拓に使う鉄筋コンクリートの矢板を, 建物の周囲全部に5mくらい打ち込んである。被害がなかったのはこのせいもあるのではないかと思われます。」しかし, 新潟地震に耐えたこの4代目市庁舎も, 手狭になったという理由で移転新築することが決まり取り壊された。現在の市庁舎は1989年竣工の5代目である。

4代目市庁舎は, それまでの市庁舎と同じ新潟市西堀通6番地に建てられた。構造は鉄骨鉄筋コンクリート造 (地下は鉄筋コンクリート造) 地下1階地上8階 (ペントハウス3階) であった。敷地地盤はGL-4mまではN値が約1の砂質シルト, それ以深GL-17.5mまでは砂質で, N値は深さにほぼ比例して約1から35まで増加していた。基礎は松杭 (末口24cm, 長さ7m) を用いた独立基礎である。建物周辺には長さ3m (基礎底面より) のコンクリートシートパイルが打設され, 液状化対策が施されていた。3階床スラブまでは普通コンクリート, それ以上の階では軽量コンクリートが使用された。この建物の特徴は, 当時としては斬新なセンターコア形式とカーテンウォールが採用されていた点である。振動計測は全体架構振動と床振動の計測に分けて行われた。全体架構振動の計測は強制振動試験と自由振動試験により, 床振動の計測は砂袋落下による自由振動試験により行われた。振動計測とともに, 床スラブ沈下計測, 杭頭調査, およびきれつ調査も実施された。

1. 強制振動試験

短辺方向振動の共振曲線には, 周期0.68秒, 0.39秒, 0.24秒, 0.15秒で明瞭なピークが生じていた。全体変形曲線の形状から, 0.68秒は1次固有周期, 0.24秒は2次固有周期, 0.15秒は3次固有周期であることが確認できた。2次固有周期の変形曲線は, ペントハウス部分の振幅が屋上階以下の振幅に比べてかなり大きくなっていた。屋上, 5階, 3階におけるねじれ変形曲線を描くと, 各階とも, 周期0.68秒はほぼ並進振動になっており, 周期0.39秒はほぼ

建物中央を回転中心としたねじれ振動の変形状態を示していた。周期 0.39 秒はねじれ振動の固有周期であるが，ここまで純粋な（並進振動を含まない）ねじれ振動が計測されることは極めて稀なことである。1 次固有周期のときの 1 階床の上下動変形曲線は，コア部分とコア周辺部分とで異なる形状を示した。コアを含まない断面の変形は，建物中央に回転中心をもつ直線的な形状であった。一方，コアを含む断面の変形はコア部分のみが直線的で大きく，コア周辺部で小さくなっていた。これは，コア部分の壁の剛性がラーメン（柱・梁）の剛性に比べて非常に高く，振動による力がコア部分の壁に集中したためと考えられる。ペントハウス屋上において，ロッキングによる変形が全変形に占める割合は，コア部分では 48.8 %，コア周辺部分では 17.6 % となり，コア部分はコア周辺部分の約 3 倍になっていた。

長辺方向振動の共振曲線には，周期 0.64 秒，0.39 秒，0.235 秒，0.15 秒で明瞭なピークが生じていた。全体変形曲線の形状から，0.64 秒は 1 次固有周期，0.235 秒は 2 次固有周期，0.15 秒は 3 次固有周期であることが確認できた。これらの全体変形曲線は短辺方向振動のときと極めてよく一致していた。屋上，5 階，3 階におけるねじれ変形曲線を描くと，短辺方向振動と同じように，各階とも周期 0.64 秒はほぼ並進振動になっており，周期 0.39 秒はほぼ建物中央を回転中心としたねじれ振動の変形状態を示していた。1 次固有周期のときの 1 階床の上下動変形曲線も，コア部分とコア周辺部分とでそれぞれ短辺方向振動のときと同じような性状を示していた。ペントハウス屋上において，ロッキングによる変形が全変形に占める割合は，コア部分では 46.8 %，コア周辺部分では 17.6 % となった。

基本固有周期の推定式による同規模の鉄骨鉄筋コンクリート造建物の平均的な固有周期はペントハウスを無視したときに 0.432 秒となった。計測値はこれに比べてかなり長周期になっている。これは，この建物の壁量が比較的少ないこともあるが，新潟地震による損傷（大幅な剛性低下）の可能性もある（後述）。

2. 自由振動試験

起振機の回転数が建物の 1 次固有振動数に一致した時点で起振機の回転を急に停止し，それ以後に生じる自由振動を計測している。自由振動波形の対数減衰率から求めた 1 次の減衰比は，短辺方向で 2.0 〜 2.3 %，長辺方向振動で 2.4 〜 2.5 % と小さく，両方向の値はほぼ同じになった。

3. 常時微動計測

常時微動の記録波形は，建物上層部になるほど正弦波的な性状を示し，下層部になるほどその性状を失っていた。これは，下層部になるほど地動の種々の外乱が大きく影響し，上層部になるほど建物固有の振動が誘発され，外乱に比べて大きくなるためと考えられる。高速フーリエ変換によりパワースペクトルが求められた。波形の読み取り間隔は 0.025 秒，解析のための

継続時間は25.6秒である。短辺方向と長辺方向のパワースペクトルの形状は非常によく似ており，卓越周期0.59秒は強制振動により求めた1次固有周期（0.64秒）に対応していると考えられる。2次固有周期の0.23秒はペントハウス2階および5階で明瞭に現れていた。1次および2次の振動が卓越して現れていたが，1次では常時微動の卓越周期は強制振動の固有周期に比べて約7.4～8％短かくなっていた。これは，常時微動の振幅が強制振動のときに比べて非常に小さいことと，常時微動では2次部材（カーテンウォール等）の剛性が強制振動のときよりも大きく寄与することが原因と考えられる。

4. 床振動の自由振動試験

　30 kgの砂袋を床上約30 cmの位置から床スラブ中央および小梁中央に自然落下させ，床の自由振動試験が行われた。砂袋を床スラブ中央に落下させたときと小梁中央に落下させたときの上下動変形曲線はほぼ一致した。小梁の剛性がかなり小さいことを示している。床の自由振動減衰波形から固有周期と減衰比が求められた。固有周期は0.13秒，減衰比は9.3～9.7％となった。固有周期と減衰比の値は，小梁が一体となった床スラブの値である。床の固有周期は，解析モデルを用いて推定した計算値よりかなり長周期になり，床スラブの剛性が低いことが判明した。その原因として以下の点が指摘されている。

1) 現状の積載荷重がかなり大きいと推定できる。
2) 小梁の断面がスパンの長さに対して比較的小さい。
3) 床スラブの面積に対してスラブ厚が薄く，現状の荷重に対して余裕がない。
4) 床スラブの一部にきれつが発生している。

5. 床スラブの沈下計測

　床裏の計測線上に水糸を水平に張り，その水糸から床スラブ上端までの距離を測ることにより，床スラブの沈下計測が行われた。小梁位置での沈下量が比較的大きく，小梁および大梁で囲まれた2枚のスラブがあたかも1枚のような沈下状態を示していた。柱位置に対する絶対沈下量は，大梁中央で10～13 mm，小梁中央で29 mm，床スラブ中央で34 mmになった。最大沈下量は小梁中央に近い床スラブ上で生じた38 mmであった。以上の結果から，現状のスラブおよび小梁の沈下量はかなり大きいと判定された。

6. 杭頭調査

　新潟市庁舎は木杭で支持され，建設当初から調査時点まで約20年経過していた。この間に，木杭に腐食等が生じていることも考えられたため，基礎の一部を掘り起こし，杭頭の腐食状況が調査された。市庁舎部分は地下1階を有するため，地下室のない議場部分で調査を行うことになった。木杭の腐食は主として水中より露出した部分に生じるため，調査は不利な位置で

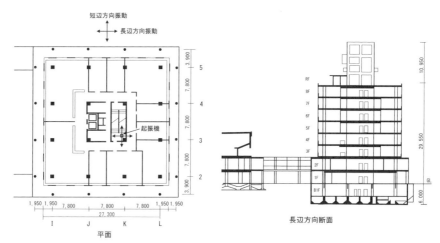

平面図と断面図

竣工当時の新潟市役所（佐藤総合計画 HP）

図 5.1.5　新潟市役所（1957 年，1976 年）

行われたことになる。調査結果から，使用されている木杭はまったく腐食等が認められず，健全であることが確認された。また，水位（GL−3 m）を考慮すると，その後も木杭の腐食はあまり問題になるとは考えられないと判定された。

7. きれつ調査

　新潟地震では壁にかなりのきれつが発生した。これらのきれつに対する補修は 1976 年の調査時点まで行われていなかった。このため，調査時における壁等のきれつ状態を精査し，建物の耐震性に対する検討資料を作成することになった。

　コア壁のきれつは，普通コンクリートを使用している 2 階以下の階ではほとんど認められなかったが，軽量コンクリートを使用している 3 階以上では幅 0.5〜1.0 mm 程度のきれつが多数あり，3〜5 階のきれつの入り方が顕著であった。外壁カーテンウォールも 3〜5 階にせん断きれつが生じていた。新潟地震では 3〜5 階に大きな力が作用したことが推定される。これらのきれつから雨水が浸透し，鉄筋の腐食を生じさせていた。

　梁にはせん断きれつと曲げきれつが生じていた。せん断きれつの発生位置は各梁とも柱から

1　地震損傷を受けた建物　　143

スパン長さの 1/4 までの間であり，きれつはスラブ面より柱の方向に斜めに発生していた。地震荷重のほかに鉛直荷重の影響もかなり大きかったと考えられる。曲げきれつの大部分は梁中央部に見られた。曲げきれつの原因は主として鉛直荷重によるものと考えられる。柱に関しては，壁，梁とは異なり，きれつはほとんど確認されなかった。

8. 過去の診断カルテ（紛失）との比較と地震損傷の影響

　構築物振動研究会が市庁舎を計測したのはこのときが初めてではない。市庁舎が建設中であった 1957 年 9 月 28 日～29 日にも計測が行われている。このときの建物の建設状況は，7 階スラブまでコンクリートの打設が完了し，それ以上の階はまだ鉄骨のみの状態であった。現場における状況により，水平動は地下 1 階～6 階，上下動は 5 階において計測が行われた。新潟地震直後には，東京大学地震研究所によって常時微動計測が行われた（東京大学地震研究所速報第 8 号「新潟地震調査概報」，1964 年 9 月）。1957 年の強制振動試験，1964 年の常時微動計測，およびこの診断カルテ（1976 年）の強制振動試験と常時微動計測の 1 次固有周期を表 1 に示す。

表 1　計測時期による 1 次固有周期（秒）の変化

方向	1957 年 9 月	1964 年 6 月	1976 年 3 月	
	強制振動	常時微動	強制振動	常時微動
短辺	0.49, 0.446	0.66	0.68	0.64
長辺	0.51, 0.445	0.63	0.64	0.60

　新潟地震直後（1964 年）の値と 1976 年の計測値はほぼ一致しており，地震後の剛性変化はほとんど生じていない。建設中の 1957 年の計測値と 1976 年の計測値を比較すると，1 次固有周期が約 25～37 ％延びている。この原因には，新潟地震によって生じた壁等のきれつによる剛性低下，積載荷重の増加，7 階以上のコンクリート打設等が考えられる。このうち積載荷重の増加，7 階以上のコンクリート打設等の影響は解析モデルにより推定することができる。しかし，この影響を考慮しても 1 次固有周期が 3 割も長周期化したことは説明できなかった。ひび割れ調査からも新潟地震では剛性が大きく低下したことが推察されるが，この大幅な長周期化の主要因は新潟地震による地震損傷の結果と考えるのが妥当と考えられる。

2　火災損傷を受けた建物

　内藤が構築物振動研究会を設立した当初の目的は，戦災に遭った焼けビルの構造安全性を評価することであった．このため，研究会設立後の初期段階に計測された建物の中には焼けビルを扱った事例が多く見られる．ここで扱う事例以外にも，火災を経験した建物を扱った診断カルテは少なくない．とくに，終戦ほどなく多くの電話局を計測した事例を集めた「第5章3 電話局」で取り上げる建物は，多くが火災を経験した焼けビルである．

　火災により鉄筋コンクリート造の建物が倒壊する可能性は低い．しかし，熱応力により柱や梁に損傷が生じると，その後の耐震性能の大幅な低下を招くことになる．とくに鉄骨造の場合は，耐火被覆がないと高温下で大幅に強度低下し倒壊に至ることもある．2001年9月11日に発生したニューヨーク・ワールドトレードセンターの進行性崩壊はその一つの例である．

　構築物振動研究会の火害調査の特徴は，構造体全体としての健全性を大局的に把握するための振動計測を調査の中心に据えている点にある．ただし，振動計測に加えて，部材の損傷状態を確認するための梁の載荷試験や材料の劣化状態を確認するためのコンクリートの強度試験と中性化試験を組み合わせて調査することが多い．

　ここで取り上げる火災経験建物は次の5件である．

◆松坂屋銀座店〜震災・戦災経験建物，1950年
◆出光興産本社ビル〜戦災経験建物，1961年
◆上野ツーリストホテル〜戦災・放火経験建物，1962年
◆東芝商事ビル〜火災・戦災経験建物，1963年
◆東京電力山梨支店〜震災・戦災経験建物，1963年

　以下に各建物に関する概要と計測結果の要約を記す．計測結果についてより詳細な情報が知りたい場合は，ウェブサイトからほぼオリジナルの診断カルテを見ることができる．

第1節　松坂屋銀座店

　松坂屋銀座店は2013年に閉店したが，それまでは銀座でもっとも古い1924年竣工の百貨店であった．竣工時の構造は鉄骨鉄筋コンクリート造地上8階地下1階である．竣工前年に

関東大震災が発生しており，建設工事が6階まで進んでいた段階で火災に遭った。さらに，1945年の米軍空襲のときも火災に遭っている。構築物振動研究会が焼けビルの構造健全性の診断を行ったのは終戦5年後の1950年であった。内藤は振動計測の事前調査の際に以下のメモを残してる。「震災後，一部にブレースを入れて補強してあるが十分とは言えない。全体としての構造は当時としてはよい方であり，（震災で被害を受けた）丸ビル等に比べても耐震的には優れている。しかし，それでも今日（計測時）から見ると完全（な構造）とは言えない」。計測の目的は「建物の耐震診断を実施し，診断に基づき対策を講じること」であった。振動計測による建物全体としての診断にとどまらず，梁の載荷試験による部材レベルの調査，コンクリートの中性化試験（強度試験は行っていない）による材料レベルの調査，さらに設計時の耐震計算の再検討を行っている。計測から14年後の1964年，レーモンドの設計により大規模な増改築が行われている。

1. 強制振動試験

当時の銀座松坂屋は，1964年の増改築後に比べると小振りな建物で，銀座通りとみゆき通りの角地にあり，建物の短辺方向が銀座通り，長辺方向がみゆき通りに面していた。短辺方向振動の共振曲線には，周期0.750秒，0.440秒，0.245秒の3つの共振ピークが認められた。共振曲線と全体変形曲線から，周期0.750秒は1次モード，0.245秒は2次モードの固有周期であることがわかった。2次モードであることは全体変形曲線からも確認できるが，固有周期が1次モードの約1/3であることからもわかる。周期0.440秒は地上部分のみが振動している部分振動であることがわかった。

長辺方向振動の共振曲線には，周期0.620秒，0.205秒の2つの共振ピークが認められた。共振曲線と全体変形曲線から，周期0.620秒は1次モード，0.205秒は2次モードの固有周期であることがわかった。短辺方向振動と同様，2次モードの固有周期は1次モードの固有周期の約1/3である。短辺方向振動で生じていた部分振動は，長辺方向振動では生じていなかった。

短辺方向と長辺方向の固有周期は，構築物振動研究会がそれまでに計測した同規模の建物の平均的な固有周期が0.6～0.8秒の範囲であったことを考えると，やや長周期ではあるが，ほかの建物と比べて大きな差があるわけではない。

この診断カルテでは，振動計測により得られた固有周期と全体変形曲線を用いて各階の剛性が推定されている。各階の床に質量を集中させ，床の剛度は柱の剛度に比べて相当大きい（剛床）と仮定すると，地下階を第1層としてs階の水平剛度$E_s I_s$は次式により求めることができる。

$$E_s I_s = \frac{1}{12} \cdot \frac{l_s^3 P_s}{y_s - y_{s-1}} \qquad (s = 1, 2, 3, \cdots, n)$$

ここに，P_s は s 層の天井以上の部分が振動するために生じる慣性力であり次式で与えられる。

$$P_s = \frac{1}{g} \sum_s^n W_s \left(\frac{2\pi}{T}\right)^2 y_s$$

ここに，W_s は s 層の天井における集中重量，l_s は s 層の柱の内法長さ（垂壁と腰壁を除いた柱長さ），T は固有周期，y_s は s 層の天井における変位振幅，g は重力加速度である。

　上式を用いて各階の水平剛度が推定された。短辺方向振動のとき，1 階と地下階の剛度は 2 階より上部の剛度よりもはるかに大きくなり，2 階床を境として上部と下部で剛度が不連続に変化していることがわかった。長辺方向振動のときも，2 階床を境として上下両部分の水平剛度に不連続な変化が見られた。

　短辺方向振動も長辺方向振動も 2 階床を境として上部と下部では水平剛度に相当の差が見られたので，上部（2〜8 階）と下部（1 階および地下室）の水平剛度 EI の平均値を計算したところ，短辺方向振動では下部は上部よりも 5.93 倍大きく，長辺方向振動では 5.36 倍となった。そこで，上部と下部の 2 質点系に単純化して，上部と下部の高さをそれぞれ考慮して水平ばね定数を求めると，短辺方向振動では下部は上部の 20.34 倍大きく，長辺方向振動では 18.32 倍となった。このあと，この 2 質点系モデルに基づき，途中階で水平剛度の不連続性が見られる場合の一般的な振動性状についての検討が行われているが，その内容はウェブサイトに譲りここでは省略する。

2. 載荷試験

　標準荷重による残留変形率（残留変形を最大変形で除した値）を検討したところ，火害により部材の健全性が失われていることが明らかに認められた。このときの残留変形率の判定は 10 ％を超えるかどうか（当時の建築研究所の案）に基づいて行われた。しかし，さらに荷重量を増加して，床版には標準荷重の 5 倍，小梁と大梁にはそれぞれ 1.65 倍と 1.25 倍の超過荷重を加えて残留変形率の増加程度を検討したところ，危険な状態に至るような兆候は認められなかった。コンクリートの強度低下を十分に考慮して強度計算が行われたが，火害を受けた部材はなお相当の安全度を有していると判定された。

3. コンクリートの中性化試験

　全体的にコンクリート表面からほぼ 3 cm 内外の深さまでのコンクリートは中性化していた。とくに火災を受けた 6 階と 3 階においては，火害によりさらに最大 3.5 cm くらい中性化が進んでいることが認められた（最大中性化深さは 6.5 cm）。ただし，赤色反応が極めて遅い場合や斑状に反応するような場合でも中性化していると判定したため，厳しく評価しすぎたという反省が記されており，最終的な判定は以下のように記されている。「コンクリートの中性化に伴う危険状態は現状では認められず，したがって緊急に補修する必要はないが，床版でとくに漏

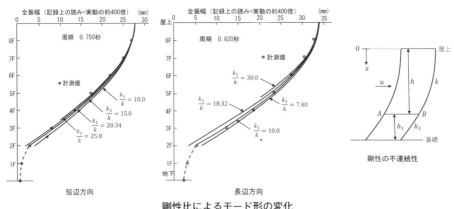

剛性比によるモード形の変化

開店当時の銀座松坂屋（1924 年）（松坂屋 HP より）

図 5.2.1　松坂屋銀座店（1950 年）

水きれつがある箇所に対しては十分防水と補修の必要がある。」

4．耐震計算の再検討

耐震計算を行った内藤のコメントをそのまま以下に記す。

「この建物は関東大震災前の設計で，1923 年の震災時にはちょうど 6 階までできたところで火災に遭っている。当時は法令として震度の規定はなく，まして耐震計算など一般に行われる段階には達していなかった。しかし，この建物は米国製鋼材を適切に組合せた鉄骨で相当丈夫に柱と梁を作り，柱と梁の継手にはブラケットなどを付け，かなり用心深く設計されている。さらに，震災後，一部に筋かい耐力壁を入れて補強をしており，構造としては割とよくできている方である。ただし，鉄筋の量が柱・梁において，とくに壁梁・壁柱において少なく，せっかく信頼できる構造部材がありながら，鉄筋が少ないため強度を十分には発揮できないという状態にある。

1 階と 2 階の最大応力部において，健全な部材は長期最大応力に対しては k = 0.1 まで，短期最大応力に対しては 0.2 まで安全であるべきなのに，壁梁は k = 0.05 できれつを生じ，かろうじて 0.1 を支えうるにすぎなかった。したがって，この建物は 1 階と 2 階の外壁で（丸ビルや東京会館のように）亀裂を生じ，若干の被害を受ける恐れがある。しかし，銀座は比較的地

盤が良いうえに，この建物の鉄骨部分は大きな断面の鋼材を用いているので，大地震でも致命的な損傷を受けるとは考えられない。

対策としては，補修の際に 2 〜 4 階の壁梁部分と壁柱部分に鉄筋を入れて補強し，外壁を剛くする必要がある。ただし，5 階以上ではその必要はない。また，南側に新館をつくる場合は，これを連結して横方向の力を新館に若干持たせることが望ましい。このとき，壁梁が床の上に出る部分は切り取っても差し支えない。」

第 2 節　出光興産本社ビル

出光興産本社ビルは銀座三原交差点角にあって，歌舞伎座に隣接していた。建物の長辺方向は昭和通り，短辺方向は晴海通りに面していた。建物平面は晴海通り側が尖った不整形の開放的なオフィス空間で，反対側は建物幅が広く，階段室，エレベーターシャフト等，構造上剛な部分が集まっていた。1929 年に松竹の泰聖ビルとして竣工し，1961 年まで出光館の名で本社として利用された。その後，建物は出光グループの日章興産に引き継がれ，1997 年に取り壊されている。計測時の 1961 年には地上 7 階地下 2 階であったが，5 階までは竣工時の建物で，6 階と 7 階は戦後の 1951 年に増築されていた。建物は 5 階以下が戦禍による火災を経験していた。4 階と 5 階には避難用廊下が設けられ，隣の建物とつながっていた。振動計測に併せて，コンクリートの強度試験と中性化試験も行われた。

1. 強制振動試験

短辺方向振動の共振曲線には，周期 0.375 秒に明瞭なピークが現れ，周期 0.217 秒にもそれより小さなピークが生じていた。周期 0.375 秒は短辺方向振動の基本固有周期と考えられる。この周期における全体変形曲線は，3 階と 6 階に顕著な不連続性が認められた。すなわち，地階から 3 階までが一つのラーメン変形，その上部の 3 階から 6 階までが別のラーメン変形，さらに 6 階以上屋上までがまた別のラーメン変形のように見えた。健全な構造の場合，全体変形曲線にこのような異なる変形が共存することは考えにくい。3 階の不連続性の原因は，3 階と 4 階の柱と外壁が火災を蒙って劣化していることによる可能性が強い。6 階の不連続性の原因は，上部が増築部分であり火災の影響がないこと，および下部に比べて軽量に造られていることが考えられる。一方，周期 0.217 秒の全体変形曲線は，3 階あるいは 4 階を境として上下の部分がそれぞれせん断変形しているように見えた。周期 0.217 秒の振動は 3 階以上の部分振動であり，この振動に引きずられて 3 階以下の部分もせん断変形していると考えられる。

建物のねじれ状態を調べるために，3 階と 6 階において振動計を加振方向だけでなく加振直角方向にも設置し，両成分を合成したねじれ変形曲線が描かれた。3 階も 6 階も，短辺方向に加振しても純粋な短辺方向の振動にはならず，加振方向から約 30°ずれた方向に振動していた。

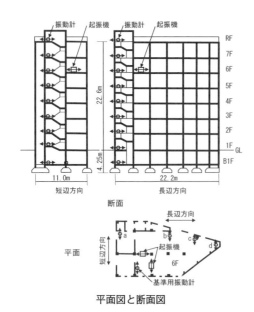

平面図と断面図　　　当時の出光興産本社ビル（出光興産 HP より）

図 5.2.2　出光興産本社ビル（1961 年）

このため，建物全体が若干ねじれて振動していることになるが，このねじれの程度は比較的軽微であり，いわゆるねじれ振動としての固有周期で振動しているというわけではない。変形は尖った部分（先端部）で大きく，尾を振るような振動になっており，その反対側の変形は小さくなっていた。変形量は，3 階は 6 階の約 1/2 であった。

　基本振動における地下階床の上下動変形曲線は，ロッキングの回転中心が建物中央から階段室の側にずれた位置にあり，階段室側が揺れにくいことを示している。全体変形曲線におけるロッキングによる変形は，3 階までは全変形との差は小さいものの（ロッキングが支配的），4 階以上になると弾性変形が顕著になっていた。

　長辺方向振動の共振曲線には，周期 0.263 秒と 0.375 秒に顕著な共振ピークが現れた。周期 0.375 秒はすでに短辺方向振動の基本固有周期であることがわかっているので，もう一方の周期 0.263 秒が長辺方向振動の基本固有周期と考えられる。短辺方向振動の時にも記したように，この建物は起振力の方向ではなく，ある角度をなして振動している。このため，長辺方向に加振しても短辺方向の振動が同時に励起され，しかも短辺方向に建物が揺れやすいため，短辺方向の振動が大きく現れたと考えられる。

　周期 0.375 秒のときの全体変形曲線には，6 階を境とした上下両部分の変形の不連続性が見られた。これは，増築部分と旧（竣工時）部分の強度の差異によるものと考えられる。また，3 階から 6 階までの部分と 3 階以下の部分にも変形の不連続性が見られた。これは，火災による劣化の影響と考えられる。周期 0.263 秒のときの全体変形曲線は，地階から 3 階までが一つのラーメン変形，その上部の 3 階から 6 階までが別のラーメン変形，さらに 6 階以上屋上ま

でが一種の曲げ変形を示していた。短辺方向振動と同じ振動性状である。火災影響と考えられる3階における不連続性は周期0.375秒のときに比べて顕著であった。

長辺方向振動におけるねじれに関する計測は，短辺方向振動の場合とほぼ同じ結果になると考えて行われなかった。ロッキングに関する計測では，周期0.263秒と0.375秒はともに，地上部分全体（1階より上）において弾性変形がロッキングによる変形に比べてはるかに大きくなった。

2. コンクリートの強度試験と中性化試験

コンクリートの強度試験と中性化試験の結果から，以下のようなことが読み取れる。

1) コンクリートの中性化は全体的に深く進行しており，良い状態とは言えない。中性化深さは1階から4階まで順次大きくなり（最大48 mm），コンクリート圧縮強度は1階から4階まで順次低くなっている。このことから判断して，階が上になるほど火災による影響を強く受けていると考えられる。

2) 本建物の鉄筋は，調べた範囲内では4階以上は錆びによる被害はほとんど見られない。

3) 火災を受けたコンクリートは，500℃以内の加熱であれば残存圧縮強度は90%前後となる。500℃以上に加熱された場合は大きなきれつが入る。本建物のコンクリートにはそのようなきれつは見られないので，火災時の温度は500℃以下であったと推定される。

4) シュミットハンマ試験による強度判定に正確さを期待することはできないが，一応の目安になるので他の計測位置との相対的比較は可能である。正確さを期すなら，切取って破壊試験によりコンクリート強度を判定すべきである。しかし，相対的に見てもコンクリート強度は明らかに不十分であり，それも火災以前から施工不良により劣っていた可能性がある。

3. 総合的診断

診断カルテの最後には以下のような記述がある。

「この建物を振動計測することにより判明した著しい特徴は，6階（増築前の屋上）を境として，上部と下部で振動の様相が不連続になっており，さらに同じような現象が3階以下とそれ以上の部分にも見られるという点である。これは強度試験や4階以上の中性化試験からも明らかなように，建物内部の位置によりコンクリート強度と中性化程度の違いが顕著に見られるという事実からも説明できる。したがって，この建物の強度は均一ではなく，ほかの一般建物に比べても好ましくない状態であると考えられる。」

第3節　上野ツーリストホテル

　上野ツーリストホテルの竣工は戦前の1935年ころであり，鉄筋コンクリート造と木造を併用した構造であった。鉄筋コンクリート部分は一種のL形平面で地上3階・地下1階，柱間の平均は約3.5 m である。地下階は2重スラブになっており，貯蔵庫として使用されていた。4階部分は木造（一部鉄筋コンクリート造）で，付属の木造建物とつながっていた。第二次大戦中に戦火により火災を蒙ったが，戦後は構造的にとくに補強することもなく使用されていた。しかし，この振動計測を実施した1962年の少し前に，放火による火災があり，木造部のほとんどを焼失し，鉄筋コンクリート部分も3階以上は相当の火害を受けた。建物にはコンクリートの剥離した部分（必ずしも直近の火害とはいえない）が多く見受けられた。振動計測の目的は，このような条件下における建物の振動性状を把握するとともに，今後の増改築のために既存構造体に関する判断資料を提供することであった。このため，強制振動試験に加えて，コンクリート強度試験と中性化試験も行われた。

1. 強制振動試験

　長辺方向振動の共振曲線には明瞭なピークが一つだけ周期0.17秒に現れた。これが長辺方向振動の基本固有周期である。構築物振動研究会の過去の計測データから求めた以下の推定式を用いて同規模の建物の基本固有周期が推定された。

$$T = \left(\frac{1}{80} \sim \frac{1}{50}\right)\{4 + H(1 - 4\gamma)\}$$

ここに，T は固有周期（秒），H は地盤面からの建物高さ（m），γ は壁率である。計算値は，$\gamma \approx 0$，$H = 9.12$ m として $T = 0.164 \sim 0.262$ 秒と求まった。したがって，計測値は計算値のほぼ下限の値であり，長辺方向には比較的剛と言える。減衰特性を考察するために，振幅減衰比を求めてみると，共振時付近で1.04前後になった。通常の場合，振幅減衰比の値は平均して1.3程度であるので，この建物の減衰特性は非常に劣っていると言わざるを得ない。したがって，地震時には共振により振動が大きく増幅される可能性が高い。基本固有周期の全体変形曲線はほぼラーメン変形を示しており，局所的な欠陥は認められなかった。

　短辺方向振動の共振曲線にも明瞭なピークが一つだけ周期0.23秒に現れた。これが短辺方向振動の基本固有周期である。前述の基本固有周期の推定式の上限に近く，やや大きな値である。すなわち，短辺方向の剛性は少々不足しているといえる。共振曲線の形状から判断して，長辺方向振動と同じように，短辺方向振動の減衰特性もやや劣っている。短辺方向振動の全体変形曲線はほぼ直線でありせん断変形になっている。その変形量は同一起振力による長辺方向振動の変形量の約1.6倍になっており，短辺方向の剛性は長辺方向に比べて小さいと言える。

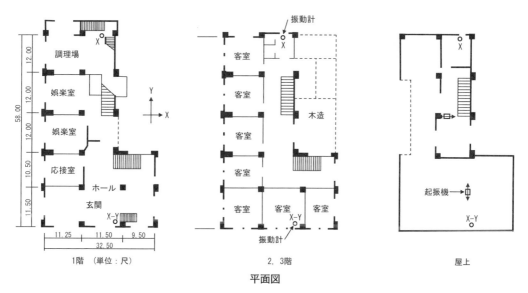

図 5.2.3　上野ツーリストホテル（1962 年）

ねじれ変形曲線から，ねじれは比較的小さく，各階はほぼ同じ変形を示しており，床の剛性に問題は見られない。ロッキングの共振曲線のピークは短辺方向振動の基本固有周期で生じていた。このときの1階床における上下動変形曲線は直線的であり，その回転中心は建物中央よりも階段室側に寄っていた。全体変形曲線において，ロッキングによる変形が全変形に占める割合は約3割になった。これは通常の建物と同程度であり，とくに問題は認められない。

2. コンクリートの強度試験と中性化試験

コンクリートの強度試験と中性化試験の結果は，診断カルテの最後に数値表が添付されているだけでコメントは何も記されていない。強度試験とコンクリート試験は，1階で3個所，2階で4個所（強度試験は2箇所），3階で3個所を選んで行われた。コンクリート強度は1階で70〜215 kg/cm^2（平均154 kg/cm^2），2階で120〜200 kg/cm^2（平均159 kg/cm^2），3階で90〜140 kg/cm^2（平均120 kg/cm^2），中性化深さは1階で0〜35 mm（平均16.6 mm），2階で20〜76 mm（平均50.6 mm），1階で40〜95 mm（平均60.0 mm）であった。

3. 総合的診断

診断カルテの最後には以下のような記述がある。

「振動計測ならびにコンクリートの強度試験および中性化試験の結果より判断して，本建物は全体の強度を相当向上させる必要があると思われる。従来の使用目的に供する場合でもかなりの補強を要し，その補強に万全を期すことができるならば，1階くらいは増築することも可能である。新たに耐震壁を配置することが補強上もっとも重要な対策であり，その配置位置は

建物平面上において適切に選ぶ必要がある（具体的な位置は示されていない）。」

第4節　東芝商事ビル（東芝溜池倉庫）

　東芝商事ビルは港区赤坂溜池にあり，外見上は鉄筋コンクリート造4階建てで，南面を外堀通りに面して建っていた。竣工は1929年で，当初はダンスホール「フロリダ」として時代の先端を行くインテリや文化人が集まる社交場だった。西側の階段部分を除き全階吹き抜けで，壁周りにはギャラリーが設けられていた。1932年に発生した火災により3階と屋根トラスを焼失したが，まもなく3階以上を改築し，ボールルームを復旧した。その後1934年ころまで改装工事が行われ，このときの工事の設計図面は構築物振動研究会による計測時には保存されて残っていた。ダンスホールとしての歴史は，戦時下（1940年）のダンスホール禁止令により幕を閉じた。その後，戦時中に再び火災に遭っているが，その被害程度ははっきりしない。

　戦後になって補強工事を行い，しばらくの間，事務所ビルとして使用した際に4階床が設けられた。4階床は木造床で，3階床の梁上に鉄パイプの柱を建てて床を支えていた。建物の基礎は独立フーチングの下に木杭を打った杭基礎である。この調査で確認した杭の状態から判断して，杭はさほど長くはなく，沖積層中にとどめた摩擦杭であったと見られる。計測が行われたのは1962年であるが，このとき建物は倉庫として使用されていた。外壁仕上げはモルタル吹付け，屋根は緩い勾配のアスファルト防水，小屋組は鉄骨トラス，外壁は四面とも同じように開口面積の比較的小さな鉄筋コンクリート造であった。内部にはいわゆる耐震壁と呼べるようなものは配置していなかった。3階と4階の構造は鉄骨柱に木摺モルタル塗りが主体だった。建物の北側と南側とでは火災の痕跡も含め状態が異なっていた。基礎は不同沈下を生じ，建物がやや傾いていることは肉眼でもわかった。4階の天井周りにはかなり目立つきれつが認められたが，そのほかにはとくに目立った損傷個所は見られなかった。振動計測に併せて，外壁・柱・床の傾斜計測，杭頭調査，きれつ調査，コンクリートの強度試験と中性化試験，梁の載荷試験が実施されている。

1. 外壁，柱，床の傾斜計測

　建物が南側および西側にかなり傾斜していることは目視でもわかったが，北側外壁に対して下げ振りを降ろして傾きを計測した。下げ振りの錘はバケツに水を満たした中に入れ，水をダンパとして利用した。計測時はほぼ無風状態であったため計測は順調に進んだ。北側外壁は高さ15.63 mの頂部で約26 mm傾斜（傾斜角約1度）していた。1階柱の傾きも同じように下げ振りを用いて計測したところ，南北方向も東西方向も柱ごとに傾斜量は異なっており，柱頭－柱脚間は南北方向で20～50 mm，東西方向で10～35 mm傾斜していた。1階床面の傾きはレベル計により計測された。床面の南北方向と東西方向の傾斜状況は，両端部での不同沈下量

が南北方向（18.6 m）で 297 mm，東西方向（17.4 m）で 170 mm であった．

2. 杭頭調査

　建物の傾斜が基礎の不同沈下によることは明らかだったが，その原因として地下常水位面の低下に伴う杭頭の腐食が考えられた．そこで，建物の南東隅と北西隅の基礎を基礎底まで掘り下げ，杭頭の腐食の有無および地下水位が調査された．南東隅の基礎底は地下水位よりも約 10 cm 下にあり，杭の状況を確認することはできなかった．一方，北西隅の基礎底は地下水位より約 20 cm 高かったので，鉄筋棒で杭頭を突いて表皮を削ってみたが，杭が腐朽している様子は見られなかった．

　南東隅の基礎底は北西隅の基礎底より少なくても 20 cm 以上沈下して地下水位の下にあったが，沈下前にも地下水位の下にあったかどうかは疑わしい．杭が腐食していると沈下は徐々に進行するので，腐食部分がすでに失われてしまった可能性もある．杭頭の腐食に関しては，2 個のフーチングに対し，それぞれ 1 本の杭頭の状態を調査しただけであり，その範囲内では杭の腐食はなかったが，地下水位との関係から見ると杭の腐食が起こっていてもおかしくない状況である．また，杭の腐食が進行していなかったとしても，地下鉄丸ノ内線の工事の際，この建物の周辺一帯が前面通り（外堀通り）に沿って沈下したという事実から判断して，不同沈下は軟弱地盤中の摩擦杭に起こりやすい現象と言える．

3. きれつ調査

　調査時に建物が倉庫として使用されていたため，外観上は全体的に薄汚れた感じで傾いているという状態であったが，4 階天井の一部にきれつが入っていることを除けば，とくに構造上の欠陥が認められる個所は見当たらなかった．

4. コンクリートの中性化試験

　中性化試験の位置は，1 階で 5 個所，2 階で 4 個所，3 階で 2 個所選ばれた．中性化深さは，1 階で 2.5 〜 5.0 cm，2 階で 0.5 〜 5.5 cm，3 階で 3.5 〜 10.0 cm であった．中性化深さの推定式によれば，中性化深さ 3 cm に対応する材齢は約 60 年である．このことを考えると，この建物の中性化深さはやや大きいと言える．ただし，それほど悪い状態とも思われない．

　中性化試験のために柱と壁のコンクリートをはつったところ，南側と北側で柱の構造が異なることが判明した．そのほか，チャンネル材あるいはアングル材の取付状態がかなりまちまちであり，柱断面内に残る焼けたコンクリートの状態も南側と北側で違いが見られた．3 階柱の中性化深さは最大 15 cm に達していたが，この部分は焼けた古いコンクリートであり，表面には墨と油煙が付着していた．一方で，4 階外壁外側に中性化深さ 0 というところもあった．これは穴埋めのために新しいコンクリートを打った部分であった．

5. コンクリートの強度試験

中性化試験に先立ち，同一箇所の表面仕上材をはつり取り，コンクリート面を出してシュミットハンマによりコンクリートの反発硬度の計測が行われた。3階柱はコンクリート面が荒れており，平滑な面が得られなかったので強度試験は行っていない。計測はそれぞれの場所で12回行い，コンクリート強度は，1階で 227～268 kg/cm^2，2階で 227～295 kg/cm^2 となった。

6. 梁の載荷試験

梁の変形を計測するために，オイルジャッキにより梁中央に集中荷重を加え，上階梁および床を反力として 11 t まで段階的に載荷が行われた。荷重はプルービングリングを用いて読み取っている。はじめに 5 t までの繰り返し載荷，そのあとに最大で 10 t あるいは 11 t までの繰り返し載荷（全4回の繰り返し載荷）が行われた。最大許容荷重 11 t までの繰り返し載荷の累積残留変位は 0.07 mm となった。これは最大変位の 8 % で目安とした 10 % より小さかった。最大許容積載荷重を 10 t（短期）として，中央最大曲げモーメントがこれと同等になるときの等分布荷重の値を計算すると 0.6 t/m^2 となった。長期積載荷重を短期荷重の 1/2～1/1.5 とすると，w（長期）= 300～400 kg/m^2 程度となる。したがって，一般事務室の積載荷重に対しては安全であると判定された。

7. 強制振動試験

短辺方向振動の共振曲線には，周期 0.34 秒に明瞭なピークが，周期 0.42 秒に不明瞭なピークが見られた。周期 0.34 秒が短辺方向振動の基本固有周期である。周期 0.34 秒の全体変形曲線は，建物のラーメン変形が主として 1～2 階で生じ，それより上の 3～4 階はこの変形につられるようにせん断変形していた。1～2 階と 3～4 階は構造の違いがあることを示唆している。ただし，2 階と 3 階の接合部で著しい不連続性は生じていない。周期 0.42 秒の全体変形曲線は，建物全体としてせん断変形しており，4 階から屋上にかけてはせん断変形が幾分大きくなっており，4 階は他の階に比べて剛性が低いように見える。4 階床が木造であることと中柱がまったくないことが要因と考えられる。

屋上と 2 階のねじれ変形曲線を描いてみると，ともに大きなねじれ変形は生じていないが，屋上では局所的に振動の増幅が見られた。これは起振機を据え付けた位置での増幅である。2 階の変形は屋上の約 1/2 であり，基礎幅の小さい側の振幅がやや大きくなっていた。1 階床の上下動変形曲線を描くと，ロッキングが顕著に現れるのは，短辺方向振動の基本固有周期ではなく，周期 0.22 秒のときであった。このとき，ロッキングの回転中心は，通常とは異なり，加振方向に対して斜めになった。短辺方向から見ると，1 階床の勾配は中心軸付近で大きく，周縁部で小さくなっており，長辺方向から見ると，前後の平行な縁が相互に捩れるような変形になっていた。このように，短辺方向振動のロッキングに伴う床の変形は，建物の剛性，不同

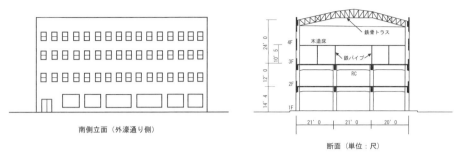

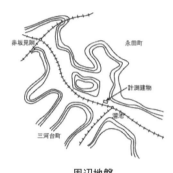

図 5.2.4　東芝商事ビル（1963 年）

沈下，地盤特性などの様々な影響要因により複雑な様相を呈した。

　長辺方向振動の共振曲線には，周期 0.38 秒に明瞭な第 1 ピークが，周期 0.31 秒にやや小さな第 2 ピークが見られた。周期 0.38 秒が長辺方向振動の基本固有周期である。周期 0.38 秒の全体変形曲線は，1〜2 階が一般的なラーメン変形で，これより上の部分の変形は小さくなっていた。周期 0.31 秒の全体変形曲線は，1 階はあまり変形せず 2 階以上の部分がせん断変形になっていた。2 階床上のねじれ変形曲線は，ほぼ並進振動に近く複雑な振動は見られなかった。1 階床上での上下動変形曲線も一般の建物でよく見られる形状であり特異な挙動は見られなかった。全体変形曲線において，周期 0.31 秒のとき，1 階では弾性変形はほとんど生じず，全層にわたりロッキングによる変形が支配的であった。周期 0.38 秒のときも，1 階の弾性変形はほとんど生じなかったが，3 階以上になると弾性変形が大きくなっていた。

　強制振動試験によれば，この建物の構造は平均的な建物に比べて基本固有周期が長く，やや柔と言えた。地盤条件も，建物の振動性状が地盤沈下などの影響を受けやすい状況にあった。構造と地盤の両面で問題を抱えた建物であることが明らかとなった。

8. 総合的診断

　振動カルテの最後には以下のような総合的診断の結果が記されている。

「1)　調査各項目には，いずれも致命的と考えられるほどの欠陥は認められない。

2) 当研究グループがこれまで多数の実在建物について行ってきた調査経験に基づく総合的な判断に照合して考えると，本建物の振動性状として現れた特性や載荷試験等の結果から本建物の構造健全性は「中の下」に位置すると判定する。

3) 具体的に述べれば，本建物は床の積載荷重 300〜400 kg/m^2 程度を収容する用途，つまり重量物倉庫もしくは多数の客の出入りする商店や劇場などの用途は避けるべきであるが，一般事務所もしくは床の積載荷重がこれと同等な用途に供するのであれば，一応使用しても差し支えないと言える。ただし，現在の 4 階床に関しては，積載荷重の限度は明確には言えないが 150 kg/m^2 以下と考えてよい。

4) 上記の判定でかなり安心したかもしれないが，直ちに楽観的な解釈をすることは許されない。たとえば，不同沈下による建物の傾斜はかなりの量に達していることは事実であり，これは建物の用途や機能から見て不健全である。構造上，3 階以上の構造細部に関しても不満足な点が多く認められる。総合的に言えば，調査の結果は，本建物に対して直感的に感じるほどには悪くはないという程度である。もとから軟弱地盤上に建つ建物であり，摩擦杭で支えられていることを考えると，長期間使用すれば将来さらに不同沈下が増大する懸念がある。

5) 不同沈下を改修するためには，少なからぬ費用を要することになる。たとえば，北側の基礎を下げることにより傾斜を修正しても，下部の硬質層に達する杭などによるアンダーピングを施す以外は単なる一時的な修正に過ぎず，アンダーピングを施して建物を改修するには多額な費用が必要になる。

6) 以上の結論を要約すると，本建物は現状でもそのまま事務所建物として使用できる。ただし，今後いかなる目的に使用するにせよ，軽微な費用で済む程度であればよいが，あまりにも多額な費用をかけてまで改築修理する価値はない。なお，建物の傾斜並びに床の傾斜は，時期を見て検査し，沈下状況を確認することが望ましい。」

第 5 節　東京電力山梨支店

　東京電力山梨支店は，山梨県甲府市桜町（現在の甲府市中央）にあった。鉄筋コンクリート造 2 階建てで，竣工時（1913 年）は甲府電力の本社であったが，1942 年に東京電力に吸収された。1952 年には屋上に木造が増築された。1 階は 2 つの部分に分離されていたが，2 階ではつながって一体となっていた。計測時に設計図面は残っていなかった。関東大震災は経験していたが，被害記録は残っておらず，被害程度も不明であった。ただし，振動計測に先立つ事前の視察調査の際，内藤は「地震による被害はたぶんなかったか，あっても極めて軽微であったと思われる」というメモを残している。終戦直前には甲府空襲（1945 年 7 月）を受け，建物内部を全焼している。

振動計測の目的は，建物の現状を調査し，今後使用する上での構造の適否を判定することであった。依頼された調査の範囲は，1階で2つに分離されている一方の部分（隣接部分とつながる上部の2階を含む）であった。振動計測に併せて，コンクリートの強度試験と中性化試験も行われた。

短辺方向振動の共振曲線には，周期0.190秒，0.246秒，0.282秒の3つの共振ピークが現れた。周期が長いほどピークは大きくなっていた。全体変形曲線を見ると，周期0.190秒の変形は直線的なせん断型であり，周期0.246秒では2階の変形が周期0.190秒のときより大きく，周期0.282秒では2階の1階に対する相対的変形が周期0.246秒のときよりもさらに大きくなっていた。屋上におけるねじれ変形曲線を見ると，周期0.190秒では，隣接部分も短辺方向に振動する影響で，変位振幅は道路側が反対側よりも大きな直線形状になっていた。周期0.246秒では，周期0.190秒のときと同じような直線形状になったが，その変位振幅は3倍程度に増幅していた。周期0.282秒では，隣接部分との接続部で大きく増幅し，「へ」の字形を描く変形になった。1階床の上下動変形曲線は，いずれの周期においても，一般建物のロッキングに通常みられる形状であり，とくにこの建物固有の問題は見当たらなかった。ただし，この建物のロッキングの量はきわめて小さかった。全体変形曲線においても，ロッキングによる変形は全変形のごく一部であり，弾性変形が支配的になっていた。

長辺方向振動の共振曲線には，周期0.184秒，0.206秒の2つの共振ピークが現れた。屋上でのみ3番目のピークとして周期0.160秒の振動が生じていた。周期0.250秒にも，共振曲線の膨らみが生じていたが，これは短辺方向振動における周期0.246秒の共振の影響と考えられる。全体変形曲線は，周期0.160秒のデータ欠損があり図示されていない。周期0.184秒では，短辺方向振動のような2階以上の部分が下部に対して大きく変形する現象は見られなかった。周期0.206秒では，変形が高さとともに直線的に増加しており，隣接部分の影響による変形の増大が考えられる。屋上におけるねじれ変形曲線を見ると，周期0.206秒も0.184秒もほぼ並進振動しておりねじれは小さかった。1階床における上下動変形曲線は，両周期とも一般建物のロッキングに通常みられる形状になっていた。全体変形曲線において，ロッキングによる変形が全変形に占める割合は，短辺方向振動のようには小さくなかった。

なお，コンクリートの強度試験の結果は普通程度と判定されたが，中性化に関してはかなり進んでいると判定された。

診断カルテの最後には，以下のような診断と対策の具体的な記述がある。

「1) ロッキングは一般の建物に比較して極めて小さく，振動による変形の大半が弾性振動になっている。

2) 短辺方向振動では2階以上の変形が大きくなり，木造2階建ての家屋に見られるような変形状態を示している。

3) 建物の計測対象部分は，付属建物および接続建物の振動の影響をかなり受けている。

図 5.2.5　東京電力山梨支店（1963 年）

これは鉄筋コンクリート部分の構造が弱いことを示唆しいている。

4) 基本固有周期（短辺方向 0.246 秒，長辺方向 0.184 秒）は，従来の経験から判断しやや長いと言える。2 階建ての場合，基本固有周期の平均値を推定する谷口式を用いれば 0.14 〜 0.18 秒となり，長辺方向は良いとしても，短辺方向は平均値よりも明らかに長い。すなわち，この建物は短辺方向にかなり柔な構造であるといえる。

5) 以上のように，この建物はとくに短辺方向に変形しやすいため，短辺方向の変形が小さくなるような補強をすることが望まれる。この補強は鉄筋コンクリート壁を追加することにより可能と思われる（図面上で具体的な位置が示されている）」。

3　電話局

　構築物振動研究会が活動を始めた1950年ころ，戦前に建てられた多くの電話局関連施設の建物が振動計測されている．10件を超える電話局関連施設の計測が短期間に集中して実施されているので，まとめて計測の依頼があったものと思われる．戦時中の空襲により広域火災が発生したとき，鉄筋コンクリート造の電話局には焼けビルとなって残ったものが少なくなかった．これらの建物の強度を診断した上で，補強・補修して再使用する計画が持ち上がった．関東大震災の頃，内藤は逓信省の嘱託をしていた関係もあって，電話局の複数物件の計測を行ったものと思われる．

　東京大空襲の記憶もまだ消え去らない戦後の焼跡闇市社会における活動である．現在のNTTグループの前身である日本電信電話公社の設立は1952年8月1日なので，ここで紹介する電話局関連施設はまだその前身の電気通信省の管轄下にあった．その電気通信省の前身である逓信省が郵政省と電気通信省に分割されたのは1949年6月1日である．これら電話局関連施設の計測を進める中で，振動計測により建物の構造健全性を診断するための基本方針が徐々に固まっていった．初期の計測では，まだロッキングに対しての具体的な検討は行われておらず，水平動2方向（長辺方向振動と短辺方向振動）の固有周期および全体変形曲線を求め，最終的に各階の層剛性を算定して診断を行うという方法が確立された．

　この時期の診断カルテでは，固有周期は表として示すだけであり，その後，診断カルテの最初に必ず提示されることになる共振曲線はまだ描かれていなかった．これら戦前に造られた電話局関連施設に関する診断カルテを読んでいると，建物の構造健全性を診断する方法の模索を続ける初期の活動の息吹が伝わってくる．初めの診断カルテには，各階の層剛性の算定は行われておらず，後で追加検討として再提出されている．その後は，正式に診断カルテに各階の層剛性の算定を組み込む形式へと変化している．層剛性の算定が中低層ビルの診断において極めて重要であることを，このときに認識したということなのだろう．

　しかし，この各層の層剛性の算定も，対象とする建物の階数が多くなるに従い姿を消すことになる．層剛性が精度よく算定できるのは，比較的層の数が少ない（未知数が少ない）場合であり，層数が多くなり未知数が増えると，それに対応して計測点の数を増やさなければならず，さらにロッキングによる全体変形曲線への影響も考慮する必要が生じ，その上できわめて精度の高い計測も要求された．当時としては，計測段階とデータ処理段階の両方で層剛性の算定には困難な問題が生じたと考えられる．しかし，電子計算機の導入が進む1960年代後半になる

と，ほぼ同じ方法で再び20階程度の高層ビルの層剛性の推定が行われている。

　ここでは，電話局関連施設のうち，鉄筋コンクリート造の建物を対象とした8件の健全性診断を取り上げる。戦前に建てられた電話局関連施設の計測には，鉄筋コンクリート造だけでなく木造建物も含まれていたが，これらは構築物振動研究会が木造建物を計測した数少ない貴重な事例であることから，「第5章4　木造建物」として独立させて紹介することにした。

　本章の対象建物と計測時期は次のとおりである。短期間に多くの電話局の計測が集中的に実施されている。

◆港電気通信監理所〜戦災ビル，1950年1月25〜27日
◆浪花電話局〜戦災ビル：1950年2月1〜4日
◆墨田電話局〜戦災ビル，1950年2月8〜10日
◆本所電話局〜戦災ビル，1950年2月13〜16日
◆熊谷電報電話局〜戦災ビル：1950年7月20日
◆東京中央電話局〜基礎固定度と棟間連続度，1950年10月4〜7日
◆水戸電報電話局（3号棟）〜戦災ビル，記載なし（提出1951年4月）
◆東京中央電信局〜掩蓋接合度，記載なし（提出1952年）

　以下に各建物に関する概要と計測結果の要約を記す。計測結果についてより詳細な情報が知りたい場合は，ウェブサイトからほぼオリジナルの診断カルテを見ることができる。

第1節　港電気通信監理所

　港電気通信監理所の場所は調査不足で判明していないが，建物は鉄筋コンクリート造2階建てである。診断カルテには，この建物が関東大震災と東京大空襲の両方を経験した焼けビルであることが記されている。起振機は2階の北階段踊場に据え付け，振動計（固有周期1秒，倍率200倍）3台を適宜移動させながら計測を行っている。1階と2階の中間点（中2階の上下）にも振動計を設置し，高さ方向の計測点数を増やしている。

　計測結果を要約すると以下のようになる。
1) 各階で計測した短辺方向の基本振動の固有周期は0.27秒である。
2) 短辺方向振動には，周期0.27秒のほかに周期0.18秒の固有周期が認められた。この周期は，建物の南北両端における計測記録からねじれ振動の固有周期であることがわかった。
3) 各階で計測した長辺方向の基本振動の固有周期は0.21秒である。
4) 同じ起振力に対する各階の共振時における最大変位振幅は，短辺方向振動に関しては，1階2.2 mm，中2階下3.1 mm，中2階上4.2 mm，2階4.5 mm，長辺方向振動に関し

ては，1階 2.6 mm，中 2 階下 3.0 mm，中 2 階上は欠損，2 階 3.4 mm となった。変位振幅は記録上の値で，実際の値はこの 1/200 である。中 2 階上・下とは，1 階と 2 階の中間の踊り場の上と下のことである。

診断カルテの最後には診断結果と補強対策それぞれについて以下の記述がある。

診断結果：「この建物の短辺方向振動の固有周期は 1 つだけであり，建物がほぼ一体となって振動していることを示している。しかし，2 階床は戦災による焼け残りの鉄筋コンクリート桁数本とその上の鉄筋コンクリート床版なので，実際に振動に抵抗するのは主として周壁になると思われる。したがって，2 階に起振機を据え付けて周壁を振動させたとき，中 2 階上付近の変位振幅がやや大きくなっているが，これは建物の状態から判断して当然のことと考えられる。それよりも，1 階床上の変位振幅がかなり大きく記録されていることが気になる。その原因は種々考えられるが，結局のところ基礎地盤が軟弱なことと，建物が比較的軽いのでロッキングが起こりやすいことであろう（ただしロッキングの計測は行っていない）。基礎には相当きれつあるいは緩みがあると思われる。また，建物が大地震に耐えるには剛性がやや不足しているものと考えられる。」

補強対策：「できれば各階に 2 つあるいは 3 つの筋かいを入れた鉄筋コンクリート造の間仕切を設け，さらに天井に梁を取り付け，在来の 2 階梁とともに柱との取り付け部には方杖を設ける必要がある。」耐震壁，耐震柱，耐震地中梁の具体的な位置を示した図面が貼付されている（ウェブサイト参照）。

さらに，後日，追加検討が行われ，1 階における層剛性が推定されている。追加された診断カルテの内容を以下に示す。

追加検討：1 階の剛度 EI の計算

「(1) 建物全体としての周期から求める場合[注1]

$$T = 2\pi \sqrt{\frac{\delta}{g}}$$

$$\delta = \frac{W}{3EI}\left(\frac{h}{2}\right)^3$$

ここに，T は固有周期（秒），δ は自重を水平方向に作用させたときの変位（cm），g は重力加速度，h は柱の内法寸法，W は（2 階床面およびそれより上部にある総重量）＋（1 階と 2 階の間の重量）×13/35。上式において，$T = 0.27$ 秒，$W = 800$ ton $= 8 \times 10^8$ gram，$h = 450$ cm として 1 階の層の剛度 EI を求めと以下のようになる。

$$EI = 1.68 \times 10^{15} \, (c.g.s.)$$

(2) 階段室付近の変形から計算する場合[注2]

$$EI = \frac{1}{12} \frac{h^3 \frac{1}{g}\left(\frac{2\pi}{T}\right)^2 \sum_{r=s+1}^{n} w_r y_r}{y_{s+1} - y_s}$$

ここに，w_r は r 階に作用する荷重，y_r は r 階の変位，n は階の数である。

$$w_1 y_1 = 400{,}000{,}000 \times \frac{0.45}{200} \quad (\text{gram} \times \text{cm})$$

$$w_2 y_2 = 324{,}000{,}000 \times \frac{0.60}{200} \quad (\text{gram} \times \text{cm})$$

として EI を求めると

$$EI = 6.0 \times 10^{15} \, (c.g.s.)$$

この値は，階段室付近の壁体が比較的多いところで計算したため，大きめの数値になったと思われる。もっとも構造がしっかりしている部分で考えるとこのくらいの値になる。一方，(1) で求めた値はこの約 1/4 であるが，建物全体として見たときは，この建物の状態から見てこれくらいの値になると考えてよさそうである。」

注1)

(1) の式において，建物の固有周期 T を建物の自重 W が水平方向に静的に作用したときの変位 δ と関係づける式として $T = 2\pi\sqrt{\delta/g}$ が使われている。この式は重力式と呼ばれており，ほかの診断カルテにも何度か出てくる。1 自由度系の場合，固有円振動数 ω と質量 m および剛性 k との関係 $\omega = \sqrt{k/m}$ はよく知られている。自重 $W = mg$ による変位 δ は $W = k\delta$ と表せることから以下のような関係が導ける。これが重力式と呼ばれている式になる。

$$T = \frac{2\pi}{\omega} = 2\pi\sqrt{\frac{m}{k}} = 2\pi\sqrt{\frac{W}{g}\Big/\frac{W}{\delta}} = 2\pi\sqrt{\frac{\delta}{g}}$$

この式は，固有周期を質量や剛性のような構造特性ではなく，静的変位という応答量と関係づける点に特徴がある。「自重 W を水平方向に作用させる」というところが肝要である。

　ところで，構造特性である質量や剛性は位置には関係なく独立している。しかし，変位という物理量は位置によって異なる。このため，変位 δ はどこの位置における値を用いればよいのかという問題が残る。変位 δ は質量 m と剛性 k の 1 自由度系の変位であることは確かだが，この 1 自由度系の質量 m の高さはどこなのかという問題である。長さ l の片持ち梁の頂部に集中荷重 P が作用したときの梁の頂部の変位 δ は次式で与えられる。

$$\delta = \frac{Pl^3}{3EI}$$

しかし，この診断カルテでは以下のようになっている。

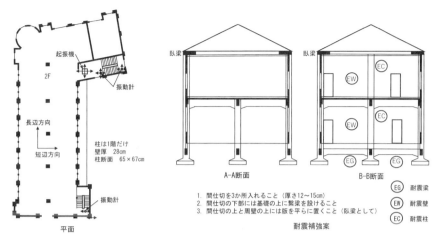

平面図と断面図

当時の港電気通信監理所（内藤多仲記念館）

図 5.3.1　港電気通信監理所（1950 年）

$$\delta = \frac{W}{3EI}\left(\frac{h}{2}\right)^3$$

これは集中荷重 W が作用する高さを $h/2$（h は柱の内法寸法）と考えていることを意味している。元来，ここは階ごとではなく建物全体の剛性 EI を問題にしているので，階高ではなく建物高さに関する長さ（いわゆる有効高さ）が使われてよいはずである。高さを $h/2$ とした理由は，有効な柱は 1 階だけと考えていることを反映しており，2 階床より上の部分の耐力は期待せず，端なる荷重として扱っている。

注 2)

（2）の式もこの診断カルテだけでなく，他でも何度か使われる。例えば，第 5 章 2 第 1 節の銀座松坂屋でも使われていた。そこで，この式がどのようにして導かれたのかを以下に記すことにする。梁の剛度が無限大と見なせるとき，両端固定の柱の層せん断力 Q と層間変形 δ の関係は次式で与えられる。

$$Q = \frac{12EI}{h^3}\delta$$

ここに，h は柱の内法長さである。上式より s 階の剛度 EI_S は次式から求められる。

$$EI_s = \frac{h^3 Q}{12\delta} = \frac{1}{12} \cdot \frac{h^3 F_s}{y_{s+1} - y_s}$$

ここに，F_s は EI_s を求める柱に作用する慣性力であり次式で与えられる。

$$F_s = (振動の加速度) \times (振動体質量) = \frac{1}{g}\left(\frac{2\pi}{T}\right)^2 \sum_{r=s+1}^{n} w_r y_r$$

ここに，n は建物の層数である。上式を代入すれば以下のように (2) の式が求まる。

$$EI_s = \frac{1}{12} \cdot \frac{h^3 \frac{1}{g}\left(\frac{2\pi}{T}\right)^2 \sum_{r=s+1}^{n} w_r y_r}{y_{s+1} - y_s}$$

第2節　浪花電話局

　浪花電話局は，浪花といっても大阪の電話局ではない。現在の日本橋人形町2丁目，日本橋富沢町あたりにあった。この地区はかつて浪花町と呼ばれており，明暦の大火以前の遊郭街吉原の旧地である。人形町付近は関東大震災でも東京大空襲でも甚大な被害を蒙っている。建物は鉄筋コンクリート造3階建てで，外壁の壁厚は22～30 cmと厚く，相当剛強な建物であった。階高は1階5.2 m，2階6.2 m，3階6.2 mと，一般の建物に比べかなり高かった。焼けビルとしての記述は見られないが，人形町周辺も空襲により甚大な火害を受けているので焼けビルであると思われる。

　起振機は西階段室の屋上出口，屋上の中央，および屋上の東端付近と3回場所を変えて据え付け，振動計3台を適宜移動させながら計測している。各階床と階段踊場上・中・下に振動計を設置して，高さ方向の変形状態を細かく調べている。また，高さ方向の変形状態だけでなく，この計測で明瞭に現れたねじれ振動の検討も行っている。以下に計測結果を要約する。

1) 短辺方向振動の基本固有周期は0.36秒，長辺方向振動の基本固有周期は0.31秒，ねじれ振動の固有周期は0.22秒であった。

2) 起振機を西階段室屋上に据え付けたとき，短辺方向振動の基本固有周期における全体変形曲線の最大振幅は以下のようになった。1階0.25 mm，1階踊場下0.89 mm，1階踊場中1.45 mm，1階踊場上1.90 mm，2階2.13 mm，2階踊場下2.52 mm，2階踊場中4.00 mm，2階踊場上4.90 mm，3階5.32 mm，3階踊場中5.80 mm，3階踊場上6.72 mm。振幅は実動の200倍である。

3) 起振機を屋上中央に据え付けたとき，短辺方向振動の基本固有周期における全体変形曲線の最大振幅は以下のようになった。1階0.66 mm，2階2.50 mm，3階7.20 mm，屋上9.13 mm。

4) 起振機を屋上東端付近に据え付けたとき，長辺方向振動の基本固有周期における全体変

形曲線の最大振幅は以下のようになった。1階 0.58 mm, 2階 1.50 mm, 3階 3.70 mm, 屋上 4.88 mm。西階段屋上と屋上中央に起振機を据え付けたときの長辺方向振動の計測結果は，建物東端に起振機を据え付けたときとほぼ同じであったため省略されている。

5) 起振機を西端付近に据え付けたとき，ねじれ振動による建物両端における変形は，西端と東端での振動の向きが反対となり，全体としてねじれ，その最大振幅は西端で 5.30 mm，東端で 3.00 mm となった。起振機を据え付けた西端の方で大きくなっている。

診断カルテの最後には診断結果と補強対策それぞれについて以下の記述がある。

「各階，とくに2階以上においては柱の高さが大きく断面が比較的小さいために，変形が割合と大きくなっている。このため，地震に対しては，2, 3階以上に重い荷重があることは好ましくない。平面的に荷重分布が異なっていると，地震の際，建物にねじれ振動が生じる。この建物ではねじれ振動がやや顕著であり，最初の1分ぐらいは継続してねじれ振動が生じている（振動波形は示されていない）。このため，建物の荷重および構造の剛性をなるべく平均化させることが好ましい。

この建物は階高が1階 5.2 m, 2階 6.2 m, 3階 6.2 m と計 17.2 m もあり，3階建てとはいっても普通の建物なら5階建てに相当している。基本固有周期は長辺方向振動が 0.31 秒，短辺方向振動が 0.36 秒であり，2階建ての四谷電話局にほぼ等しい。変位振幅は四谷電話局の屋上で 2.8 mm, 1.7 mm であったのに対し，この建物では3階で 3.6 mm, 7.2 mm となっており，2階建ての建物よりも剛であると言ってもよいくらいである（以上の記述からすると，明らかに四谷電話局の計測も行っていたことになるが，その診断カルテは見つけ出すことができなかった。四谷電話局も戦災による焼けビルであったと考えられる）。以上の構造の剛強さに加えて，建物全体の形が枡形なので強度も十分にあり，とくに補強の必要はないと考えられる。」

以上の内容の診断カルテが提出された後，追加検討として1～3階の層剛度 EI の計算が別に提出されている。以下にこの追加検討の内容を記す。

「起振機を屋上に据え付け，振動計測を行ったときの変形から短辺方向振動と長辺方向振動に対する剛度 EI を建物中央部で各階について計算した。柱と各階床，柱と基礎の接合は剛接合と仮定した。各階の柱と壁の重量は2等分してそれぞれの床に集中しているものとし，床版の剛度は柱に比べてはるかに大きいと仮定した（剛床仮定）。

s 階の剛度 EI を $E_s I_s$ と表すと

$$E_s I_s = \frac{1}{12} \cdot \frac{h^3 \frac{1}{g}\left(\frac{2\pi}{T}\right)^2 \sum_{r=s+1}^{n} w_r y_r}{y_{s+1} - y_s}$$

ここに，h_s は柱の内法長さ，g は重力加速度，T は固有周期，w_r は r 階の重量，y_s は s 階の変位振幅である。

各階床の集中荷重を算定し，各階の短辺方向と長辺方向の剛度 EI を付表1に示す。

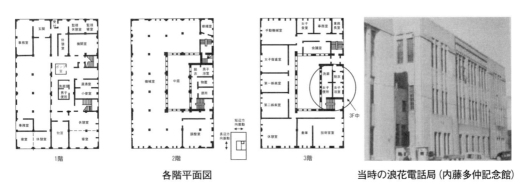

図 5.3.2　浪花電話局（1950 年）

付表 1　各階の剛度 EI の算定値（単位：c.g.s）

階	短辺方向振動方向 EI	比	長辺方向振動方向 EI	比	比（長辺／短辺）
3 階	1.12×10^{16}	0.73	1.83×10^{16}	0.80	1.64
2 階	0.99×10^{16}	0.64	1.49×10^{16}	0.65	1.50
1 階	1.54×10^{16}	1	2.28×10^{16}	1	1.48

　以上のように，この建物の短辺方向と長辺方向の剛度はほぼ同じであり，つりあいがとれていると言える。ただし，短辺方向振動に対して 2 階部分の剛度はやや小さいので，この部分を補強すれば，さらにつりあいのとれた建物になると考えられる。」

第 3 節　墨田電話局

　墨田電話局一帯は 1945 年 3 月 10 日未明の東京大空襲により焼け野原と化し，この建物で作業していた女性電話交換手 28 人と男性職員 3 人の全員が亡くなるという悲劇の場となった。関東大震災のときも火災により職員 2 名が亡くなっている。建物は鉄筋コンクリート造 2 階建てであった。現在は，墨田電話局の場所に東日本 NTT 石原ビルが建っており，建物の前に殉職慰霊碑が建立されている。計測は 1950 年 2 月 8 ～ 10 日の 3 日間で行われた。計測が行われた頃，建物内の事務室等は倉庫として使われていた。振動計測の目的は，この焼けビルの補強工事計画のための資料を得ることであった。
　起振機は，屋上の階段室側，中央，水槽側（階段室の反対側）の 3 か所に移動して据え付けられた。計測結果を以下に要約する。
1）　起振機を屋上中央部に据え付け，振動計を屋上中央，2 階床上中央，1 階中央の 3 か所に設置して短辺方向振動を同時計測した。計測は 3 回行った。このとき，固有周期は常に 0.37 秒になった。共振時における各階の最大変位振幅は以下のように若干のばら

つきが見られた。第 1 回目は，全振幅で 1 階床 0.8 mm，2 階床 5.3 mm，屋上 9.0 mm。第 2 回目は，1 階床 0.8 mm，2 階床 5.5 mm，屋上 9.5 mm。第 3 回目は，1 階床 0.8 mm，2 階床 5.8 mm，屋上 9.8 mm。数値は実測値で実動の 200 倍である。

2) 起振機を屋上中央部に据え付け，振動計を地階から屋上に通じる階段室の各踊場に設置して短辺方向振動を計測した。計測は 2 回行った。このときの固有周期も 0.37 秒になった。共振時における各踊場の最大変位振幅は以下のようになった。第 1 回目は，全振幅で 1 階踊場 4.0 mm，2 階踊場 7.2 mm，屋上出口 7.8 mm。第 2 回目は，1 階踊場 4.0 mm，2 階踊場 7.2 mm，屋上出口 7.8 mm。

3) 起振機を屋上の水槽付近に据え付け，振動計を各階の部屋中央部および階段室各踊場に設置して長辺方向振動を計測した。計測は 2 回行った。このときの固有周期はいずれも 0.19 秒になった。共振時における各階の部屋中央部の最大変位振幅は，第 1 回目は，全振幅で 1 階床 0.7 mm，2 階床 1.9 mm，屋上 4.0 mm。第 2 回目は，1 階 0.8 mm，2 階 2.2 mm，屋上 4.7 mm。共振時にける各階踊場の最大変位振幅は，第 1 回目は，全振幅で 1 階踊場 2.2 mm，2 階踊場 3.3 mm，屋上出口 4.7 mm。第 2 回目は，1 階踊場 1.6 mm，2 階踊場 3.9 mm，屋上出口 5.2 mm。

4) 起振機を屋上階段室の出口付近に据え付け，振動計 3 台を屋上階段室付近，中央部，および水槽付近に設置して短辺方向振動を計測し，ねじれ振動の中心点を推定した（結果は数値としては示されていない）。このときのねじれ振動の固有周期は 0.20 秒であった。ねじれ中心は中央部から水槽に大きく寄った位置であった。

この診断カルテでは，各階剛度 EI の算定が以下のように本文に正式に組み込まれている。

3 階の建物中央部における最大変位振幅（全振幅）の平均の 1/2 を各階の最大変位振幅（片振幅）とする。各階の床と柱は剛接合であり，柱，壁等の重量はそれぞれ 2 等分し，上下各階床に集中荷重として作用するものと仮定する。短辺方向振動の基本固有周期を 0.37 秒として各階剛度を算定すると，1 階の剛度は 2.32×10^{15}（gram・cm²），2 階の剛度は 3.97×10^{15}（gram・cm²）となった。

建物中央部 1 階の変形は階段室 1 階とほぼ同程度であるが，2 階より上部においては中央部の変形の方が大きい。参考のために，建物全体が階段室付近の変形となるものとして各階の剛度を求めてみると，1 階の剛度は 6.11×10^{15}（gram・cm²），2 階の剛度は 1.98×10^{15}（gram・cm²）となった。

長辺方向振動の基本固有周期を 0.19 秒として各階剛度を算定すると，1 階の剛度は 1.17×10^{16}（gram・cm²），2 階の剛度は 1.35×10^{16}（gram・cm²）となった。柱の内法寸法は短辺方向振動の場合と同じとした。

中央部における短辺方向振動と長辺方向振動のときの各階の剛度を比較すると，短辺方向振動では，1 階の剛度は 2 階に比べて約 58 ％になっている。これは，主として 1 階の基礎と柱

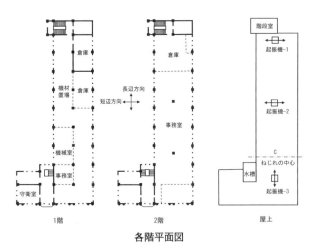

図 5.3.3　墨田電話局（1950 年）

の損傷によるものと考えられる。したがって，補強は基礎および柱を中心に考える必要がある。長辺方向と短辺方向の2階の剛度を比較すると，長辺方向の剛度は短辺方向の約4倍と大きくなっている。短辺方向の補強がとくに重要であることがわかる。

　この診断カルテの最後には，診断結果と補強対策に関して以下の記述がある。

「短辺方向振動の全体変形曲線の形状は，基礎でヒンジのようになっており，上階ではせん断変形およびラーメン変形に近い。このため，基礎全体を調査した上で，破損個所を修理する必要がある。補強に当たっては，建物基礎部を強固にすること，2階の柱を平均40％程度増強することが必要である。各階柱の断面は30～50％程度増加させ，できれば各階において耐震壁を少なくとも2か所以上入れる必要がある。この建物の現状は，かなり損傷が進んでいると言える。修理後も大きな荷重が作用しないように使用すべきであるが，それができない場合は，2階床架構を十分補強しておく必要がある。なお，ねじれの状態から判断して，階段室付近をかなり剛強にすることが望まれる。外側に控え壁を入れるのも一案である。」

第4節　本所電話局

　本所電話局は，現在のNTT本所ビルの近くにあった。建物は鉄筋コンクリート造2階建てで，階高は1階 5.40 m，2階 5.20 m と高かった。壁厚は 45 cm と頑丈に造られ，中3階の付属部分でも 25 cm の厚さがあった。この建物に関しては，診断カルテの冒頭に「関東大震災後の設計であるため非常に強固であり，剛構造の代表的な建物として構造健全性の判定における基準となり得る有益な資料を提供すると思われる」という記述がある。内藤にここまで言わせた建物を一目見たかったものである。この旧本所電話局は，1926年に日本で初めて自動交換を始めた電話局としても知られており，当時としては自動機械室が広く取られていた。手動

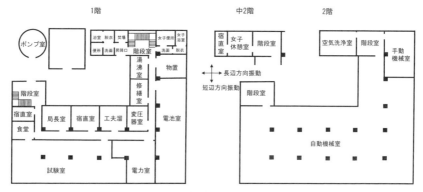

各階平面図

当時の本所電話局（内藤多仲記念館）

図 5.3.4　本所電話局（1950 年）

交換も行われており，女子交換手への手厚い部屋配置も残されていた。構造が剛強なだけでなく，窓には鉄製シャッターを付けていたため，東京大空襲により周囲が焼け野原となったにもかかわらず，火災の被害は軽微であったと言われている。計測時期は 1950 年 2 月 13 ～ 16 日の 4 日間である。計測の目的は，各階の剛度を算定し，建物の層剛性を推定することであった。

短辺方向振動を計測するために，起振機を階段室屋上出口付近に据え付け，振動計を各階に設置して同時計測を行った。計測は 4 回行った。基本固有周期は 0.36 秒であった。共振時における各階の最大変位振幅は，平均値（全振幅）で 1 階 0.52 mm，中 2 階 0.85 mm，2 階 0.99 mm，中 3 階 1.20 mm，屋上 1.60 mm であった。数値は実測値で実動の 200 倍である。

長辺方向振動を計測するために，起振機を機械室に隣接する階段室屋上に移動して据え付け，振動計は短辺方向振動のときと同じ位置に設置した。計測は 4 回行った。基本固有周期は 0.28 秒であった。共振時における各階の最大変位振幅は，4 回計測の平均値をとって，全振幅で 1 階 0.45 mm，中 2 階 0.58 mm，2 階 0.60 mm，中 3 階 0.73 mm，屋上 0.88 mm となった。

建物の柱，壁等全体としての各階剛度を，短辺方向振動と長辺方向振動について計算した。短辺方向振動の剛度は，1 階で 2.02×10^{16}（gram・cm²），2 階で 6.76×10^{15}（gram・cm²）となった。1 階と 2 階の剛度の比は 1：0.34 である。長辺方向振動の剛度は，1 階で 6.06×10^{16}（gram・cm²），2 階で 1.34×10^{16}（gram・cm²）となった。1 階と 2 階の剛度の比は 1：0.22 である。1 階

における長辺方向の剛度は短辺方向の約3倍になっている。

　診断カルテの最後に記述されている診断結果と補強対策は以下のとおりである。

「この建物は剛構造に属し，現在，大きな損傷個所もないので補強の必要はない。ただし，敷地が軟弱地盤であり，付属設備のポンプによる地下水汲み上げが原因で地盤の局所的な沈下（不同沈下）が進み，建物も一緒に沈下している。一般に不同沈下が起こると建物に局所的な傾斜が生じるが，この建物でも軽度の傾斜が見られる。このため，この建物に関しては，補強ではなく今後の沈下対策を考えたほうが良いと思われる。」

第5節　熊谷電報電話局

　熊谷電報電話局は鉄筋コンクリート造2階建ての1スパン×2スパンの小規模建物で，中仙道と市役所通りが交わる角地に位置していた。電話室は小さく，電報業務が中心だったようである。竣工は1935年と古いが，紆余曲折を経て増改築され，現在も事務棟として再使用されている。東京大空襲の5日後，熊谷は「熊谷空襲」と呼ばれる大規模な空襲を受け，埼玉県内で唯一の戦災都市の指定を受けている。ただし，熊谷電報電話局は火災の影響はないか，あっても軽微だったようである。振動計測（1950年）を行った6年後の1956年には1階分増築して3階建てになった。その後も1965年に新局舎が別の場所に建設されるまで使用され続けたが，新局舎への移転とともに空家となり，約10年間有休建物となっていた。しかし，躯体を再利用して新事務棟として蘇らせることが決まり，1977年から再利用が始まった。それから現在までほぼ45年が経過しているが，まだその場所に建っているようである。2階建てだったころの熊谷電報電話局の計測日は1950年7月20日である。計測の目的は建物の強度を判定することであった。振動計測に基づき，1階と2階の剛度を推定して補強の必要性の有無が判定された。2階電報配達ロビーに起振機を据え付け，振動計を2階のほぼ中央および1階のカウンターロビーの階段寄りの隅に設置している。この計測から最初に共振曲線を示すことが慣習化し，固有周期を求めた根拠を明快に説明できるようになった。

　短辺方向振動の共振曲線には，周期0.169秒において明瞭な共振ピークが生じていた。これが短辺方向の基本振動の固有周期（基本固有周期）である。共振時の最大変位振幅を読み取ると，記録紙上の値で2階床では2.05 cm，1階床上では0.55 cmになった。振幅比は2階床/1階床＝3.73/1である。

　長辺方向振動の共振曲線には，起振機の回転速度不足により共振点のピークは現れなかった。このため，計算により固有周期を求めることになったが，その方法は診断カルテに書かれていない。得られた共振曲線を外挿することにより求めたようである。推定値ではあるが，記録紙上の値で2階床では1.40 cm，1階床上では0.60 cmになった。振幅比は2階床/1階床＝2.33/1である。

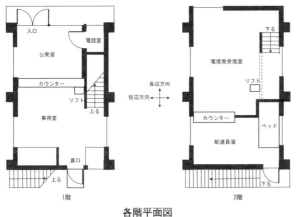

各階平面図 　　　　　　　　　当時の熊谷電信電話局（内藤多仲記念館）

図 5.3.5　熊谷電報電話局（1950 年）

　ここで，診断カルテとしては初めて減衰に注目している。減衰特性の指標として，振幅減衰比が用いられている。振幅減衰比とは，減衰自由振動波形における相隣り合う2つの振幅の比のことである。計算の結果，短辺方向振動の振幅減衰比は 1.124：1，長辺方向振動の振幅減衰比は 1.184：1 となった。臨界減衰比（減衰定数）に変換すると，短辺方向振動は 3.7 %，長辺方向振動は 5.4 % になる。さらに，減衰に関連する共振増幅係数と地震時増幅係数も計算している。共振増幅係数とは，建物の共振時における建物重心部の振幅と地盤振幅との比である。短辺方向振動では 13.40，長辺方向振動では 9.32 となった。地震時増幅係数とは，ある一定周期の地震波が連続的に作用したときの建物重心部の振幅と地盤振幅との比である。熊谷における地震波の周期を 0.25 秒（1932 年埼玉地震）と仮定して求めた値は，短辺方向振動では 1.84，長辺方向振動では 1.30 となった。

　建物の重量計算を行った後，1 階における剛度を計算している。短辺方向振動の剛度は，1.26×10^{15}（gram·cm^2），長辺方向の剛度は 3.08×10^{15}（gram·cm^2）となった。長辺方向と短辺方向の剛度の比は 2.44/1 である。ただし，以上の結果は，基礎を完全な固定と仮定したときの値である。実際にはこのような強固な建物ではロッキングが起こることが多いので，層の剛度はさらに大きくなる。ここで求めた剛度はロッキングの影響を無視した最小値と考えてよい。

　診断カルテの最後に記述されているコメントは以下のとおりである。

「基礎地盤も強固であり，建物強度も十分と思われるので補強の必要はないと考えられる。」

第 6 節　東京中央電話局

　東京中央電話局は東京大手町にあり，旧館と新館で構成されていた。旧館と新館は別個に計測され，それぞれ独立した診断カルテが作成されているが，ここでは新館・旧館の順に続けて紹介する。旧館は「ヒ」の字形の平面をもつ鉄筋コンクリート造 3 階建てであった。竣工は

1923年で，その直後に関東大震災を経験している。一方，新館は「ロ」の字形平面をもつ鉄筋コンクリート造4階建てでであった。竣工は1927年で，関東大震災後まもなく復興建築として建てられ，地震に対して強固に造られていた。計測時期は，旧館が1951年10月4〜7日の4日間である。新館は記載がなくはっきりしないが，同時期と考えられる。診断カルテはともに翌年の1952年に作成されている。振動計測の目的は，建物全体の構造健全性の診断ではなく，新館においては建物の基礎固定度の診断，旧館においては3つの棟で構成された不整形建物の各棟相互の結合度に関する診断が行われている。旧館も新館も，固有周期と全体変形曲線だけを求めて評価している。

1. 新館

起振機を屋上出口の階段室に据え付け，振動計を各階に設置して計測した。計測結果を以下に要約する。

1) 長辺方向振動と短辺方向振動の基本固有周期はいずれも0.21秒であった。
2) 共振時における各階の最大変位振幅を計測したところ，実際に計測できたのは3階，4階，屋上だけであり，1階と2階はS/N比が小さく計測不能であった。長辺方向振動の各階振幅は，3階0.63 mm，4階1.05 mm，屋上1.05 mm，短辺方向振動は，3階1.50 mm，4階2.00 mm，屋上2.45 mmとなった。この値は実測値で実動の200倍である。長辺方向振動に対する短辺方向振動の振幅比は，3階2.4，4階1.9，屋上2.3であり，その平均値は2.2である。短辺方向に約2倍変形しやすいことがわかる。
3) 計測不能であった1階と2階の部分を屋上から3階までの全体変形曲線を外挿することにより，共振時における長辺方向振動と短辺方向振動の全体変形曲線を描いてみると，1階床において基礎固定の状態であるような曲線形状となった。

診断カルテの結びの部分は以下のように記されている。「高さ方向の全体変形曲線に見られるように，1階床は基礎固定の形状になっているように見える。基礎には異常はないと考えられる。」

2. 旧館

旧館は1号館，2号館，3号館の3つの棟で構成されていたが，構造的には各棟は連続しており一体の建物であった。棟ごとに長辺方向振動と短辺方向振動が計測された。起振機は，3か所を順次移動して据え付けられた。その位置は，1号館の先端近く，1号館と2号館の結合部近く，および3号館の先端近くである。いずれも起振機を据え付ける際に反力が得やすい階段室踊り場を選んでいる。振動計も随時位置を変えている。

計測結果を以下に要約する。

1) 各棟における固有周期は，1号館の長辺方向振動が0.16秒，短辺方向振動が0.40〜

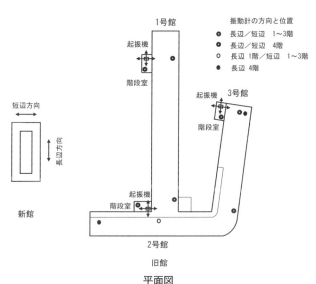

当時の東京中央電話局新館（郵政博物館）

当時の東京中央電話局旧館（1985）
（「僕の建築コレクション」HPより）

図5.3.6　東京中央電話局（1950年）

0.42秒，2号館の長辺方向振動が0.30秒，短辺方向振動が0.25〜0.26秒，3号館の長辺方向振動が0.22秒，短辺方向振動が0.39〜0.41秒となった。

2) 各棟の固有周期と全体変形曲線の特徴は以下のとおりである。

【1号館】：短辺方向振動は，振動計を東端に置いたときも西端に置いたときも，3階床の変位振幅が屋上および2階床に比較して大きくなった。1号館の固有周期は2号館と3号館に比べて長く，地震時における変形も大きくなりやすい。他の館とかなり異なる振動状態となっているため，地震時には2号館との接合部のとくに3階付近で被害が大きくなる可能性がある。実際，関東大震災のときも3階付近で被害が生じている。

【2号館】：短辺方向振動は，1号館の抵抗を受けて固有周期が短く，したがって剛度も大きい。長辺方向振動の固有周期は短辺方向振動よりも長くなっている。これは，2号館が長辺方向に1号館および3号館と一体となって振動するためであり，このとき1号館と3号館の抵抗があまり大きくないことを示している。

【3号館】：短辺方向振動は，1号館とほぼ同じような変形形状であるが，同じ起振力で加振したときの変位振幅はかなり大きくなった。3号館の変位振幅を1号館と比べると，屋根付近と3階床では約2倍，2階床では約3倍，1階床では約4倍になっていた。短辺方向振動の固有周期は1号館とほぼ同じである。

診断カルテの結びの部分は以下のように記されている。「旧館全体の形状は非対称であり，各棟の接合部における変形の大きさが異なるため，地震時には各棟の接合部付近で被害が生じやすいと考えられる。各棟の接合部はとくに丈夫にしておく必要がある。」

第7節　水戸電報電話局（3号棟）

　水戸電報電話局の3号棟は鉄筋コンクリート造2階建てであり，電話局内の他の木造建物と渡り廊下と通路でつながれていた。水戸市街は東京大空襲のほぼ1週間前に「水戸空襲」に遭っており，ほとんどが焦土と化している。最近まで，その時の惨禍をとどめる赤レンガ壁が保存されていたが，これは空襲により焼失した水戸電話局分室の電話交換施設跡である。しかし，2011年の東日本大震災によりこの赤レンガ壁は崩壊してしまい，その後取り壊されてしまった。3号棟が戦禍に直接遭ったかどうかは定かでないが，同じ敷地内の木造建物はすべて残存しているようなので火害からは免れているものと思われる。この建物の振動計測では，2層部分と1層部分の振動性状の違いが調査されている。2層部分の振動性状については起振機を2階屋上および2階床に据え付け，また1層部分の振動性状については起振機を1階屋上に据え付け，それぞれ検討を行っている。

1. 2層の振動性状

　起振機を2階屋上のほぼ中央に据え付け，階段室屋上出口付近，および2階床と1階床のほぼ中央にそれぞれ振動計を設置して，振動計3台で短辺方向振動を同時計測している。共振曲線を描き，短辺方向振動の基本固有周期が0.20秒であることがわかった。各階の振動を記録描針の同時吸上げにより確認したところ同位相であり，各階の振幅に大小の差はあるものの常に同じ方向に振動していた。起振機を2階床に移動して据え付け，振動計をこれまでと同じ位置に設置して長辺方向振動の同時計測を行った。共振曲線から長辺方向振動の基本固有周期が0.17秒であることがわかった。各階における振動の位相は同じであることが確認されている。

　各階における共振時の最大変位振幅（全振幅）を計測し全体変形曲線を描くと，短辺方向振動も長辺方向振動も，各階の変位を結ぶ線はほぼ直線状になった。とくに長辺方向振動のときはその傾向が明瞭であり，建物全体のロッキングが支配的であることを示唆していた。短辺方向振動のときは，2階床における変位が少し大きくなり，ロッキングだけでなく弾性変形も生じていることがわかった。

　1階床の変位が比較的大きくなっており，ロッキングだけでなくスウェイも生じていることがわかった。ロッキングやスウェイは，構造が比較的剛である場合か地盤が軟弱な場合に起こりやすい。この建物の場合，構造そのものは固有周期から判断して剛ということができるので，ロッキングとスウェイの主な原因は地盤がやや軟弱なためと考えられる。しかし，地盤状態はとくに悪いというわけではない。

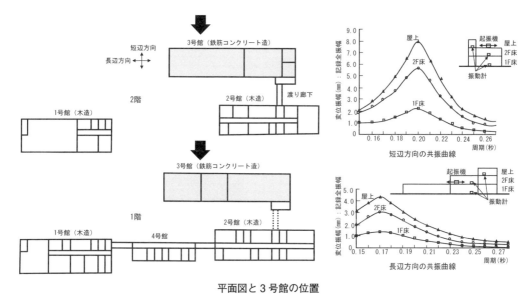

図5.3.7 水戸電報電話局（3号棟）（1951年）

2. 1層の振動性状

　1層部分の振動性状を調べるために，起振機を1階屋上（2階床と同じ高さ）に据え付け，振動計を1階屋上と1階床に設置して短辺方向振動を同時計測した。1層部分の短辺方向振動の共振曲線から1層部分の固有周期は0.18秒であることがわかった。2層全体の基本固有周期と比べると短いが，これは1層部分の高さが低いためである。なお，長辺方向振動に関しては計測を省略している。

　振動カルテの最後には以下のような記述がある。「2層全体と1層部分では固有周期に違いが見られるが，同程度の高さの建物に比べればともに十分に短いと言える。また，全体変形曲線にはロッキング挙動が明瞭に認められ，建物は剛であることがわかる。この建物は強度上の支障はなく，とくに補強工事の必要はないと考えられる。」

第8節　東京中央電信局

　東京中央電信局は東京中央電話局の向かいにあり，頂部にパラボラアーチが並ぶ特徴的な鉄筋コンクリート造5階建ての建物だった。山田守が逓信省営繕課に在籍していたときに設計した代表的な建物であり，関東大震災直後の1925年に竣工している。復興建築として建てられているので，耐震性に関する配慮は十分高いレベルに達していた。1950年の構築物振動研究会による計測の目的は，建物全体の構造健全性の判定ではなく，コンクリート掩蓋（えんがい）と建物全体との接合度を判定するという部分的な検討だった。屋上に起振機を据え付けた場合と掩蓋の梁上に起振機を据え付けた場合とについて計測が行われている。第6節の東京中央電話局新

3　電話局　　177

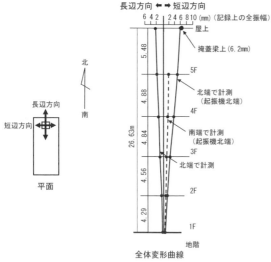

短辺方向と長辺方向の振動計測　　　　　　　　　当時の東京中央電信局

図 5.3.8　東京中央電信局（1952 年）

館の計測の報告書と同じように，ほかの報告書に比べればメモ書きのような簡単な内容であり，基本固有周期と全体変形曲線だけを求めて評価している。

計測結果を以下に要約する。

1) 建物の北端付近に起振機を据え付け，北階段室の各階に振動計を設置して，短辺方向振動と長辺方向振動の基本固有周期と全体変形曲線の振幅を計測した。短辺方向振動の基本固有周期は 0.58 〜 0.60 秒，長辺方向振動の基本固有周期は 0.53 秒であった。同じ起振力による各階の短辺方向振動と長辺方向振動の最大変位振幅は，短辺方向振動が，1 階 0.4 mm，2 階 1.0 mm，3 階 2.1 mm，4 階 3.5 mm，5 階 4.8 mm，6 階 5.8 mm，長辺方向振動が，1 階 0.2 mm，2 階 0.55 mm，3 階 0.9 mm，4 階 1.5 mm，5 階 2.05 mm，6 階 2.4 mm となった。振幅は振動記録上の読み取り値で実動はこの 1/200 である。短辺方向振動と長辺方向振動の振幅比は，1 階 2.0，2 階 1.8，3 階 2.3，4 階 2.3，5 階 2.3，6 階 2.4 であり，短辺方向振動の方が長辺方向振動よりも振幅で 2 倍以上揺れやすいことがわかる。長辺方向振動と短辺方向振動の全体変形曲線の形状は直線的になった。ロッキングによる変形が支配的であることを示唆している。

2) 起振機の位置は変えずに，南階段付近において短辺方向振動を計測した。短辺方向振動の基本固有周期は 0.55 〜 0.57 秒であり，北階段室で計測した基本固有周期よりもやや短くなった。変位振幅は計測位置が起振機から遠かったため小さかった。

3) 掩蓋の梁上に起振機を据え付けた。このとき，掩蓋梁上で計測した短辺方向振動の基本固有周期 0.58 秒における変位振幅は記録上で 6.2 mm になった。この振幅値は短辺方向振動の全体変形曲線上にほぼ乗っていた。建物架構と掩蓋が一体として振動している

ことを示している。

　診断カルテの最後は以下のように記されている。「この建物の短辺方向振動の変位振幅は，同じ加振力に対し長辺方向振動の2倍以上大きくなる。掩蓋のある建物北側の短辺方向振動に着目すると，屋上に起振機を据え付けた場合も掩蓋の梁上に起振機を据え付けた場合も変位振幅の値はほぼ同じである。すなわち，掩蓋と建物は別個の運動はしておらず，常に密着していると考えてよいと思われる。」

4 木造建物

　診断カルテが対象としている建物の構造種別は，そのほとんどが鉄筋コンクリート造，鉄骨鉄筋コンクリート造，および鉄骨造であるが，数は少ないものの木造を対象に振動計測した事例もある。約110件に上る診断カルテ群の中で，木造建物を対象としたものは，ここで紹介する5件しか見つからなかった。その大半は通信関連施設を対象にしており，研究会発足当時の1950年ころに計測されている。そのころは，東京はまだ焼け跡の傷跡を多く残す状態であった。近年，木造建物の振動計測は実験や実測により広く行われるようになっているが，当時，木造建物を振動計測する試みは極めて稀であったと言ってよい。

　木造建物の水平2方向にそれぞれ強制振動を与え，限られた数の振動計を巧みに移動させながら3次元的な振動挙動の把握を目指している。振動性状の検討を通して対象建物の弱点を見つけ出し，構造設計で培った経験に基づいて，その弱点を補強する方法を提示するアプローチは今日でもその価値を失なっていない。

　鉄筋コンクリート造，鉄骨鉄筋コンクリート造，および鉄骨造の構造設計を多く手がけた内藤にとって，木造建物の構造診断は目新しい分野として映ったものと思われる。木造建物に関する診断カルテでとくに興味をひくのは，数多く手がけてきた鉄筋コンクリート造や鉄骨造の振動計測では経験したことのない木造建物独特の振動性状を，新しい発見として具体的に記述している個所である。その例をいくつか紹介しておきたい。以下，「　」で括った文章は診断カルテ中（原文のまま）の記述である。

1) 「一般に木造家屋は鉄筋コンクリート造とは違って，ある点で振動を与えても建物各部は一様に振動しない。」これは，木造の振動におけるもっとも特徴的な点であり，木造特有の接合部の特性が大きく影響している。木造の接合部には「がた」や「あそび」があるため，構造物としての一体化が十分でなく，様々な局部振動が励起されやすい傾向がある。このため，計測点の位置によって振動性状がばらつきやすい。このような局部振動の性状を正確に把握したい場合は，建物内の計測点の数をできるだけ増やし，細部の挙動を丁寧に計測する必要がある。

2) 「一般に木造家屋の振動は2階以上の振動が大きく1階の振動は極めて小さい。」これは，建物の高さ方向の変位振幅の分布に関する記述である。この原因の一つは，建物内部に起振機を据え付けて加振する強制振動を行ったことにある。通常，起振機を上層階に据え付けるため，2階以上が振動源に近く加振力が大きいということと，当時の木造建物

の屋根は押しなべて瓦葺きで重いため（トップヘヴィの状態），建物上部が大きく振られやすいことである。このような高さ方向の変形状態を把握するには，計測点をできるだけ同じ鉛直線上の各階床（階段踊場のような中間階や天井裏も測れるときは追加する）に設ける必要がある。

3) 「短辺方向振動に際し，家屋全体の捩れおよび中央が張り出す形の振動は長い木造家屋において起こりやすい。」これは，建物平面における変位振幅の分布に関する記述である。とくに，学校建築のように長辺が短辺に比べてかなり長い場合，こうした傾向が顕著に現れる。このような同一階における平面的な変形状態を把握するには，各階の長辺方向に複数の計測点を設ける必要がある。

4) 「振動を与えた点付近がとくに大きく揺れることが木造家屋の振動特性である。」これは，1) でも触れた木造建物の接合部の「がた」や「あそび」と木材の素材自体のエネルギー吸収能力が高いため，鉄筋コンクリート造や鉄骨造に比べると加振エネルギーが遠方に届きにくくなるためである。振動エネルギーは起振機の近傍に偏在してしまいがちであり，建物の規模が大きくなると，起振機近傍の局部振動だけを励起し，建物の全体振動を励起できなくなることもある。建物内部に起振機を据え付ける限りこのような傾向を避けることはできないため，規模の大きな建物の全体振動を計測したいときは，起振機を建物外部に据え付けて地盤振動を励起するか，あるいは起振機よりもはるかに微弱ではあるが常時微動を計測することを考える必要がある。現在では微弱な常時微動であっても精度よく計測できる振動計が開発されているため，起振機による強制振動試験はあまり行われなくなり常時微動計測の方が一般的である。

ここに掲載した診断カルテの対象建物と計測時期は次のとおりである。

◆東京第二電気通信学園〜木造3階建て校舎，1949年12月1〜4日。
◆東京近郊電気通信監理所〜木造2階建て電話局，1950年7月14〜15日。
◆立川電気通信監理所〜木造2階建て電話局，1950年7月15〜16日。
◆水戸電報電話局（1号館，2号館）〜木造2階建て電話局，1951年4月。
◆日本専売公社名古屋地方局〜木造工場，1955年9月2〜5日。

以下に各建物に関する概要と計測結果の要約を記す。計測結果についてより詳細な情報が知りたい場合は，ウェブサイトからほぼオリジナルの診断カルテを見ることができる。

第1節　東京第二電気通信学園

　東京第二電気通信学園は旧電気通信省（その後は電電公社）の職員養成機関の一つであった。建物の用途は学校（主として教室および事務室）であり，梁間方向に比べて桁行方向が長い瓦葺屋根木造3階建てとして造られた。振動計測が行われたのは1949年12月1～4日の4日間。計測の目的は耐震補強のための事前調査であった。起振機を3階の中央と東西両端，および2階の東西両端に移動させて計測している。計測の結果，多様な振動モードが現れたため，それらのモードを整理してパターン化した上で，診断結果と補強対策へとつなげている。他の診断カルテにはない特徴的なアプローチである。

1. 起振機を3階中央，振動計を3階中央の天井裏と各階床上に設置した場合

　初期の診断カルテには珍しく共振曲線が描かれている。短辺方向振動の1次モードの固有周期は 0.54 秒，2次モードの固有周期は 0.39 秒，3次モードの固有周期は 0.22 秒であった。長辺方向振動の1次モードの固有周期は 0.48 秒，2次モードの固有周期は 0.20～0.23 秒であった。この後に，起振機を3階中央に据え付けたときの各階中央における短辺方向振動と長辺方向振動の全体変形曲線，および各階東端における短辺方向振動と長辺方向振動の全体変形曲線が描かれているが，詳細はウェブサイトに譲る。

2. 起振機を3階と2階の西端・東端，振動計を各階の西端・東端に設置した場合

　3階の東西両端に起振機をそれぞれ据え付けたとき，短辺方向振動の1次モードの固有周期はともに 0.54 秒になった。高次モードになると両端で差が見られ，西端では2次モードの固有周期は 0.37 秒，3次モードの固有周期は 0.23 秒，東端では2次モードの固有周期は 0.40 秒，3次モードの固有周期は 0.35 秒，4次モードの固有周期は 0.25 秒，5次モードの固有周期は 0.20 秒となった。この傾向は，起振機を2階東端に据え付けたときにとくに顕著に現れた。東西両端における長辺方向振動の1次モードの固有周期はともに 0.48 秒，2次モードの固有周期はともに 0.22～0.23 秒であった。この後に，起振機を3階西端に据え付けたときの各階西端における短辺方向振動と長辺方向振動の全体変形曲線，起振機を3階東端に据え付けたときの各階東端における短辺方向振動と長辺方向振動の全体変形曲線が描かれているが，詳細はウェブサイトに譲る。

3. 起振機を3階の西端，振動計を東端3階に設置した場合

　短辺方向振動の1次モードの固有周期は 0.52 秒，2次モードの固有周期は 0.38 秒，3次モ

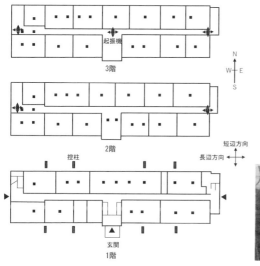

各階平面図（耐震控柱案含む）　　　　当時の東京第二通信学園（内藤多仲記念館）

図 5.4.1　東京第二電気通信学園（1949 年）

ードの固有周期は 0.22 秒であった。変位振幅は 1 次モードと 2 次モードに比べて 3 次モードがはるかに大きくなった。長辺方向振動の 1 次モードの固有周期は 0.48 秒，2 次モードの固有周期は 0.22 秒であった。変位振幅は 1 次モードよりも 2 次モードの方が大きくなった。診断カルテでは，全体変形曲線に関する記述は省略されている。

　診断カルテの最後に，診断結果と補強対策として以下の記述がある。

　診断結果：「1 次モードおよび高次モードの短辺方向振動と長辺方向振動の変形パターンを整理してみると，建物の長辺方向振動は建物全体のせん断振動に近い変形が励起されていた。このことは，既存の補強材により建物の一体化が相当顕著に発揮されていることを示している。これに対し，短辺方向振動は中央部と西端では 3 つの振動モード，東端では 4 つの振動モードが現れていた。1 次モード以外は，1 つの階だけが共振するモード形と 2 つの階が一緒に共振するモード形になっている。すなわち，各階が 3 つの壁体を積み重ねたように別個の運動をしており，建物全体としての一体化が十分ではないことが伺われる。このため，地動に対して建物周期が広く分布することになり危険な状態であると判定した。とくに 2 階床の変位振幅が大きくなる傾向が見られることから，構造的な弱点が東端 2 階付近にあると推定される。」

　補強対策：「以上の計測結果は，建物の短辺方向を補強して建物の一体化を図る必要があることを示唆している。最も効果的な方法として，建物の 3 階上部から南北両側の下方に向けて斜めの支柱（控え柱）を立てる方法が考えられる。しかし，建物外部に十分な敷地の余裕がない場合，あるいは外見上好ましくないと考えられる場合は，建物内部における補強が必要になる。このとき，建物の 1 階から 4 階（3 階天井裏）までの全階において，東西両端付近を含み 4〜5 か所に筋かいを取り付けること，さらに筋かいを取り付けた柱の 3 階床より上では

約 5 割程度の添え柱を加えることが好ましい。」

第 2 節　東京近郊電気通信監理所

　東京近郊電気通信監理所は新宿駅西口側，現在の NTT 西新宿ビルの位置にあった。木造 2 階建てで，かつては道路を挟んで淀橋浄水場に面していた。建物は耐震壁を境にして，事務室の開放的な部分とそのほかの小部屋（所長室，階段，トイレなど）で構成される部分に分けられていた。計測は 1950 年 7 月 14 日と 15 日の 2 日間で行われた。所長室側を加振した場合と事務室側を加振した場合の 2 つの加振方法で検討を行っている。木造建物は変位振幅が比較的大きくなりやすいため，振動を抑制する減衰の効果を期待している。

1. 所長室側を加振した場合

　起振機を 2 階の所長室階段寄り入口に据え付けた。耐震壁と直角方向（長辺方向）に加振したとき，所長室側の共振曲線には周期 0.25 秒のピークが一つだけ現れた。これが長辺方向振動の固有周期である。2 階の所長室と宿直室はほぼ同じ振幅と周期で振動していた。1 階と 2 階の記録波形は同位相で，1 階の最大変位振幅は 2 階の約 1/6 となった。共振周期における振幅減衰比は 1.151：1.0（臨界減衰比 0.01）と小さかった。

　起振機を所長室側の 2 階宿直室の入口に据え付けた。耐震壁に平行方向（短辺方向）に加振したとき，所長室における共振曲線には周期 0.171 秒，0.198 秒，0.25 秒の 3 つのピークが現れた。最大ピークの周期 0.171 秒は所長室側の短辺方向振動の固有周期，0.198 秒は事務室側の短辺方向の固有周期（後述），0.25 秒は耐震壁に直角方向の振動（ねじれ振動）の固有周期である。周期 0.25 秒の最大変位振幅は周期 0.171 秒の約 1/10 であった。計測された共振曲線を周期 0.171 秒，0.198 秒，0.25 秒に共振点を一つだけもつ 3 つの共振曲線に分解したとき，周期 0.171 秒の振幅減衰比は 1.240：1.0（臨界減衰比 0.015）と小さかった。

　所長室側を短辺方向に加振した。事務室側の共振曲線にも，周期 0.171 秒，0.198 秒，0.25 秒の 3 つのピークが現れた。最大ピークの周期 0.198 秒は事務室側の短辺方向振動の固有周期である。事務室側でも，所長室側の短辺方向振動とねじれ振動のピークが認められた。記録波形を見ると，所長室側と事務室側の振動の向きは反対方向になっており，ねじれ振動が発生していることが確認できた。周期 0.198 秒の振幅減衰比は 1.133：1.0（臨界減衰比 0.01）と小さかった。

2. 事務室側を加振した場合

　事務室側を短辺方向に加振した。耐震壁から 1 m の位置（事務室側）における共振曲線には，周期 0.198 秒と 0.25 秒の 2 つのピークが現れた。耐震壁から 8 m の位置における変位振幅は

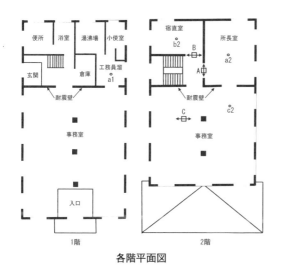

各階平面図 　　　　　　　　　当時の東京近郊電気通信監理所（内藤多仲記念館）

図 5.4.2　東京近郊電気通信監理所（1950 年）

大きくなりすぎて共振曲線は描けなかったが，周期 0.198 秒での変位振幅が距離 1m のときのほぼ 4 倍になっていることは確認できた。変位振幅が大きく増幅した原因は，事務室側が耐震壁に対して尾を振るように振動したためである。耐震壁の両側は異なる周期で振動しているが，振幅減衰比に大きな差は見られなかった。

3. 診断結果と補強対策

診断カルテの最後には，以下のような診断結果と補強対策が記されている。

診断結果：「この建物は耐震壁の直角方向には一体となって振動するが，耐震壁の平行方向には所長室側と事務室側でそれぞれ異なる振動をしているという特徴が認められた。地震動により建物が主に耐震壁に平行方向に揺れる場合は，耐震壁の両側が逆位相で振動するようになり，耐震壁付近で大きな応力が生じる可能性がある。このため，耐震壁に平行方向の振動に対して補強する必要がある。」

補強対策：「第 1 に，耐震壁の両側を緊結して一体化する補強の重要性が指摘できる。具体的には，耐震壁を挟み 2 階床および天井両側の床と梁の結合を強固にするために，金具により耐震壁を介して両側を緊結することが必要である。第 2 に，事務室側の正面玄関付近で振動が大きく増幅する傾向が見られたことから，振動の増幅を抑えるために両側面に 1 か所ずつ 2 階から斜め下方に向けて支柱（控柱）を立て，外観を損なわないように支柱を被覆塗装しておくことが望ましい。」

第3節　立川電気通信監理所

　立川電気通信監理所は木造2階建てで、立川駅の北側、現在のNTT東日本立川ビルの位置にあった。建物は耐震壁を境にして、事務室の開放的な部分とそのほかの小部屋（所長室、階段、トイレなど）で構成される部分に分けられている。小部屋の用途は東京近郊電気通信監理所と弱冠の違いは見られるが、規模や構造はほぼ同じである。異なるのは建物が建つ地盤特性である。計測は1950年7月15日・16日の2日間で行われた。7月15日は東京近郊電気通信監理所の計測日と重なっており、午前中に新宿で計測を終え、そのあとすぐ立川に移動したものと思われる。振動カルテの最後に、付録として2棟の振動特性が比較されている。

1. 所長室側を加振した場合

　起振機を2階の所長室階段寄り入口に据え付けた。耐震壁に直角方向に加振したとき、2階の所長室と事務室の共振曲線から、耐震壁に直角方向（長辺方向）の固有周期は0.215秒であることがわかった。耐震壁を挟んだ両側の振動は全く同じであった。耐震壁の直角方向には2階が一体として振動していることがわかる。起振機の位置が耐震壁のほぼ中央であったため、ねじれ振動は発生していなかった。記録波形における1階と2階の位相は同じであり、1階の最大変位振幅は2階の約1/4になった。固有周期0.215秒における振幅減衰比は1.129：1.0（臨界減衰比0.01）と小さかった。

　起振機を2階の特別施設課入口に据え付けた。耐震壁に平行方向に加振したとき、共振曲線には周期0.160秒、0.185秒、0.215秒の3つのピークが現れた。最大ピークとなった周期0.160秒は所長室側の短辺方向振動の固有周期、0.185秒は事務室側の短辺方向の固有周期（後述）、0.215秒は耐震壁に直角方向の振動（ねじれ振動）の固有周期である。事務室側の振幅は所長室側の約1/3であった。所長室側と事務室側の振動方向が反対になっていることから、ねじれ振動が発生していることが確認できた。計測された共振曲線を周期0.160秒、0.185秒、0.215秒に共振点を一つだけもつ3つの共振曲線に分解したとき、周期0.160秒における振幅減衰比は1.192：1.0（臨界減衰比0.01）と小さかった。

2. 事務室側を加振した場合

　起振機を2階事務室に据え付け、耐震壁に平行方向（短辺方向）に加振したとき、耐震壁から1m（事務室側）の位置における共進曲線には、周期0.185秒と0.215秒の2つのピークが現れた。最大ピークの周期0.185秒は事務室側の短辺方向振動の固有周期である。耐震壁から8mの位置における変位振幅は大きくなりすぎて共振曲線は描けなかったが、周期0.198秒における変位振幅が距離1mのときのほぼ4倍になっていることは確認できた。8mの位置にお

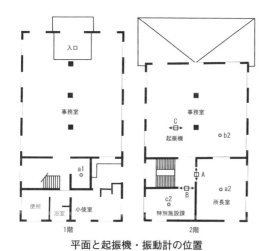

平面と起振機・振動計の位置　　　　　当時の立川電気通信監理所（内藤多仲記念館）

図 5.4.3　立川電気通信監理所（1950 年）

ける変位が大きくなった理由は，事務室側が耐震壁に対して尾を振るように振動したためである。事務室側の周期における耐震壁に平行方向の振幅減衰比は 1.129：1.0（臨界減衰比 0.01）と小さかった。耐震壁を挟んだ両側は異なる周期で振動しているが，減衰特性に関してはほとんど変わらなかった。

診断カルテの最後に記されている診断結果と補強対策は東京近郊電気通信監理所と同じなので省略する。

3. 東京近郊電気通信監理所と立川電気通信監理所の比較検討

同じ構造で同規模の東京近郊電気通信監理所（新宿）と立川電気通信監理所の振動特性を比較した結果を付表 1 に示す。

付表 1　東京近郊電気通信監理所と立川電気通信監理所の振動特性の比較

加振方向	振動特性	立川電気通信監理所		東京近郊電気通信監理所	
		所長室側	事務室側	所長室側	事務室側
耐震壁に直角方向（長辺）	固有周期（秒）	0.215	0.215	0.250	0.250
	振幅減衰比	1.129：1.0	1.129：1.0	1.151：1.0	1.151：1.0
	共振増幅係数	12.91	12.91	11.11	11.11
	地震時増幅係数	2.04	2.04	3.17	3.17
耐震壁に平行方向（短辺）	固有周期（秒）	0.160	0.185	0.171	0.198
	振幅減衰比	1.192：1.0	1.192：1.0	1.240：1.0	1.133：1.0
	共振増幅係数	8.92	10.80	7.31	12.62
	地震時増幅係数	1.39	1.60	1.47	1.76

表中において，共振増幅係数は共振時における建物重心部の振幅と地動振幅との比，地震時増幅係数は一定振幅の地震動が連続作用したときの建物重心部の振動振幅と地動振幅との比である。建物付近の地震動の卓越周期は，立川も東京近郊も0.3秒と仮定した。両建物の振動特性は傾向的に類似しているが，立川は東京近郊よりも短辺方向振動も長辺方向振動も剛性がやや大きい。減衰に関しては，両建物ともに木造としては小さい値になった。耐震壁を挟んだ所長室側と事務室側の短辺方向振動の差異は東京近郊の方が立川より大きくなっている。

第4節　水戸電報電話局（1号館，2号館）

　水戸電報電話局の振動計測は，敷地内の1～3号館を対象に1951年4月に行われた。当時の水戸電報電話局は，1号館と2号館が木造2階建て，3号館は鉄筋コンクリート造2階建てであった。診断カルテには3棟すべての計測結果が載っているが，ここでは木造建物2棟についてのみ記す。鉄筋コンクリート造の3号館は第5章3第7節の「水戸電報電話局（3号館）」としてすでに紹介した。計測当時，木造であった1号館は機械室，電池室，交換室等として，2号館は事務室，機械倉庫室等としてそれぞれ使用されていた。ねじれ振動に関して詳細な検討が行われた2号館を先に記述する。

1．2号館

　長辺方向振動を計測するために，起振機を2階の3号館に通じる渡り廊下付近に据え付け，振動計は2階の南端と北端，および1階の下足置き場土間の計3か所に設置した。共振曲線から，2階における共振周期は南端も北端も0.14秒と0.24秒付近にあった。1階においても同じ2つの共振周期が認められた。2つの共振時における位相を調べるために，振動記録中に電磁装置により各振動計の針先を同時に吸い上げる方法を用いた。長辺方向振動は，2階の南端と北端，および1階の下足置き場土間で同位相であった。全体変形曲線の形状から，0.24秒は1次モード，周期の短い0.14秒は2次モードと判別された。木造建物の振動は，一般に2階以上の振動が大きくなり，それに比べて1階の振動は極めて小さくなる傾向が見られるが，この建物においても，その傾向が認められた。

　短辺方向振動を計測するために，起振機の位置を長辺方向振動と同じとし，振動計を2階の南端と中間部，および1階の中央部に設置した。各振動計の位置における共振曲線を求めると，2階中間部における変位振幅は2階南端よりも概して小さかった。これは，渡り廊下による拘束効果のためと考えられる。

　2階中間部では0.21秒に共振周期が認められたが，これは南端における0.15秒および0.24秒の共振周期とは異なっている。このように，木造建物は鉄筋コンクリート造建物とは異なり，ある位置で加振したときに建物各部が一様には振動しないということがよくある。各周期の記

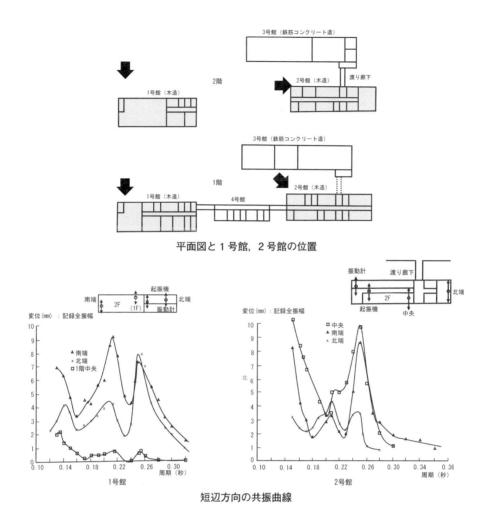

図 5.4.4　水戸電報電話局（1 号館，2 号館）（1951 年）

録波形を見ると，2 階中間部と 2 階南端の振動の向きが逆位相になっていることがわかった。これは建物がねじれて振動していることを示している。周期 0.15 秒のときのねじれ変形曲線を描くと，南端と北端では「く」の字形に折り曲がりながら 1 階と 2 階が反対方向に動き，建物全体がねじれていた。周期 0.24 秒のときは，全体変形曲線は 1 次モードの形であったが，これもねじれ変形曲線を描くと建物全体がねじれていた。周期 0.21 秒のときは，南端，北端，中間部の位相は同じであったが，中間部において大きく増幅することがあった。中央付近が振動の腹となるような変形をしていると考えられる。南端と中間部における振幅を比べると，平均的に見て，周期 0.15 秒のときは南端が約 6 倍大きく，周期 0.21 秒のときはほぼ同じで，周期 0.24 秒のときは南端が約 3 倍大きくなっていた。

　起振機を南端付近に移動し，ねじれ振動を大きく励起することが試みられた。振動計の位置は，南端，北端，中央部である。周期 0.15 秒と 0.25 秒において著しい共振現象が認められた。

4　木造建物　　189

周期 0.21 秒においてもピークが認められた。周期 0.15 秒と 0.25 秒のときは，南端と中央部の振幅に大きな差は見られないが，北端だけは小さくなっていた。これは，起振機周辺の振動が大きく，そこから離れるほど振動が減衰するという木造特有の特徴である。周期 0.21 秒のときは，起振機を中央部付近に置いたときと同じように，変位振幅は中央部で最も大きく，南端と北端は同じ位相になった。

2. 1号館

長辺方向振動の共振曲線には，2号館の場合と同様，2つの共振周期が認められた。周期 0.15 秒と 0.26 秒であり，変位振幅の値もほぼ2号館と同じであった。位相は各計測点で一致していた。長辺方向振動では建物全体が同じ方向に振動していることを示している。南端と北端の共振曲線はほぼ同じような形状になっていた。1階の共振曲線にも同じ2つの共振周期が認められた。

短辺方向振動では，中央より北端に寄った位置に起振機を据え付け，2階の南端と北端，1階の中間部で計測を行った。短辺方向振動の共振曲線には，周期 0.14 秒，0.22 秒，0.26 秒に3つの共振周期が認められた。南端の振幅は北端に比べて一般に大きくなった。3つの共振周期における全体変形曲線は，それぞれ2号館の3つの全体変形曲線と似ていると考えられるが，診断カルテには1号館の全体変形変形曲線に関する記述は省略されている。

診断カルテの最後には以下のような記述がある。「1号館と2号館の木造建物の振動特性はほぼ同じと考えられる。1号館には1階に窓口事務室，2階に通信機器室があり開放的なスペースになっており，小部屋の多い2号館は1号館に比べて1階も2階も壁量が若干多い。このため，2号館は1号館よりもやや剛な構造といえる。1号館も2号館も長辺方向には一体として振動しているが，短辺方向には全体としてのねじれ振動と中央部分で張り出す曲げ振動が生じている。このような現象は長辺方向に長い木造建物で一般に見られる特徴である。短辺方向振動の全体変形曲線は標準的な2階建て木造家屋と大きな違いは見られない。以上の結果から，1号館と2号館は当面補強工事の必要はないと判定できる。しかし，1号館南端付近には開放的な空間があるため，将来機会があれば，短辺方向の振動に対する補強を施すことが望ましい。」

第5節　日本専売公社名古屋地方局既設建物

日本専売公社名古屋地方局の敷地内建物全般を対象とした建物補強工事のための調査が，1955 年 9 月 2 〜 5 日に実施された。日本専売公社は，たばこ，塩，樟脳の専売業務を行っていた外務省専売局が 1949 年に独立してできた公共企業体である。1985 年，日本たばこ産業

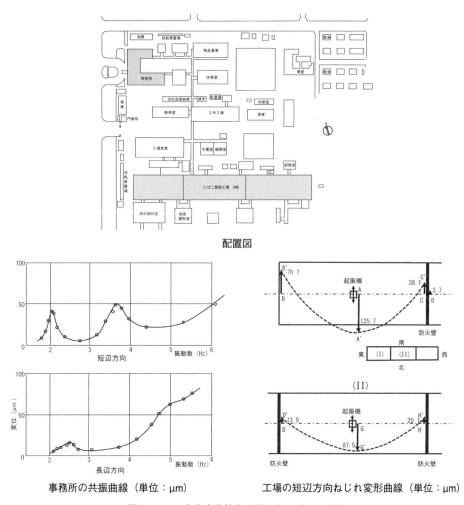

図 5.4.5 日本専売公社名古屋地方局（1955 年）

（JT）にたばこの独占製造権と塩の専売権を継承して解散している。名古屋地方局は，東京，仙台，名古屋，大阪，広島，熊本にあった日本専売公社地方局の一つである。当時，名古屋地方局の敷地内にあった木造瓦葺平屋の工場と木造瓦葺 2 階建ての事務所を対象に振動計測が行われた。計測の目的は，これら木造建物の補強工事の計画資料を得るためであった。

この診断カルテは本文 2 ページだけのメモのような内容であり，共振曲線から読み取った建物の短辺方向と長辺方向の固有周期の値と一部の変形状態が箇条書きで記述されているだけである。振動計測に基づく診断結果も補強対策もこの診断カルテには記載されていない。建物補強工事のための調査資料のごく一部として作成されたようであり，振動計測としての独立性は弱い。このため計測の詳細もよくわからないが，添付されている図面（ウェブサイト参照）からおおよその計測内容は読み取ることができる。

計測が行われた工場は敷地内で最も大きな建物であり敷地南側に位置していた。一方，事務

4　木造建物　　191

所は門を入ってすぐの敷地北側にあった．

　工場は防火壁により3つの区画に分かれており，計測は東側と中央の区画で行われた．工場の東側区画中央の陸梁上に起振機を据え付けて加振したとき，共振曲線には，短辺方向振動の1次モードの固有周期0.46秒，2次モードの固有周期0.29秒，長辺方向振動の1次モードの固有周期0.34秒が現れた．次に工場中央部の陸梁上に起振機を据え付けて加振したとき，共振曲線には，短辺方向振動の1次モードの固有周期0.39秒，2次モードの固有周期0.22秒，長辺方向振動の1次モードの固有周期0.28秒，2次モードの固有周期0.22秒が現れた．

　1次モードについて工場の上記2区画のねじれ変形曲線を描いてみると，短辺方向振動のときは防火壁による拘束効果が明確に現れ，各区画の中央で大きく凸形に膨らむ変形を示した．一方，長辺方向振動のときは南側壁面で変形がきわめて小さく，北側壁面で変形が大きくなった．これは，相対的に南側壁面の拘束効果が大きく，北側壁面の拘束効果が弱いことを示している．

　事務所に起振機を据え付けて加振したときの共振曲線から，短辺方向振動の1次モードの固有周期は0.49秒，2次モードの固有周期は0.28秒，長辺方向振動の1次モードの固有周期は0.4秒であることがわかった．事務所に関しては，変形曲線の記述は見られない．

第6章
エンジニアリング構造物の振動計測

1　鉄塔

　内藤は「耐震構造の父」と評されただけではなく「塔博士」とも呼ばれた。日本で初めてのラジオ放送は，関東大震災からほどなくの 1925 年に開始された。その前年に設立された東京放送局（現在の NHK）が仮放送の後に本放送を始めたのは 7 月 12 日だった。このとき，港区愛宕山に日本で初めてのラジオ塔（高さ 45.4 m）が 2 基建てられた。設計は内藤多仲である。この愛宕山のラジオ塔を皮切りに，全国に約 60 基のラジオ塔を次々に設計している。

　戦後，1950 年代にはいると，放送はテレビの時代を迎えた。日本初めての集約テレビ塔は 1954 年の名古屋テレビ塔（高さ 180 m）である。このテレビ塔を手掛けたのも内藤だった。名古屋テレビ塔は 2022 年に国の重要文化財（建造物）に指定されている。この名古屋テレビ塔を皮切りに再び全国のテレビ塔を次々に設計することになる。その頂点に立つのが 1959 年に竣工した東京タワーである。

　放送施設ではないが塔としてもうひとつ忘れることができないのが大阪の通天閣である。通天閣は名古屋テレビ塔と東京タワーが竣工する狭間の 1956 年に，大阪市浪速区新世界の 2 代目広告塔として竣工した。1 代目は終戦前に火災により焼失していた。

　診断カルテとして，通天閣と東京タワーを振動計測したときの記録がそれぞれ 2 回ずつ残されている。通天閣と東京タワーの 2 回の計測日時は，ともに約 10 年の間隔をあけて行われている。一方，名古屋テレビ塔の計測記録は残っていないと思われていたが，最近になって竣工後まもなく計測された記録が見つかった。風に対する常時の振動と起振機による強制振動試験の記録波形と全体変形曲線を載せただけの内容ではあるが，これでとりあえずは代表的な 3 塔の振動計測の記録は揃ったことになる。

　3 塔の振動計測の時期はそれぞれ以下のようになっている。

◆名古屋テレビ塔〜竣工直後，1954 年
◆通天閣〜 11 年後の変化検知，1 回目計測　1956 年，2 回目計測　1969 年
◆東京タワー〜 9 年後の変化検知，1 回目計測　1959 年，2 回目計測　1968 年

脱稿後，以下の診断カルテが発見されたので出版前に急遽追加した。

◆ NHK テレビ塔〜竣工後間もなく，1953 年頃

以下に各鉄塔に関する概要と計測結果の要約を記す。計測結果についてより詳細な情報が知りたい場合は，ウェブサイトからほぼオリジナルの診断カルテを見ることができる。

第1節　名古屋テレビ塔

　名古屋テレビ塔は，1954年，NHKと民放のテレビアンテナを統合した日本初の集約電波塔として，震災復興事業で造られた100メートル道路の中央緑地帯に建設された。高さは180 m，上部アンテナのスーパーゲインはNHK，下部アンテナのスーパーターンは名古屋テレビ，135 m以下はこれを支える塔体である。塔体には，高さ90 mに70坪の展望台，15〜26 mには3階建ての工作物を作り，1階に送信機室，2階に展示室，3階に休憩室が設けられた。地上90 mの展望台には外に出られるバルコニーが造られた。鉄骨の接合部は，塔の下部はリベット，上部はボルトが用いられた。塔は四角形平面の自立型で，脚部のスパンは35 m，これに2つの鉄筋コンクリート造対角アーチ（スパン50 m）が交差し，上のエレベーターや建屋の荷重の一部を支えている。設計荷重の横力は地震よりも風の方が概して大きくなった。風圧は$q = 120 \sqrt[4]{h}$（qは速度圧，hは地面からの高さ）の式で算定している。軽量化に配慮し，1階を除く各階床はRC版を鉄梁の上に載せ，シェアコネクタにより完全に梁と連結し一体化した。天井はラスモルタル塗り，屋根は薄いコンクリートスラブの上に銅板の瓦棒葺きとし，四周の壁はすべてガラス張りとしている。脚部直上に建屋があるので，塔の鉄骨920 tを加えてその自重が約3,000 tになり，風や地震に対して基礎に引張が生じることはない。地盤は硬い粘土混じり砂層で良好，地耐力は20 t/m^{2}で十分安全である。基礎底面は地表面からわずか6 mの所にある。塔の完成直後に，地震と風に対する安全性確認のために，常時微動計測と起振機を用いた強制振動試験が行われた。起振機ははじめに展望台に据え付けて加振し，その後1階に移動して加振している。

1. 常時微動計測

　計測当日の天候は晴れで静穏であった。風力の詳細は不明であるが，展望台上では風力IIからIII程度，すなわち地上10 mにおける風速が1.6〜3.4 m/sあるいは3.4〜5.5 m/sに相当していた。振動計に記録された常時の記録波形を観察すると，周期1.3秒の長周期の波の上に周期0.5秒の波が重なっていた。周期1.3秒は塔の1次モードの固有周期，周期0.5秒は2次モードの固有周期である。1次モードと2次モードが同時に励起されている。高さ110 mおよび135 mに設置した振動計の記録波形には，0.03〜0.05秒の比較的細かな振動が観測された。これはエレベーターのモーターの回転によって起こされた局所的な振動であり，少し離れた場所ではほとんど観測されることがなかった。この計測の期間中，風は前記の通り静かな方であ

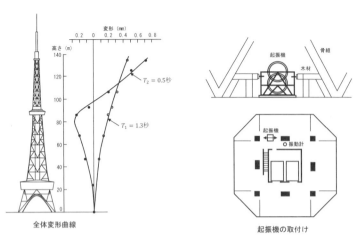

名古屋テレビ塔の計測　　　　　　　　　　　当時の名古屋テレビ塔
　　　　　　　　　　　　　　　　　　　　　　（内藤多仲記念館）

図 6.1.1　名古屋テレビ塔（1954 年）

り，塔の上端（高さ 135 m）における最大変位振幅（全振幅×1/2）は周期 1.3 秒では 0.22 mm，周期 0.50 秒では 0.032 mm となった。これらをそれぞれ正弦波と見なして加速度を計算すると，いずれの周期も約 0.5 gal となり，その振動強さはやっと人体に感じる程度である。

2.　強制振動試験

　起振機を展望台上に設置し，最大回転数が 3 Hz 程度になるまで人力で回転させたのち，自然に止まるまでの間の塔の振動を計測した。展望台上における南北方向の記録波形には，まず周期 1.3 秒の 1 次モードの波がはっきりと現れた。この振動は，風によって起こされる常時の振動とまったく同じ周期である。しばらくして，周期 0.5 秒の 2 次モードの波も明瞭に現れた。計測は振動計を種々の高さに移動させながら行われた。1 次モードの変位振幅は高さとともに増加しているが，2 次モードは高さ 93 m において変位振幅が非常に小さくなった。これは，この高さの近くで 2 次モードが節になっているためである。1 次モードと 2 次モードの全体変形曲線（モード形）を描いてみると，1 次モードも 2 次モードも単純な棒の変形曲線に似てはいるが，なお細部にわたって観察すると，展望台より上の部分の変形は直線的になっていた。とくに，2 次モードはその傾向が顕著に現れた。このことは，塔の振動は棒の振動と似てはいるが，もう少し複雑な構造上の関係があることを示唆している。

　次に起振機を高さ 14.6 m，すなわち 1 階に移動して据え付け，塔を強制振動したときの東西方向の計測を行った。塔の上部では 1 次モードの固有周期が 1.28 秒であることを確認できたが，下部での計測はできなかった。2 次モードに至っては，周期 0.22 〜 0.53 秒の振動が混在して判別不能であった。1 階での加振は，テレビ塔全体を振動させるには起振力が不足して

いた．

　診断カルテの最後に，強風と地震動を受けたときの耐風性能と耐震性能に関して以下のような考察が記されている．

「このテレビ塔の振動は，主として風によって引き起こされており，平常時において，塔上端（高さ135 m）は0.2 mm程度の変位振幅で振動している．風による変位振幅は風速の2乗に比例するという説があるが，この説によれば，風速30～50 m/sの強風になると，塔上端の変位振幅は20 mm程度に達すると考えられる．この程度の振動であれば，テレビ塔は設計上の問題はなく安全を維持できるが，風荷重に関しては不確定要素も大きく，今後も風に対する振動計測を継続する必要がある．地震のときは，比較的長周期（1.5秒程度）の地震動に対しては共振することがあるかもしれないが，通常の（短周期の）地震動に対しては1次モードの固有周期から離れており安全と考えられる．」長周期地震動への懸念が語られている．

第2節　大阪通天閣

　大阪通天閣は，戦前に焼失した初代通天閣を地元商店街の出資で再建した二代目の塔として1956年に建設された．初代の通天閣はエッフェル塔と凱旋門を合体させたような造りで1912年に竣工したが，戦時中の1943年に延焼に遭い，脚部が耐力不足となったため，解体して軍需資材として供出された．通天閣は観光目的だけの塔であり，高さは103 m，自重は約2,000 tonである．放射状に道路が交わる1,200 m²の限られた敷地に建っている．入場ゲートは地下1階にあり，高さ18 mにある低層階（1～3階）と高さ84 mにある高層階（4～5階）で構成されている．地下階と低層階を結ぶ低層エレベーターと低層階と高層階を結ぶ高層エレベーターを乗り継いで展望台に上がるようになっている．基礎は正方形で，基礎幅（脚と脚の間）は24 m，深さは地下5.58 mである．公道が塔の真下を通っているため，柱脚以外は全面開放し，東側に円形エレベーターと階段用のタワーを建てて，ブリッジにより塔とつないでいる．鉄骨の接合部はすべてリベットを用いている．2001年に改装工事が行われた．振動計測は2度行われている．1回目は竣工後間もない1956年，2回目は竣工後13年が経過した1969年である．

【第1回計測】
1. 短辺方向振動

　起振機を高さ97 mに据え付けて短辺方向振動を励起した．手動で回転数を増加させて6 Hzに達したところで手を放し，その後，自然に停止するまで自由に回転させた．塔の振動が共振現象を示したのは，短周期から長周期の順に以下の4つの周期であった．0.275秒（4次モード），0.305秒（3次モード），0.375秒（2次モード），1.56秒（1次モード）．各共振周期における振動

状態は以下のようになった。

1) 周期 0.275 秒（4 次モード）：この周期の振動は鉄塔の東側にあるエレベーターシャフトおよび事務室等のある付属建物の振動と考えられる。これら塔以外の建物が振動すると，振動は基礎および渡り廊下等を伝播し，塔内に設置された振動計が感知する。この周期の振動は，後に述べる長辺方向振動には現れていない。このときの全体変形曲線は，26 m の高さのビル形式の部分と塔の頭部（高さ 84 m 以上）とが同じ方向に変位し，中間の骨組の柱（26～84 m）の部分は弓形に反対の方向に張り出すような形状を示している。この形式の振動は，次に述べる周期 0.305 秒の振動モードに移行する段階において，たまたま付属建物の振動が起こったために生じたものと考えられる。

2) 周期 0.305 秒（3 次モード）：この周期の振動は鉄塔全体としての 3 次モードである。全体変形曲線は鉄塔頂部から基礎に至る間に 2 つの節を有する形状になっている。ただし，塔の構造は複雑であり，一様断面の片持ち梁とは異なり，節の位置や振動周期の関係は単純な梁理論と同じではない。周期 0.275 秒の全体変形曲線の形状と周期 0.305 秒の形状はほぼ同じである。塔の頭部（高さ 84 m 以上）と脚部（高さ 26 m 以下）は同じ方向に変位し，中間の骨組部分（26～84 m）は弓形に反対の方向に張り出している。周期 0.275 秒と 0.305 秒の振動において，ビル形式の部分の屋根に相当する位置で上部と下部が反対方向に動くことは構造上当然と思われる。上部は鉄骨の変形しやすい部分，下部は比較的変形しにくい部分であり，その位置で剛性が急変している。

3) 周期 0.375 秒（2 次モード）：塔全体の振動から見ると，全体変形曲線の節が鉄塔頂部から基礎までの間に 1 つある形式である。この節は高さ 87.5～91.5 m にある。単純な片持ち梁であれば，節はもう少し下方にできるはずである。その付近に相当多くの補強材が使われていたため，湾曲しにくくなり節の位置が上方に移動したものと考えられる。周期 0.275 秒と 0.305 秒の振動に見られたような高さ 26.0 m における急激な湾曲は生じていない。この振動では，節より上方の頭部のみが反対の方向に揺れ，それより下方では同じ方向に振動している。変位振幅は高さ 51.0 m 付近が最大になっている。

4) 周期 1.56 秒（1 次モード）：この振動は全体としての基本モードである。常時風によって励起されている振動はこのモードである。振動状態は高さ 91.5 m より上方と 84.0～91.5 m とで異なっているが，塔全体の振動は地面で固定された片持ち梁の場合に似ている。このとき，鉄塔頂部より基礎に至る各点は中心線に対して常に同じ側にある。この振動モードの場合，高さ 91.5 m から鉄塔頂部（高さ 100 m）に至る間の変形がかなり大きく，高さ 91.5 m と鉄塔頂部との相対変位は 0.35 mm くらいある。高さ 84.0～91.5 m はほとんど変形しておらず，その区間の相対変位はきわめて小さくなっている。

2. 長辺方向振動

長辺方向振動において，鉄塔の振動が共振現象を示したのは以下の3つの周期である。0.300秒（3次モード），0.375秒（2次モード），1.55秒（1次モード）。各共振周期における振動状態は以下のようになった。

1) 周期0.300秒（3次モード）：この振動は短辺方向振動の場合の周期0.305秒の振動に相当している。高さ84.0 mの振動は計測されなかったので，短辺方向振動の場合を参考に考える。頭部はあまり傾かずに振動しており，それより下方が比較的よく揺れている。鉄塔頂部と高さ20.0 mより下のビル形式の部分が中心線に対して同じ側にあり，中間部の鉄骨組柱の部分が弓状に反対側に張り出している。ビル形式の屋上にあたる高さ26.0 mにおいて組柱が振動方向を変えている。ビル形式の部分はせん断形になっている。短辺方向振動に比べて周期はわずかに小さい。全体変形曲線の節は短辺方向振動のときとほぼ同じ高さで，各点の変位振幅も短辺方向振動のときとほぼ同じであり，振動方向による差異はほとんど見られない。

2) 周期0.375秒（2次モード）：鉄塔全体の振動の2次モードである。各計測点の変位振幅は短辺方向振動とほぼ同じであり，ここでも振動の方向性はほとんど認められない。

3) 周期1.55秒（1次モード）：基本モードであり，この場合も短辺方向振動における各計測点の変位振幅とほぼ同じ値である。周期も計測誤差の範囲で一致しており，振動方向の差異は認められない。

以上まとめると，短辺方向振動と長辺方向振動の固有周期とその全体変形曲線から判断して，高さ26.0 mより上方で振動性状が方向により多少異なってはいるが，基本的には短辺方向振動と長辺方向振動の方向性はほとんど認められないと言える。短辺方向振動においては，鉄塔と付属建物の振動が別個に現れていたが，その影響が地震被害の直接的要因になるとは考えられない。最悪の場合でも，エレベーターシャフトと渡り廊下，および渡り廊下と鉄塔本体のビル形式部分との接合部にきれつが入る程度と考えられる。高さ26.0 m〜鉄塔頂部の間は，長辺方向振動も短辺方向振動も同じような状態になっていることから，鉄塔の剛性は方向性を有することなく一様と考えられる。高さ75.0 m周辺は補強材が相当有効に働いているようで，この位置に弱点はなさそうである。全体変形曲線の形状から言っても，この位置で急激な振幅の増減が生じるとは考えられない。むしろ高さ84.0 mで頭部と鉄骨柱部との間の変形が急に小さくなる振動になる可能性が高い。

3. ロッキング

短辺方向振動において，1次モード（周期1.56秒）では明確なロッキングは観察されなかったが，それ以外の2〜4次モードでは地下室床でロッキングによるシーソーのような振動が生じていた。周期0.375秒のときは，機械室のある側の変形がない側の変形の約1/2と小さく

なっており，ロッキングの回転中心は短辺中央から機械室のない側に寄っていた。周期 0.305 秒と 0.275 秒のときも，機械室のある側の変形がない側の変形の約 2/3 と小さくなっていたが，ロッキングの回転中心はほぼ短辺中央にあった。全体変形曲線において，ロッキングによる変形が全変形に占める割合は 1/18 〜 1/11 程度であり，一般の建物の 1/4 〜 1/3 程度に比べるとはるかに小さい。このことは，鉄塔では振動のエネルギーが主として上部の弾性変形に消費されてしまい，基礎はほとんど動いていないことを意味している。

　長辺方向振動においても，1 次モード（周期 1.55 秒）では明確なロッキングは観察されなかったが，それ以外の 2, 3 次モードでは地下室床でロッキングが生じていた。周期 0.375 秒と周期 3.00 秒はともに機械室による拘束効果が顕著に現れ，機械室のある側の変形がない側の変形の約 1/2 と小さかった。ロッキング変形は直線状ではなく，機械室側で凸状に膨らむ形状になった。全体変形曲線において，ロッキングによる変形が全変形に占める割合は 1/24 〜 1/14 程度と短辺方向振動のときよりもさらに小さかった。長辺方向にはエレベーターシャフトと事務室のある付属建物があり，同じ力が作用した場合の抵抗力が大きいためと考えられる。

4. 減衰

　高さ 97 m で加振したとき，1 次モードの最大（片）振幅は約 1.0 mm になった。周期を 1 次モードの 1.55 秒として加速度を求めると 1.67 cm/s^2 となり，人体が揺れを知覚する限度（0.5 cm/s^2 程度）を超えていることがわかる。

　強制振動試験の際，1 次モードが最大変位振幅に達し，その後自然減衰に近い経過をたどって数回振動し，振幅が徐々に小さくなった記録波形が認められた。このときの減衰自由振動波形の振幅から減衰を求めることを試みた。鉄塔の計測では風の影響を受けやすく，自然減衰の状態が得られることはめったにないので，これは運良く得られた例である。得られた短辺方向振動の振幅減衰比は 1.027：1 となった。これは臨界減衰比に換算して 0.85 % に相当する。減衰比の値は一般建築物に比べればかなり小さいが，鉄塔としては特異な値ではない。

5. 第 1 回振動計測のまとめ

　診断カルテの最後には，通天閣の構造健全性に関する以下の記述がある。

　「通天閣の構造は平面的にほぼ軸対称であり，振動には方向性がほとんど認められない。今回の計測では，高い塔状の構造物に現れる基本振動と複数の高次モードの励起を明確に捉えることができた。振動状態から判断して，エレベーターシャフトと事務所のある付属建物と高さ 26.0 m の塔の連結部，および塔の高さ 84.0 m において，変形形状が断面の変化に対応していることが確認できた。振動の性状を見る限り，通天閣の構造上の欠点は認められない。風に対しても地震に対しても，鉄骨造としての強靭性を発揮するものと考えられる。」

【第 2 回計測】

第 1 回計測が行われてから 13 年が経過した 1969 年に第 2 回計測が実施された。計測の目的は，第 1 回計測のときの状態と比較し，この期間中の構造性能の低下（劣化）の程度を調査することであった。第 1 回計測では起振機を用いた強制振動試験のみが行われたが，第 2 回計測では起振機を用いた強制振動試験に加えて常時微動計測も行われた。使用した起振機は第 1 回計測と同じであり，その据え付け位置も同じ高さ 97 m である。

1. 強制振動試験

短辺方向振動の共振曲線には，周期 0.41 秒，0.326 秒，0.290 秒，および 0.287 秒の共振ピークが認められた。1 次モードの周期 1.60 秒付近では，起振力が弱すぎて，共振周期のピークだけは何とか確認することができたが，ピーク以外ではノイズに埋もれてしまい，共振曲線を描くことはできなかった。

各共振周期における全体変形曲線の形状から，短辺方向振動の周期 0.41 秒は 2 次モード，0.326 秒は 3 次モードであることがわかった。この周期 0.41 秒と 0.326 秒の全体変形曲線は，塔本体の計測点（高さ 26.0 m，18.0 m，−4.4 m）とエレベーターシャフトの計測点（高さ 26.0 m，18.0 m，−4.4 m）では同位相であったが，周期 0.290 秒と 0.287 秒の全体変形曲線は塔本体とエレベーターシャフトの位相が逆になっていた。このことから，第 2 回計測では共振周期 0.290 秒と 0.287 秒はまとめてねじれを伴う 3 次モードと呼んでいる（第 1 回計測のときは 4 次モードと記述されていた）。周期 0.290 秒と 0.287 秒の全体変形曲線を比較すると，周期 0.290 秒は塔の上部と高さ 18.0 m 付近，周期 0.287 秒はエレベーターシャフトの変位がそれぞれ大きくなっていた。これは，塔本体が比較的柔らかい構造物であり，エレベーターシャフトとの接続も柔軟な渡り廊下を介しているために，局所的な振動として現れたものと考えられる。

第 1 回計測と第 2 回計測の固有周期を比較して表 1 に示す。この結果を見ると，各固有周期の延びは最大でも 1 割足らずで小さい。さらに，塔に取り付けた広告等の荷重増加を考慮すれば，短辺方向の剛性はほとんど変化していないと考えてよい。

表 1 　第 1 回計測と第 2 回計測により求めた短辺方向振動の各次固有周期

振動モード	1 次（秒）	2 次（秒）	3 次（秒）	ねじれを伴う 3 次（秒）
第 1 回	1.56	0.375	0.305	0.275
第 2 回	1.60	0.410	0.326	0.290，0.287
第 2 回／第 1 回	1.06	1.09	1.07	1.06，1.04

第 1 回計測と第 2 回計測の全体変形曲線を比較すると，両結果はすべてのモードに関してよく一致していた。3 次モードとねじれを伴う 3 次モードの全体変形曲線は，第 1 回計測では

計測していなかったエレベーターシャフトの変形が塔本体の変形に比べて大きくなる傾向が見られた。これは、塔本体の振動により、あたかも片持ち梁の先端のように変形が増幅されたためと考えられる。第1回計測と第2回計測の全体変形曲線の変化がほとんど見られないことからも、塔の剛性分布は建設当初とほとんど変化していないと考えられる。

第1回計測と第2回計測における地下室床の上下動変形曲線を描くと、第1回計測と第2回計測の変形は傾向的によく一致していたが、部分的に異なっているところもあった。竣工後の広告等の荷重増加による影響と考えられる。

減衰自由振動の記録波形から対数減衰率を介して1次モードの臨界減衰比を求め、共振曲線に $1/\sqrt{2}$ 法を用いることにより2次モードと3次モードの臨界減衰比を求めた。各次の臨界減衰比の値を表2に示す。第1回計測と第2回計測の1次モードの臨界減衰比はほぼ一致しており、その差は1％以下で非常に小さい。臨界減衰比は固有振動数の増加とともにほぼ直線的に増加しており、従来の傾向と一致していた。

表2 第1回計測と第2回計測により求めた短辺方向振動の各次臨界減衰比

振動モード	1次	2次	3次
第1回	0.85（％）	―	―
第2回	0.94（％）	2.16（％）	2.45（％）

長辺方向振動の共振曲線から、2次モードの周期0.395秒、3次モードの周期0.310秒を読み取ることができる。1次モードの周期1.59秒付近の共振曲線は、短辺方向振動のときと同じように、起振力が微小なために描くことはできなかったが、短辺方向振動と同じように、共振時の固有周期だけは確認することができた。第1回計測と第2回計測の固有周期を比較して表3に示す。この結果から各次の固有周期の延びは短辺方向振動と同様に非常に小さく、長辺方向の剛性はほとんど変化していないと考えてよい。

表3 第1回計測と第2回計測により求めた長辺方向振動の各次固有周期

振動モード	1次	2次	3次
第1回	1.55（秒）	0.375（秒）	0.300（秒）
第2回	1.59	0.395	0.310
第2回／第1回	1.03	1.05	1.03

第1回計測と第2回計測の全体変形曲線を比較すると、両結果はすべてのモードでよく一致していた。固有振動数と振動次数の関係は、短辺方向振動と同様に、おおむね直線的であった。これはせん断型振動系の特徴でもあるが、このことは変形状態からも確認できた。第1

回計測では，1次モードの高さ 94.5 m と 91.5 m の変形が高さ 87.5 m に比べて大きくなっていた。この傾向は短辺方向振動のときにも見られたが，高さ 94.5 m にエレベーター機械室があり荷重が大きいこと，剛性がこの付近で変化していること，さらに高さ 97.0〜100.0 m には荷重がほとんどないこと等が影響していると考えられる。

第 1 回計測と第 2 回計測における地下 1 階の上下動変形曲線は，短辺方向振動のときと同じように，ごく一部を除いて変形状態はよく一致していた。

減衰自由振動の記録波形から，対数減衰率を介して 1 次モードの臨界減衰比を求め，共振曲線に $1/\sqrt{2}$ 法を用いることにより 2 次モードと 3 次モードの臨界減衰比を求めた。臨界減衰比の値を表 4 に示す。第 1 回計測のときは，短辺方向の減衰比しか求めていないので，長辺方向振動の第 1 回目計測と第 2 回目計測の比較は行っていない。表では短辺方向振動の減衰比と比較している。減衰と固有振動数の関係は，短辺方向振動と同じように，臨界減衰比は固有振動数の増加につれほぼ直線的に増加している。

表 4　長辺方向振動と短辺方向振動の各次減衰比

振動モード	1 次	2 次	3 次
長辺方向振動	0.78（％）	2.40（％）	2.60（％）
短辺方向振動	0.94（％）	2.16（％）	2.45（％）

2. 常時微動計測

第 1 回計測では行われなかった常時微動計測を実施し，強制振動試験の結果と比較することにより，常時微動計測の適用可能性を検討している。常時微動計測により得られた短辺方向と長辺方向の記録波形を見ると，短辺方向も長辺方向も，高さ 97.0 m と 84.0 m では長周期波形がもっぱら現れているのに対し，高さ 51.0 m と 26.0 m では，この長周期波形の上に短周期波形が重なっていることがわかった。

これらの記録波形の短辺方向と長辺方向の周期－頻度分布曲線を求めてみると，短辺方向では，長周期の卓越周期は 1.58 秒であり，短周期の卓越周期は 0.40 秒であった。これらの周期は強制振動試験の 1 次固有周期 1.60 秒，2 次固有周期 0.41 秒にそれぞれ対応している。長辺方向では，長周期の卓越周期はあまり明瞭には現れなかったが，1.53〜1.65 秒に卓越が見られ，短周期の卓越周期は 0.4 秒であった。このように，短辺方向も長辺方向も 1 次固有周期と 2 次固有周期が卓越していた。常時微動計測は，強制振動試験では励起することのできない長周期振動を計測できる点で利用価値が高い。

計測位置の異なる記録波形の周期－頻度分布曲線を比べてみると，塔上部では 1 次固有周期が大きく卓越しているのに対し，下方に行くほど 2 次固有周期が顕著に現れることがわか

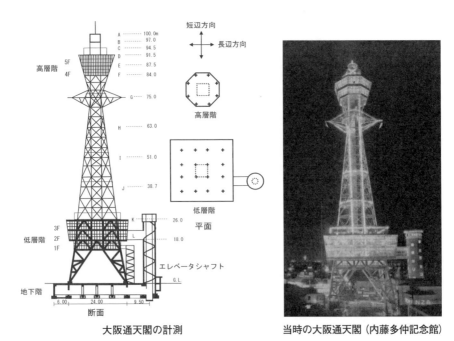

図 6.1.2　大阪通天閣（1958 年，1969 年）

った。これらの傾向は次節の東京タワーの計測でも観察されている。なお，常時微動計測は短周期でも問題なく計測できており，東京タワーの計測では 5 次モードまで計測可能であった。

3．第 2 回振動計測のまとめ

診断カルテの最後には，通天閣の構造健全性に関する以下の記述がある。

「固有周期に関して第 1 回計測と第 2 回計測を比較すると，広告等の荷重増加があったにもかかわらず 1 割足らずの増加にすぎない。変形状態も，両計測の結果は傾向的によく一致している。臨界減衰比に関しては，第 1 回計測の短辺方向の 1 次減衰比 0.85 ％ に対し，第 2 回計測では 0.94 ％ とわずかに増えたが，ほとんど変化していないといってよい。高次モードの臨界減衰比は，2 次で 2.2 ～ 2.4 ％，3 次で 2.45 ～ 2.6 ％ となったが，これらの値は第 1 回計測では求めていないので，変化まではわからない。各共振時における臨界減衰比は一般建物に比べるとかなり小さく，これは鉄塔構造物の一般的傾向と考えられる。

第 1 回計測では行っていない常時微動計測の結果を見ると，短辺方向も長辺方向も各計測点で 1 次固有周期が卓越している。しかし，下層になるにしたがい 2 次固有周期の振幅が大きくなり，下層では 2 次固有周期が卓越する傾向が認められた。

第 2 回計測における通天閣の振動性状は，第 1 回計測と比較してほとんど変化していないことがわかった。この 13 年間に剛性低下等の劣化はほとんど起こっておらず，現状における構造健全性が確認できた。」

第3節　東京タワー

　東京タワーは，東京のテレビ放送局を統合する集約電波塔として1958年に建設された。塔は強風に対して地表面で風速60 m/s，頂部で90 m/sに耐えられるように，地震に対して関東大震災の2倍の震度に耐えられるように設計された。当時は世界で一番高い塔となり，高さは333 m，自重は約4,000 tonであった。地上150 mに2層の大展望台，地上250 mに直径23 mの特別展望台，足元には鉄筋コンクリート造6階建ての建屋が設けられた。地下8 mの基礎底面下には，砂礫層に達する深さ15 m，直径2 mのコンクリート杭を打設し，建屋の下には対角状につなぎ梁を渡して脚部が開くのを防いでいる。工事最終段階のアンテナの吊上げは難工事になった。2003年に改装工事が行われている。

　振動計測は2度行われた。第1回計測は竣工後まもない1959年，第2回計測は竣工後9年が経過した1968年である。第1回計測では，計測の結果，常時の振動に様々な振動モードが励起されていることが明らかになった。その計測後，しばらくして中部地方を中心に伊勢湾台風が襲来した。急遽，この台風の強風下における東京タワーの振動性状を計測することになり，第1回計測の診断カルテには，追加報告として伊勢湾台風が東京付近を通過したときの振動計測が含まれている。診断カルテは1960年2月に英文で書かれたが，その翌年にはこの診断カルテを日本語訳したうえで，東京タワーの構造設計の概要を加えて再び作成されている。このときの診断カルテには，新たに，伊勢湾台風とほぼ同規模であった第2室戸台風が東京付近を通過したときの東京タワーにおける風速観察の記録が速報として載っている。また，東京タワーに設置された強震計SMACが，同時期にたまたま発生した小地震の地震記録を捉えた簡単な報告も記されている。

　第2回目計測は竣工から9年後に行われた。計測の目的は，東京タワーにおける9年間の剛性低下と質量増加による振動性状の変化に関する調査である。検討の結果，この期間中に剛性低下はほとんど生じていないことが報告されている。

【第1回計測】

　東京タワーの第1回計測の和文版診断カルテは，4つの独立した内容で構成されている。「Ⅰ．東京タワーの設計と建設」，「Ⅱ．強制振動試験」，「Ⅲ．伊勢湾台風の観測」，「Ⅳ．1959年1月24日の強震計による観測」である。ここでは「Ⅰ．東京タワーの設計と建設」を割愛し（ウェブサイトでは掲載している），残るⅡ～Ⅳの部分を紹介する。

1．強制振動試験

　穏やかな日を選び，1959年3月28日と5月6日に強制振動試験が実施された。塔に強制振

動を励起させるために，起振機を高さ 223 m の特別展望台に据え付けた．起振機の回転速度が毎秒数回転と比較的速いうちは，塔の振動を励起する起振力として十分だったものの，回転速度が毎秒 1 回転くらいに低下してくると，起振力は弱くなって風の作用に打ち勝つことができなくなった．こうなると，起振機により直接励起された振動は風が引き起こした振動と混ざり合い判別ができなくなる．このため，塔の強制振動試験は周期 1 秒以下の場合に限り有効と判断された．しかし，この計測のときは風がほとんどない理想的な天気であったため，予想に反して 2.65 秒あるいはそれ以上の長周期の振動も計測することができた．この長周期振動はぎりぎり塔の 1 次モードの周期に相当していた．

　強制振動試験のもとで励起される様々な振動モードの特徴を検討した．起振機の回転速度が 7 Hz になったときの起振力は 2.3 トンであった．起振機の据え付け位置は特別展望台の床上とした．東京タワーは対称形なので一方向のみ加振することにし，この方向を X 方向とした．加振位置は特別展望台の平面中心からは少しずれていた．水平動用の電磁式振動計を異なる高さに適宜移動させながら計測を行った．計測方向は加振方向（X 方向）とその直角方向（Y 方向）とした．

　東京タワーの振動性状は複雑であり，記録波形は 2 つあるいはそれ以上の周期の波が重ね合わされたような波形になっていた．異なる振動性状を示す周期 0.17 秒，0.22 秒，0.25 秒，0.28 秒，0.35 秒，0.43 秒，0.78 秒，1.55 秒，2.56 秒の 9 つの周期が観測された．以下に，この 9 つの周期における全体変形曲線の特徴を記す．

1) 周期 0.17 秒の変形は，大展望台（120 m）よりも高い部分にほぼ限定されており，それより低い部分では上部の振動の影響でわずかに揺れる程度であった．この周期では特別展望台（223 m）の振動は小さかった．特別展望台と大展望台の間はわずかに曲げ振動が励起されており，大展望台よりも下の部分は基本的に動いていなかった．

2) 周期 0.22 秒の変形は，振動が塔の下部に幾分か広がっていた．すなわち，基礎と大展望台の間あたりが両端固定の状態で振動していた．上部の振動は塔体頂部（253 m）と大展望台の間で大きくなっていた．この振動モードでは特別展望台がかなり揺れていた．

3) 周期 0.25 秒の変形は，大展望台より下の部分の振動が明らかに観察でき，せん断型の変形が生じていた．上部の変形は周期 0.22 秒の変形と似た特徴をもっていた．

4) 周期 0.28 秒の変形は，塔が基礎と特別展望台で拘束されているかのように見えた．上部と下部では逆方向に振動していた．

5) 周期 0.35 秒の変形は，塔体頂部，大展望台，および基礎の 3 点で拘束されているかのように見えた．上部と下部は同じよりに振動しており，それぞれの部分の中間点に節を持っていた．この振動モードは塔全体の 3 次モードではないかと考えられる．

6) 周期 0.43 秒の変形は，おそらくねじれ振動である．この振動の性状を明らかにするために，特別展望台で加振力に直角方向の振動成分を計測した．その結果，0.43 秒のと

きにこの直角方向の振動がとくに大きくなることが判明した。ほかの周期ではこのような現象は見られなかった。

7) 周期 0.78 秒の変形は，通常の高層建築物でも見られる変形であり，疑いなく 2 次モードである。この振動モードでは大展望台の変形が他の部分よりも大きくなっていた。大展望台に設置された SMAC（強震計）により得られた地震記録には，この周期の振動が最も頻繁に観測された。

8) 周期 1.55 秒の変形は，塔のせん断振動と考えられる。鉄骨骨組構造物はせん断振動をすることが多い。東京タワーでも実際にこのような振動が観測されている。

9) 周期 2.65 秒の変形は，観測された最長の周期であり 1 次モードである。この変形は片持ち梁の曲げ振動の変形に似ている。約 3.0 秒の周期の波がいくつか観測された。このような長周期の波は，塔に限定されることはなく，基礎にも広がっているように見えた。すなわち，塔と少なくとも基礎の一部は一緒に振動していた。

以上の強制振動試験の結果から言えることは，東京タワーの振動性状は見た目の構造よりもかなり複雑であるということである。しかし，それは決して構造に欠陥があるという意味ではない。

大阪通天閣，名古屋テレビ塔，および東京タワーの 3 つの塔状構造物を振動計測して求めた 1 次モードと 2 次モードの固有周期を表 1 に示す。名古屋テレビ塔と東京タワーは，1 次モードと 2 次モードの固有周期比が実質的に約 3.3 とほぼ等しくなっており，類似した構造物と言えそうである。一方，大阪通天閣の固有周期比はこの値よりも明らかに大きくなっている。また，通天閣の周期は塔の高さの割には長周期である。これは，その外観からもわかるように，通天閣がほかの塔に比べて上層部が重いためと考えられる。

表1　大阪通天閣，名古屋テレビ塔，東京タワーの固有周期比

	大阪通天閣	名古屋テレビ塔	東京タワー
高さ	103 m	180 m	333 m
1 次モード固有周期（T_1） 2 次モード固有周期（T_2）	1.56 秒 0.375 秒	1.27 秒 0.49 秒	2.65 秒 0.78 秒
固有周期比（T_2/T_1）	4.2 : 1.0	3.3 : 1.0	3.4 : 1.0

様々な境界条件に対する梁の振動において，1 次モードと 2 次モードの固有周期比は表 2 のように与えられる。この表から言えることは，東京タワーのような塔状構造物の振動を大局的に細長い梁の振動と見ることが許されるなら，両端の境界条件はピンと自由の組合せと考えてよさそうである。

表2 様々な境界条件に対する梁の固有周期比

梁両端の境界条件	固有周期比
固定と自由	6.2
ローラーと自由	5.3
ピンと自由	3.2
自由と自由	2.9

2. 伊勢湾台風の観測

伊勢湾台風が東京タワーに接近したときの観測記録の内容を紹介する。伊勢湾の北沿岸部に甚大な被害をもたらした伊勢湾台風は、1959年9月26日の夕方から27日の朝方にかけて東京に来襲した。東京では夜中（9月27日0時0分）に風がもっとも強くなり、地上250mで最大平均風速35 m/s、最大瞬間風速44.2 m/sを記録した。幸いなことに、東京での被害は小さかった。東京タワーとしてはもちろん初めての経験だったので、このような強風下における振動性状を計測する格好の機会となった。伊勢湾台風が通過する間、東京大学地震研究所の河角廣教授らにより振動観測が実施された。この診断カルテでは、河角教授らによる観測結果を強制振動試験の結果と比較し、強風時における東京タワーの振動性状につて検討している。

河角らによる振動計測は、高さ331 m（アンテナ頂部の近く）、224 m（特別展望台）、130 m（大展望台）の3か所で行われた。高さ331 mの振動計は既設のものであり（竣工前にアンテナに設置）、高さ224 mと130 mの振動計は伊勢湾台風を観測するために新たに設置したものである。既設の振動計はひずみゲージを用いた加速度計である。アンテナを塔に固定する前にアンテナ内部に3台（2台は水平2方向用、1台は鉛直方向用）取り付けられていた。振動計はケーブルにより記録装置に接続され、ペン書きオシログラフに波形が出力されるようになっていた。新たに設置した2台の振動計は電磁式である。

観測記録によれば、0：00に最大風速を記録しており、この時間帯は、東京タワーの加速度や変位が大きくなっただけでなく、周期が延びていることがわかった。以下では、強制振動試験の結果との比較を通して台風時の振動性状を検討した結果を記す。

台風時の振動性状を起振機による強制振動と比べてみると、台風時の卓越周期は強制振動の結果とかなりよく一致していた。しかし、台風時の固有周期は強制振動の周期よりも幾分長めになっていた。台風時には、塔の振動振幅が大きくなるにつれて長周期化したものと考えられる（振幅依存性）。

高さ331 mでは周期0.2～0.3秒の短周期の振動が生じていた。この振動モードは強制振動試験でも観測されている。周期2.4～3.0秒の振動は明らかに1次モードであり、周期1.5秒の振動は強制振動試験で判明したせん断振動である。高さ224 mでは周期1.6～2.7秒で卓越が見られた。1.6秒の周期はせん断振動、2.7秒の周期は前述した1次モードである。高さ

130 m では卓越周期は周期 1.8 秒以下になっていた。この高さでは周期 0.7 〜 0.9 秒がしばしば観測された。この振動モードは，強制振動試験における塔の 2 次モードである。

　加速度の最大値は高さ 331 m で生じており，一般に周期 0.2 〜 0.3 秒の短周期の振動が大きくなっていた。この高さでは，周期 2.7 秒の振動は両振幅の加速度で 80 〜 400 cm/s^2 になる。これと同じような周期で 655 cm/s^2 の加速度も記録されていたが，この値については検討が必要である。高さ 224 m では両振幅の加速度は 11.5 〜 78.5 cm/s^2 の範囲，高さ 130 m では 2.0 〜 13.5 cm/s^2 の範囲であった。このように，塔の下層部では加速度が大幅に減少していた。

　加速度から以下の式により両振幅の変位が算定された。

$$x = \frac{aT^2}{4\pi^2} \approx 0.025aT^2$$

ここに，x は変位振幅（cm），a は加速度（gal），T は周期（秒）である。変位はアンテナ頂部で最大になり，その値は両振幅で 86 cm に達していた。このときの加速度は 410 cm/s^2，振動周期は 2.9 秒である。風速は，高さ 250 m において最大平均風速 30 m/s，最大瞬間風速 37.9 m/s であった。高さ 224 m における最大変位は周期 2.7 秒で 14 cm，高さ 130 m における最大変位は同じ周期で 0.4 cm になった。

　この台風から得られた結果によると，アンテナ頂部での大きな変位に比べると，高さ 130 m の大展望台の近くの変位は非常に小さくなっていた。アンテナ頂部で観測された 86 cm という大きな変位は，1 次モードで共振したときに生じている。東京タワーはアンテナ頂部で風速 90 m/s の強風に耐えるように設計されている。この状態におけるアンテナ頂部の変位は内藤により 324 cm になると予想されていた。伊勢湾台風の風速はこの設計風速の約 1/2 である。伊勢湾台風による東京タワーの被害はまったく見られなかったが，伊勢湾台風より厳しい強風下においても安全性は確保されると言うことができる。

3. 1961 年 9 月 16 日の第 2 室戸台風で計測された風速

　伊勢湾台風の観測記録に関する記述の後に，2 年後に来襲した第 2 室戸台風の風速記録のメモが挿入されていたので紹介する。1961 年 9 月 16 日，第 2 室戸台風が室戸岬に上陸し，高潮などにより大阪湾岸に大きな被害をもたらした。この台風は，1951 年の統計開始以来，上陸時の中心気圧がもっとも低く，伊勢湾台風に匹敵する勢力になった。東京地方では強風が吹き荒れ，東京タワーにおいて計測された風速は，最大平均風速と最大瞬間風速ともに伊勢湾台風のときの値とほぼ同じであった。このとき，東京タワーの高さ 253 m，173 m，107 m，67 m，28 m で同時に風速が計測された。風速は 9 月 16 日 16 時にもっとも大きくなった。高さ 253 m の風速は高さ 26 m の風速の 2 倍程度の大きさになっていた。

　高さ方向の風速分布が Archibald と Hellmann の式に当てはまると仮定した。この式は一般に以下のように表せる。

$$v = v_0 \left(\frac{h}{h_0}\right)^n$$

ここに，n は計測により求まる定数である。最大平均風速に関して，n の値を 1/7，1/4，1/3 と変化させてみたところ，高さ 107 m を除けば，$n = 1/3$ がもっともよく適合した。同様に，最大瞬間風速に関しては，$n = 1/4$ のときがもっともよく適合した。高さ 107 m の値は，他の高さの値と比較して常に小さくなっていた。たぶん，この高さは，風が展望台やその他の影響により弱められているためと考えられる。

4. 1959年1月24日の強震計による観測

1953 年に標準地震計として SMAC が完成した。それ以来，強震時における地盤および主要建造物の振動性状を観測する目的で，強震観測計画が全国各地で行われるようになった。東京タワーの敷地内にも 1958 年 12 月に 2 組の強震計が設置された。設置位置は，1 台が大展望台 2 階（高さ 125 m），ほかの 1 台が塔の下にある科学館の 4 階である。

設置して間もない 1959 年 1 月 24 日，SMAC の地震記録が大展望台で得られた。残念ながら，科学館 4 階では，地震計が計測を開始するのに必要最小（トリガー）の 10 cm/s^2 に達していなかったため，地震記録を得ることはできなかった。大展望台における最大加速度は，片振幅で南北成分が 21 gal，東西成分が 22.5 gal，上下成分が 6.3 gal であった。

ちなみに，東京にある某建物 8 階で観測された同じ地震に対する記録波形と比べると，東京タワーの揺れは予想外に小さいことがわかった。この某建物の最大加速度は，片振幅で南北成分が 63 gal，東西成分が 26.5 gal，上下成分は明確ではないが 10 gal 程度であった。この建物の南北成分は東京タワーの 2 〜 3 倍になっている。

【第 2 回計測】

第 1 回計測が竣工直後の 1959 年に行われてから約 9 年後，第 2 回計測が行われた。計測日は 1968 年 6 月 21 〜 23 日の 3 日間である。再計測の目的は，この 9 年間にアンテナ等の通信機器が塔に取り付けられて重量が約 150 t 増加していたため，この影響を確認することと，外見上の変化は見られないものの，塔の構造健全性が維持されているかどうかを調査することであった。さらに，第 1 回計測のときにすでに検討を行っていたが，多くの高次モードが励起されるメカニズムに関して再検討することも含まれていた。

起振機の据え付け位置は第 1 回計測のときと同じ特別展望台とし，加振方向も第 1 回計測で定義された X 方向である。振動計測は X 方向（加振方向）と Y 方向（加振直角方向）の 2 方向について行われた。

第 1 回計測のときとは異なり，強制振動試験の結果を検討するために，多質点系モデルによる振動解析が行われた。多質点系モデルのばね定数は，第 1 回振動計測のときの曲げ 1 次

モードとせん断1次モードに対して算定された。質点間のばね定数は次式により求めた。

$$k_i = \frac{\sum_{j=i}^{n} m_j \omega^2 x_j}{x_i - x_{i-1}}$$

ここに，k_i は i 番目のばね定数，x_i は i 番目の変位，m_j は j 番目の質量，ω は円振動数である。解析モデルの質点 m_j の高さは，第1回計測において変位を計測した位置（高さ）に合わせている。

固有周期および全体変形曲線（モード形）を求めるための固有値解析は，上記のばね定数を用いて Holzer 法により行われた。以下の3つの解析モデルが考えられた。このとき，質量 m_j の値は，第2回計測時（重量増加後）の値を用いた。

・解析モデル B1：曲げばねを用いた8質点系モデル
・解析モデル S1〜S5：せん断ばねを用いた8質点系モデル
・解析モデル S'：大展望台以上を1質点に集約し，せん断ばねを用いた4質点系モデル

起振機による強制振動試験に加えて，常時微動計測と強震計 SMAC による地震観測も行われた。以下に，強制振動，常時微動，地震観測の順に記述する。

1. 強制振動試験

第1回計測と第2回計測により得られた固有周期の計測値を表1に示す。モードの記号 B は曲げ，S はせん断，T はねじれ，記号の後の数字は振動モードの次数を表している。「1回」，「2回」はそれぞれ第1回計測，第2回計測，「測」は計測値，「算」は解析値，「計測比」は第1回と第2回の計測値の比，「計算比」は第1回と第2回の解析値の比である。第2回計測で得られた各モードの固有周期は，第1回計測に比べると最大で約1割程度延びているが，全体的に見れば周期の延び率は非常に小さいと言える。

表1 第1回計測と第2回計測における固有周期の計測値と解析値（単位：秒）

モード		B1	S1	S'	S2	S3	T1	S4	S5	T2	T3	T4	T5	T6	T7
1回	測	2.65	1.55	—	0.78	—	0.43	—	0.35	—	—	0.22	—	0.17	—
	算	—	—	1.06	0.789	0.51	—	0.41	0.356	—	—	—	—	—	—
2回	測	2.75	1.70	1.00	0.80	0.52	0.485	0.427	0.36	0.29	0.26	—	0.206	0.18	0.172
	算	2.83	1.66	1.108	0.839	0.529	—	0.418	0.382	—	—	—	—	—	—
計測比		1.038	1.097	—	1.026	—	1.128	—	1.029	—	—	—	—	—	—
計算比		1.068	1.071	1.045	1.063	1.037	—	1.02	1.073	—	—	—	—	—	—

3つの解析モデルにより求めた解析値も表1に示している。第1回計測の曲げ1次（B1）の変形曲線から求めたばね定数を用いたときの荷重増加後の曲げ1次の固有周期の計算値は

2.83秒となり，計測値2.75秒に比べると少し長くなった．第1回計測のせん断1次（S1）の変形曲線から求めたばね定数を用いたときの第1回の高次の固有周期（S2～S5）の計算値は計測値とよく一致しており，解析モデルのばね定数の妥当性を確認することができる．また，このばね定数を用いたときの第2回計測のせん断モードの計算値も計測値とよく一致している．全体的な傾向としては，曲げ1次のときと同じように計算値は計測値よりもわずかに大きくなっている．

モードS1～S5の固有振動数とモード次数の関係はほぼ直線的であり，このことからも計測された高次モードがいずれもせん断モードであることを確認できる．

第1回計測の計測値に基づき推定したばね定数を用いて求めた第2回計測の解析値の妥当性から判断して，竣工から9年が経過した東京タワーの第2回計測の時点で，建設当初から剛性低下はほとんど起こっていないと言える．なお，表1におけるモードS1～S5以外の高次モードS'とT_1～T_7に関しては次の変形曲線で説明する．

第1回計測と第2回計測のモードB1，S1～S5の全体変形曲線の比較が行われた．このとき，起振機の能力の限界により，モードB1，S1，S'，S2は強制振動試験では励起できなかったため，これらのモードの変形曲線は後述する常時微動計測により求めている．このことから，構造物が大型化すると，強制振動試験よりも常時微動計測の方が汎用性を有していることがわかる．なお，モードS'，S3，S4は第1回計測では求められていない．第2回計測における計測値は，第1回計測で計測可能であった範囲内ではよく一致しており，荷重増加による変形曲線への影響は，固有周期への影響と同じように小さいと言える．周期1.0秒のモードS'の振動は，地上120mより上の部分の相対変位が非常に小さく，その部分があたかも剛体のように振動しているように見える．

モードS3，S4，S5のX方向とY方向の全体変形曲線をベクトル的に合成した合成全体変形曲線を描いたところ，加振方向（X方向）の変形が大きく，加振直角方向（Y方向）の変形は小さくなっていた．このことから，モードS3，S4，S5の振動は高次の並進振動と言うことができる．モードT1～T7のX方向とY方向の合成全体変形曲線を描くと，モードT1（固有周期0.485秒）の変形は明らかに特別展望台のねじれ振動であることがわかる．モードT2，T3，T4の変形から，T2は高さ97.50mで，T3は高さ66.0mで，T5は高さ12.1mでそれぞれ拘束された高次ねじれ振動のように見える．このときの合成全体変形曲線の形状は非常に複雑である．モードT6は高さ207.5mと223.5mで大きく変形しており，その位相は異なっていた．モードT7は上層の振動が下層まで及んだよう形状になっていた．

第2回計測のモードB1とS1は計測値と解析値がよく一致しており，S2以上の高次モードの場合も腹と節の位置が多少ずれてはいるものの変形自体の傾向は一致していた．なお，モードS'の計算値は地上120mより上の質量をH12に集中させて求めたため，地上120mにおける変位が大きくなっている．第1回計測と第2回計測の全体変形曲線の解析値を比較してみ

ても，荷重増加が変形に及ぼす影響は極めて小さいことがわかる。

2. 常時微動計測

常時微動計測の記録波形を見ると，強風時（風速等不明）においては，高さ207.5 mより上の部分では曲げ1次の固有周期2.8～3.0秒付近で振動しているが，高さ151.70 mでは1.0秒付近の周期で振動していた。やや強風時においては，各計測点ともせん断1次の固有周期1.7秒付近で振動していた。無風時においては，風作用時に比べて様々な振動数成分の波が重なっていた。このときの周期－頻度分布曲線を求めてみると，高さ223.55 mでは曲げ1次，せん断1次，上部剛体ねじれ，および高次モードの各種の周期が現れていたが，高さ97.5 mでは上部剛体ねじれと高次モードだけが現れ，曲げ1次，せん断1次等の長周期のモードは姿を消していた。このように，東京タワーの常時微動は，風による影響を大きく受けていることがわかった。

3. 地震観測

埼玉県松山市を震源とする1968年7月1日の地震（M6.4，東京における震度は4）が強震計SMACにより大展望台と科学館4階で観測された。大展望台で観測された地震波の周期－頻度分布曲線から，SMAC始動後の0～30秒間では，周期0.35～0.7秒と周期1.0秒付近で卓越しているのに対し，60～90秒間では周期1.0秒付近のみが卓越していた。この1.0秒の卓越周期では，大展望台から上の部分があたかも剛体のような振動をしていることが強制振動試験により判明している。このときの地震記録波形には長周期の振動はまったく現れていない。

大展望台と科学館4階の最大加速度は，ともに南北が80 gal程度，東西が50 gal程度，上下が20 gal程度であった。しかし，加速度波形を正弦波として変位に換算した結果を求めたところ，大展望台と科学館4階の卓越周期が異なってはいるが，南北方向では大展望台の変位は科学館4階の約5倍になった。

4. 第2回計測のまとめ

第2回計測と第1回計測の結果を比較することにより，各モードの固有周期および変形状態にはほとんど変化がないことがわかった。このことから，東京タワー完成後の荷重増加が塔全体の振動性状に与えた影響が非常に小さかったことと，建設当初に比べて第2回計測時の剛性低下がほとんど生じていないことが判明した。さらに，第1回計測のときはまだ明確なことが言えなかったが，第2回計測により高次モードがいずれもせん断型の振動であることが判明した。この点は，東京タワーの振動性状を究明する上で大きな成果といえる。第2回目計測の主な目的は，竣工後9年間における剛性低下と質量増加が東京タワーの振動性状に与えた影響の調査であったが，質量増加の影響は小さく，剛性低下もほとんど生じておらず

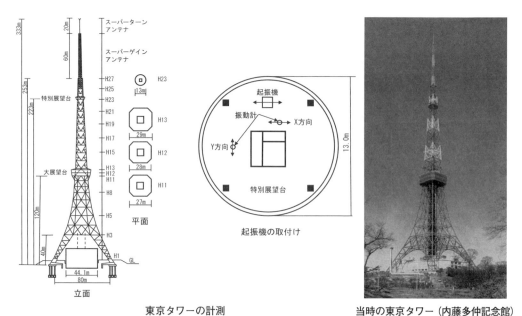

東京タワーの計測　　　　　　当時の東京タワー（内藤多仲記念館）

図 6.1.3　東京タワー（1959 年，1968 年）

劣化の兆候は見当たらなかった。

第 4 節　NHK テレビ塔

現在，千代田区紀尾井町にある千代田放送会館には，1953 年 2 月に竣工した高さ 178 m の NHK 電波塔が建っていた。これが，日本最初のテレビ局として開局した NHK 東京総合テレビジョンの放送所である。その後，千代田区麹町に日本テレビの電波塔，港区赤坂に TBS のテレビ塔が建設された。これらを統合して 1959 年 4 月に完成したのが東京タワーである。

この NHK テレビ塔の診断カルテには表紙がなく，本文中にも計測年月が記されていなかったため，計測時期は判然としない。ただし，本文の最後に「なお，この塔は竣工後日も浅いので，構造各部に緩みは生じていないが，一部の部材が緩むことにより，その振動が害をなす例もあるから，随時点検されることを望む」と記されているところを見ると，NHK 電波塔の計測時期は，竣工後間もない 1953 年中ではないかと思われる。いずれにしろ塔の計測を行った初めての診断カルテであり，予行演習的な色彩が強い。

NHK 電波塔の計測の目的は，常時における振動状態を調査することであった。追加検討として，起振機を用いた強制振動試験も行われている。計測には，電磁式煤書き微動計（周期 1.0 秒，倍率 650 倍）2 台と水平動微動計 1 台（周期 1.0 秒，倍率 50 〜 200 倍）が用いられた。起振機は両輪が反対方向に回転し，水平振動のみを励起できる横型 2 輪式を用いている。

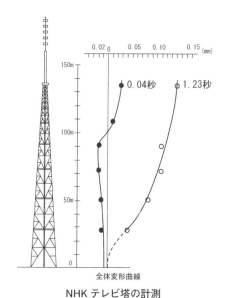 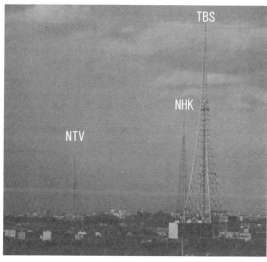

NHK テレビ塔の計測　　　　　　東京タワー以前の3つのテレビ塔

図 6.1.4　NHK テレビ塔（1953年）

1. 常時微動計測

塔の常時微動は主に風の作用により励起されている。下部よりも上部において変位振幅が大きくなることは予想通りである。各高さにおいて得られた波形記録から，種々の周期とその波の数の関係を示す図（周期－頻度分布曲線）を作成し，そのピークとなる周期（固有周期）を求めると表1のようになる。表中，Ⅰの振動は1次モード，Ⅱの振動は2次モードと考えられるが，高さによりばらつきがあり，Ⅱについては検討の余地がある。

表1　1次モードと2次モードの固有周期

高さ（m）	Ⅰ（秒）	Ⅱ（秒）
0	—	0.31
27.5	—	0.31
51.3	—	0.40
73.0	—	0.50
92.0	—	0.45
107.0	—	0.74
136.0	1.23	（平均）0.44

常時微動で振動する塔の各高さの変位振幅を求めた。振動計1台を高さ136mに固定し，他の1台を順次各高さに移動して計測した同時記録から，周期1.23秒と0.44秒の波形におい

1　鉄塔　215

て時間的に対応の付く部分の振幅比を求め，高さ 136 m における微動の平均振幅に乗じることにより，それぞれの高さにおける変位振幅を算定した．その結果を表 2 に示す．この表の振幅から共振時における塔の変形を推定した．2 次モード以上の高次振動は判別することが難しかった．

表 2　1 次モードと 2 次モードの振幅比と振幅

高さ（m）	周期 1.23 秒の波 振幅比	振幅（mm）	周期 0.44 秒の波 振幅比	振幅（mm）
27.5	0.30	0.042	0.50	0.013
51.3	0.60	0.084	0.50	0.013
73.0	0.78	0.110	0.61	0.016
92.0	0.79	0.110	0.58	0.015
107.0	—	—	0.50	0.013
136.0	1.00	0.14	1.0	0.026

2. 強制振動試験

高さ 51.3 m に起振機を据え付けてテレビ塔に強制振動を与えたとき，0.2 〜 0.35 秒の加振に対して共振現象が現れた（波形記録の写真が添付されているが省略する）．この周期の振動は，塔全体の振動ではなく，塔の一部，例えば高さ 51.3 m 付近の部分振動（塔の数関節だけの振動）ではないかと思われる．常時微動においては，この種の振動が生じていないことは明らかである．

振動計測に基づき，以下のような考察が記されている．

「このテレビ塔の振動は，主として風によって引き起こされている．計測日は比較的平穏な天候であったため，塔の頂上（高さ 136 m）における変位振幅は 0.14 mm 程度であった．しかし，強風になれば，たとえば風速 30 m/s くらいに達すれば，塔の頂上の変位振幅は 10 mm 程度に達すると考えられる．塔の 1 次モードの周期は 1.23 秒，2 次モードの周期は 0.44 秒である．他から人工的に振動を加えない限り，塔自体の振動は比較的緩慢である．すなわち，起振機により振動を与えるか，あるいはモーター等を塔に取り付けて回転させるかしない限り，放送用装置に有害な比較的短周期の振動が生じることはないと言える．なお，この塔は竣工後日も浅いので，構造各部に緩みは生じていないが，一部の部材が緩むことにより，その振動が害をなす例もあるから，随時点検されることを望む．」

2　工場／変電所

　内藤多仲は機器系を内包する工場や発電所・変電所などの施設の新設・増設に関連した設計も多く手掛けている。ここでは，工場と変電所の振動計測を取り上げる。このような施設における主要建物は，一般の建物とは異なり，各階床や内壁といった構造要素が極めて少なく，様々な機械や配管を覆う外壁と屋根に覆われた大空間を有していることが多い。床や壁は建物全体を一体化する上で重要な構造要素であるため，この構造要素が少ないか，あるいはほとんどないということになると，建物の一体性が緩み，全体振動とともに建物各部の局部振動（あるいは部分振動）が発生しやすくなる。このため，計測対象の建物において，全体振動と局部振動を見分けることが一般の建物に比べると重要な視点になる。

　工場や変電所のような施設は，施設全体を包み込む巨大な構造体として造られる場合と，いくつかの大小建物を連結しながら施設を構成する場合がある。前者のような大空間構造の場合は，建物全体の長周期振動が支配的になりやすい。一方，後者のように異なる構造を有する多数の建物が生産ラインに沿って相互に連結した施設においては，計測している建物の振動だけでなく，その周囲のほかの建物の振動が混入し，計測した振動記録は複雑な様相を呈する。このため，計測記録から各建物の振動特性を推定するには，対象建物の振動に混入している周辺建物の振動を分離することが必要になる。

　このように，一般の建物ではあまり遭遇することのない状況下における振動計測の事例として次の工場3件と変電所2件の計5件を取り上げる。

◆日本軽金属新潟工場～大規模トラス屋根，1958年
◆東芝堀川町工場～火災経験2工場，1958年
◆名古屋精糖小松川工場～複数工場建屋間の振動影響，1959年
◆新和泉町変電所～レンガ造変電所，1961年
◆鹿島変電所～大規模純鉄骨造変電所，1969年

　以下に各工場および変電所に関する概要と計測結果の要約を記す。計測結果についてより詳細な情報が知りたい場合は，ウェブサイトからほぼオリジナルの診断カルテを見ることができる。

第1節　日本軽金属新潟工場

　日本軽金属新潟工場は1941年にアルミニウムの製錬操業を開始し、終戦により1945年に全工場の操業をいったん停止した後、1958年にアルミニウムの製錬操業を再開した。構築物振動研究会による振動計測はこの工場再開の時期に行われている。1980年、このアルミニウム工場はオイルショックの煽りを受けて電解工場の全棟休止となり、アルミニウム製錬操業を停止した。1982年には、新潟東港に工場移転してアルミニウム合金の大型押出事業および容器製造事業に転換している。計測当時の工場跡地は現在の新潟県庁舎である。

　日本軽金属新潟工場の構内に電解工場が竣工して間もなく、建屋の振動性状を計測し、耐震性能の確認が行われた。この電解工場は、生産ラインに沿って17個の同じ三角屋根ユニットが連続する細長い矩形平面の無柱大空間を形成していた。この建屋の桁行方向（長辺方向）は、各ユニットが協同して外力に抵抗するため、構造上十分な剛性を有していることは明らかであったので、計測は主として梁間方向（短辺方向）の水平振動について行われた。起振機を屋上に据え付けて建屋に強制振動を与え、各ユニットに振動計を設置して短辺方向振動の長辺方向分布（ねじれ変形曲線）が計測された。

　各ユニットで計測された共振曲線は、いずれも周期0.62秒と周期0.44秒において明瞭な共振現象が生じることを示していた。この2つの共振周期は建屋の梁間方向の固有周期であり、周期0.62秒はこの建屋全体の1次モード、周期0.44秒は2次モードである。計測点の位置により、1次モードと2次モードの変位振幅の大きさは変化する。建屋の中央近くでは1次モードの変位振幅が2次モードよりも大きくなり、それ以外の計測点では2次モードの変位振幅が1次モードよりも大きくなった。これらの周期における各点の最大変位振幅をプロットしたねじれ変形曲線を描くと以下のような特徴が見られた。

　1次モードは最も起こりやすい振動である。左端は剛強な壁を有する建屋に接続し、右端にも壁があるため、それらの拘束効果により、1次モードは両端で変位がほとんど生じておらず、変形は両端から中央に向かって徐々に大きくなっていた。中央付近で変位は最大となり、その値は0.037 mmであった。このときの起振機の出力は140 kgである。なお、1次モードは、すべての計測点が同一時刻に同一方向に変位するという特徴が見られる。

　2次モードは1次モードの次に起こりやすい振動である。この場合も、両端の壁に支えられた部分はほとんど変位がなく、ほかの部分では中央付近を中心にして逆対称の変位分布になっていた。同一時刻に右半分と左半分が互いに反対方向の変位をしており、これが2次モードの特徴である。なお、このときの起振機の出力は約270 kgで、最大変位は約0.044 mmであった。

　3次以上のモードも励起されている可能性はあるが、建屋の剛性が高い場合、大きく励起さ

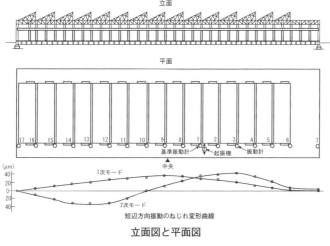

図 6.2.1　日本軽金属新潟工場（1958 年）

れるようなことはなさそうである。

　診断カルテの最後には以下のような記述がある。「規模が大きく，内部に壁がない工場建屋は，通常のビルのような剛性を有していないため，固有周期が長くなるのは当然である。しかし，そのねじれ変形曲線を見ると，架構全体が一体として振動しており，局所的な欠陥（変形曲線において急激な変化が生じる現象）は何ら認められず，かなりの強靭性を示していると言える。倒壊的な地震の周期は一般に1秒前後であると思われるから，このような地震に対してはとくに共振を起こすような心配もなく，耐震的には十分安全であると考えられる。」

第 2 節　東芝堀川町工場

　東芝堀川町工場は，1908年に東芝の前身である東京電機の川崎工場としてスタートした。工場の敷地はJR川崎駅のすぐ北側にあった。1924年に日本で最初のブラウン管を作ったことで知られている。1939年に芝浦製作所と東京電機が合併して東京芝浦電気（東芝）になったのちも，主力生産拠点として，電球，蛍光灯，ブラウン管，半導体などの開発・製造を行ってきた。しかし，電球事業の競争力低下，工場の老朽化，川崎の一等地で工場を稼働することの難しさなどの理由により，2000年に工場は閉鎖された。現在，工場跡地は再開発され，商業施設「ラゾーナ川崎」と住宅エリアになっている。

　振動計測が行われた日時は記載されていないが，診断カルテが提出されたのは1958年3月である。当時，内藤は東芝関連工場の新築・増設の設計に多くかかわっていた。計測の目的は「建物の振動状態を計測し，今後の使用計画上の参考にする」と記されている。振動計測は当時の東芝堀川町工場構内の25号建屋と22号建屋を対象に行われた。両建屋はともに火災を

受けた履歴があった．振動計測と各種試験の結果に基づき総合的な診断が行われ，25号建屋は部分的に問題があり補修の必要があること，22号建屋は継続使用しても問題ないことが報告されている．以下，25号建屋と22号建屋の振動計測を個別に記す．振動計測以外の各種試験に関しては，振動計測の後に2棟まとめて示す．

【25号建屋の強制振動試験】

25号棟は鉄筋コンクリート造3階建てのフラットスラブ構造である．別の建屋が隣接して連続的につながっている．

建屋3階床のほぼ中央に起振機を据え付け，各階床のほぼ中央で短辺方向振動の計測を行った．各階床の共振曲線には，共通して周期0.36秒，0.29秒，0.21秒の3つの周期で共振現象が認められた．ただし，周期0.21秒のピークはかなり扁平になっていた．建屋の長辺方向6箇所に振動計を配置し，短辺方向振動のねじれ変形曲線を描くと，周期0.21秒のときは，建屋左端から右端にかけて変位振幅は少しずつ減少し右端で最小値となった．周期0.29秒のときは，右端が隣接建物の影響であまり動いていなかった．このとき，25号建屋が主として振動していたが，建屋右端と隣接建物左端との連結は保たれていた．周期0.36秒のときは，建屋左端から右端へと変位振幅は順次増大し，建屋右端と隣接建物左端の間では変位振幅が不連続になり，変位振幅は隣接建屋の方が大きかった．25号建屋と隣接建屋のつながりの影響は小さくなり，それぞれ別個に振動する傾向が強くなっている．以上3つの周期に対する建屋の変形状態から共振現象を解釈すると以下のようになる．25号建屋の短辺方向振動の基本固有周期は0.29秒である．周期0.36秒の振動は隣接建屋の振動に引きずられるようにして生じている．周期0.21秒の振動は，長辺方向の振動（後述）が微弱ながら生じているものと考えられる．

建屋のほぼ中央において，短辺方向振動の全体変形曲線を描くと，周期0.29秒のときは，一種のラーメン構造の変形に近い曲線になった．周期0.36秒のときは，隣接建物の影響を受けて全体変形曲線は直線的になった．3階床における各計測点の共振曲線を見ると，建屋左端においては，建屋固有の振動である周期0.29秒のピークが隣接建物の振動と考えられる周期0.36秒のピークよりも大きかったが，中央部辺りでは両者がほぼ同程度の大きさとなり，右端になると周期0.36秒のピークの方が周期0.29秒のピークよりも大きかった．このように，左端から右端へと至る間，支配的な振動モードが徐々に変化することは当然なことではあるが，実測例としては非常に興味を引く結果といえる．

長辺方向振動の変位振幅は，短辺方向振動と同じ大きさの水平力を与えたとき，短辺方向振動よりも小さくなった．これは，25号建屋が長辺方向に剛であることを表している．建屋中央における各階の長辺方向振動の共振曲線を求めると，共振曲線のピークは各階とも一つだけであり，その周期はほぼ0.22秒になっていた．異種構造の建物が隣接して建っている場合，

これを長辺方向に振動させると，これらの建物は一体となって振動し，一つの共振周期が計測されることが多い。しかし，これを短辺方向に振動させると，それぞれの建物が別個に振動し，それらの建物の固有周期に対応した共振現象が生じ，共振曲線には2つ以上のピークが現れるようになる。この25号建屋の場合もこの一例といえる。(この現象は「第4章2 隣接建物の相互作用」に述べられている）周期0.22秒の共振時における長辺方向振動の全体変形曲線の変形状態も一種のラーメン変形になっており，屋上における変位振幅は短辺方向振動のときの1/3以下と小さかった。

1階床に上下動用振動計を設置し，短辺方向振動の共振時（周期0.21秒と周期0.29秒）における上下動変形曲線を描いたところ，建物の両端は互いに反対方向に振動し，中央部はほとんど振動していなかった。すなわち，明らかなロッキングが見られた。床面の変形は比較的小さく，建物は一体となって剛体的に振動していることが確認できた。全体変形曲線において，ロッキングによる変形が全変形に占める割合は算定されていない。

振動カルテの最後には以下の記述がある。「25号棟は思った以上に剛な架構であることがわかった。これは，工場建屋の壁が多いためと思われる。このまま使用し続けることに支障はないと考えられるが，別途実施した載荷試験（後述）によれば，荷重300 kg/m^{2}に対して不十分なところもある。25号建屋を作業室として使用したい場合は，壁の撤去による影響や床の弱いところの補強等を総合的に考慮し，しかるべき補強が必要になると思われる。なお，火災の影響でフラットスラブに付いているドロップパネルが欠け落ちているので，床の支持力が計算以下になる可能性がある。この点も考慮して補強する必要がある。」

【22号建屋の強制振動試験】

22号棟は鉄筋コンクリート造2階建てで，隣接建屋のない独立した建屋である。

短辺方向振動の共振曲線には周期0.20秒のピークが一つだけ現れた。この周期の全体変形曲線はほぼ直線であり，建屋がせん断変形していることを示していた。共振時のねじれ変形曲線は，長辺方向の中央で変位振幅が大きく，両端では比較的小さくなった。

長辺方向振動の共振曲線には周期0.17秒のピークが一つだけ現れた。この周期の全体変形曲線もほぼ直線になり，せん断変形になっていた。長辺方向振動を励起したときの短辺方向振動を計測したところ，短辺方向振動の固有周期0.20秒において，長辺方向の中央で変位振幅が大きく，両端で比較的小さくなった。

2階床に上下動用振動計を短辺方向に一列に配置し，周期0.20秒の上下動変形曲線を求めると，両端で反対方向に振動しており，明らかにロッキングしていることが確認できた。2階床の変形の程度はとくに大きいものではなく，一般的な建物に見られる普通の変形であった。

振動カルテの最後には以下の記述がある。「22号建屋は現状においてきわめて健全であり，このまま使用し続けることに何の問題もない。ただし，2階に関しては柱などに疑問の点もあ

り（後述の中性化試験の結果を参照），再調査が必要である。」

【その他の各種試験】
25号建屋と22号建屋は火災を経験していたため，追加検討として梁の載荷試験とコンクリートの強度試験および中性化試験が実施された。

1. 床版と小梁の載荷試験
載荷試験の目的は，火害を受けた25号建屋と22号建屋の床版および小梁の現状における強度を調査することであった。床版と小梁の最大変形と荷重除去後の残留変形に注目して，床版に関する静力学的な強度が評価された。試験を行う床版あるいは小梁の上にオイルジャッキを据え付けて，上下の床版あるいは小梁を押し広げるような力を加えた。荷重量はループダイナモメーターで読み取り，床版あるいは小梁の変形と残留変形はその下に設置したダイヤルゲージで計測した。荷重は2tあるいは3tまで0.25t刻み，それ以上は0.5t刻みとし，1t，2t，…，9t等の荷重状態に達したら，いったん荷重を除去し，そののち再び載荷を行った。

25号建屋では2階と3階の床版それぞれ2か所ずつ計4つのスラブが載荷対象部材として選定された。安全（合格）の基準は最大変形と残留変形の比（変形比）が10%以内であることとされた。3つのスラブは7〜9tの荷重に対して合格であったが，1つのスラブだけ5tの荷重でようやく合格となった。このことから，スラブは外見上の被害程度は同じでも，その強度には相当の違いがあることがわかった。集中荷重を等分布荷重に変換すると，3つのスラブは0.3 t/m^{2}程度の常時荷重に耐えることができるが，1つのスラブは0.2 t/m^{2}程度にしか耐えられず，倉庫の床としては不合格と判定された。「補強せずに使用する場合は重いものを載せないように十分注意する必要がある」と指摘している。補強対策として，「25号建屋に大梁を付けることができれば，0.4〜0.7 t/m^{2}程度の常時荷重に対して安全な構造物になる」と記されている。

22号建屋では2階床の床版および小梁1か所ずつが載荷対象部材として選定された。床版は8t，小梁は10tの荷重で合格であった。集中荷重を等分布荷重に変換すると，床版は安全側に考えても2 t/m^2，小梁は1 t/m^{2}前後の積載荷重に対して十分安全な強度を有していると判定された。25号建屋の状態よりもはるかに良好であることが判明した。「22号建屋はとくに補強の必要はない」と記されている。

2. コンクリートの強度試験と中性化試験
シュミットハンマによるコンクリート強度の推定値は，25号建屋においては1〜3階を通じて300 kg/cm^{2}前後，22号建屋では1〜2階を通じて300 kg/cm^{2}を少し上回る程度であった。中性化深さの計測値は，25号建屋では1階の外壁で3.5 cm，外柱で6 cm，2階の内柱で

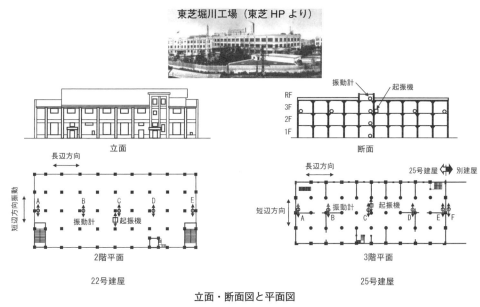

図 6.2.2 東芝堀川町工場（1958 年）

5 cm，22 号棟では 1 階柱で 3 cm，2 階柱で 5 cm となった。中性化深さの推定式によれば，25 号建屋も 22 号建屋も竣工後約 50 年経過していると考えて約 2.6 〜 3.0 cm になる。計測値はいずれもこの値より大きく，25 号建屋も 22 号建屋も中性化が進行していることを示している。これは，両建屋とも火災を受けた履歴がある上に，とくに 22 号建屋は雨露に曝されて多くのきれつを生じていたことが原因と考えられる。

第 3 節　名古屋精糖小松川工場

　1950 年ころ，名古屋精糖は精糖会社の中でも大日本精糖に次ぐ第 2 の生産シェアを誇る大手企業であり，名古屋市に本社を置いていた。名古屋精糖小松川工場はその東京工場であり，工場敷地は荒川と旧中川に挟まれた現在の大島小松川公園にあった。工場は 1919 年に大正精糖として建設され，1923 年の関東大震災では被害をほとんど受けなかったが，翌年には大々的な補強が行われている。震災予防調査会報告には，倉庫の柱に若干のきれつが生じた程度であったという記録が残っている。後に工場の転換などもあり，戦後の 1950 年に包装室を中心に 2 回目の補強が行われた。その後，各部の改廃を経て，構築物振動研究会による振動計測が行われた 1958 年に至る。このとき，外観上における各部の損傷・剥落は相当甚だしかったようであり，さらに若干の部分的沈下も認められた。工場利用のための地下水の汲み上げにより東京下町の地盤沈下が大きく進行したのは 1950 年から 1970 年にかけての時期であったから，この後も地盤沈下はさらに進んだものと思われる。1960 年代に入ると製糖業界全体の不

況が深刻になり，その煽りを受けて名古屋精糖は1971年に倒産している。

　この建物の構造は特殊であり，屋根と外壁だけで大きな箱形を形成し，設備機器は別に鉄骨でステージを組んで載せ，建物とは荷重の上から無関係になっていた。ただし，鉄槽室は鉄筋コンクリート造で普通の4階建てに造られ，包装室もラーメンだけの4階になっていて，いずれもかなり頑丈に造られていた。この鉄槽室と包装室の部分の基礎は砂地形筏の一枚盤のほかは杭打ちになっていた。この建物はコンクリートブロック積み鉄筋コンクリート造であり，12 cm×22 cm×45 cmの中空ブロックを用い，9ϕの鉄筋を水平・垂直に入れて壁とし，柱はコンクリートブロック板を仮枠としていた。

　振動計測が実施された正確な日付はわからないが，診断カルテが提出されたのは1959年10月である。その一月前に2ページの事前調査報告書が提出されている。文章はまったくなく，シュミットハンマを用いたコンクリートの強度試験と中性化試験の結果だけが記されていた。この部分は，診断カルテにも再度掲載されている。診断カルテは振動計測を中心にまとめられており，その後に，建物強度の計算，コンクリートの強度試験と中性化試験，補修に関する考察，および煙突補強の提案が行われている。

　この強制振動試験の方法は，ほかの建物の振動計測とは少し異なるアプローチがとられており，解読するのは大変であるが非常に興味深い。この工場では，作業工程ごとに異なる大小の建屋が造られ，それが作業工程に沿って連続的につながっていた。このため，ある建屋で計測した振動記録にはその建屋に隣接する建屋の振動が混入し，各建屋の特性を推定するにはこの隣接建屋の振動を分離する必要があった。試行錯誤的に隣接建屋の振動の影響を読み取りながら，建屋を順次移動して計測する方法が採用された。振動性状がおおよそ予測できる一般的な建物とは異なり，計測して初めて状況がわかる探索型とでも呼べる計測方法になっている。以下の記述はきわめて煩雑であり，ウェブサイトの図を参照しないと理解しづらいと思う。

1. 強制振動試験

　振動計測の便宜上，工場全体をA（洗浄室），B（包装室），C（鉄槽室），D（氷糖室）の4つの建屋に分けて記述している。実際には工場は連続してつながっており，各建屋の振動は相互に影響を受けている。ここでは4つの建屋全体としての長辺方向の振動を長辺方向振動，短辺方向の振動を短辺方向振動と呼ぶことにする。起振機をC建屋に据え付け，長辺方向振動と短辺方向振動をそれぞれ励起している。

　C建屋の通常荷重の状態を無載荷状態，90 ton荷重を加えた状態を載荷状態と呼ぶことにする。C建屋の短辺方向振動の共振曲線において，無載荷状態における共振周期は0.214秒と0.198秒であった。一方，載荷状態の共振周期は0.238秒と0.198秒であった。この2つの共振周期のうち，周期0.198秒は隣接するB建屋の振動である（後述するB建屋における短辺方向振動の共振周期は0.198秒になっている）。この周期はC建屋の載荷状態には関係なく不変であり，

建屋Cには直接関係しないことを示している。したがって，C建屋の短辺方向振動の固有周期は，無載荷時は0.214秒，載荷時は0.238秒ということになる。C建屋の長辺方向振動の共振曲線から，無載荷状態の共振周期は0.172秒，載荷状態の共振周期は0.180秒であることがわかった。長辺方向振動のときは短辺方向振動とは異なり，C建屋は隣接するB建屋の影響をほとんど受けずに振動している。C建屋の共振時における全体変形曲線を描くと，短辺方向振動では，周期0.214秒の全体変形曲線の形状は比較的なめらかで連続的になっており，各階に異常があるようには見えなかった。とくに，全体変形曲線の下部は縦軸に対して漸近的に接線となる傾向が見られた。基礎部が完全固定であることを示している。隣接するB建屋に引きずられて生じたC建屋の周期0.198秒の全体変形曲線も比較的なめらかで連続的であった。長辺方向振動の全体変形曲線もなめらかで連続的であり，基礎部と各階には異常が見られなかった。

　A建屋内にある水槽を満水にしたとき113 tonの積載荷重になる。この水槽と外壁は構造上のつながりはない。A建屋壁体の短辺方向振動の共振曲線には周期0.237秒のときに共振現象が見られた。この周期は荷重の有無にかかわらず一定であった。しかし，水槽の振動が基礎を伝わって外壁上の振動に記録されることもあった。水槽架構部では無荷重状態のときの共振周期0.184秒が113 ton荷重のときは0.192秒に変化した。113 ton荷重のときは周期0.173秒の別の振動も生じていた。この振動は，おそらく水槽の満水時において，これを支える架構と水槽が連成するためではないかと思われるが真相は明らかではない。共振曲線には，比較的周期の長い0.355秒と0.376秒の共振周期も生じていたが，これらはA建屋全体の短辺方向振動の固有周期と考えられる。周期0.376秒は水槽満水状態，0.355秒は無荷重状態のときの固有周期である。A建屋壁体の長辺方向振動の共振曲線において，共振周期は無荷重状態で0.182秒，満水状態で0.194秒であった。水槽を満水にすることにより共振周期が4.4 %増加している。これらの周期は壁体の固有周期である。特定の計測点において，無荷重状態で0.425秒，満水状態で0.435秒の共振周期が観測された（満水状態は無荷重状態の約2.4 %増加している）が，これらの周期はおそらく計測点付近の局部振動であると思われる。

　B建屋中央における共振曲線において，短辺方向振動には周期0.196秒，0.210秒，0.254秒，0.357秒の4つの共振周期が認められた。周期0.196秒のときに最大振幅を示しているので，これがB建屋の固有周期と考えられる。0.210秒は隣接するC建物の振動，0.254秒と0.357秒はA建屋の振動と思われる。B建屋中央における長辺方向振動には0.192秒の一つの明瞭な共振周期が認められた。A建屋とB建屋の仕切壁における3つの計測点の長辺方向振動の共振曲線はやや複雑である。計測点の1つは長辺方向振動の共振曲線の形状と類似しており，他の2点は0.167秒以下の周期を除くとほぼ同一の形状になっていた。その共振曲線には，0.188秒，0.222秒，0.256秒，および0.340秒において共振現象が現れた。A建屋とB建屋の仕切壁は直交するA建屋壁体の振動に影響されているようである。2点のうちの一つはA建

屋の外壁の振動に影響され，別の点は A 建屋の中央壁の振動に影響されていると考えられる。0.167 秒以下の周期 0.159 秒と 0.167 秒はそれぞれの計測点における局所的な剛性の違いを反映しているものと考えられる。

　D 建屋における短辺方向振動の共振曲線も一見複雑に見えるが，D 建屋を二分して D' と D" の 2 つの部分から構成されていると考えると理解しやすい。D' 部分は C 建屋に直接つながっており，D" は C 建屋とは間接的につながっている。この場合，D' の振動は当然 C 建屋に強く影響される。D' 部分の計測点における共振曲線は 0.192 秒で最大ピークが生じていた。これが D' 部分の外壁の固有周期と考えられる。同曲線の 0.214 秒付近の共振現象は C 建屋の共振によるものである。D" 部分の計測点における共振曲線の最大ピークは周期 0.238 秒と 0.234 秒に現れている。周期 0.230～0.238 秒の共振は D" 部分特有の振動と思われる。周期 0.25 秒の共振はおそらく A 建屋の影響であり，周期 0.283 秒の共振は D" の局部振動（おそらく鉄骨梁）の可能性が強い。

　D 建屋側の A 建屋の 3 計測点における短辺方向振動の共振曲線を検討する。建屋端部の計測点は中央部の計測点よりやや周期が長く，無荷重状態で 0.195 秒，全体（水槽架構＋外壁）では 0.343 秒になった。これは，C 建屋側壁が比較的柔構造であるため，付近の付加物の影響を受けて部分的に多少異なる周期で振動していることを示している。周期 0.215 秒における共振の原因は正確にはわからないが，C 建屋の共振が波及したのではないかと思われる。鉄骨梁上の計測点では中央部の計測点とは少し異なる共振周期になったが，大局的には同じような振動をしている。

　A 建屋中央壁の 3 計測点における短辺方向振動の共振曲線を検討する。B 建屋と C 建屋に近接した計測点では周期 0.215 秒で共振現象が見られたが，これは C 建屋の共振が波及したものと考えられる。周期 0.188 秒の最大ピークは，この計測点における固有周期である。他の共振周期 0.252 秒と 0.298 秒は付近の付加物の影響による局部振動，周期 0.40 秒は B 建屋と C 建屋に近接した計測点付近における A 建屋の固有周期と考えられる。中央部と左端の計測点における共振現象を解明するには計測が不十分であるが，中央部の固有周期は 0.172 秒，左端の固有周期は 0.187 秒と考えられる。これら 2 点において，建屋全体として振動するときの周期は 0.355 秒で一致しているが，B 建屋と C 建屋に近接した計測点に比べると周期はやや短くなっている。A 建屋中央壁における計測では，計測箇所の振動が種々の付加物の影響によりかなり複雑になっており，一般の建物の場合とはその傾向が異なっている。

　A 建屋外壁の 3 計測点における短辺方向振動の共振曲線を検討する。B 建屋に最も近接している計測点では，B 建屋の影響を受けて周期 0.196 秒の共振が生じている。周期 0.268 秒は A 建屋全体の振動と思われるが，中央壁での結果に比べると周期が短いことから，A 建屋外壁は中央壁よりも剛であることがわかる。外壁の中央付近にある計測点では共振周期 0.192 秒のときに他の点よりかなり大きな振幅になっており，外壁の中央部がその両端よりも大きく振動し

ている。周期 0.170 秒の共振は外壁自身の固有周期と考えられる。左端の計測点は外壁の端に近く，周期 0.182 秒と多少周期が延びている。建屋全体としての周期は 0.285 秒であり，D 建屋側壁の左端の計測点における卓越周期の一つと同じなので，この 2 点はほぼ一体となって振動していると考えられる。

　A 建屋と D 建屋の端部の 4 計測点における長辺方向振動の共振曲線を検討する。中央壁と外壁の計測点は多少異なる共振周期になっているが，全体としてほぼ同じように振動している。中央壁における周期は 0.184 秒，外壁における周期は 0.18 秒であった。周期 0.238 秒は中央壁と外壁の計測点が建屋全体として長辺方向に振動しているときの周期である。D 建屋側の計測点では C 建屋の長辺方向振動の影響を受け，周期 0.192 〜 0.194 秒に比較的鋭い共振が見られたが，壁自体の振動は周期 0.168 秒である。D 建屋端部の計測点では周期 0.180 秒において著しい共振現象を示した。

　D 建屋端部の計測点における長辺方向加振のときの加振直角方向の共振曲線には，0.185 秒，0.233 秒，および 0.294 秒に共振周期が認められた。このうち 0.294 秒が D 建屋全体の長辺方向の固有周期と思われる。A 建屋の D 建屋側壁端部の計測点における長辺方向加振のときの加振直角方向の共振曲線には，0.217 秒と 0.270 秒の 2 つの共振周期が認められた。A 建屋の中央壁端部の計測点における長辺方向加振のときの加振直角方向の共振曲線には 0.207 秒と 0.310 秒に共振現象が認められた。このうち 0.310 秒は計測点における A 建屋全体の長辺方向振動と考えられる。A 建屋の外壁端部の計測点における長辺方向加振のときの加振直交方向の共振曲線には 0.170 秒，0.172 秒，0.256 秒に共振周期が認められた。このうち，0.256 秒は A 建屋の長辺方向の固有周期と考えられる。

　D 建物の区画部（間仕切壁）の柱上の計測点と鉄骨梁上の計測点における短辺方向振動の共振曲線に現れる共振周期は，鉄骨梁上での振動増幅を別にすれば，ほぼ似たような値になると考えられる。実際，両計測点の共振現象は同じような周期で現れた。周期 0.189 秒の共振は D" 部分の壁体自身の振動，周期 0.172 秒あるいは 0.175 秒は区画部の固有周期と思われる。D 建屋の区画部の柱上の計測点と鉄骨梁上の計測点における長辺方向振動の共振曲線に現れる共振周期は，周期 0.175 秒が最大ピークとなった。これは C 建屋の長辺方向振動の周期（0.172 秒）とは多少異なるが，C 建屋と D 建屋の D' 部分がほぼ一体となって振動していることを示している。柱上の計測点の共振曲線において，周期 0.250 秒は D 建屋左端における周期と同じであり，D" 部分の固有周期と思われる。周期 0.196 秒に見られる増幅は鉄骨梁の固有周期と考えられる。

　ここまでは建屋 A 〜 D を個別に検討してきたが，以下では各建屋の変位振幅の分布状態を総合的に眺める。C 建屋において短辺方向に加振したとき，各建屋に生じる短辺方向振動の最大振幅の値（周期は各計測点で異なっている）に着目する。最大振幅の分布状態から判断すると，C 建屋と B 建屋は同程度に振動し，D 建屋のうち C 建屋に隣接している D' 部分も同程度で振

動している．A 建屋の B 建屋に近い計測点，およびある程度離れた計測点でも同程度の振動が発生している．全体としてみると，振動が比較的大きな領域と振動が急に小さくなる領域に分けることができる．とくに，D" 部分の全計測点の振幅値は D' 部分の計測点の半分以下になっており，D" 部分と D' 部分が構造的に別個のものであることを示唆している．A 建屋において中央部の計測点と B 建屋に近い計測点の間にも振動の大小を分ける境界がありそうに見えるが，実際に振動的に不連続を生じさせる原因があるのかどうかはよくわからない．一方，長辺方向に加振したとき，各建屋に生じる長辺方向振動の最大振幅の値（周期は各計測点で異なっている）に関しては，C 建屋と B 建屋がほぼ同程度に振動しているということは言えるが，各建屋の関連性を明らかにすることは困難である．建屋左端に近い計測点では，長辺方向振動を励起したにもかかわらず，短辺方向振動が生じていた．

　この計測では，各建屋内の数点における共振曲線を求めているが，一般にその形状は複雑であり，単一振動体のように簡単に建物の固有周期を決定することはできない．しかし，建物相互間に関連振動がある場合には，「ある建物の周期がわかれば，順次，隣の建物の周期を求めることができるはず」という見通しのもとに，各建物の周期を求めることを試みている．各点における共振周期が 2 つ以上ある場合は，それらの周期がどのような振動であるのかを調べることが必要になる．外壁の振動あるいは内部の架構構造物の振動，これらが一体となったときの振動，ほかの建屋から波及した振動など，それぞれについて検討が行われた．しかし，異なる建屋が局部的な振動を発生させながら相互に影響を及ぼし合うような複雑な振動環境においては，少数のセンサを随時移動させながら計測する方法では十分詳細な検討を行うことは難しいと考えられる．今後，多数のセンサを使用して空間的に密度の高い同時計測ができるようになれば，ここに記した判断を修正することになる可能性は残されている．

　固有周期に関する検討は建物の剛柔を判定する一方法であるので，最後に，これまでに示した共振曲線を総合的に眺め，建物内部の各点における周期の分布状況を整理してみる．短辺方向振動の場合，たとえば C 建屋は無載荷状態で 0.214 秒，90 ton 載荷時で 0.238 秒である．各建屋が全体として振動するいわば基本周期に相当する値は，各計測点に現れた共振周期の中でもっとも長い周期である．B 建屋は比較的周期が短く 0.198 秒で振動的には剛と言える．建屋 A を A 部分と A' 部分に分けると，A 部分は 0.258 〜 0.268 秒であり，比較的短い周期を有している．A' 部分はやや周期が長く 0.34 〜 0.4 秒の範囲（平均 0.36 秒程度）であって，どの建屋よりも振動的に柔である．D' 部分と D" 部分はいずれも周期 0.235 〜 0.25 秒であるので比較的剛である．一方，長辺方向振動の場合に関しては，C 建屋は無載荷状態で 0.172 秒，90 ton 載荷時で 0.193 秒である．この建物は比較的剛と言える．B 建屋は中央部付近においては 0.193 秒，A 部分と A' 部分との境においては 0.340 秒，A' 部分と C 部分に接する隅角部においては 0.276 秒である．A 部分と A' 部分ではいずれも 0.238 秒の周期が認められたが，D 建屋側壁の中央部の計測点では，無荷重時 0.425 秒，113 ton 荷重（満水）時 0.435 秒とやや長い

周期になった。D'部分とD"部分は周期0.250～0.253秒であり比較的短周期である。

診断カルテの最後には以下のようなまとめの文章が記されている。

「今回計測した各建屋の固有周期から判定すると，いずれの建屋も建屋全体としての振動周期は比較的短く，構造的には剛と見なすことができる。ただし，A'は短辺方向振動も長辺方向振動も他の建物に比べると周期が長く，0.435秒（113 ton荷重時）となる計測点もあった。この部分は構造上何か理由があると思われるので，詳しい調査が必要である。

計測した建物の大部分は工場施設であり，一般建物のように強固な階床がないため，振動が外壁および柱に大きく支配され，一般建物と同じように論じることは不適当である。ただし，C建屋は階床のある通常の建物であり，その変形曲線は滑らかで連続的になっており，構造的に欠点の少ない健全な建物に見られる形状である。外壁や内壁の損傷部分は構造的には大きな欠点とはならないので，これを補修しておく程度でよいと思われる。

なお，A～D"に至る各建屋の外壁は，場所によって異なる周期で振動しており，一体となって振動していないため，できればこれが一体となるように補修し，建屋と建屋の接合部にはとくに注意して，各建屋の地震時における部分振動あるいは局部振動による破損を生じないようにすべきである。

この工場付近一帯は下町と称せられる地域であり，地震の際は山手に比べて周期の長い（0.6～1.2秒）地震動が卓越するので，構造が強固で建物の軒高が低ければ被害は小さくなると考えられる。このことは，大正12年9月1日の関東大震災でも観察されたことである。今回計測した各建屋の固有周期は，幸いこの地域で卓越する地動周期より短く，共振による地震被害の増大はそう簡単には起こらないものと思われる。」

2．建物の強度計算

氷槽室，鉄槽室，包装室，洗糖室それぞれの建屋に対して強度計算を行い，地震荷重（水平震度0.2）に対して現状としての安全性照査が行われた。計算方法は内藤の提案した横力分布係数の算定と修正ポータル法に基づいている（ウェブサイトを参照）。計算の結果，全ての建屋は，強度計算上十分安全であることを確認している。

3．コンクリートの強度試験と中性化試験

コンクリートの強度試験と中性化試験の結果は診断カルテが作成される1か月前に予備調査として作成されている。鉄槽室1～3階の柱3箇所，梁1箇所，床2箇所，包装室1階と3階の柱4個所，氷槽室の柱1箇所，外壁1箇所を計測対象としている。コンクリート強度の推定値は鉄槽室で150～210 kg/cm^2，包装室で160～300 kg/cm^2，氷槽室は計測なし。中性化深さは，鉄槽室の2階柱2.6～5.2 cm，3階柱6.6 cm，包装室の1階柱2.1 cm，3階柱7.3 cm，氷槽室の外壁はブロック積みのため，目地モルタルで0.3～0.5 cmであった。煙突は，

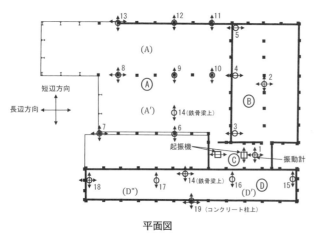

平面図　　　　　　　　　　　建設中の名古屋精糖小松川工場
　　　　　　　　　　　　　　　　（内藤多仲記念館）

図 6.2.3　名古屋精糖小松川工場（1959 年）

地面から 1 m の高さにおいて，コンクリート強度の推定値は 362 kg/cm^2，中性化深さ 0.3 cm であった。

4．補強・補修

建屋全般の補修に関して以下のような箇条書きのメモが残されている。

「1）外壁そのほかにおいて，損傷し，コンクリートが剥離し，鉄筋が露出して錆びの出たようなところは，大きくはつり取って，必要な鉄筋を挿入して新しくコンクリートを打ちなおすこと。

2）包装室 4 階の柱のように中性化がはなはだしく，かつ鉄筋が少ないものは十分コンクリートを欠き取り，9～12ϕ くらいの鉄筋を入れ，新たにコンクリートを打って強い柱とすること。

3）洗糖分離室の大タンクは一方の柱（梁）に十分緊結することが必要である。一応調査し適当に処置すること。

4）補修が終わったら，この機会に建物の外壁も清掃し，白セメントまたはビニールペイント吹付け等により外観をよくすること。」

5．煙突の補強

煙突に対し，以下のような補修方法に関する記述がある。

「シュミットハンマを用いたコンクリート強度試験によれば，煙突のコンクリート強度は建物のコンクリートに比べて非常に大きく，中性化も 0.3 mm 程度で，強度も 42（反発硬度）くらいで普通以上である。ただし，縦に大きな亀裂があり，また頂部が損傷落下したという履歴もあることから，ある程度の補強が望ましい。この煙突については，図面も計算書も残ってい

ないので判定は困難であるが，まず普通のものと考え，下記のような補強が容易かつ効果的であると思われる．

1) 上部の胴に節をつけること．
2) 煙突頂部は壁厚を一様にし，笠木に相当するものを被せること．外国では必ずこのような鋳鉄製のキャップを被せることが仕様書に書かれている．これは煙に含まれる硫黄分による損傷を防ぐためである．この煙突の場合は，タイルを用いるか，あるいは頂部のコンクリートをはつってモルタル仕上とし，これにビニールペンキを塗ればよい．
3) 胴に節とかタガを付けるということは，竹の節と同じように，そのものの強度を完全に保持発揮させる効果がある．その際，既存のコンクリート面をはつり，各部で煙突主筋と連結して，コンクリートを打ち上げること．」

第4節　新和泉町変電所

　新和泉町変電所はいまの中央区人形町にあった古いレンガ造2階建ての変電所である．高さは30尺（9.1 m）あり，壁厚は3B（レンガ幅の3倍）と厚かった．この母屋にやや小さな2階建て付属建屋が隣接していた．新和泉町は江戸時代から続く旧町名であり，竣工時にはまだこの町名であったが，1933年に廃止されて人形町に編入されている．1923年の関東大震災で隅々にきれつを生じたが，その被害は軽微であった．戦災による火災も蒙ったが，鉄扉のため内部は防護され，それほどひどい被害は受けなかった．その後，通りに面した部分は道路拡張のため切り取られ，レンガ壁を鉄筋コンクリート隔壁に変更し，さらに当時の屋上より上部にあった部分を撤去して大改修が施された．

　計測したのは1961年である．レンガ造建物の計測は，診断カルテ中唯一と思われる．この計測において特徴的なのは，計測で得られた共振曲線を各モードの共振曲線に分離する試みが行われている点である．振動記録をモード分解できれば，減衰特性の推定が行いやすくなる．現在では時系列モデルを用いて振動記録を比較的正確にモード分解することができるが，ここでは周波数領域における試行錯誤的な繰り返し計算によりモード分解が行われている．診断カルテには最終結果しか示されていないが，減衰特性を推定する途中段階の処理はかなり苦労したのではないかと推察される．

　屋上で計測された長辺方向振動の共振曲線には明瞭な2つのピークと不明瞭な1つのピークが認められた．第1のピークは3.7 Hz（周期0.27秒）付近にあり，もっとも高いピークである．2番目のピークは6.1 Hz（周期0.16秒）付近，3番目のピークは7.3 Hz（周期0.14秒）付近である．これらの共振振動数を1つのピークとする個別の共振曲線に分離し，それぞれ曲線I，II，IIIと呼ぶことにする．長辺方向振動を3つの振動モードに分解した状態と言える．曲線I，II，IIIの各振動数における変位振幅の和が実際に計測された共振曲線の変位振幅にな

る。

　実際に曲線I，II，IIIを描くには，それぞれの減衰係数εを求める必要がある。このために，計測された共振曲線のピーク付近の状態からεの値を概略求め，曲線I，II，III交点付近の変位振幅の割合等を考慮して各曲線のピークの高さを決めた。この方法を数回繰り返し，最後に計測値に最も近い値を与える曲線の組合せを採用している。このとき，原則としては，εの値は固有円振動数ωの値に依存するという仮定を適用すべきである。しかし，たとえばεがω^2に比例するという仮定はあまり適合していないように見えたので，εはこの仮定にはよらずに求めている。最終的に，曲線Iはf = 3.7 Hz，b = 3.7 μm，ε = 2.46（h = 0.106）；曲線IIはf = 6.1 Hz，b = 2.3 μm，ε = 3.78（h = 0.099）；曲線IIIはf = 7.3 Hz，b = 0.62 μm，ε = 3.43（h = 0.075）となった。ここに，f：固有振動数，b：最大変位振幅，ε：減衰係数，$h = \varepsilon/2\pi f$は臨界減衰比である。主要なモードの減衰比は約10％になっている。

　上記の共振曲線を求める際に用いた減衰係数εに関して補足する。一般の強制振動の場合，建物の変位をx，速度を$\dot{x}$，加速度$\ddot{x}$をとすると，以下のような運動方程式に支配される。

$$\ddot{x} + 2\varepsilon\dot{x} + \omega^2 x = B\sin\sigma t$$

ここに，εは減衰係数，ωは固有円振動数，Bは外力の振幅，σは外力の加振振動数である。なお，Bは補正計算を行うことにより常に一定と仮定することができる。ωは共振時の起振機の回転数から求める。

　長辺方向振動の全体変形曲線は，3.7 Hzではほとんどロッキングによる変形であり，弾性変形は著しく小さかった。6.1 Hzでは，弾性変形の割合が3.7 Hzのときよりはやや大きくなったが，それでも屋上の全変形の約2/3はロッキングによる変形が占めていた。弾性変形は1階床より上の部分に限られており，半地下の部分ではほとんど生じていなかった。長辺方向振動のねじれ変形曲線を描いてみると，顕著なねじれは認められなかった。通常，ねじれ振動が生じると，両端の変位は逆位相となるが，ここでは同位相となっており，両端と中央における振幅の値もほぼ同じで，ねじれはほとんど生じていなかった。長辺方向の上下動変形曲線を描くと，3.7 Hzのときにロッキングが大きくなった。6.1 Hzのときも同様の傾向が見られたが，変位量はかなり小さくなっていた。

　以上，共振曲線，全体変形，ねじれ，およびロッキングに関する結果を総合的に眺めてみると，この建物の長辺方向振動は1階以上の部分が1つの振動体を形成し，その固有周期は0.16秒（6.1 Hz）であるといえる。また，地盤変形に伴って建物全体としてロッキングするときの周期が0.27秒（3.7 Hz）であることもわかる。曲線IIIにおける共振は情報不足のため何に起因するのか今のところ不明であるが，7.3 Hzあるいはそれ以上の振動数をもつ振動体が存在しているものと考えられる。なお，共振曲線における共振ピークの変位振幅が小さく，正確に減衰係数εを推定することは難しかった。このため，次に述べる短辺方向振動でも同じよ

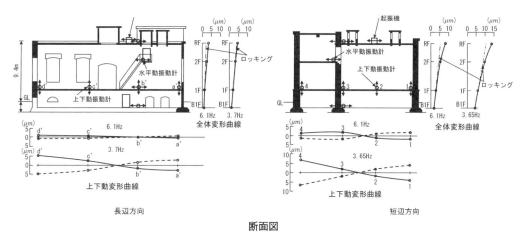

図 6.2.4　新和泉町変電所（1961 年）

うな形状の共振曲線が得られたことから，短辺方向振動で得られた ε の値を長辺方向でも仮に用いて計算している。

屋上で計測された短辺方向振動の共振曲線に明瞭に現れた 4 つのピークに着目する。第 1 のピークは 3.65 Hz（周期 0.274 秒）付近にあり，もっとも高いピークである。2 番目のピークは 6.1 Hz（周期 0.164 秒）付近，3 番目のピークは 4.4 Hz（周期 0.23 秒）付近，4 番目のピークは 7.3 Hz（周期 0.14 秒）である。これらの共振振動数を 1 つのピークとする個別の共振曲線に分離し，それぞれ曲線 I，II，III，IV と呼ぶことにする。最終的に，曲線 I は $f = 3.65$ Hz，$b = 11.0\ \mu$m，$\varepsilon = 1.52$（$h = 0.066$）；曲線 II は $f = 6.1$ Hz，$b = 6.0\ \mu$m，$\varepsilon = 3.30$（$h = 0.086$）；曲線 III は $f = 4.4$ Hz，$b = 4.2\ \mu$m，$\varepsilon = 1.64$（$h = 0.059$），曲線 IV は $f = 7.3$ Hz，$b = 1.5\ \mu$m，$\varepsilon = 3.43$（$h = 0.075$）となった。主要なモードの減衰比は 7 ～ 9 % になっている。

短辺方向振動の全体変形曲線は，3.65 Hz では弾性変形も多少みられるが主にロッキングによる振動であり，スウェイも大きくなっていた。6.1 Hz では，やはりロッキングが主であるが，弾性変形の割合が幾分大きくなっていた。このときの共振は，長辺方向振動でも見られたように，1 階床より上の変形により生じたものと考えられる。短辺方向振動のねじれ変形曲線を描いてみると，3.65 Hz と 6.1 Hz のいずれの場合においても，いわゆるねじれは生じていないが，付属建屋の影響がやや認められた。短辺方向の上下動変形曲線を描くと，そのロッキング挙動は，3.65 Hz のときはほぼ直線的に変位しており床自体の変形は小さく，6.1 Hz のときはやや曲線的な通常見られる形状になっていた。

以上の共振曲線，変形曲線，ねじれ，およびロッキングに関する結果に基づき，この建物の短辺方向振動の振動状態は以下のように要約できる。周期 0.274 秒は建物全体が振動するときの固有周期であり，これは曲線 I で与えられる。周期 0.164 は 1 階床以上の部分の弾性振動であり曲線 II で表せる。周期 0.23 秒の曲線 III に関しては，「この振動の原因ははっきりとはわ

からないが，閉鎖的な剛な部分との開放的な柔な部分とが異なる構造体として隣り合って並び，それらが並ぶ方向と直角方向に振動するときに別個に振動したのではないか」という考察が述べられている。

診断カルテの最後には以下のような記述がある。「振動計測により，この建物の主な振動はロッキングであることが判明した。しかし，半地下部分と1階以上との剛性の差異により，1階以上では弾性変形も起こりやすくなっている。また，平面的に見て，建物の剛性分布が一方に偏っているため，短辺方向振動には部分振動が生じている。これらの現象は大地震時においても必然的に現れるので，その際に被害を蒙ることも考えられる。しかし，現在の建物内において，この部分振動に対する防止対策を講じることは構造上困難である。なお，この建物は（振動計測を行った時点で）竣工以来50年以上経過しており，関東大震災および戦災も蒙っていることから，劣化・損傷の累積により構造全体が弱くなっていることが容易に想像される。現在はともかく，将来の大地震に対しては絶対安全と言い切ることはできないので，できるだけ建て替えることを薦める。」

第5節　鹿島変電所

鹿島変電所は2階建てながら高さ26.1 mもあり，普通の建物であれば7階建てくらいの高さに匹敵する大規模建屋である。大型の電気機械を内包する建屋はブレース付き純鉄骨造であり，その後の電気需要の増加にも応えられるように，増設が比較的容易に行えるように造られていた。計測当時の1階平面は104.5 m×66.0 m，2階塔状部分は104.5 m×20.0 mであった。建屋の短辺方向をX方向，長辺方向をY方向と呼ぶことにする。X方向のブレースはY方向の1階各通りに，Y方向のブレースはX方向の1階5スパンの両端と2階1スパンの両端の通りに入っている。基礎は独立基礎であり，杭長12.0 mのPC杭を用い，杭径500×90を204本，杭径450×80を120本，それぞれ打ち込んでいる。屋根は10 cm厚の気泡コンクリート，2階スラブは板厚6 mmのチェッカープレート敷である。

計測の目的は，この大規模かつ特殊な構造物の振動性状を究明し，今後の設計資料を得るためであった。計測期間は1969年8月1～3日の3日間である。強制振動試験および常時微動計測を行い，その計測値を解析による計算値と比較検討している。追加検討として，柱脚の応力計測も行われている。強制振動試験は，いつもの手動起振機ではなく，東京電力が所有する大型起振機を用いて行われた。建屋の規模に対応する強力な起振機を必要としたためである。大型起振機の目盛をM（単位は不明）と表すと，設置条件に応じて，X方向では0～3 Hzのときは M100，3～10 Hzのときは M5，Y方向では0～3 Hzのときは M50，3～10 Hzのときは M5でそれぞれ加振を行っている。しかし，この起振機をもってしても，大規模建屋を計測するには十分な起振力とは言えなかった。その不十分な計測状況のもとで診断カルテはまと

められている。この診断カルテあたりから，振動計測による計測値と振動解析による計算値の比較にかなり力を入れ，計測と解析を融合させた新しいアプローチが始まっている。この頃から，技術者の経験と直感に基づく手計算によるアナログ的方法は徐々に姿を消していく。

1. 強制振動試験

起振力 M100 で X 方向強制振動を励起したときの共振曲線には，2 つの共振周期 0.56 秒と 0.42 秒が現れていた。後述する全体変形曲線とねじれ変形曲線を見ると，周期 0.56 秒は X 方向の 1 次固有周期，0.42 秒は 1 次ねじれ周期であることがわかる。

1 次固有周期 0.56 秒における各柱の全体変形曲線を描くと，歩廊（ギャラリー）から上方の相対変位が 1 階に比べて非常に大きくなっており，2 階床から上の部分は曲げ変形が支配的であった。これは，1 階は各通りにブレースが入っているのに対し，2 階は階高が高いのにブレースがなく，さらに屋根荷重が 2 階屋上に集中しているためと考えられる。各通りの変形を比較してみると，短辺方向が 1 スパンだけ少なくなっている側の変形が全スパン揃っている側よりも大きくなっていた。また，部分的な変形の大小にブレースおよび壁等の影響も反映されていた。

1 次ねじれ周期 0.42 秒における各柱の全体変形曲線を見ると，両端部の通りは完全に位相が逆であり，ねじれ中心の位置は各階とも建物のほぼ中心になっていた。各通りの変形状態を見ると，1 次固有周期のときの変形状態と同じ傾向が見られ，2 階床から上方では曲げ変形が支配的になっていた。起振力 M5 のときの 1 次固有周期と 1 次ねじれ周期の全体変形曲線は，起振力 M100 のときと共振周期が多少ずれてはいたが，変形状態は非常によく似ていた。

起振力 M5 のときの柱位置における各階の共振曲線を見ると，柱の位置によりかなり異なっていた。周期 0.248 秒における各柱の全体変形曲線を見ると，一端が線形的変形をしているのに，他端は 2 次曲線的変形をしているといった変形状態の違いが認められた。増幅の程度も各通りによって異なっていた。周期 0.20 〜 0.208 秒における各柱の全体変形曲線を見ると，周期 0.248 秒のときに増幅していた端部がほとんど増幅しておらず，もう一方の端部が増幅する変形状態になっていた。また，柱の位置により，1 次モードの変形，1 次モードと 2 次モードの中間的な変形，2 次モードと 3 次モードの中間的な変形というように形状が異なっていた。屋上の変形は歩廊と傾向的によく一致していたが，2 階の変形はかなり異なっていた。周期 0.168 〜 0.17 秒における各柱の全体変形曲線を見ると，周期 0.20 〜 0.208 秒と同様に，一端が大きく増幅し，他端はあまり増幅していなかった。各柱の変形状態も全く異なっていた。なお，2 次固有周期の計算値（後述）は 0.1 秒以下となったが，起振機による加振ではこの共振を励起することはできなかった。以上の共振曲線と変形曲線の結果から，この建物は一般の建物とは異なり，局部振動が顕著に励起されて複雑な振動を呈することがわかった。これは，建物が純鉄骨造である上に規模が大きいために，個々の部材の剛性が大きいにもかかわらず建物

全体としての水平剛性が相対的に小さくなること，一般建物に比べて床スラブの水平剛性がほとんど期待できないこと，1階と2階の剛性にかなり差があり起振力のスムーズな伝達が難しいことなど，複数の要因が寄与しているものと考えられる．

1次固有周期付近の共振曲線には，水平動の共振周期0.56秒とは異なる周期0.52秒において上下動の共振が確認された．水平動の共振周期における1階床の上下動変形曲線を見ると，一般建物の基礎版あるいは1階床の上下動変形に比べ，各周期とも複雑な変形状態になることがわかった．この理由は，個々のつなぎ梁や基礎等の剛性が大きいにもかかわらず，建物全体が大きいために基礎版が1枚の弾性平板のような性状を呈するためと考えられる．しかし，実際には上下動は水平動に比べれば極めて小さく，変形状態の複雑さが大きな問題になるとは考えられない．このため，計測結果の比較に用いる動的解析においては，基礎を固定と仮定している．

臨界減衰比を共振曲線から求めると，1次固有周期0.56秒のときは2.6％，1次ねじれ周期0.42秒のときは4.11％となった．これらの値は，この建物が純鉄骨造であることを考えると，ほぼ妥当な値と考えられる．なお，他の共振振動数に関しては，共振曲線が前述のように複雑な形状となったため求めることができなかった．

起振力をM50とM5としてY方向に強制振動を励起したときの共振曲線を描くと，1次固有周期はM50としたとき0.336秒，M5としたとき0.330秒であり，ほぼ一致していた．起振力を一定と仮定したときの最大変位振幅もほぼ一致していた．このことから起振力M5～50の間では起振力と応答変位はほぼ比例していることがわかる．

1次固有周期0.336秒（M50）のときの各柱の変形曲線を見ると，X方向とは逆に2階の相対変位が1階に比べて小さくなっていた．これは，2階にブレースがあるのに対し，1階には用途上ブレースを入れることができなかったためである．周期0.336秒（M50）における1階屋上のねじれ変形曲線を見ると，中央部の変位に比べて両端部の変位は小さく，あたかも両端部で固定されているかのような変形をしていた．これは明らかに，両端部にはブレースがあり，ブレースのない中央部に比べて剛性が大きいためである．加振直角方向の変形は極めて小さく，ねじれ変形はほとんど認められなかった．周期0.330秒（M5）における各柱の変形曲線は周期0.336秒（M50）のときとよく一致していた．

起振力M5のときの2次固有周期付近の中央部の隣接2点の共振曲線を見ると，共振周期が2点で少しずれており，各階における振幅にも違いが見られた．周期0.133秒における各柱の全体変形曲線を見ると，1次固有周期のときと同じように，1階屋上の変形はあたかも両端部で拘束されているような形状になっていた．X方向の場合と同様に，床版の変形が大きくなっているだけでなく，計測位置により共振周期が異なる局部的な振動が現れていた．

1次固有周期0.336秒付近の1階床における上下動の共振曲線を描くと，上下動の共振周期が0.34秒あたりにあることがわかった．1階床の上下動変形曲線は，X方向と同様に，一般

の建物には見られない複雑な変形をしていた。ただし，ここでも上下変位は水平変位に比べて極めて小さいため，基礎固定と考えてよいと考えられる。2次固有周期付近における上下動変形曲線を描くと，周期の変動につれて変形状態がかなり複雑に変化することがわかった。しかし，このときの変位は1次固有周期のときと同様，水平変位に比べれば小さかった。Y方向加振時の1階床の上下動の変形状態はX方向のときと同じように複雑になっていた。

Y方向の1次固有周期のときの臨界減衰比を共振曲線から求めると5.9～6.5％となった。これは，短辺方向の2.62％に比べてかなり大きいと言える。この理由の一つとして，1階屋上の変形曲線からもわかるように，建物の両端部における拘束力が大きかったためと考えられる。

2. 常時微動計測

常時微動計測により得られた記録波形には，X，Y方向ともに，各階で同位相の波形が現れていたが，下階に行くに従い波形上に短周期の波形が重なるようになった。これらの波形からX方向とY方向の周期－頻度分布曲線を求めると，X方向は0.56秒の卓越周期をもち，この周期のときに各階同位相になった。この卓越周期は明らかに強制振動試験で求めた1次固有周期0.56秒に一致している。Y方向の卓越周期は0.34秒で，これもこの周期で各階同位相となった。この卓越周期は強制振動試験の1次固有周期0.336秒によく一致している。なお，X，Y方向とも同位相の波形に重なっていた短周期の卓越周期が0.13秒付近に見られたが，この周期は高次モードの周期ではなくノイズと判定された。

常時微動計測により求めたX方向とY方向の全体変形曲線は強制振動試験により求めた全体変形曲線とよく一致していた。1階屋上のねじれ変形曲線も強制振動試験により求めたねじれ変形曲線とよく一致していた。常時微動の計測結果からも，Y方向には床版の変形が現れることが確認できた。

3. 柱脚の応力計測

1階と2階の柱脚の表面と裏面にひずみゲージを貼りつけ，起振力M100とM5のときの応力を計測した。ひずみが非常に小さいため，計測誤差がかなり大きくなった。一般的な傾向として，2階柱脚のひずみが1階柱脚のひずみに比べて大きくなっていたが，これは1階にブレースが取り付けてあるため1階の相対変位が2階の相対変位に比べて小さくなったためである。この応力計測は，起振力が十分ではなかったため，期待した結果を得ることができなかった。最後に，「この種の計測は今まで皆無に等しく，その意味では今後の設計資料としては貴重な情報になると思われる」と記されている。

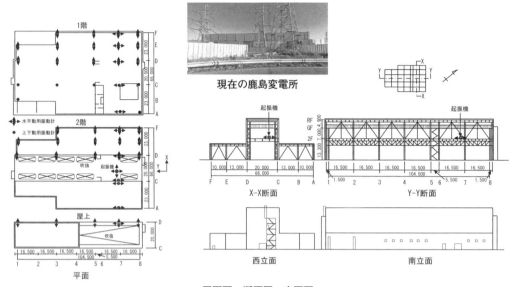

平面図・断面図・立面図

図 6.2.5　鹿島変電所（1969 年）

4. 解析モデルによる計算結果

　対象架構の振動解析モデルを構築して固有値解析が行われた。並進振動の固有周期と全体変形曲線，ねじれ振動の固有周期とねじれ変形曲線を求めるための固有値解析の定式化（ウェブサイト参照）を示し，解析モデルのパラメータを決定した。

　2 質点系モデルを用いて短辺方向の固有周期と全体変形曲線が求められた。1 次固有周期の解析値は 0.54 秒となり，計測値の 0.56 秒と良く一致した。全体変形曲線の形状もよく一致した。2 次固有周期の解析値は 0.096 秒になった。これに対応する計測値は起振機の回転数を 10 Hz 以上にあげることができなかったため確認することはできなかった。しかし，1 次モードの計測値と解析値がほぼ一致していることから判断して，2 次固有周期は解析結果のように 0.09 秒前後と考えてよいと思われる。

　並列 5 質点系モデルを用いて短辺方向のねじれ固有周期とねじれ変形曲線が求められた。1 次，2 次モードに関しては，解析値と計測値は周期，変形とも非常によく一致していた。計測により，周期 0.245 秒，0.20 〜 0.208 秒，0.168 〜 0.17 秒の変形状態にはかなり床版の変形が見られ，局部振動が発生している傾向が認められた。解析結果から，これらの周期の変形は床版のねじれ周期の 3 次，4 次，5 次に似ていることがわかったが，いずれに相当するかは明らかにはできなかった。

　2 質点系モデルを用いて長辺方向の固有周期と全体変形曲線が求められた。1 次，2 次モードともに固有周期の計測値は解析値よりも少し短くなった。全体変形曲線の解析値と計測値は 1 次，2 次モードともよく一致していた。並列 5 質点系モデルによる長辺方向の検討は行わ

れていない。

　解析結果の最後には以下のような記述がある。「計測値と解析値は比較的よく一致していた。解析においては，この建物が鉄骨造であるため，各部材の剛性は比較的正確に求めることができるが，建物全体としてはある程度の仮定を設ける必要がある。また，今回のように床の変形が大きい架構の場合は，この解析のように立体解析を行うことが好ましい。」

5. 計測と解析の統合

　診断カルテの最後に計測結果と解析結果により得られた知見を以下のようにまとめている。「この建物の振動性状は一般の建物とはかなり異なっていることがわかった。その原因として，建物の規模が大きく，純鉄骨造である上に階高が高く，それに加えてブレースが不規則に配置されていることが考えられる。」

3 工作物

　構築物振動研究会は，一般的な建築物だけでなく，電気・水道・ガスのライフラインや移動・運搬のための交通システムといったインフラ施設の計測も行っている。内藤多仲が設計を担当していた対象が，鉄塔を中心とする放送施設，電話局を中心とする通信施設，発電所・変電所などの電力施設，地下鉄駅舎や乗合バスターミナなどの交通施設，そして様々な用途の工場にまで広がっていたことに対応している。意匠設計との共同作業となる建築物に加えて，構造デザインとしての独創性を発揮できる建築物以外の設計にも嬉々として取り組んでいた節がある。このような建築物以外の施設は，多くの機器系を内包するという共通点を有していた。「第5章3　電話局」，「第6章1　鉄塔」，「第6章2　工場／変電所」などもインフラ施設に属するが，そうした施設は人の作業空間等としての建築的要素もきわめて強かった。本章では，これに対し，相対的に建築的要素が弱く，現在では機械分野あるいは土木分野で扱われている工作物の振動計測を集めてみた。

　工作物の特徴は，一般に，人命の大切さを第一とする建築物の安全性確保に対し，機器系の継続的運用や流体（液体と気体）や粉体の貯蔵・分配などを目的とする機能性確保にあると言える。ここで取り上げた工作物は次のようにバラエティに富んでいる。

◆横田基地鋼製給水鉄塔〜給水塔の引綱試験，1950年
◆千葉火力発電所鋼製煙突（計画書のみ）〜鋼製煙突の引綱試験，1956年
◆首都高速道路1号線照明灯〜強風による高速道路照明灯の振動，1963年
◆日本鋼管川崎工場大扇橋（跳開橋）〜跳開橋近傍の鉄道振動，1967年
◆明豊ビル立体駐車場〜機械式駐車場の振動，1970年
◆南千住球型ガスホールダー〜球型ガスタンクの振動，1972年

以下に各工作物に関する概要と計測結果の要約を記す。計測結果についてより詳細な情報が知りたい場合は，ウェブサイトからほぼオリジナルの診断カルテを見ることができる。

第1節　横田基地鋼製給水鉄塔

　終戦後の占領下，東京郊外に100,000ガロンのタンクを有する給水鉄塔が建設された。場所

は福生市の米軍横田基地である．このタンクは周辺建物から孤立した独立構造物で，6本の柱によって支持されており，その支持台の高さは地上 34.75 m（114 ft）であった．水平震度 0.3 g の地震動に耐えられるように設計されていた．この給水鉄塔の振動特性を調べるために，以下の試験と調査が実施された．Ⅰ．強制振動試験，Ⅱ．引綱試験，Ⅲ．風力試験，Ⅳ．発破試験，Ⅴ．地盤調査．それぞれに費やすコストと時間を考えると非常に贅沢な調査であったと言える．この診断カルテには，以下のように，他にはほとんど見られない計測の学術的意図が最初に明確に述べられている．

「既存構造物の振動特性を把握するために，振動計測は重要な技術である．しかし，計測対象となる構造物が複雑になると，構造物の振動特性を正確に推定することはそれほど容易な作業ではない．平面が対称形で1階建ての建築物のような単純な構造物であっても，その振動特性と応答挙動はかなり複雑である．これに対し，ここで対象とする給水鉄塔の振動は，設計と施工が比較的一本化されており，建築物に比べれば単純と言うことができる．ただし，単純ではあっても，工学的に興味ある問題を多く含んでいる．給水鉄塔の振動計測を慎重に計画することにより，以下の観点から，常時の挙動からの逸脱が生じるような状況が発生する原因を解明できると考えられる．

1) 地盤条件

　杭基礎を用いる必要のある軟弱地盤に給水鉄塔を建てる場合，その固有周期は硬質地盤に建つ給水鉄塔に比べて当然長周期になる．これまでの経験によれば，杭が必要になる軟弱地盤では，基礎の変位に対するタンク頂部の変位の比は小さくなる傾向が見られた．実際，基礎とタンク頂部の変位比は，水締め盛土（軟弱地盤）に建つ場合は 150：1（150倍）以下，硬質地盤に建つ場合は 200：1（200倍）以上になることが多い．

2) タイロッドの緩みあるいは非対称性

　給水鉄塔に取り付けられた数本のタイロッドが緩んだ場合，とくに塔が一方向に大きく揺れてタイロッドの何本かが緩んで機能しなくなった場合（引張状態ではなくなった場合），給水鉄塔の振動は不規則になり，変位振幅の増加とともに周期が異常に増加する現象が生じる．通常時であれば，すべてのタイロッドの初期張力は十分に作用しており，周期が振幅に依存するような現象は見られない．

3) 水のスロッシングによるタンク内壁への打撃効果

　タンク内の水の固有周期が給水鉄塔の固有周期にほぼ等しくなると，水がタンク内壁に打ち付けるスロッシング現象が顕著になる．設計でタンク内の水のスロッシングを考えると複雑になるので，水の固有周期とタンクの固有周期を比較するときは，通常，タンクに関しては空の状態（ドライモード）を考える．」

このときの計測では，起振機を用いた強制振動試験だけでなく，引綱試験，風力試験，発破試験，および地盤調査が行われた．発破試験はほかの診断カルテには見られない加振方法であ

る。この診断カルテにおいて，各種試験法の中で最も中心的な役割を演ずるのは，構築物振動研究会が主として行っていた強制振動試験ではなく引綱試験である。この引綱試験の方法と得られた結果が詳しく記述されている。

1．強制振動試験

　構築物振動研究会の主役は通常であれば強制振動試験であるが，この振動計測においてはその主役の座を後述する引綱試験に譲っている。ここでは，比較的的振幅が小さい（タイロッドの緩みが生じない）範囲における給水鉄塔の固有周期を，満水タンクの状態と空タンクの状態で求めるために強制振動試験を行っている。

　建築物の起振機試験を行う場合，試験中に起振機が勝手に踊り出すことがないように，通常であれば起振機と隣接する柱や壁の間に丸太あるいは角材を差し入れ，2本の柱の間で突っ張り棒として起振機を固定する。この丸太あるいは角材は起振機のフレームからジャッキを使ってその場所にしっかりと締め付ける。しかし，柱あるいは壁が利用できないような状況下においては，起振機を床か臨時に造った支持台にボルトで直接緊結する必要がある。この給水鉄塔の試験では柱も壁も利用できなかったので，タンクの近くに支持台を造り，厚さ5 mmの鋼板にボルト接合した。起振機の加振は，鉄塔の柱をつないで形成される六角形の対角線方向（「対角線方向」と呼ぶ），および六角形の一辺の法線方向（「辺法線方向」と呼ぶ）の2通りで行われた。

（i）満水タンクの状態

　固定用の鋼板上に起振機を置いて振動を励起した際，小さな短周期振動が起振機の近くで発生した。この短周期振動はたぶん鋼板の固有振動に起因しており，給水鉄塔の長周期振動に重ね合わされて，起振機の近くではギザギザを有する波形として記録された。ただし，この現象はタンクの振動性状を求める際に大きな障害になることはなかった。

　起振機が回転を始めると，上述した短周期振動がかなり大きくなって記録することが困難になるため，不平衡質量の回転速度が5 Hz以上にならないようにした。タンクが満水状態のとき，半球底からの水深は7.7 mになる。このタンクの満水状態において，起振機の加振周期が0.58秒のときに明瞭な共振現象が現れた。すなわち，タンクが満水状態のときの給水鉄塔の固有周期は0.58秒ということになる。この固有周期の値は別の試験結果（後述する引綱試験）ともよく一致していた。

　鉄塔の高さ方向の中間点においては明瞭な記録を得ることができなかったが，プラットフォームで共振が生じた時刻に共振の発生を観測することができた。その周期は同じく0.58秒であった。基礎においては，振幅が非常に小さく，共振時でさえ倍率200倍の振動計では振幅を確認することができなかった。基礎の振動に関しては，後に特別な調査を実施したので，それについては引綱試験のところで紹介する。

(ii) 空タンクの状態

　タンクを空にした後，起振機と振動計を移動して給水鉄塔の起振機試験を行った。このとき，起振機の不平衡質量は全体で 4 kg なるように増量した。支持台における水平 2 方向の記録波形は，加振力の周期が増すにつれて変位振幅が徐々に増加し，周期が約 0.3 秒になったときに最大値に達した。当然ながら，加振力に平行方向の振動のピークはその直角方向の振動のピークよりも大きかった。これらのピークの位置を詳細に見ると，加振方向とその直角方向の振動ピークは同時ではなく，直角方向のピークが加振方向のピークよりも先行して生じていた。直角方向の振動ピークは周期 0.295 秒で現れ，加振方向の振動のピークは周期 0.305 秒で現れた。

　これらのピークを過ぎると，加振方向とその直角方向の振動にはうなりのような現象が見られるようになった。しかし，このうなり現象も同時に起こっているのではなく，一方の腹がもう一方の節と一致しているというわけでもなかった。したがって，このうなりの様な変動は最大振幅が生じる方向（加振方向とその直角方向の合成振動の方向）の回転に起因するものではないかと考えられる。タンク上の計測点は明らかに加振方向だけでなくその直角方向にも振動していた。すなわち，計測点は楕円軌道か円軌道を描いて振動していた。

　加振方向とその直角方向の振動のピークがほぼ同時に起こっていたとしたら，その原因は振動数が近い 2 つの振動の連成によるものと考えられる。2 つの振動とは鉄塔の振動とタンク内の水の振動である。しかし，この給水鉄塔に関しては，これら 2 つの振動の周期はお互いにかなり離れており，このような連成が生じるとは考えにくい。なお，空タンクのときの周期は後述する引綱試験で求めた周期とよく一致していた。

2. 引綱試験

　引綱試験はそれほど高くない塔状構造物の振動特性を調査する最善の方法である。通常のやり方であれば，タンクに近い 1 部材にロープを取り付け，ロープの他端を地盤に固定した牽引機につなげてゆっくりと牽引する。この計測では，この方法ではなく，牽引作業にトラックを利用している。トラックの先頭部に取りつけたウィンチで巻き上げることによりロープの引張力を徐々に増加させた。また，タンクに近い部材に直接ロープを取り付けるのではなく，その部材とロープ端部の間に別のワイヤを挿入し，このワイヤを介して給水鉄塔に引張力を与えた。ワイヤに作用する引張力が大きくなり，ワイヤの強度を超えると，ワイヤは自然に破断するようになっていた。破断の瞬間，牽引力は一挙に解放され，給水鉄塔は数分間自由振動状態となる。このとき発生する自由振動波形の振幅は徐々に減少する（減衰自由振動）。

　ワイヤ断面を適切に選択することにより，作用する引張力の最大値をある希望する値に設定することができる。この試験では，直径 4.05 mm と 2.75 mm の 2 種類の亜鉛メッキワイヤが用いられた。前者はワイヤ No.8，後者はワイヤ No.12 と呼ばれている。前者の終局強度は 440 kg，後者の終局強度は 110 kg である。

実際に使用してみると，ワイヤNo.8では給水鉄塔に作用する最大荷重がしばしば大きくなりすぎて，好ましい振動記録を得ることができなかった。牽引力が解放されたとき，給水鉄塔の戻りの振幅が大きくなり過ぎて，記録針が煤紙からはみ出してしまうためである。この状況を避けるために，引綱試験では基本的にワイヤNo.12を用いることにし，給水鉄塔のねじれ振動を引き起こすために強い牽引力が必要となる場合のみワイヤNo.8を用いることにした。

　引綱試験では給水鉄塔をいろいろな方向に牽引できることが好ましい。通常は，タンクの半径方向と接線方向に牽引する。半径方向の牽引には2通りの方法が考えられる。一つは「対角線方向」の牽引，もう一つは「辺法線方向」の牽引である。これらの方向の定義は，前述した強制振動試験における定義と同じである。接線方向の牽引により，ある柱でタンクの接線方向に引張力を作用させ，牽引力を解放してねじれ自由振動を励起させる。この場合，ねじれ振動だけではなく並進振動も同時に励起される。実際には，並進振動の方が顕著に現れることが多い。

（i）辺法線方向の牽引

　六角形の一辺の法線方向（辺法線方向）に給水鉄塔を牽引して並進振動を励起した。ワイヤNo.8をプラットフォームのすぐ下の部材に取り付け，このワイヤをロープに結合して，給水鉄塔の根元の中心から61.2 m離れた位置に置かれたトラックの巻き上げ機により牽引した。試験はタンク内の水深を変化させて行った。満水状態のときの水位は半球底から7.7 mである。その後，水深を6.0 m，4.0 m，2.0 m，最後に0.0 m（空タンク）と段階的に下げている。引綱試験の記録波形は，牽引力の解放時の大振幅で始まる。この時点から給水鉄塔の自由振動が始まり，徐々にその振幅は減少する。

　タンクが満水状態のときの記録を詳しく見ると，牽引力の解放後，辺法線方向には，最初の2〜3波はやや長周期の0.69秒と周期0.57〜0.58秒の範囲の振動が生じており，全体としての平均周期は0.580秒である。このとき，タンクの接線方向の振幅は辺法線方向に比べてはるかに小さい。したがって，牽引力の解放の際，タンク上の一点は長軸が牽引力の方向となるような細長い楕円を描いて振動していることになる。タンクの対角線方向の平均周期は0.57秒となり，辺法線方向の周期に比べてわずかに短かった。

　引綱試験においても，強制振動試験のときと同様，給水鉄塔と水の連成振動は観測できなかった。これは，タンク内の水の固有周期が給水鉄塔の並進振動の固有周期よりもはるかに長周期であるためである。力が作用している時間と力が解放された直後の数秒間だけ，周期0.030〜0.045秒の短周期の振動が観測された。これは，たぶん部材の自由振動と考えられる。

　ねじれ振動を励起させるために給水鉄塔の接線方向に牽引力を作用させた。振動計の接線方向の記録には，牽引力の解放後，周期0.14秒の振動が明瞭に現れた。この周期の振動は後述する空タンクのときも記録されている。すなわち，タンク内の水は給水鉄塔のねじれ振動には実質的に寄与していないようである。ねじれ振動は，辺法線方向の牽引のときは現れなかった。

すでに述べたように，最初はワイヤNo.8を使用して給水鉄塔を牽引した。しかし，牽引力の解放による戻りの振幅が非常に大きくなり，記録紙上に記録できなくなった。このため，この後のすべての水深に対して，ワイヤNo.12を用いて牽引試験を行うことにした。まずタンク内の水位を半球底から6.0 m下げた。このとき，辺法線方向の振動の平均周期は0.507秒，対角線方向の平均周期は0.500秒になった。水位4.5 mでは，辺法線方向の周期は0.420秒，対角線方向の周期は0.400秒になった。水深2.5 mでは，辺法線方向の周期は0.330秒，対角線方向周期は0.325秒になった。

タンクを空にしたとき，給水鉄塔の辺法線方向の平均周期は0.305秒，対角線方向の平均周期は0.295秒になった。水深を変化させて行った牽引試験では，水と給水鉄塔のうなり現象はまったく見られなかった。給水鉄塔の周期は水深によりかなり変化しており，タンクが空のときの周期はタンクが満水のときの周期のほぼ半分に低下した。タンクは通常は満水状態に保たれているので，通常時の給水鉄塔の周期は約0.58秒である。

牽引力の解放により生じる変位振幅の範囲は，牽引力が同じ場合，タンク内の水の体積が増加するにつれて規則的に増加した。

（ⅱ）対角線方向の牽引

牽引力の方向を対角線方向に変えて，辺法線方向に牽引したときとの違いを検討した。対角線方向の牽引力に加えて，給水鉄塔にねじれ振動を励起するために接線方向の牽引力も作用させた。対角線方向と辺法線方向に牽引した引綱試験の結果から，給水鉄塔の周期は牽引力の方向に応じてわずかに変化することがわかった。対角線方向に牽引したときの給水鉄塔の周期は辺法線方向に牽引したときの周期よりも少し短くなった。ただし，この点に関してはまだ検討の余地が残されている。

（ⅲ）基礎の振動

引綱試験における支持台の振動を調査するために，プラットフォームと基礎の同時計測を行った。プラットフォームの最大変位振幅は0.239 mmであった。基礎には光学式振動計を設置した。基礎での計測はきわめて満足すべきものだった。実際の最大変位振幅（両振幅）は水平動で0.001 mm，上下動でも0.001 mmだった。すなわち，水平動と上下動は同じ大きさであった。鉄塔の頂部が左側に動くと基礎も左側かつ下方に動く。このような基礎の運動は地盤の降伏によるものであるが，極めて微小であり実際には無視できる。この地盤の降伏は，2種類の降伏の結果と解釈できる。一つは並進降伏，もう一つは回転降伏である。並進降伏は主に地盤の水平方向の変形定数に依存する。回転降伏は地盤の鉛直方向の変形定数に依存し，並進降伏には独立である。プラットフォームと基礎の変位比は230：1（230倍）になっており，硬質地盤に建つ鉄塔の目安である200：1（200倍）の値を十分超えている。杭基礎が必要になる水締め盛土の地盤では，この目安はもっと小さくほぼ150：1（150倍）である。したがって，いま給水鉄塔が建っている地盤は硬質地盤あるいは良質地盤ということができる。

(iv) タンク内の水のスロッシング

剛な基礎上に矩形タンクを置いたとき，そのタンクが十分に剛であるという仮定のもとで，タンク内の水のスロッシング周期のおおよその推定を行う。このタンクに突然水平変位が与えられると，水面は片側で盛り上がり，反対側で押し下げられる。こうして，盛り上がりと押し下げの2つの重力波が生じる。それぞれの波は平均水深に対応する速度で反対側に移動する。一方の側から反対側に行って戻るのに必要な時間が水のスロッシング周期であり，次式で与えられる。

$$T_w = \frac{2L}{\sqrt{gd}}$$

ここに，T_Wは水のスロッシング周期，Lはタンクの長さ，dは平均水深，gは重力加速度である。

給水鉄塔のタンクの形状は，上部が円筒形，下部が半球形である。円筒と半球の直径は同じで8.5 m である。タンクが満水状態のとき，水面は半球の底から7.7 m の高さになる。容量と断面積が等しい矩形タンクを考えると，矩形タンクの大きさは7.53 m×7.53 m×6.29 m（深さ）になる。公式からこのタンクの周期は1.96秒になる。

似たような現象が円筒タンクにおいても生じることは明らかであるが，周期の計算は矩形タンクのように簡単ではない。円筒タンクでは，水の振動の固有周期は水深7.0 m のとき6.05秒になる。半球の底のように水深が変化する場合は周期と水深の間に複雑な数値関係が成立する。この関係がどのようなものであろうと，タンク内の水のスロッシング周期は水深が減少するとともに増加することは確かである。したがって，タンク内の水のスロッシング周期はタンクの固有周期よりもはるかに長周期になり，タンク内の水がタンク壁に作用する衝撃圧は極めて小さいと考えられる。

(v) 給水鉄塔の減衰

引綱試験の記録から給水鉄塔の減衰が評価された。ここでの減衰は減衰自由振動波形の隣接する振幅aの比v（振幅減衰比）として求められている。vの値は水深が浅くなるほどわずかではあるが増加し，満水のとき$v=1.025$，空のとき$v=1.055$となった。これは臨界減衰比hに換算すると，$h=0.004\sim0.008$となる。臨界減衰比0.01以下の小さな減衰である。一般に，給水鉄塔が剛な構造物であり，すべてのタイロッドが引張状態にあれば，振幅減衰比は小さな値になる。しかし，タイロッドのいくつかが緩むと振幅減衰比は増加する。このことを考えると，給水鉄塔の減衰は剛さの程度（タイロッドの緩み具合）を表現するための有効な指標として使える可能性がある。

3. 風力試験

風が強く吹いているとき，給水鉄塔への風の影響は無視できない。鉄塔の振動特性を考える

際，風はもっとも有効な外力と考えられる。よく知られているように，鉄塔は突風のような外力の作用を受けると固有周期で振動し続ける。風力試験の方法はきわめて簡単である。通常，振動計は鉄塔の頂部に設置することが多い。風の気象データが鉄塔近くの観測所で提供されるのであれば，そのほかの特別な機器は必要ない。しかし，風力試験の欠点は，構造物への突風外乱が極めて不確定であり，観測者には制御不能という点である。このため，風力試験だけでは鉄塔の振動特性に関して満足できる情報を得ることが難しいという現実的な問題がある。

鉄塔は強風が吹くとかなり大きな変位振幅で振動するので，鉄塔の周期と変位振幅の関係を検討する上では都合が良い。周期と変位振幅の関係は引綱試験と同様，風力試験における重要な検討事項の一つである。鉄塔に取り付けられたタイロッドの幾本かが緩むと，そのとたんに張力は作用しなくなり，タンクは最大変形に近づき，振動は長周期化する。このような緩み部分が何か所も生じると，変位振幅の大きさに応じて記録上には様々な周期が現れるようになる。通常は，剛な構造物であれば周期は変位振幅には依存しない。

1950年11月28日，その日は強風が吹いていた。給水鉄塔の近くの気象観測所で観測されたこの日の気象状況は，風向はほとんど北，風速は7.6～8.9 m/sであった。風により励起された振動は支持台上の1成分振動計に記録された。最初に風向に平行方向の振動，次に風向に直角方向の振動，最後に風向に45°方向の振動が計測された。

得られた風の記録を見ると，ほぼ周期一定の波が連続していたが，変位振幅は時間とともにかなり変化していた。給水鉄塔に作用していた風は前述したようにほぼ北風（対角線方向）で，タンクは満水状態であった。鉄塔の周期は計測を行ったすべての方向でほぼ一定であった。その周期の範囲は0.570～0.580秒，平均周期は0.570秒になった。この値は引綱試験で得られた結果とよく一致している。給水鉄塔の周期は0.1秒程度の狭い範囲で変化していた。このようなわずかな変化は剛な構造物に分類され，緩み部分がない場合に観察される。緩み部分があると，周期は長周期化し，周期1.0秒以上の波も記録上に現れるようになる。

残念ながら各周期成分は異なる時刻に計測されているので，各計測時には風向が変化している。このため，風向に平行方向の振動と直角方向の振動の相対的な大きさに関する明確な知見を得ることはできなかった。しかし，給水鉄塔の振動では風向に直角方向の振動がほかのどの成分よりも大きくなる傾向が観測できた。記録波形から変位振幅の範囲（両振幅）を推定すると，風向に平行方向の振動は0.0016 cm，風向に直角方向の振動は0.0021 cm，風向に45°方向の振動は0.0017 cmであった。同じような傾向は風を受ける煙突の振動でも観測されているが，給水鉄塔に関しては今後さらにデータを蓄積する必要がある。

4. 発破試験

爆薬の爆発（発破）により引き起こされる地盤振動は，爆薬の規模と点火の間隔を適当に選べば，構造物に自由振動を励起させることができる。一般に，一つの小さな発破により引き起

こされる地盤振動の継続時間はきわめて短く，構造物の自由振動を励起するエネルギーとしては十分ではない。単発の発破による爆発力は，構造物の限定された小さな部分に衝撃的に作用するだけであり，基礎から構造物全体を揺らすことはない。しかし，このような衝撃力が連続的に構造物に作用すると，加振力の継続時間が延び，構造物の自由振動が励起されるようになる。

別の考えもある。複数の爆発による衝撃力が構造物の基礎に同時に到達すると，一つの大きな爆発により生じる衝撃力よりも構造物を効果的に揺らせることができるという考えである。これに似た（まったく同じではないが）考えに基づき，1950年当時，多重反射地震探査において，米国では地震エネルギーを発生させるために進行性同時爆発の相対効果に関する研究が行われている。給水鉄塔の振動計測において，このような考え方を参考に，発破を利用した以下のような自由振動試験が試みられた。

1) 加振力の継続時間を長期化するために，給水鉄塔に対して半径方向に配置した複数の発破孔に少量の爆薬を埋め込み，各爆薬を電気的に同時爆発させる。各発破孔からの振動が鉄塔の基礎に順次到達する（発破試験A1，A2）。

2) 個々の爆薬のエネルギーを同期させる（同時に到達させる）ために，給水鉄塔の柱脚のフーチングを結んで形成される六角形の一辺に平行に発破孔を並べる。この場合，すべての爆薬が同時に爆発するように電気的に点火する。爆薬を配置する爆破ラインは1本ではなく2本とする。したがって，2つの同期エネルギーが2本の爆破ラインから鉄塔に向かって順次到達する（発破試験B）。

以上の発破試験A1，A2と発破試験Bの2通りの試験における爆薬の配置と量を事前に決定した。発破試験の期間中，風がほどほどに吹いていたため，風がノイズとなって満足できる結果を得ることはできなかった。給水鉄塔の自由振動が風によって励起されたのか，爆発によって励起されたのかさえ記録から明確に判別することはできなかった。

短周期の波に対する地盤上，基礎上，プラットフォーム上での変位振幅を計測した。まず，地盤上の変位振幅を発破試験A1，A2と発破試験Bとで比べた。爆薬量が多い発破試験Bの変位振幅は発破試験A1，A2よりもかなり大きくなった。発破試験A1と発破試験A2を比べると，初期振動の振幅には大きな違いは見られなかったが，最大振動の振幅は爆薬量が多い発破A2の方が大きくなった。次に，基礎上とプラットフォーム上の変位振幅を発破試験A1と発破試験Bで比べた。地盤振動の伝播方向の初期振動に関しては，基礎台上では発破試験A1と発破試験Bはほぼ同じであったが，プラットフォーム上では発破試験Bの方がはるかに大きくなった。このとき，発破試験A1と発破試験Bの変位振幅の比は1：11.0であり，爆薬量の比1：2.4よりもかなり大きくなった。

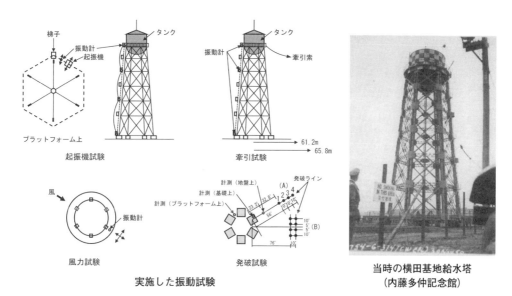

図 6.3.1　横田基地鋼製給水鉄塔（1950年）

5. 地盤調査

給水鉄塔を支持する地盤特性の調査が行われた。基礎下の地盤の状況を，この給水鉄塔の敷地からそれほど離れていない日野の地盤調査の結果（すでに実施済み）と比較した。比較を通して，2つの場所における顕著な差異は見つからなかったため，この給水鉄塔の地盤特性として日野のデータが用いられることになった。給水鉄塔が位置する地盤は関東ローム層と呼ばれる赤色硬質粘土である。給水鉄塔の近くのボーリングデータは，基礎下数メートルに礫を多く含むかなり厚い硬質層が存在することを示していた。下層地盤のせん断強度は，粘着力 0.138 kg/cm^2，内部摩擦角 25°00′ である。下層地盤の土粒子は有効径 0.015 cm，均質係数 16.7 である。このことは，この地盤が重量構造物の基礎下の地盤として好ましい混合物含有状態であることを示している。類似した特性を持つ地盤に関する実験によれば，圧密，地下水面低下，および何らかの他の要因による沈下の可能性はきわめて小さいと考えられる。

荷重試験により地耐力は 40〜50 t/m^2 であり，安全率を 2.0〜2.5 としても実際に作用する荷重よりもはるかに大きくなる。したがって，基礎は大きな地震に対して安全である。

6. 総合的診断

診断カルテの最後に本試験結果が以下のようにまとめられている。

「給水鉄塔に関して実施した振動計測の結果，鉄塔の設計と施工はともによくできていると言うことができる。タンクが満水状態のときの給水鉄塔の周期は，地震周期の危険領域からは外れている。1923年の関東大震災の強震時の卓越周期は 1.0 秒以上であり，東京大学（本郷）では 1.32 秒が記録されている。東京大学の敷地は，この給水鉄塔の地盤と同じ地質構造であ

る関東ローム層上に位置している。大きな地震動に対しても，鉄塔と地盤の共振作用はごくわずかであると考えられる。振動計測により給水鉄塔の振動特性が明らかになったが，この計測結果だけでは給水鉄塔が地震に対して絶対安全であるかどうかについて合理的な判断をすることは難しい。さらなる調査による確認が必要であり，それには同じような設計施工による他の給水鉄塔との比較検討が有効と考えられる。」

第2節　千葉火力発電所鋼製煙突

　かつて千住火力発電所（1926～1963）には通称「お化け煙突」と呼ばれた高さ約80mの4本の鋼製煙突が建てられていた。戦時中の空襲でも被災することなく，戦後は下町の名所の一つになった。この鋼製煙突の設計者は内藤多仲である。千葉火力発電所の煙突は千住火力発電所を超える約90mの高さで，計測が行われた当時（1956年），全溶接鋼製煙突としてはわが国で最も高い煙突であった。

　千葉火力発電所の鋼製煙突の振動計測を実際に行ったのは三菱造船と茨城大学のグループである。このため，振動計測の結果を記した診断カルテは内藤多仲記念館には残されていない。残っていたのは計測計画書だけであるが，他の診断カルテと同じように大切に保存されていた。そのときの状況は今となってはよくわからないが，すでに戦前から鋼製煙突の設計を手掛けていた内藤に，計測計画の策定にあったっての助言が求められたということではなかったかと思われる。

　このとき，千葉火力発電所の第1期工事の煙突（第1煙突と呼ぶ）はすでに完成しており，第2期工事の煙突（第2煙突と呼ぶ）がほぼ完成したのを機会に，2つの煙突の振動特性と構造特性の調査と試験が行われることになった。着目した振動特性は，固有振動数とモード形，減衰の振幅依存性，煙突の剛性，筒体に生じる応力（座屈に対する検討），および煙路開口部の応力集中状態であった。

　以上の振動特性と構造特性は，危険風速のもとで煙突が共振現象を生じるような場合，鋼製煙突の強度を検討するための重要な項目になる。これらの振動特性を把握するために，計測計画を具体的に立案する必要があったものと考えられる。計画書には，計測予定日が「1956年12月6日午前10時より（雨天順延）」と記されている。肝心の計測結果を紹介することができないのは残念であるが，ここでは計測計画そのものも十分価値があると判断し，本書に入れておくことにした。計測前に非常に綿密な計画が練られていることを垣間見ることができる。

1．計測計画

　第1煙突から第2煙突にワイヤを張り，滑車を通してワイヤを地面に導き，ここで約10tの張力をかける。その後，この張力を曳船用の牽引フックによって突然切断して煙突に自由振

動を励起し，このときの振動を煙突に設置した加速度計により計測する．

　加速度計は，第1煙突については，1成分計を煙突頂部と高さ68.3 mの2か所に設置する．第2煙突については，張力が2方向の成分をもつことを考慮して，頂部に2成分計を設置する．切断時の張力は張力計により記録する．加速度計と張力計はいずれも抵抗線ひずみ計を利用したものである．張力に対する煙突の変形は，記録波形から読み取ることもできるが，この計測計画ではトランジットを用いて別途計測することを考えている．

　第1煙突においては，さらに筒体基部の圧縮側と引張側の煙路開口端部における応力を求め，頂部に作用する張力と基部の応力の関係を検討する．

2. 計測方針

　まず第1煙突の振動記録，次に第2煙突の振動記録を採る．さらに，第1煙突を対象に，張力と基部各要所の応力の関係を求める．張力を与えた後，一気に張力を切断して自由振動させ，その減衰自由振動記録から，固有振動数，減衰係数の振幅依存性，張力による変形，および振動モード形を求める．

　振動特性を求めるために，各煙突について複数の高さにおける振動を同時に計測して記録する．本実験では，最終的に煙突の頂部と高さ68.3 mにある休み場の2か所における加速度を計測することが決まった．煙突の頂部に加える張力は，ひずみ計を利用した張力計を取り付け，地上でその値を読み取ることにした．張力を1, 3, 5, 7, 10 tと変化させて自由振動を励起する．張力と2か所の加速度は同時計測する．

　上記の計測をまず第1煙突について行い，終了後に加速度計を第2煙突に移し同様の計測を繰り返す．所要時間は約2時間を予定するが，その大部分は加速度計の移動に要すると考えられる．なお，煙突の変形はトランジットにより別途観測する．

　第1煙突に対しては，頂部に加える張力を漸次増加し，10 tに達するまでひずみと張力の関係を同時記録する．計測する箇所ごとに，数回同じ実験を繰り返す．リード線の数量に制限があるので，一回で計測可能な個所は4点程度である．

3. 計測装置

　振動計測はひずみ計を利用して行う．ひずみ計と記録装置を組み合わせれば，加速度は十分な感度をもたせることができる．感度を最大にすれば，5×10^{-6}のひずみに対して約1 mmの振れを生じさせることができる．

　加速度計に関しては，重力加速度 g に対して約 $1,500 \times 10^{-6}$ のひずみに相当する出力がある．煙突の頂部が5 cm振動する場合の加速度0.15 gに対し，高さ68.3 mで片振幅約40 mmの振れを生じる．煙突頂部に5 tの張力をかけたときの頂部における変形は約9 cmになると考えられるから，その場合は高さ68.3 mで約70 mmの振れになるはずである．

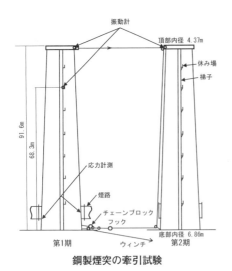

鋼製煙突の牽引試験　　　　　当時の千葉火力発電所（1959 年頃）
　　　　　　　　　　　　　　　　（ぽかぽかポート HP より）

図 6.3.2　千葉火力発電所鋼製煙突（1956 年）

　応力に関しては，5 t の張力により基部に生ずる応力の予想値は約 60 kg/cm^2，ひずみは 30 ×10^{-6} とあまり大きくはないのでクロスタイプのゲージを 2 枚貼り，4 ゲージ方式で感度を約 2.6 倍にあげて記録する。このときに予想される振れは約 15 mm。ガルバノメーターを G-30 あるいは G-50 とすると感度は数倍に上昇するはずである。1 か所につき，このゲージを 2 枚貼付する。ゲージの貼付には接着剤としてアミライトを用いる。

　張力計に関しては，10 t で約 1,000×10^{-6} の出力があるから，1 t につき約 20 mm の振れを生じる。

4. 加速度計の取付位置

　加速度計の取付位置を決めるために，張力 5 t をかけたときの煙突の変形の予想値（cm）を計算により求めた。当初 2 か所案と 3 か所案があった。2 か所案の計測高さは 91.6 m と 63.88 m で，それぞれの予想変位は 9.21 cm と 2.105 cm。3 か所案の計測高さは，91.6 m，74.56 m，53.2 m で，それぞれの予想変位は 9.21 cm，2.90 cm，1.40 cm。最終的に 2 個所案が選ばれ，高さ 63.88 m は昇降梯子の休み場のある 68.3 m に変更された。

　加速度計の取付位置に加速時計を置くための取付台を溶接で取り付ける。取付台の位置は，頂部と昇降梯子の横の 2 か所とする。加速度計を昇降梯子の横に取り付けるときは，休み場を利用して取り付けやすい位置とする。加速度計の重量は 400 〜 500 gram である。加速度計の上部からキャプタイヤコードが出るが，風などにより揺れないように，途中で適宜針金により梯子そのほかに固定する。

5. 応力計測部

応力計測のためにブリッジ箱を煙突に設置する。日光の直射を避けるカバー取付け用のアングルの小片を溶接する。これには3〜4kgの重量がかかる。

6. 計測の準備

計測のための事前準備に2日間をかけ，計測は1日で行う。
1) 加速度計測のための取付台を製作し，取付け台を各煙突について2か所あらかじめ溶接しておく。
2) 応力計測のための取付台を製作し，ブリッジ箱取付台の溶接およびひずみゲージの貼付が容易にできるような足場を組み，取付台を溶接しておく。
3) 計測2日前に，計測機器を現地に輸送する。計測1日前に，ひずみゲージの貼付，加速度計の取付け，リード線の配置，計測器のための仮上屋を準備する。計測日当日は，午前に振動計測，午後に応力測定を行う。

第3節 首都高速道路1号線照明灯

1964年の東京オリンピックを目前に，高速道路の整備が急ピッチで進められていた。高速道路1号線に取り付ける照明灯ポールが，風および自動車の走行に際し，かなり激しい振動を伴うことがわかった。この影響を検討するために，振動計測を行い，その改善策を考察することが求められた。

本計測を行う前に，2回にわたり事前計測が行われた。高速道路の橋脚間スパンが大きくポールの振動が激しい場所における状況計測（第1回計測）とポールの振動特性を検討するための屋外実験（第2回計測）である。第1回計測では，路面の振動性状とポールの振動性状を比較することができ，路面とポールの共振による大きな振動に注目する必要性を発見した。この段階でポールの固有周期を知ることが改善を図る上での第一目標となり，第2回計測は固有周期の推定を目的に行われた。高速道路に用いたポールと屋外実験に利用したポールは剛性および性状が異なっていたため完全な比較にはならなかったが，0.47秒の周期が計測された。

事前計測により，この形状のポールの振動を理論的に解析することは困難であり，振動計測の結果に基づき改善策を検討する方法が最良であるという考えに至った。このため，雨風の影響を受けない理想的な場所で静的および動的実験を行うことを決め，日経アルミ東京工場板金工場内に実大のポールを建てて振動計測が行われた。計測は1962年6月28日〜29日の2日間である。工場内には，高速道路に使用した2次曲線型（R型）ポールと少し形状の異なる改良型（3次曲線型）ポールが並べて設置された。前述したように，理論解析が困難であったため，計測には2本のポールの振動性状を比較する方法（一対比較法）が採用された。比較した物理

量は，固有周期，変位振幅，減衰特性，応力分布，および変形状態である。

1. 模型実験

実大実験の前に，予備実験として模型実験が行われた。模型実験には，縮尺 1/50 の鋼鉄製模型を使用した。直線状のポール模型と実大実験と同じ曲線状のポール模型の振動性状を比較した。2 つの模型の長さは同じとした。2 kg の分銅（重錘）を 50 cm 落下させることによりポール模型に衝撃力を与え，模型両面に貼付したひずみゲージによりポール模型の自由振動を計測した。

自由振動実験の結果，直線状のポールの固有周期が 0.057 秒，曲線状のポールの固有周期が 0.051 秒になった。ポールの長さが等しければ，曲線状のポールの方が直線状のポールよりも固有周期が小さくなることを確認した。減衰は曲線状のポールの方が直線状のポールよりも大きくなることを確認した（具体的な数値は記されていない）。

模型実験で用いた模型の固有周期から実大実験に用いるポールの固有周期の予測が行われた。予測には Rayleigh の理論式を用い，模型実験と実大実験で用いるポールのヤング率と断面 2 次モーメントを代入して実大実験のポールの固有周期を求めた。計算の結果，実大実験で用いるポールの固有周期は 0.2 秒になった。後述するように，この値は実大実験で計測された固有周期の半分以下であった。このことから，実大実験に使用したポールのヤング率あるいは断面 2 次モーメントは計算で想定した値よりもやや小さかったと考えられる（ただし，模型実験と実大実験の模型がともに一様で連続的なポールであることが前提になっており，溶接の影響は考慮されていない）。

2. 実大実験

(i) 実験模型と実験装置

実大実験には 2 次曲線型（R 型）ポールと改良型（3 次曲線型）ポールの 2 種類が用意された。高速道路 1 号線に取り付けられた照明灯ポールは 2 次曲線型ポールである。2 つの実大のポールを取り囲むように計測用のブレース付き足場が組まれた。牽引試験のために，ポールにピアノ線と滑車を取り付け，ダイヤルゲージを設置した。実験により得られた自由振動波形は，3 次曲線型ポールも 2 次曲線型ポールもきれいな減衰自由振動を示した。

(ii) 固有周期

実大模型の自由振動波形から 2 次曲線型と 3 次曲線型それぞれの上下動と水平動の固有周期が求められた。2 次曲線型の 1 次固有周期は上下・水平ともに 0.58 秒，2 次固有周期は水平のみで 0.20 秒，3 次曲線型の 1 次固有周期は上下・水平ともに 0.50 秒，2 次固有周期は水平のみで 0.167 秒であった。ポールの 1 次固有周期を理論式により求めると，計算値は 0.65 秒となった。溶接接合の影響を考慮すれば，計測値に比較的近い値といえる。

（ⅲ）減衰

ポールの減衰特性を把握するために，自由振動波形の対数減衰率を求めた。対数減衰率は，2次曲線型の上下動が0.0220，水平動が0.0325，3次曲線型の上下動が0.0366，水平動が0.0190であった。ポールの減衰は臨界減衰比でおおむね2～4％の範囲であった。

（ⅳ）ポールの静的応力と動的応力

風および自動車走行に対するポールの振動を検討する上で問題になるのは，現場で生じる実際の応力あるいは変位の大きさである。室内実験においては，まず静的試験として，ポール先端に静的荷重を水平方向と上下方向に別々に与えてポールの変位をダイヤルゲージで読み取り，動ひずみ計により静的ひずみを計測してヤング係数を乗じることにより応力を求めた。次に，動的試験として，静的荷重を除去してからポールを振動させ，加速度を計測するとともに，動ひずみ計により動的ひずみを計測し，ヤング係数を乗じて応力を求めた。静的試験と動的試験で用いた載荷用重錘の重量は2 kg，6 kg，10 kg，14 kg，20 kgの5種類である。静的試験と動的試験を行って，2次曲線型と3次曲線型の水平方向と上下方向の応力分布を求めた。

（ⅴ）ポールの変形状態

静的試験と動的試験におけるポールの変形状態はトランシットを用いて計測した。静的試験と動的試験により2次曲線型と3次曲線型の上下方向の変位分布を求めた。

（ⅵ）溶接接合の影響

実大実験に用いたアルミ材料のポールは溶接接合の箇所が多く，その部分が振動性状に大きな影響を及ぼしていることが判明した。2次曲線型と3次曲線型のそれぞれのポールの振動状態が非常に異なっているのは，この接合部分が3次曲線型は3か所，2次曲線型は2か所あることに関係していると考えられた。その例として，3次曲線型では，ちょうど1番目と2番目の接合箇所の間の中央部分の変位が異常に大きくなっていたこと，2次曲線型では1番目の接合部が大きく変位していたことを挙げている。

（ⅶ）風に対する予測計算

計測当時の鉄塔規準と鋼管ポール規準によりポールに作用する風荷重を評価し，ポールの静的試験と動的試験で用いた重錘重量を風力として換算した。ポールに用いられたアルミニウムの降伏強度は1,500 kg/cm^2，短期許容応力度は1,000 kg/cm^2，長期許容応力度は500 kg/cm^{2}である。3次曲線型においては，重錘の重量が14 kgとき（風速15.6 m/s相当），すでに長期許容応力を超える値になった。20 kgのとき（風速18.7 m/s相当），基礎より3 mの高さで短期許容応力度を超えていた。この部分は，Kirchhoffの理論により頂部から0.512 l（lはポールの全長）の位置に曲げ応力が最も集中するという結果とよく一致している。2次曲線型のときは，14 kgのときに3次曲線型と同じく長期許容応力度を超える値になった。20 kgになると，短期許容応力度を超えた。

実験計測に基づき，当時使用されていたポールに対し以下のような診断結果を報告している。

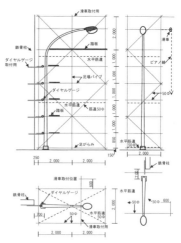

実物大試験に用いた照明灯模型　　　　実物大試験の試験装置

当時の首都高速1号線の照明灯（1964）
（KAJIMA ダイジェスト 2014.9 より）

図 6.3.3　首都高速道路 1 号線照明灯（1963 年）

「1) 曲線部分の溶接以外は溶接部分をつくらない方が良い。

2) 理論計算においても実験計測においても，基礎から 3 m の位置で大きな応力が生じているので，その部分では現在よりも断面 2 次モーメントを大きくする必要がある。

3) 風速 15 m/s 前後で長期許容応力度を超す箇所がある。鉄塔規準では長期の風速を 16 m/s としているから，現在より 1 割程度大きい強度が必要である（肉厚 5 mm の場合は外径 200 mm を 208 mm にし，外径 200 mm の場合は肉厚 5 mm を 5.6 mm にする）。

4) 風速 20 m/s で短期許容応力度に達することから考えて，断面積を現在より大きくする必要がある。

5) 以上を総合し，溶接部分をできる限り少なくし，基礎から 3 m 付近は断面積を 3 割程度（肉厚 5 mm の場合は外径 200 mm を 219 mm に，外径 200 mm の場合は肉厚 5 mm を 7.0 mm にする），その他の箇所は断面積を 1 割程度増すことが望ましい。」

第4節　日本鋼管川崎工場大扇橋

　大扇橋は，日本鋼管（現 JFE スチール）川崎製鉄所構内に 1939 年に設置された長さ約 84 m の可動式跳ね橋である。通常時は構内の溶鉱炉から出た溶銑を運搬するために敷設された貨物線の鉄道橋梁として利用され，運河を船舶が通過するときは航路を提供するために跳ね上がる機能を有していた。橋の名称は，構内の大島地区と扇谷地区を結ぶことからつけられた。その後，この（旧）大扇橋はトラック輸送に対応するために架け替えられ，現在は位置を少しずらせて（新）大扇橋として利用されている。振動計測が行われたのは 1967 年であり，計測対象は架け替え前の（旧）大扇橋である。

　計測の目的は，大扇橋の一部を構成する第 4 号跳開橋の回転軸を支持するとともに，この橋の開閉を操作する塔屋を載せていた第 5 号橋脚の平常時（常時微動）と列車通過時（鉄道振動）の振動計測を実施し，大扇橋の橋脚と跳開制御建屋の劣化状況を把握し，改修計画の参考資料を得るためであった。橋脚の振動計測には電磁式振動計（水平動用と上下動用）と機械式振動計（水平動用と上下動用）が用いられた。機械式振動計は第 5 号橋脚上に建てられた開閉操作塔屋の 2 階に設置された。この橋脚上で橋軸方向とその直角方向の 2 方向に電磁式振動計を設置し，それぞれの方向の振動性状を調べている。また，橋脚の長手方向に計測点を 2 点取り，これらの点で同時計測を行って橋脚のねじれ振動の有無も調べている。さらに，第 6 号橋脚および第 7 号橋台上で橋軸に直角方向の振動計測も行われている。上下動の計測は第 5 橋脚上だけで行われた。開閉操作塔屋の振動は，塔屋の屋上，2 階，および 1 階土間の 3 か所において，橋軸方向とその直角方向の計測が行われた。

1. 第 5 号橋脚の計測

　第 5 号橋脚の計測は，列車の通過時だけでなく，平常時における常時微動に対しても行われた。いずれの場合も記録波形は複雑で不規則な形状となった。そこで周期－頻度解析を行い，全波数を 100 % としたときの周期と波数の関係（成分波の発生頻度）を求め固有周期を推定した。第 5 号橋梁の 2 計測点における線路方向の周期－頻度分布曲線は同じような形状になり，橋脚はほぼ一体となって振動していることを示していた。すなわち，第 5 号橋脚は部分的な変形を伴う振動は極めて小さかった。2 箇所とも最大頻度は周期 0.245 秒で生じており，その頻度は 42 % であった。第 5 号橋梁の線路方向の固有周期は 0.245 秒である。線路直交方向の周期－頻度分布曲線の最大頻度は周期 0.37 秒で生じており，その頻度は 28 % であった。線路直交方向の固有周期は 0.37 秒である。線路直交方向には，ほかにも 0.45 秒と 0.55 秒の比較的長い周期の振動成分がそれぞれ 18 % と 13 % 程度の頻度で現れており，線路方向に比べて頻度分布は広帯域になっていた。

線路方向とその直角方向の固有周期の違いは，第4号跳開橋，第5号鉄桁橋，および第6号鉄桁橋により線路方向の振動が拘束され，結果的に橋全体が線路方向の振動に対して強固になっているためと考えられる。これに対して，線路直角方向はこれらの拘束が相対的に弱く揺れやすいと考えられる。上下動の周期−頻度分布曲線には，線路方向の固有周期0.25秒と線路直角方向の固有周期0.37秒の2か所にピークが現れていた。これは，水平両方向の固有周期における振動成分がともに上下動を伴っていることを示している。

2箇所の計測点において線路方向の常時微動を同時に計測したときの周期−頻度分布曲線の傾向はほぼ同じであった。列車通過時の振動も計測したが，両点での常時微動と列車通過時の振動性状はほぼ一致していた。第5号橋脚は常時微動時も列車通過時もねじれ振動は生じておらず，線路方向に一体となって振動していることが確認できた。

常時微動時と列車通過時の線路方向の周期−頻度分布曲線を比較すると，線路方向の固有周期に相当する0.24〜0.25秒の振動成分はほぼ等しい頻度で現れていた。ただし，列車通過時は常時微動時に比べてやや周期の短い振動（たとえば0.15秒）の発生頻度が高くなる傾向が認められた。

2. 第6号橋脚と第7号橋台の計測

第6号橋脚の計測点における常時微動時の線路方向の周期−頻度分布曲線から，第6号橋脚の固有周期は0.3秒であることがわかった。

第7号橋台の計測点における常時微動時の線路方向の周期−頻度分布曲線から，橋台の固有周期は約0.3秒であることがわかった。周期0.19〜0.24秒の振動成分も比較的大きくなっていたが，これは橋台が直接地面に接していることから，地盤振動の影響が現れているものと考えられる。

3. 開閉操作塔屋の計測

第5号橋脚の塔屋の屋上で，線路方向とその直角方向の常時微動を計測し，周期−頻度解析を行った結果，線路方向では周期0.3秒の振動成分が卓越し，線路直角方向では周期0.3秒と0.37秒の振動成分が最も多く，0.24秒の振動成分もそれなりに生じていた。周期0.24秒と0.37秒は，それぞれこの塔屋が建っている第5号橋脚の線路方向と線路直角方向の固有周期であり，この橋脚の振動が直接塔屋上でも観測されたと考えられる。このことから，塔屋単体の固有周期は0.3秒前後と判断される。

塔屋の各階に振動計を線路方向とその直角方向に設置し，各階の変位振幅を同時計測により比較した。塔屋1階の振幅を1.00とし，各階の振幅比（平均振幅）を求めると，線路方向では，各階床の変位振幅比は，屋上：2階：1階＝1.53：1.19：1.0，平均振幅は$10\,\mu m$，周期は0.27〜0.31秒，線路直角方向では，各階床の変位振幅比は，屋上：2階：1階＝1.37：1.11：1.0，

平均振幅は 22 μm, 周期は 0.27 ～ 0.31 秒であった。この塔屋は線路方向, 線路直角方向ともに一種のせん断変形をしており, 変位振幅は線路直角方向が線路方向の約 2 倍になり, 変形度（各階の振幅の違い）は線路方向が線路直角方向よりも大きくなっていた。

4. 各計測点における最大変位と最大加速度

各計測点における常時微動時と列車通過時における最大変位と最大加速度を計測した。最大加速度は, その振動の卓越周期ではなく最大振幅時の周期を用いて変位から計算した。

第 5 号橋脚上では, 最大変位を見ると, 列車通過時には常時微動の 2.5 ～ 4 倍, 最大加速度を見ると 6 ～ 16 倍ほど増加していた。最大加速度の最大値は線路直角方向で 9.5 cm^2/s に達していたが, 列車通過時には短周期の振動が生じるので, 実際はこの値よりももっと大きくなると考えられる。線路方向の最大加速度は線路直角方向に比べて小さな値であった。

第 6 号橋脚では, 線路方向と線路直角方向の振動はほぼ同程度であり, 第 7 号橋台では線路直角方向が線路方向よりやや大きな振動になっていた。

各計測点の最大加速度は周期の読み取り方により数値が違ってくるが, 記録紙上の波の周期をできるだけ正確に読み取った結果を示している。しかし, この結果にも誤差があるとすれば, 加速度の値はもう少し大きくなると考えられる。一般に, 複雑で読み取りにくい振動ほど短周期の波が比較的ゆっくりとした波（周期 0.2 ～ 0.4 秒）に重なる傾向が見られ, この短周期の波が大きな加速度を有していることがあるからである。

5. 簡易計算と計測に基づく考察

振動計測に基づき第 5 号橋脚の状態が判定された。杭の支持条件や地盤との関連性が不明であるため, 以下に示す仮定 A, B1 ～ B5 を設けて周期の推定が行われた。これらの仮定の中で, 最も確からしいと考えられる振動状態が選択された。付録として付けられていた「計算による検討」では, 考察のもととなった具体的な算定過程が示されているが, ここでは割愛して結果のみ記す（ウェブサイト参照）。

A：橋脚の上下動に関して, 全基礎杭が弾性振動したと考えた場合

　杭長を 20 m（全長）とした場合と 10 m（全長の 1/2）とした場合を比較したところ, 杭長を 20 m とした場合の周期が計測値に近くなった。上下方向に関しては, 杭の全長が振動に寄与していると考えられる。

B：橋脚の水平動に関して

　1. 杭のせん断変形により橋脚の振動が生じた場合

　　杭長を 20 m としたときと 10 m としたときを比較すると, 杭長を 10 m としたときの算定値が周期の計測値に近くなった。

　2. 杭の曲げ変形により橋脚の振動が生じた場合

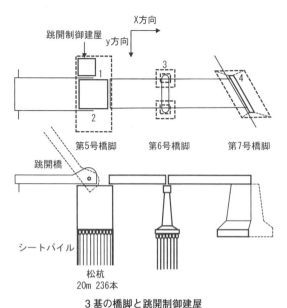

図 6.3.4　日本鋼管川崎工場大扇橋（1967 年）

　　杭長を 20 m としたときと 10 m としたときを比較すると，周期の算定値はいずれの場合も計測値よりはるかに長くなった．この仮定は不適当であると考えられる．
3．上下両端の回転を許した状態で土層のせん断変形により振動が生じた場合
　　土層の厚さが 20 m のときと 10 m のときを比較すると，土層の厚さが 20 m のときの周期の算定値が計測値に近くなった．
4．上下両端の回転を許さない状態で土層のせん断変形により振動が生じた場合
　　土層の厚さを 20 m としたとき，x 方向と y 方向の周期の算定値はともに計測値よりはるかに大きくなった．この仮定は不適当と考えられる．
　　土層の厚さを 10 m としたとき，周期の算定値は線路方向も線路直角方向も計測値に近づいたが，線路方向の算定値は線路直角方向よりも大きくなった．しかし，第 5 号橋脚の状況から考えて，線路方向の算定値は線路直角方向よりも小さくなるはずである．この計算における仮定では線路方向の拘束（橋脚等による拘束）を無視しているが，線路方向の計測値が算定値より小さくなっていることからも，実際には線路方向の拘束は大きいと考えられる．このことを考慮すれば，この仮定が実際の状況に最も近いと考えられる．
5．土層が柱のように曲げ変形して振動が生じた場合
　　土層の厚さを 20 m としたとき，x 方向と y 方向の周期の算定値はいずれも計測値よりはるかに大きくなった．この仮定は不適当と考えられる．
　　土層の厚さを 10 m としたとき，土層の厚さ 20 m のときに比べ，線路方向も線路直角方向も周期の算定値は計測値に近づいているが，仮定 3 の土層 20 m のときと仮定 4 の土

層10mのときの結果には及ばなかった。

以上の算定結果は，いずれも振動の原因が杭の変形かあるいは土層の変形かのどちらかだけによると考えた極端な仮定に基づいている。土層が極めて軟弱な場合は杭の変形のみによると仮定しても差し支えないであろう。また，土層が固い場合は主として土層の変形によると仮定できるであろう。しかし，今回の場合は，これらの両仮定の中間的な仮定が実状に合っていると考えるのが妥当と思われる。

杭の長さに関しては，以上の算定結果から水平動の場合は杭上部の約10mが寄与し，杭下部の先端付近は土層中に食い込まれて水平方向にはほぼ固定の状態にあると考えられる。杭の長さ方向の振動，すなわち上下動の場合は，杭周辺の土の拘束が比較的小さく，杭全体の弾性振動に近くなっていると考えられる。

以上の結果を総合して，以下のような診断結果と補修の提案が行われている。

「第5号橋脚は木の群杭によって支えられ，その付近の土質もそれほど強固ではないため，常時微動時および列車通過時の振動は比較的大きくなっている。第5号橋脚をほかの構造（例えばケーソン基礎，口径の大きな少数のコンクリート杭など）に改修すれば，振動は確実に減少すると考えられる。また，開閉操作塔屋は振動的に見れば固有周期が標準値（この場合0.14～0.18秒）より長くなっており，構造的に柔弱であるといえる。これは，老朽化に伴うきれつの進行やそのほかの損傷状態が大きく寄与していると考えられる。将来，橋梁上の運行荷重の増大が予想されるのであれば，第5号橋脚の改修を推奨する。その場合，単に現状の橋脚を補修する程度では，技術的にも経済的にもあまり有効な対策にはなりえないと考えられる。」

第5節　明豊ビル立体駐車場

明豊ビル立体駐車場は7階建てブレース付き純鉄骨造の機械式駐車場である。構造的には一体となったA棟とB棟で構成され，各棟が独立した鉛直循環方式の機械式駐車場として利用できるように計画されていた。計測当時はまだ工事中であり，A棟の最上階に昇降用機械が設置されたばかりで，B棟にはまだ設置されておらず，自動車もまだ1台も収容されていなかった。この振動計測の目的は，竣工後に自動車が収容された状態（積載時）の耐震性能の予測であった。このため，竣工前（無積載時）の振動計測はあくまで竣工後の耐震性能を検討するための初期設定条件を与えるためという位置づけであり，診断カルテは無積載時の計測データを活用した積載時の地震応答解析の検討に重点が置かれている。

このA棟7階のマシンベッド上に振動計を設置して常時微動計測と人力加振による自由振動計測が行われた。計測日は1970年4月22日，この日は無風状態で計測には好ましい天候であった。常時微動計測により得られた周期－頻度分布曲線から固有周期を推定し，自由振動計測により得られた減衰自由振動波形から対数減衰率を介して臨界減衰比が推定された。この

竣工前の振動特性を用いて，竣工後の7階建てブレース付き純鉄骨造立体駐車場の振動モデルを構築し，将来の地震時挙動を予測することにより耐震安全性の検討が行われた。

1. 振動計測

短辺方向（奥行方向）と長辺方向（間口方向）の常時微動計測により得られた周期-頻度分布曲線から，短辺方向の1次固有周期は約0.56秒，長辺方向の1次固有周期は約0.47秒と推定された。このとき，変位振幅は7階において30～60 μm に達しており，一般的な鉄筋コンクリート造に比べるとかなり大きな揺れになっていた。これは，純鉄骨造であることと床剛性が全くないことによるものと考えられる。

人力加振による自由振動試験では，短辺方向と長辺方向にそれぞれ人力で建物を押した後，一気に解放し，自由振動させて対数減衰率を求めている。臨界減衰比に変換した値は約4％となった。純鉄骨造としては比較的大きな値である。これは，主にブレースによる変形拘束効果によるものと思われる。

2. 振動解析

屋上に単位力を加え，各層の変位を仮想仕事の原理により求め，その結果から圧縮側ブレースを無視した場合と考慮した場合の2ケースについて各層のばね定数を算定した。圧縮側ブレースを無視した場合とは，振動振幅が大きくなった状態，すなわち地震時を想定している。一方，圧縮側ブレースを考慮した場合は，振動振幅が小さい場合，すなわち常時微動を想定している。各層のばね定数は，圧縮側ブレースを無視した場合が圧縮側ブレースを考慮した場合の60％程度になった。

自動車等の移動荷重の半分は7階，残り半分は6階以下で等配分すると仮定して，無積載時と自動車積載時の重量を算定した。積載時の重量は計測時の重量に対し，7階では2.5倍，屋上階では1.5倍，その他の階では2.2倍程度になった。

圧縮側ブレースを考慮した場合のばね定数を用いて，無積載時と積載時の固有値解析を行った。無積載時のとき，計測による1次固有周期0.560秒に対し計算結果は0.722秒と大きくなった。計測と計算の値に開きがあるが，この理由は最後の考察に記されている。積載時のとき，固有周期は1次が1.077秒，2次が0.336秒，3次が0.185秒，減衰比は1次で0.04，2次で0.128，3次で0.233となった。臨界減衰比は計測による1次の値0.04を用い，高次では振動数に比例するものと仮定した。

地震応答解析は，Tokyo101N-S，El Centro 1940N-S，Taft1952N-S を入力地震動として，モーダルアナリシスにより行った。7階における最大加速度は，Tokyo101N-S のとき 357.25 gal, El Centro 1940N-S のとき 476.82 gal, Taft1952N-S のとき 430.62 gal, 1階における層せん断力は Tokyo101N-S のとき 176.38 t, El Centro 1940N-S のとき 228.15 t, Taft1952N-S のとき

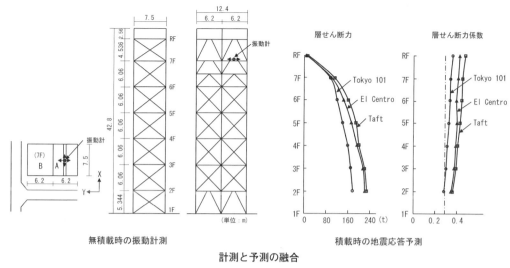

計測と予測の融合
図 6.3.5　明豊ビル立体駐車場（1970 年）

221.91 t となった。各層の層せん断力係数は，Tokyo101N-S のとき 0.28 〜 0.37，El Centro 1940N-S のとき 0.36 〜 0.49，Taft1952N-S のとき 0.35 〜 0.44 となった。

3. 応力解析

せん断力がもっとも大きくなる El-Centro1940N-S に対して，圧縮側ブレースを無視した場合と考慮した場合の応力計算が行われた。圧縮側ブレースを無視した場合は，中柱が 1 階，2 階，4 階，外柱が 1 階で危険側になった。圧縮側ブレースを考慮した場合は，全ての部材の応力は許容応力度以下となった。

4. 計測と解析に基づく考察

振動計測と振動解析を併用して立体式駐車場の耐震安全性を検討し，以下のような考察が行われている。

「無積載時において，計測により求められた 1 次固有周期 0.56 秒に対し，計算値は 0.722 秒となっているが，この違いは明らかに外壁の大平板（35 mm 厚）等の 2 次部材が計測時の剛性に寄与しているためと思われる。地震時に大平板等の剛性が失われると，計測値は計算値に近づくものと考えられる。Tokyo101，El Centro，Taft の 3 つの地震波に対する検討では，応答値は El Centro が最大になった。El Centro の場合，層せん断力係数は最上階で 0.44，最下階で 0.35 の逆台形であり，計算書で用いている 0.3 に比べて各層とも大きくなっている。また，応力算定を行ってみると，圧縮側ブレースを無視した場合，1 階，2 階，4 階柱の応力度が許容応力度 2.4 t/cm^2 以上の 3.0 t/cm^2 の値に達している。これに対し，圧縮側ブレースを考慮した場合，応力度はほぼ 2.0 t/cm^2 以下となる。地震時において圧縮側ブレースの剛性がまったく

架構全体の剛性に寄与しないとは言い切れないので，200 gal 程度の地震であれば各部材は弾性範囲内にあると考えられる。」

第6節　南千住球型ガスホールダー

　当時建設中だった東京ガスの千住1号球型ホールダーの振動計測が行われた。場所は隅田川の白髭橋近くの右岸（荒川区南千住3丁目）である。計測の目的は，球型ホールダーの振動性状を調査し，その耐震性について検討し，今後建設される同型の設計資料を整備するためであった。計測は2回に分けて行われ，1回目の常時微動計測を1971年10月8日，2回目の起振機による強制振動試験と常時微動の追加計測を同年10月23日に実施している。起振機の回転を共振時に突然停止させることにより自由振動も計測した。

　球形ホールダーは内径35.56 m で，14本の直立した鋼管柱で支えられている。地震力はすべてブレースが負担する。各鋼管柱は独立基礎に支持されており，柱頭には円周状に回廊を廻らせ，その1点からタンク頂部に至る階段が設けられている。独立基礎は，繋ぎ梁によって相互に連結されて円形リングを形成している。各独立基礎は2本の直径50 cm の鋼管杭で支持され，その杭長は約33 m である。敷地はいわゆる下町低地に属し，軟弱な沖積泥層が地下24 m 付近まで及んでいる。この下部に上部東京層の細粒砂，さらに東京礫層の砂礫，下部東京層のシルト質細粒砂がある。杭は東京礫層の砂礫層に貫入させている。

　振動計1台を球型ホールダーに固定して基準計とし，残りの5台を各計測位置に随時移動して同時計測が行われた。振動計測に引き続き，球型ホールダーの振動解析を実施し，計測結果と解析結果の比較が行われた。球形タンク自体はほぼ剛体と考えてよいほど硬いので，タンクを支える架構（柱とブレース）の剛性と，立地している場所が軟弱地盤であるためロッキングとスウェイの影響が耐震性能を評価する上での要点になる。この頃になると，構造物の振動性状を把握する上で，常時微動計測が強制振動試験と同程度の信頼を獲得しており（その後は常時微動計測が主流になっていく），さらにそれまでの計測（現状）だけの診断技術から，解析（将来予測）を取り入れた総合的な診断技術へと変化しつつあることが伺われる。

1.　強制振動試験

　起振機を球形ホールダー頂部において対角柱を結ぶ直径方向に据え付けて加振した。頂部，回廊，および基礎の各レベルにおける加振方向と加振直角方向の共振曲線を求め，1次固有周期は加振方向で0.715秒，加振直角方向で0.720秒であることを確認した。両方向の1次固有周期が非常に近い理由は，形状が軸対称であり，両方向のブレース効果がほぼ同じためである。周期0.715秒のとき，各レベルとも加振方向の変位に対して加振直角方向の変位はかなり小さくなった。周期0.720秒のときは加振直角方向の変位が加振方向の約40％と大きくなった。

加振方向と加振直角方向の変位を合成した全体変形曲線を描くと，両方向の1次固有周期において並進振動に近い変形状態を示した。柱の変形は柱脚ピンであり，基礎はスウェイもロッキングも生じていない状態であった。回廊と基礎における上下動変形曲線は，ホールダーの中心を回転中心とするロッキング変形が見られたが，上下変位は水平変位に比べてはるかに小さかった。回廊におけるロッキングの回転角は基礎における回転角の約2倍になった。頂部における全変位に対するスウェイとロッキングによる変位の割合は10％以下である。共振曲線から$1/\sqrt{2}$法により臨界減衰比を算定すると，両方向ともに0.9〜1.0％となった。この値はごく一般的な値と言える。

2. 常時微動計測

　常時微動計測を行って得られた記録波形を見ると，頂部と回廊では同周期・同位相で振動しており，振動特性を明瞭に把握できるが，基礎においては短周期の波が混入してホールダーの振動周期とは異なっていた。周期－頻度分布曲線を描くと，頂部と回廊においては，直交する水平2方向とも0.7秒で卓越しており，強制振動試験により求めた1次固有周期とほぼ一致していた。これに対して，基礎の卓越周期はホールダーの周期0.7秒のほかに0.45秒に大きなピークが見られ，0.8秒，0.9秒付近でも卓越していた。0.9秒の卓越はホールダー頂部でも認められた。

　これらの0.45秒，0.8〜0.9秒がともに地盤の卓越周期であると考えてみる。地盤柱状図から地盤の変わり目を深さ−9mおよび−24mとし，平均せん断波速度Vsを仮定して，1/4波長法より各周期の計算を行うと以下のようになる。

　　0〜−9m：$V_s = 80$ m/s, $T = 4H/V = 4 \times 9/80 = 0.45$ 秒

　　0〜−24m：$V_s = 110$ m/s, $T = 4H/V = 4 \times 24/110 = 0.87$ 秒

ここに，Hは地盤の変わり目の深さ，Vsは各深さにおけるせん断波速度である。

　上記の結果は常時微動計測により求めた結果とよく一致している。常時微動計測により表層地盤の振動特性が推定できることがわかる。

　常時微動計測により求めたホールダーの1次固有周期0.7秒における直交する水平2方向の全体変形曲線を描くと，強制振動試験により求めた全体変形曲線とよく一致していた。頂部と回廊におけるねじれ変形曲線を描いたが，ホールダーのねじれ挙動は生じていなかった。

　常時微動計測の最後に以下のような記述がある。「この振動計測の範囲においては，常時微動計測の結果は強制振動試験の結果とよく一致した。これは，この球型ホールダーが振動体としては比較的単純な構造物であるためと考えられる。ただし，構造物が複雑になれば，振動性状，減衰特性，基礎の変形状態，ねじれ挙動等を詳細に調査するには常時微動計測では困難な場合もある。」しかし，これは50年前の記述であり，現在では常時微動計の精度は格段に向上しており，洗練された処理方法も多く開発されて，常時微動計測により高精度の情報が得ら

れるようになっている。

3. 振動解析

計測結果に対する理論的考察，および地震応答解析を行って得られる予測計算に基づき種々の耐震的検討が行われている。

ブレースと柱のばね定数を求める方法を示し，対象としている球型ホールダーにおいて，引張力のみ抵抗する場合のブレースのばね定数，引張力と圧縮力に抵抗する場合のブレースのばね定数，および柱のばね定数を具体的に求めた。次に，ブレースに圧縮力が作用したときの座屈荷重を求め，ブレースの圧縮限界は非常に小さく，地震時にはブレースの圧縮を期待できないことを示した。すなわち，変形が小さい範囲ではブレースは引張および圧縮に抵抗するが，変位が大きくなると圧縮側の剛性は期待できないことを確認した。また，ブレースと柱で構成される架構において，柱の剛性はブレースに比べて非常に小さいことを明らかにした。さらに，ブレースの弾性限界は相対変位で 8.5 cm 程度であり，バイリニアモデルで考えるときの弾性限界は 12 cm 程度が妥当なことを示している。

杭のばね定数を求める方法を示し，単杭の水平ばね定数，回転ばね定数，および鉛直ばね定数を求めた後，群杭としての水平ばね定数と回転ばね定数を導き，球型ホールダーの 1 次固有周期を算定した。計測で得られた周期 0.715 秒は，ブレースの引張と圧縮が抵抗する場合の計算値 0.64 秒とまずまず一致することを確認している。地震時においては変形が大きくなり，圧縮側ブレースは抵抗しないと考えられるので，そのときの周期は約 0.9 秒になることを予測している。さらに，地盤を考慮した 1 次固有周期の計算では，地盤係数を 2.0 kg/cm^2 から 20.0 kg/cm^2 まで変化させても，周期は約 1.0 秒から約 0.9 秒に変化する程度で，地震時の応答に基礎部分の影響は小さいことを明らかにしている。

地震応答解析においては，最大加速度を 100 gal として，Tokyo 101 NS, El Centro 1940 NS, Taft 1952 EW の 3 種類の入力地震動を与えた。地盤（杭）の影響は非常に小さいことが判明したので，応答計算はホールダーを基礎固定 1 質点系とし，応答スペクトルにより最大応答値を求めた。減衰は地震時の変形が大きくなるにしたがって大きくなると考え，計測値 h = 0.01 のほかに h = 0.03，h = 0.05 の場合についても検討した。

弾性限度の最大地動加速度は，h = 0.01 のとき，El Centro で約 190 gal, Taft で約 260 gal, Tokyo 101 で約 315 gal になった。

短期の柱の応力度を求めてみると，地動 100 gal で 2.76 t/cm^2 (El Centro, h = 0.01 の場合) に達し，短期許容応力度 2.4 t/cm^2 を超えていた。

4. 計測と解析に基づく考察

診断カルテの最後には，振動計測と振動解析により得られた知見が以下のように要約されて

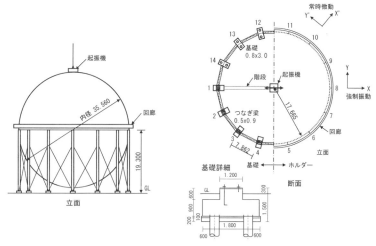

現在の東京ガス南千住球型ガスホールダー（撮影：濱本）

図 6.3.6　南千住球型ガスホールダー（1972 年）

いる。

1) 微小振動時には，ブレースの剛性は引張および圧縮に抵抗するが，ある程度振動が大きくなると，ブレースは引張のみに抵抗するようになる。

2) このときの計測範囲では，ほぼ基礎固定と考えてよいと思われる。これは，杭剛性に比べて相対的に架構（柱とブレース）の剛性が低いためである。

3) ホールダーは完全な剛と見なすことができ，回転（ねじれ）はほとんど認められず全体が並進振動している。

4) 臨界減衰比は約 1 ％と小さい。

5) 地震応答解析の結果，応答値が最大となる El Centro 1940 NS で地動加速度 200 gal がほぼ弾性限界であり，その時の最大加速度は約 400 gal，最大変位は約 2 cm であった。」

以上の計測と解析に基づき，球型ホールダーの設計に関する留意点が以下のように記されている。

「計測による基礎の回転状態から見ると，つなぎ梁の剛性が低いように思われる。また，地震時に表面波が生じ，基礎の相対運動が生じることも考えられるので，このためにも基礎とつ

なぎ梁の剛性を高めておくことが望まれる。その対策としては，リング面内にコンクリートを打設する等が考えられる。

　地震時の応答解析から，かなりの大きさの地動までブレースは安全であることが確認できたが，その際，球型ホールダーの変位が相当大きくなるため，ホールダー底部に接続する配管が，この変位に対して十分な安全性を有するかどうかについて設計時の配慮が必要である。設計においては，柱の軸力方向の検討の際に柱頭ピンを仮定して計算しているが，実際には，柱は施工時に旧形ホールダーに溶接されている。この状態での計算を行ってみると，曲げによる柱頭の曲げ応力度はかなり大きくなり，地動 100 gal で短期許容応力度を超える場合もある。このため，柱の設計時には，柱の軸力の安全性に十分留意する必要がある。これに関連して，柱と接合される箇所の球型ホールダーの局部応力についても設計時に配慮することが望ましい。」

第7章
防振問題に関する振動計測

1 交通振動

軌道（線路）に隣接し鉄道振動に曝される建物，交通量の多い幹線道路に隣接し道路交通振動に曝される建物，敷地内での運搬などに使用するトラックやリフトの走行による影響を受ける建物など，主に交通振動を対象とした振動計測に関する次の6件の診断カルテを紹介する。機器のための防振対策が4件，人のための居住性評価が2件含まれている。

◆昭和飛行機工業昭島工場～構内運搬車による振動，1950年頃
◆古河電気工業横浜工場～鉄道振動による機器影響，1950年頃
◆名鉄ビル地下駅～地下駅から上層階への振動伝播，1956年
◆日本軽金属蒲原工場～鉄道振動による機器影響，1958年
◆日本軽金属研究所～鉄道振動による機器影響，1960年
◆ユニ・エックビル～道路交通振動による人体影響，1972年

以下に各工場および建物に関する概要と計測結果の要約を記す。計測結果についてより詳細な情報が知りたい場合は，ウェブサイトからほぼオリジナルの診断カルテを見ることができる。

第1節　昭和飛行機工業昭島工場

戦前・戦中を通じ，昭和飛行機工業は，日本海軍の零式輸送機の製造のために，飛行場を併設した広大な工場を東京都昭島市に所有していた。現在の青梅線昭島駅は，工場の通勤者の便宜を考え，そのときに新設された駅である。戦後はGHQにより航空機事業が禁止されたため，会社存続をかけて事業の多角化が図られた。診断カルテが作成されたのはこの時期であり，新規事業のための機器を工場に設置する場所の選定を目的として実施されたものと考えられる。

工場構内におけるトラクターやリフトなどの運搬車の走行と工場に常設されている機器の稼働による振動を計測した結果がまとめられており，構築物振動研究会の活動のもっとも初期に作成された診断カルテの一つである。計測結果の図だけが残されており，文章部分は見つかっていない。計測日も明記されていないが，診断カルテの作成は1949年ころである。振動計測に電磁式煤書振動計を使用した写真が貼り付けられていたが，振動計測の具体的な状況ははっきりしない。防振問題を対象としているが，計測単位は変位（μm）になっており，加速度

（cm/s²）の表示はない．

　文章が残っていないので，残されている図（ウェブサイト参照）から読み取れることを以下に文章化する．最初の図には，工場敷地内を走行する運搬車としてトラクター，リフト，C-2，M-5 の経路，および主要機器の位置が描かれている．運搬車のうち C-2 と M-5 が具体的にどのような車両なのかはわからない．運搬車の走行範囲は，トラクターと C-2 が建物外部の構内道路，リフトが工場内部の限られた範囲，M-5 が構内道路と工場内部の両方である．工場内に設置されていた主要機器のうち衝撃や振動を発生する機器には，コンプレッサー，セコスタンプ，2000 トンプレス，スロッター，C-22（用途不明）などがある．運搬車や主要機器から発生する振動を計測するために，地盤の表層を取り除き，硬い地層の上に振動計を設置している．この図に続き，運搬車および主要機器による工場構内の振動影響が個々に示されている．

　2 枚目の図には，トラクターの走行経路および 3 か所の計測点における上下動と水平動の卓越振動数とベクトル表示された上下動と水平動の最大変位が示されている．上下動だけが大きいわけではなく，水平動が同程度あるいは上下動より大きくなることがある．経路 a-a のときの計測点 A，経路 b-b のときの計測点 B，経路 c-c のときの計測点 B および C の計測結果が示されている．もっとも振動が大きくなったのは経路 c-c のときで，計測点 C における上下動変位は 8.8 μm に達している．

　3 枚目の図には，リフトの走行経路および計測点 A，B，C，D における上下動と水平動の卓越振動数と最大変位が示されている．経路 e-e と経路 f-f のときの計測点 A，経路 g-g のときの計測点 B，経路 h-h のときの計測点 C の計測結果が示されている．計測点 D の計測結果は欠損している．もっとも振動が大きくなったのは経路 g-g のときで，計測点 B における上下動は 8.9 μm に達している．

　4 枚目の図には，M-5 の走行経路および計測点 A，B，C における上下動と水平動の卓越振動数と最大変位が示されている．経路 a-a のときの計測点 A，経路 b-b のときの計測点 B，経路 j-j のときの計測点 C の計測結果が示されている．もっとも振動が大きくなったのは経路 j-j のときで上下動が 30 μm に達している．M-5 が構内道路を走行しているときの振動は小さいが，工場内を走行するときは大きな振動を生じている．

　5 枚目の図には，C-2 の走行経路および計測点 A，B，C における上下動と水平動の卓越振動数と最大変位が示されている．経路 d-d のときの計測点 A，経路 b-b のときの計測点 B，経路 c-c のときの計測点 C の計測結果が示されている．C-2 による振動は概して小さい．

　6 枚目の図には，セコスタンプが稼働しているときの計測点 A，B における上下動と水平動の卓越振動数と最大変位が示されている．セコスタンプによる上下動は計測点 A で 13.3 μm であるが，計測点 B では減衰して小さくなっている．

　7 枚目の図には，コンプレッサー，2000 トンプレス，スロッター，C-22 が稼働しているときの計測点 A，B，C における上下動と水平動の卓越振動数と最大変位が示されている．機器

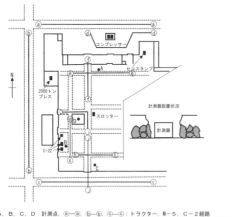

A, B, C, D：計測点，ⓐ-ⓐ，ⓑ-ⓑ，ⓒ-ⓒ：トラクター，M-5，C-2 経路
ⓓ-ⓓ：C-2，ⓘ-ⓘ：M-5，ⓔ-ⓔ，ⓕ-ⓕ，ⓚ-ⓚ，ⓗ-ⓗ，ⓘ-ⓘ：リフト

構内走行車両による工場機械への振動影響　　　　　当時の昭和飛行機工業昭島工場（1938 年）
　　　　　　　　　　　　　　　　　　　　　　　　（昭和飛行機工業 HP より）

図 7.1.1　昭和飛行機工業昭島工場（1950 年）

類が稼働していないときの常時微動の結果も示されている。セコスタンプ以外の機器が稼働しているときの計測点 A と B の振動は極めて小さい。

　診断カルテには，以上のように運搬車の走行状況と主要機器の稼働状況，および振動計測の結果だけが記載されているだけで，これらの結果に基づく文章部分は残されていない。図中の計測点 A 〜 D は新しい機器の設置場所の候補地であった可能性が高い。運搬車の走行状況や主要機器の稼働状況に関する計測計画は綿密に練られており今後の良い参考になる。工場構内における振動影響の評価結果は，M-5 が工場内を走行する範囲内およびセコスタンプの設置位置近くでは，振動に敏感な機器（嫌振機器）を設置すると問題が生じる可能性があるということになるであろう。ただし，振動の許容値が示されていないので，ここではあくまでも相対的な評価である。

【後記】

　脱稿後，この診断カルテの関連資料が見つかった。関連資料には振動計測の目的，および記号で記されていた運搬車両と周辺機器の具体的な内容が記述されていたので以下に追記する。振動計測の目的は「工場内にジグボーラーを設置するにあたり，他からくる振動の影響が最も少ない場所を選定するため」であった。「ジグボーラー」とは，精密に穴を穿孔するための機械であり，床と切り離して独立基礎上に設置することが要求されていた。このため，計測点 A，B，C は，コンクリート床をはがし，その下の土の上に振動計を設置していた。また，ジグボーラーは「変位振幅が 5 μm 以上の箇所は設置に不適当」という具体的な許容値も記されていた。

　運搬車両と周辺機器の具体的な内容は以下のように記述されていた。

　　　トラクター：30 ton，キャタピラー付牽引車

M-5：9 ton，キャタピラー付クレーン車

リフト：5 ton，ゴムタイヤ付運搬車

C-2：14 ton，ゴムタイヤ付クレーン車

セコスタンプ：3 ton の重錘落下により金属板を平らにする機械で独立基礎上に設置

2000ton プレス：油圧プレス

C-22：発動発電機，基礎なし

「変位振幅が 5 μm 以上の箇所は設置に不適当」と許容値に関する記述があったので，もう一度図を見直してみる。許容値を超えているのは，トラクター運行の C 点，M-5 運行の C 点，リフト運行の B 点，セコスタンプの A 点であった。このうち，トラクター運行の C 点とリフト運行の B 点の超過量はきわめて小さく，路面の平滑化等により十分対応できる範囲である。これに対し，M-5 運行の C 点とセコスタンプの A 点の超過量は大きく，前記（本文）の「M-5 が工場内を走行する範囲とセコスタンプの近くでは，振動に敏感な機器（嫌振機器）を設置すると問題が生じる可能性がある」という結論を変える必要はないようである。

第2節　古河電気工業横浜工場

　神奈川県横浜市にあった古河電気工業横浜工場の敷地外側を走る東海道線の列車・貨車，私鉄の電車，および構内運搬車（トラックなど）によって引き起こされる交通振動の計測が行われた。計測の目的は，工場に新しい機器を設置するための事前調査である。計測日は明記されていないが，診断カルテの作成は 1949 年ころである。敷地内工場における屋内と屋外に複数の計測点を設け，車両が通過するたびに振動記録を取り，その記録中の最大変位と最大加速度に着目している。比較のために静穏な環境下における常時微動計測も行われた。計測に使用した振動計は，電磁式振動計 2 台 1 組（水平動用と上下動用）と機械式振動計 2 台 1 組（水平動用と上下動用）である。

　工場敷地内に 8 個所の計測点を設定した。機械式振動計は基準計として計測点 1 に固定し，電磁式振動計は計測点 2〜8 に適宜移動させて使用した。このうち計測点 2 は新しい機械の設置予定地点である。建物の床面より 50 cm 掘り下げて地盤を露出させており，そこから以前からあった電柱の根元が 30 cm ほど突き出ていた。計測点 2 では，この電柱根元の上に振動計が置かれた。計測点 3〜5 は建物内の床上，計測点 6〜8 は建物外の地盤上に振動計を置いている。計測点 1〜5 では水平動（鉄道線路に直角方向）と上下動が計測された。計測点 6〜8 では水平動のみが計測された。

　最大加速度は，計測された最大変位と卓越周期から計算により求めている。すべての計測点で，どの車両が通過したときも最大加速度は 1.0 cm/s^2 以下になった。計測点 1 と 2 において，貨車および列車による上下動の最大加速度は 0.67 cm/s^2 であった。計測点 3 では，運搬車によ

る上下動が 0.83 cm/s^2，計測点 4 では貨車による上下動が 0.70 cm/s^2 であり，位置による変化は比較的小さかった。しかし，屋外の計測点で鉄道線路から最も遠い（距離約 95 m）計測点 5 では，貨車による上下動が 0.25 cm/s^2 と大幅に小さくなっていた。計測点 5 では，列車（横須賀線）による水平動の最大加速度も 0.12 cm/s^2 と小さかったが，もっとも近い計測点 8（距離約 30 m）では，貨車による水平動の最大加速度は 0.77 cm/s^2 に達していた。

　鉄道車両（列車と貨車）による各計測点における水平動と上下動の最大変位と最大加速度，および路面車両（トラック，構内運搬車）による各計測点における水平動と上下動の最大変位と最大加速度を求め，それぞれの距離減衰を評価している（後述）。全計測を通じて，水平動の周期はおおむね 0.4 秒前後，上下動の周期はこれより短く 0.25 秒前後になった。

　計測点 2 において静穏時の常時微動計測を行った結果，水平動の卓越周期は 0.4 秒前後，上下動の卓越周期は 0.25 秒前後になった。水平動も上下動も，車両通過のときの卓越周期と静穏時の卓越周期はほぼ同じである。車両通過により発生する振動には地盤特性が大きく影響していることがわかる。

　同一種類の車両が同一地点を通過した場合でも，計測のたびに変位や加速度の値は異なっていた。こうした計測値のばらつきを処理するために，「最大加速度期待値」という指標が導入された。最大加速度期待値とは，任意の地点で発生すると考えられる最大加速度の平均値のことである。以下に最大加速度期待値の求め方を記す。

　鉄道車両と路面車両それぞれについて，まず基準点（計測点 1）における最大変位期待値 $\overline{x_1}$ を求める。つぎに，同時計測して基準点の変位と任意の計測点の変位の比率を求め，最大変位期待値 $\overline{x_1}$ にこの比率を乗じて任意の計測点の最大変位期待値 $\overline{x_n}$ を求める。すなわち，

$$\overline{x_n} = \frac{x_n}{x_1} \overline{x_1}$$

ここに，x_1 と x_n は計測点 1 と n において計測された変位である。次に，計測点 n の卓越周期 T_n を用いて，次式により最大変位期待値 $\overline{x_n}$ から最大加速度期待値 $\overline{a_n}$ に変換する。

$$\overline{a_n} = \frac{4\pi^2}{T_n^2} \overline{x_n}$$

　各計測点における最大変位と最大加速度の期待値を求めると，機械設置予定地点の計測点 2 において，最大加速度期待値は上下動がトラックによる 1.35 cm/s^2，水平動が相鉄線による 0.24 cm/s^2 になった。ちなみに，計測点 3 においては，最大加速度期待値は上下動がトラックによる 1.25 cm/s^2，水平動が貨車による 0.74 cm/s^2 になった。建物内の最大加速度期待値はおおむねこの程度であった。

　鉄道車両の通過による変位計測値の距離減衰の状況が調査された。建屋内の計測点 4 と 5 における変位計測値に大きな差はなかった。最大変位期待値はおおむね計測値の 3 倍程度の値になっていた。鉄道車両の最大加速度期待値は，建屋内の計測点 4 と 5 において 0.4 〜

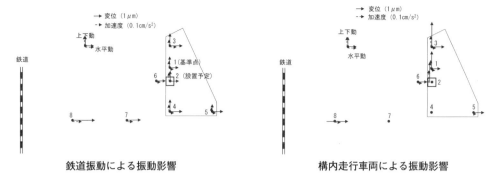

鉄道振動による振動影響　　　　　構内走行車両による振動影響

当時の古河電工横浜工場高圧実験室（内藤多仲記念館）

図 7.1.2　古河電気工業横浜工場（1950年）

0.5 cm/s² であった。機械設置予定位置の計測点 2 における振動強さを 3 成分の合成加速度 a_{rss} として評価すると，$a_{rss} = \sqrt{1.35^2 + 2 \times 0.24^2} \approx 1.4$（cm/s²）となった。診断カルテの最後には，「この程度の振動に対して，機械の許容限界まで振動を低減できるような防振対策を講じることができれば，機械設置予定地点としては問題ないと考えられる」と記されている。この診断カルテの位置付けは，機械設置のための防振対策立案のための合理的な入力評価ということになる。

第3節　名鉄ビル地下駅

1956 年に実施された名鉄ビルの振動計測の診断カルテは，「電車等による振動の計測」と「強制振動法による建物の振動計測」の 2 つの独立した部分で構成されている。ここでは，「電車等による振動の計測」部分のみを紹介する。「強制振動法による建物の振動計測」については「第2章1　工事前後の状態変化」においてすでに紹介している。

名鉄ビルは，地上 10 階地下 2 階の鉄骨鉄筋コンクリート造としての完成を目指して名古屋駅前で建設中だった。その地下 2 階には地下駅があり，駅を通過する電車による上層階への振動影響が懸念された。ただし，この計測では，否応なしに対象以外の交通振動（国鉄列車そのほか）と建設作業振動も一緒に計測することになった。計測日は記載されていないが，振動

カルテの提出は 1956 年 4 月になっている。計測された振動を，比較的短周期の振動成分（短周期成分とよぶ）とこれより周期の長い振動成分（長周期成分とよぶ）に分けて検討している。短周期成分は，いわゆる「リップル」として長周期成分に乗っている振動である。

短周期成分は建物内を下層から上層に伝播するにつれて徐々に減衰することが多いが，減衰せずに上層階に障害を及ぼす場合もある。一方，国鉄列車のように「大地を響かせて（原文ママ）」四方に伝わる長周期成分は上層階ほど振幅が大きくなる傾向が見られる。これは地震時における建物の振動と同じように架構の固有周期による増幅である。長周期成分は建物の中で常時発生しており，電車の走行により大きくなるということはなかった。また，どの場所で計測してもほぼ同じ大きさで発生していた。

振動源（地下駅）近くで生じる振動性状を把握するために，最初に地下 2 階のプラットフォームで上下動と水平動が計測された。その後，ビルの上層階に移動して再び計測が行われた。電車は下り電車のみを対象としている。車両編成は 2 〜 4 両であった。

1. 地下 2 階の計測

振動源としての状況を把握するために，地下 2 階のプラットフォーム上で計測を行った。5 箇所の計測点 a 〜 e における上下動と水平動の特徴は以下のようであった。

（ⅰ）上下動

【計測点 a】柱 C-7 付近。短周期成分は，2 両のときに卓越周期 0.042 秒で最大変位 11.9 μm，最大加速度 13.5 cm/s^2。卓越周期 0.092 秒で最大変位 2.8 μm，最大加速度 0.67 cm/s^2。3 両のときに卓越周期 0.042 秒で最大変位 17.9 μm，最大加速度 20.3 cm/s^2。卓越周期 0.092 秒で最大変位 3.8 μm，最大加速度 0.90 cm/s^2。長周期成分は，2 両と 3 両ともに，卓越周期 0.44 秒で最大変位 5.8 μm，最大加速度 0.06 cm/s^2。卓越周期 0.40 秒で最大変位 5.5 μm，最大加速度 0.07 cm/s^2。卓越周期 0.20 秒で最大変位 5.2 μm，最大加速度 0.25 cm/s^2。短周期成分は，車両数により最大変位と最大加速度が異なっていた。人体感覚と建築物への影響という観点からは，加速度の大きい短周期振動が重要である。3 両のときは，卓越周期 0.042 秒で地震の震度Ⅲ（中震：家屋動揺，戸障子鳴り，垂下物・液体の動揺，振子時計が止まる程度の地震）に相当する揺れになった。周期 0.092 秒では知覚限界をわずかに超える震度Ⅰ（微震：静止している人だけが感知）程度と小さく，上層階まで影響するかどうかは不明である。しかし，柱や壁を減衰せずに伝播する場合を考え，2 つの短周期成分を検討対象にしている。長周期成分は最大加速度でも知覚限界を超えていないが，上層階での増幅を考慮し，これも検討対象にしている。

【計測点 b】柱 D-7 付近。短周期成分は，2 両のときに卓越周期 0.048 秒で最大変位 10.8 μm，最大加速度 9.4 cm/s^2。卓越周期 0.064 秒で最大変位 0.32 μm，最大加速度 1.56 cm/s^2。長周期振動は，2 両のとき，卓越周期 0.24 秒で最大変位 8.9 μm，最大加速度 0.31 cm/s^2。卓越周期 0.20 秒で最大変位 4.8 μm，最大加速度 0.24 cm/s^2。卓越周期 0.16 秒で最大変位 8.9 μm，最大

加速度 0.70 cm/s^2。

【計測点 c】柱 G-7 付近。短周期成分は，4 両のときに卓越周期 0.056 秒で最大変位 3.57 μm，最大加速度 2.59 cm/s^2。卓越周期 0.08 秒で最大変位 1.23 μm，最大加速度 0.39 cm/s^2。長周期成分は計測点 b と大差はなかった。

【計測点 d】柱 E-7 と柱 E-8 の中間点。短周期成分は，車両数は不明であるが，卓越周期 0.06 秒で最大変位 4.0 μm，最大加速度 2.24 cm/s^2。長周期成分の結果はない。

【計測点 e】柱 E-7，柱 E-8，柱 D-7，柱 D-8 の中央点。短周期成分は，2 両のときに卓越周期 0.048 秒で最大変位 3.57 μm，最大加速度 2.95 cm/s^2。4 両のときに卓越周期 0.048 秒で最大変位 8.74 μm，最大加速度 7.23 cm/s^2。長周期成分の結果はない。

(ⅱ) 水平動

【計測点 a】柱 C-7 付近。短周期成分は，2 両のときに卓越周期 0.045 秒で最大変位 29.0 μm，最大加速度 28.7 cm/s^2。3 両のときに卓越周期 0.045 秒で最大変位 30.5 μm，最大加速度 30.0 cm/s^2。いずれも周期 0.045 秒のときに最大加速度になる。そのほかにも 0.06 秒，0.2 秒，0.48 秒に卓越周期があるが，それらの加速度はいずれも小さい。

【計測点 b】柱 D-7 付近。短周期成分は，3 両のときに卓越周期 0.045 秒で最大変位 3.04 μm，最大加速度 3.0 cm/s^2。4 両のときに卓越周期 0.045 秒で最大変位 9.1 μm，最大加速度 9.0 cm/s^2。

【計測点 c】柱 G-7 付近。短周期成分は，4 両のときに卓越周期 0.045 秒で最大変位 15.2 μm，最大加速度 15.0 cm/s^2。卓越周期 0.024 秒で最大変位 5.3 μm，最大加速度 18.4 cm/s^2。周期 0.024 秒の最大加速度が非常に大きくなっていたが，このような増幅は他の場所では見られない。

【計測点 d】柱 E-7 と柱 E-8 の中間点。短周期成分は，4 両のときに卓越周期 0.048 秒で最大変位 16.5 μm，最大加速度 14.3 cm/s^2。

【計測点 e】柱 E-7，柱 E-8，柱 D-7，柱 D-8 の中央点。短周期成分は，3 両のときに卓越周期 0.048 秒で最大変位 16.1 μm，最大加速度 14.0 cm/s^2。4 両のときに卓越周期 0.048 秒で最大変位 20.6 μm，最大加速度 17.9 cm/s^2。

以上のように，地下プラットフォーム上において，もっとも大きな加速度は上下動も水平動も 20 cm/s^2 を超えていた。場所的には柱 C-7 付近の振動が大きかった。C 付近は，下り電車がプラットフォームに入ってくる位置である。D→E→G とプラットフォームに近づくにつれて走行速度は小さくなり，電車は G 付近で停止する。上下動も水平動も D-G の間では加速度に多少の大小はあるもののほぼ同じとみなすことができる。

2. 上層階の計測

地下 2 階における計測に続き，各階の柱 G-7 付近の振動計測が行われた。この計測では各種の振動が混入し，地下の電車走行による直接の振動を取り出して調べることは困難だった。

このため，建物に影響を与える各種の振動，たとえば建物近傍の国鉄列車，その他の交通機関，工事等の振動を含めて調査した。水平動と上下動に分けて，その最大変位，卓越周期，最大加速度を求めた。なお，このとき8階以上では諸工事が実施中であったため，8階では工事振動がとくに大きく記録された。

比較的静かな夜間を選んで計測したが，夜間でも諸工事は行われており，幾分か雑音が少ないという程度にとどまった。国鉄列車，工事用エレベーター等の振動は区別することはできたが，夜間計測でも地下に軌道のある電車の振動は判別困難であった。このような状況のため，各階の最大変位，最大加速度等の精度には問題もあったが，以下のような傾向は認められた。国鉄列車による最大変位は 27.5 μm，卓越周期 0.20 秒，最大加速度 1.36 cm/s^2。建物内の諸工事，近鉄，市内電車，トラック等の走行を含めて，最大変位は 6.25 ～ 6.5 μm，卓越周期 0.064 ～ 0.12 秒，最大加速度 0.90 ～ 3.05 cm/s^2。ただし，3.05 cm/s^2 は 8 階工事によるものと思われる。

8 階の柱 G-7 付近の振動は，地下の電車からの振動が柱を介して伝わるとしても，周期 0.06 ～ 0.07 秒程度で最大 1 cm/s^2 程度くらいと考えられる。振動源に近い地下 2 階では線路のごく近傍で加速度 20 ～ 30 cm/s^2 の大きな振動が生じており，地上 3 階以上では工事完了後も 1 cm/s^2 以下の振動は生じると考えられる。この程度の振動は，共振により拡大されて人体に感知されたり，あるいはガラス戸の振動や器物の振動等を引き起こしたりすることがあるので，防振対策をしておく必要がある。

振動記録の中では，国鉄列車による振動が一番大きく，かつ比較的規則正しい周期（0.16 ～ 0.20 秒が多い）が記録されている。この振動は地下より上部に至るほど増幅されるという特徴がある。柱 G-7 付近では，地下 2 階において卓越周期 0.16 秒で最大変位 11.0 μm，最大加速度 0.861 cm/s^2，8 階において卓越周期 0.20 秒で最大変位 27.3 μm，最大加速度 1.36 cm/s^2 である。すなわち，8 階では地下 2 階よりも 1.58 倍強く感じる。この種の長周期成分は建物基礎の振動が励起されるという点で，地震の波動に類するものといえる。

これに対し，周期 0.04 ～ 0.07 秒程度およびこれより短周期成分は，建物の柱や壁等を伝わり上層階に達する途上で減衰する。このときの減衰曲線は，上下動・水平動ともに $A/A_0 = e^{-0.20N}$ と $A/A_0 = e^{-0.15N}$ の両曲線の中間にある。ここに，N は建物の地下 1 階から上の層数，A は任意の階の加速度，A_0 は上下動の場合は地下 2 階の加速度である。水平動の場合はプラットフォームの加速度の計測値は用いずに 2.0 cm/s^2 を仮定した。2 曲線の平均をとると，加速度の減衰曲線は $A/A_0 = e^{-0.175N}$ と表すことができる。

加速度の減衰曲線を用いて，建物完成後の最上階 10 階と屋上の加速度を推算すると，10 階床上（$N=11$）では，上下動 0.50 ～ 0.28 cm/s^2，水平動 0.38 ～ 0.228 cm/s^2。屋上（$N=12$）では，上下動 0.43 ～ 0.23 cm/s^2，水平動 0.33 ～ 0.18 cm/s^2。したがって，10 階と屋上では，振動の知覚限界（0.5 cm/s^2）に近い加速度が生じる可能性がある。

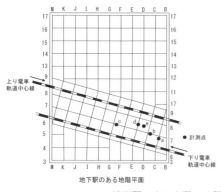 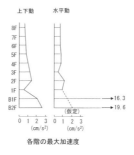 

地下駅による上階への振動影響　　　　　現在の名鉄名古屋駅地下ホーム
（wikiwand より）

図 7.1.3　名鉄ビル地下駅（1956 年）

　以上をまとめると，地下駅のある地下 2 階では周期 0.06 〜 0.07 秒程度の加速度が 20 〜 30 cm/s^2 になったが，3 階以上では減衰して 1 cm/s^2 以下にまで低減していた。これに対し，建物外部から地盤を伝播してきた国鉄列車による振動は，周期 0.16 〜 0.20 秒において，建物の上方に行くほど増幅し，8 階では 1.4 cm/s^2 程度に達していた。同じ鉄道振動であっても，建物に与える影響は大きく異なることがわかる。

第 4 節　日本軽金属蒲原工場

　日本軽金属蒲原工場に新たに設置することになったカントレコーダーの防振対策のために，工場敷地内における鉄道振動の計測が行われた。カントレコーダーは，試料から発光した光を分光器で分散し，そのスペクトル強度を測定する機器である。軽金属の製造では品質管理の主役として活躍した。工場の場所は静岡県蒲原である。工場敷地の山側（敷地の反対側は海）を東海道本線が走っており，通過する列車と貨車による振動影響が懸念された。計測日は明記されていないが，診断カルテの提出は 1958 年 12 月になっている。鉄道振動の比較対象として，工場内の振動ふるいから発生する振動も計測している。

　各計測点において，列車通過前後の 2 〜 3 分間にわたり地盤振動の計測が行われた。振動記録から 1 列車通過中の水平動と上下動の最大加速度が求められた。水平加速度は鉄道線路に直交方向の振動成分を計測している。振動計測には電磁式煤書き振動計が用いられた。列車の通過のたびに，通貨列車の種類（客車か貨車か）と走行速度の確認が行われた。

　振動計測の位置は，車庫および A，B，C，D，E の 6 地点である。A と B の両地点においては，2.0 m × 2.0 m で深さ 1.5 m の壕を掘り，地表の柔らかい土層を取り除いた部分と壕の外側の地表部分の比較が行われた。列車通過時の各地点の記録波形から最大変位と最大加速度を求めた。鉄道振動による各地点の最大加速度は，地盤振動の周期がほぼ 0.10 〜 0.15 秒のとき

に発生していた。この周期のほかに 0.25 秒程度の周期の振動が存在することが確認された。この周期 0.25 秒程度の最大変位は周期 0.10〜0.15 秒に比べて一般に大きかったが，加速度は小さかった。

列車の種類と走行速度により各地点における最大加速度は異なっていた。また，列車からの距離とともに加速度は徐々に減少する傾向が見られた。周期 0.10〜0.15 秒のときの上下動と水平動の計測結果を距離減衰曲線として描いてみると，明らかに線路から遠ざかると振動は小さくなる傾向が見られた。しかし，周期 0.25 秒程度のときの距離減衰曲線からは，周期 0.10〜0.15 秒のときのような有意な関係は見出せなかった。

周期 0.10〜0.15 秒のときの距離減衰曲線について考察する。振動源から伝播する振動は，地下に存在する比較的硬質な地層，たとえば砂礫層や岩盤などに沿い，ほぼ平面的に四方に広がる。振動周期は一定と考えると，振動源からの距離 r_1，r_n にある計測点の振動振幅 y_1，y_n は以下のように表せる。

$$y_n = y_1 \sqrt{\frac{r_1}{r_n}} \cdot e^{-\alpha(r_n - r_1)}$$

ここに，α は地盤の減衰特性を表す材料定数である。計測に基づき推定された α の値は 0.00294 になった。この値は関東ローム層よりはやや小さい値である。

振動が工場の敷地内で直接人体に感じられたのは E 点（距離 96 m）だけであり，この地点における 3 成分の合成加速度は約 1.0 cm/s^2 になっていた。合成加速度 0.5 cm/s^2 を知覚限界と考えると，距離減衰式から判断して，線路からの距離が 200〜210 m までが知覚限界の範囲内になる。

工場内の振動ふるいが稼働しているときに発生した振動は，列車通過時と同程度の大きさであり，鉄道振動だけでなく構内の既存の機械等から発生する振動に対しても配慮する必要があることを示唆している。

カントレコーダーの一部である反射グレーティング（回折格子）に直接振動が作用すると，光線の入口および出口のスリットとグレーティングとの相対変位が生じ，機能上好ましくない状態になる。対象機器の構造から，加速度が数 cm/s^2 になるとこのような状態になることが懸念された。数 cm/s^2 程度の加速度は，振動計測の結果，鉄道線路に極めて近い場所しか生じないことがわかった。このため，線路際さえ避ければ，敷地内の任意の場所にカントレコーダーの設置は可能と判定された。

しかし，診断カルテでは，人為的な振動は列車に限らず敷地内を走行するトラックやそのほか機械類の運搬等によっても引き起こされるので，完全防振対策を実施することが望ましいと提言している。そのために行われたのが振動ふるいから発生する振動の計測であった。さらに完全防振の一方法として，以下のような具体的な提案が行われている。

「完全防振の一方法として，機械台の下に乾燥した砂層を置くことが考えられる。砂粒は適

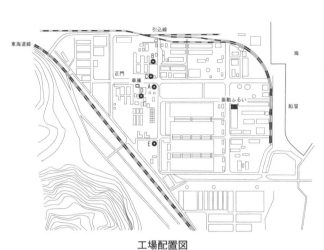

工場配置図　　　　　　　　　　　現在の日本軽金属蒲原工場（1988年）
　　　　　　　　　　　　　　　　　　　　（国土地理院）

図7.1.4　日本軽金属蒲原工場（1958年）

当な大きさのものを選び，その厚さも適当に決める。砂層は常時乾燥状態に保ち，防湿に留意する。しかし，砂層は短周期（0.03〜0.05秒程度）の振動には有効ではあるが，0.2〜0.3秒程度の比較的長周期の振動にはあまり効果が期待できない。この比較的長周期の振動に対しては，さらに砂層上の機械台にハンガー装置を設け，カントレコーダーのグレーティング部分を吊り下げることが有効である。吊り下げた部分は，つる巻きばねの作用により水平方向と上下方向に振動するので，地動に対して不動点となるように設計することが望ましい。吊り下げ部分がある程度大きな振幅になったときに備え，ストッパーにより動きを制限できるように工夫し，必要に応じて，オイルダンパやエアダンパを用いて振動を制御することも考えた方が良い。」

第5節　日本軽金属研究所

　日本軽金属の蒲原工場の計測から2年後，日本軽金属研究所の建設予定地で振動計測が行われた。このとき，工事はまだ建物の外郭がほぼでき上った段階であった。日本軽金属研究所は蒲原工場とは国鉄東海道線と国道1号線を挟んだ山手側にあり，この丘陵は標高約58mで平坦に地ならしされ，約10,000坪程度の敷地が整備されていた。研究所には将来的に精密な計器類を据え付ける予定があり，これらの計器類が圧延機あるいは麓を通過する列車等の振動に影響される懸念があった。そこで，まずは鉄道振動の影響を調査するために振動計測を行うことになった。計測に使用された振動計は電磁式煤書き振動計である。上下動用と水平動用の振動計が用いられた。

1　交通振動　　281

計測点としてA～Fの6箇所の位置が選ばれた。点Aは地表下約1.8 mまで掘り下げた竪坑の底面にあった。点B，C，D，Eは建物の周辺および内部の計測点で，このうち点Cは基礎梁の上，点Dは機械台の予定位置（ただし機械台は未完成）である。点Fは建物前面の地盤上である。各計測点の位置は，鉄道線路に至る最短距離により表している。

列車通過時の1分間に記録された波形のうち最大加速度を与えると思われる周期と変位振幅を読み取り，次式を用いて加速度を計算した。

$$加速度 = \frac{4\pi^2 A}{T^2} \quad (gal)$$

ここに，Aは変位振幅（cm），Tは周期（秒）である。

列車区分は貨車と客車・電車とし，上り・下りの違いも考慮した。しかし，上り・下りの振動の強さに大きな差は見られず，実際には列車の走行方向は考慮する必要はなかった。

各計測点において，貨車と一般客車（電車も含む）が通過するときの水平動加速度は貨車の方が大きくなった。貨車が通過するときの平均加速度は，客車が通過するときの1.25倍～2.20倍（平均1.72倍）程度になっていた。上下動加速度に関しては，貨車の方が大きいときもあれば，客車のときが大きいときもあった。

点A（235 m）は自然地盤上なので，線路からの距離の割には加速度が大きくなった。一方，建物内あるいはこれにきわめて隣接した点B，C，D，Eでは，列車による比較的短周期の振動は小さくなった。点Cと点Dを比較すると，点C（基礎梁上の点）は点D（機械台予定位置）よりも常に大きな加速度で振動していた（水平動，上下動ともに1.7～2.4倍程度）。したがって，機械台上は振動の影響を受けにくくなっていることがわかる。機械台を防振基礎とすればさらに効果が上ると考えられる。

列車通過時の周期の値はばらついていたが，最大加速度値を与える周期は，一般に上下動の方が水平動よりも小さくなった。水平動は距離とともに周期が若干延びている傾向が見られたが，上下動はこの関係はさほど明瞭ではなかった。

1958年12月に蒲原工場内において列車による地盤振動の計測を行っているが，このときの計測結果と今回の結果とを比較する。鉄道振動の影響を論じる場合は，その地点における最大加速度の期待値を考えるべきである。周期のばらつきは，上述のように若干認められたが，その変化は小さいのでこれを無視し，計測域内では不変と仮定し，工場の計測のときと同じ距離減衰式を用いている。研究所における計測は，この距離減衰曲線の上に乗っている値もあるが，ほとんどはこの曲線の下方の値をとるものが多かった。しかし，安全側を考えれば，工場を計測したときの距離減衰式を使用しても差し支えないと考えられる。

常時微動計測により得られた周期－頻度分布曲線を見ると，研究所内における上下動の卓越周期は0.2秒と0.44秒，水平動の卓越周期は0.21秒と0.53秒であった。また，明瞭ではないが0.8秒ないし0.9秒にも卓越周期が存在しているように見えた。

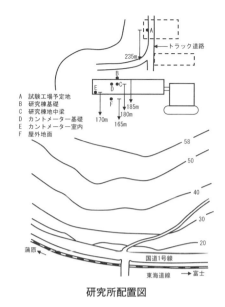

研究所配置図　　　　　　　　　現在の日本軽金属研究所（日本軽金属 HP より）

図 7.1.5　日本軽金属研究所（1960 年）

診断カルテの最後には以下のような記述がある。

「今回計測した結果から見ると，研究所敷地内に波及する列車振動は蒲原工場内のときとだいたい同じ程度と言える。最大加速度値として，比較的大きな 0.36 cm/s² (この値はただ 1 回だけ点 C で観測) という値もあるが，多くは 0.2 cm/s² 以下であり人体が感じる強さではない。しかし，精密さを要求する測定機器に対しては防振基礎を施すことが必要と考えられる。」

第 6 節　ユニ・エックビル

ユニ・エックビルは錦糸町駅前交差点に近い鉄筋コンクリート造 4 階建ての小規模ビルで，地盤は極めて軟弱ではあったが，東京礫層に達する支持杭を用いていた。このビルで 1 日に数回かなり強い振動を感じるという苦情が出た。振動の程度を比較するために，道路を隔てた向かいの住友銀行錦糸町支店，隣接する江東デパート（当時，下町で最大のデパートと言われた），および隣接する住友銀行駐車場において同時計測が行われた。今では考えられないが，計測対象となった建物だけでなく，その周辺建物における計測に対しても協力が得られている。

各建物の上部構造と基礎構造の概要は以下の通りである。

ユニ・エックビル　上部構造は鉄筋コンクリート造，基礎構造はプレキャストコンクリート杭（径 450 mm）で砂礫層に支持されている。

住友銀行　　　　　上部構造は鉄骨造，基礎構造はアースドリル杭（径 1,000 mm，1,300 mm，1,500 mm）で砂礫層に支持されている。

江東デパート　　　上部構造は鉄筋コンクリート造，基礎構造に関しては建物が古すぎて不明である。

現在，上記3棟の建物はすべて存在せず，所有者の異なる新しい建物が建っている。江東デパートは戦災で焼けた白木屋を改修した建物だったが，取り壊し後は東京トラフィック（東京都交通局）錦糸町ビル（1990年竣工）になっている。

　計測は，1972年9月18日16～17時に予備的な事前計測を行った後，翌日の9月19日9～12時の3時間ですべて終了している。ユニ・エックビルでは1階～屋上の各階，住友銀行では1階と3階，江東デパートでは屋上を計測している。使用した振動計の数は計6台である。交差点近くで交通状況の調査を行い，ユニ・エックビルに隣接する江東デパートの屋上，住友銀行の1階と3階，および住友銀行の駐車場に振動計を設置した。計測区域の地盤状態は，住友銀行敷地におけるボーリング図から，深さ20mくらいまで極めて軟弱な地盤になっており，その下方にN値50以上の東京礫層があることがわかった。

　ユニ・エックビルの4階に水平2方向，上下1方向の合計3台の振動計を固定し，ほかの3台の振動計を適宜各計測位置に移動させて同時計測を行った。4階で記録された各点の記録波形には位相差がほとんど認められなかった。各階における水平2方向の記録波形はともに同位相で振動しており，上層に行くほど振幅は大きくなり，4階の振幅は1階の約3倍程度であった。なお，基本固有周期は短辺方向が約0.28秒，長辺方向が約0.25秒であった。4階のねじれ変形曲線を描いてみたが，ねじれはほとんど認められなかった。各方向の全体変形曲線を求めたところ，変形は直線的であり，建物はきわめて剛で変形はほとんどなく，全変形に占める割合は地盤振動によるスウェイとロッキングが支配的になっていた。

　短辺方向に関してはユニ・エックビルの変位振幅が住友銀行に比べて約1～2倍程度大きく，長辺方向に関しては逆の傾向を示していた。この理由として，基礎杭はともに東京礫層に支持されているものの，ユニ・エックビルはPC杭であるのに対して，住友銀行は直径が大きく剛性の大きいアースドリル杭であることが考えられる。しかし，それよりも主要な原因と思われるのは，住友銀行の平面が大きくロッキングを生じにくいという点である。

　傾向的には江東デパートの方がユニ・エックビルよりも大きく振動していた。この原因は，江東デパートが幹線道路に近いこと，建物の平面形が細長いL字形であること，摩擦杭が使われている可能性が大きいことが考えられる。

　ユニ・エックビル4階の短辺・長辺2方向の振動は，そのすぐ隣にある住友銀行駐車場（地表面）に比べて約2～4倍程度大きかった。しかし，上下動に関しては逆に住友銀行駐車場の方が約2～3倍大きくなっていた。このことは，上下動は基礎の存在により減衰して建物内部で小さくなったが，水平動は逆に建物のロッキングにより増幅したことを示している。

　9月18日午前9～12時の間，ユニ・エックビルの4階で人体に振動を感じた時間における各方向の最大変位と交差点で観察された交通状況は以下のようであった。

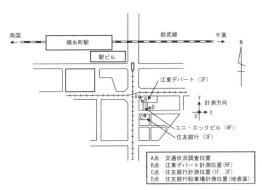
道路交通振動の人体への影響

当時の亀戸駅前交差点。江東デパートと住友銀行が見える。(1970)(都電アルバムHPより)

図 7.1.6　ユニ・エックビル (1972 年)

10 時 13 分　　　：タンクローリーが通過（北から南に走行）した時，短辺方向 54.0 μm，長辺方向：28.8 μm，上下方向：20.3 μm

10 時 53 〜 54 分：トラッククレーンが通過（北から南に走行）した時，短辺方向 49.0 〜 59.6 μm，長辺方向：39.0 μm，上下方向：27.0 μm

このときの最大変位は，比較的静かな時間帯に比べると 3 〜 10 倍ほど大きくなっていた。以上の結果から，ユニ・エックビルにおいて振動を人体が感じる原因は，大型トラックが交差点をかなりのスピードで通過する場合であることが明らかになった。Meister の有感限界の図に記入してみると，振動の大きさは人体に多少感じる程度であった。この振動はユニ・エックビルだけではなく，隣接する住友銀行や江東デパートでも感じていることが予想された。ただし，その振動の大きさは建物に物理的な影響を与えるほどではなかった。

振動カルテの最後は以下のようにまとめられている。

「ユニ・エックビルの建物自体は非常に剛であり健全である。ユニ・エックビルで人体が感じる振動の原因は，大型車がかなりのスピードで建物付近を通過するときに生じることがわかった。このときの振動の大きさは，ユニ・エックビルのみで感じているのではなく，付近の建物でも同じような振動を感じているはずである。しかし，いずれの振動も建物に物理的影響を与えるほどの大きさにはなっていない。

ユニ・エックビルの振動の原因は，基礎（杭等）にあるわけではない。この建物の基礎は東京では構造物にとってもっとも信頼がある東京礫層に打ち込まれた支持杭であり，基礎構造としてはとくに欠陥があるとは思えない。また，建物の上部構造も十分に剛な構造体であると認められる。しかし，地盤に関しては，支持層から地表面までの間に軟弱な沖積シルト層が厚さ 30 m にわたり分布しており，重量車の高速通行の際には激しい振動が生じやすい状態であることも確かである。このため，地盤上部の軟弱層の振動が建物に伝わり，1 日に数回強い振動

が生じるという苦情になったものと思われる.

　建物の振動の原因が上部構造や基礎構造にあるわけではなく，軟弱な地盤における増幅が主要な原因であるということになると，基礎の剛性を現状よりも多少増加させたところで建物の振動にはあまり変化は起こらないと思われる．地盤から伝わる建物の振動が主にロッキングによって生じていることを考えると，振動低減の対策としては，階数を減らして建物面積を大きくするか，あるいは建物を重くして杭を太くかつ多数にすることが有効と考えられる．」

2　工場振動

　今日の工場振動の問題は主に敷地外への振動影響であるが，構築物振動研究会が活動していた当時は，工場敷地として人口の少ない郊外の広い土地を比較的容易に取得できたこと，さらに時期的に高度成長期の入口にあって増産体制を目指していたことから，工場構内における生産合理化を意図した調査が積極的に行われた。このような時代を背景に，ここで取り上げる工場振動の計測は，工場の生産能力向上の観点から，施設計画を行う上での機器の最適配置を目指した事例が多くなっている。

　工場振動の振動源となる機器は，主に衝撃力を断続的に発生させる機器と回転力を継続的に発生させる機器に分けられる。ここで紹介する振動源も比較的大きな衝撃力あるいは回転力を発生させる機器である。振動源としての機器，その振動影響を受ける機器，その両者をつなぐ基礎と地盤における振動の伝播特性等に配慮しつつ，構造設計者の視点で防振対策に取り組んでいる。本節で扱う工場振動の計測例は次の6件である。

◆大日本印刷市ヶ谷工場～ディーゼル発電機の振動，1952年
◆日本加工製紙王子工場～製紙工場における振動，1954年
◆不二家製菓川崎工場～チョコレート工場における振動，1955年
◆東京ガス豊洲工場～ガス圧縮機による振動，1957年
◆国鉄川崎給電所～発電用タービン台の振動，1962年
◆中日新聞社印刷工場～輪転機の振動，1968年

以下に各工場に関する概要と計測結果の要約を記す。計測結果についてより詳細な情報が知りたい場合は，ウェブサイトからほぼオリジナルの診断カルテを見ることができる。

第1節　大日本印刷市ヶ谷工場

　大日本印刷市ヶ谷工場は東京都新宿区市ヶ谷加賀町にあった。1886年に前身の秀英社が工場を構え，その後，大日本印刷となってから，都心にありながら世界最大規模の印刷工場へと発展した。創業時から続けてきた活版印刷の作業は2003年に終了し，2010年から始まった工場跡地再開発工事に伴い工場は閉鎖となった。構築物振動研究会による計測が行われた正確な

時期は報告書に記されていないが，診断カルテの提出は1952年6月である。

計測の目的は，工場内のディーゼル発電機の衝撃力により発生する振動が配電盤およびその近傍地盤に及ぼす影響を低減するための参考資料を得ることだった。発電室は工場の裏門付近にあり，同一型式のディーゼル発電機3台を収容していた。発電機はいずれも4気筒であり，1回転に2回ずつ気筒内で爆発が生じ，そのたびに衝撃力が発生した。その結果発生する振動は規則正しい正弦波となり，その振動数は発電機の回転数の2倍になる。発電機の回転数は500回/分であったので，発電機の周波数は1,000回/分に相当する約160 Hz（周期0.06秒）である。

2台以上の発電機を不同調運転させたとき，配電盤には震度0.15 g程度のうなりが発生して前後に揺れるという現象が生じた。しかし，発電室内では配電盤の位置における振動は相対的に小さいことがわかっており，配電盤の設置場所としてはとくに問題ないと考えられた。このため，防振対策はその位置で行うのが得策と判断された。発電室内，とくに配電盤の振動の防振対策が主な目的ではあったが，それに加えて，構内の近接建物に及ぼす振動影響も調査することになり，2つの測線に沿って地盤振動が計測された。

1. 発電室内の振動計測

発電室内の振動状況を把握するために7個所に振動計を設置した。始めにディーゼル発電機1台の稼働，次にディーゼル発電機2台以上の稼働による振動状況を調べている。

（ i ）防振溝両側の振動

ディーゼルエンジン3号機1台によって起こされた振動を，発電室内の全4点で計測した。点1と点2における計測の目的は，発電機台の側方に掘られた約10 cmの防振溝（ピット）の両側における振動を比較することであった。記録波形は終始正弦波の連続となり，振幅と周期はともにほとんど一定になった。計測方向は，上下動および水平動の発電機軸に平行方向（軸平行とよぶ）と直角方向（軸直角とよぶ）の計3方向である。加速度は上下動が最も大きくなった。発電機側にある位置で振動が大きくなるのは当然であるが，ピットを挟んで発電機と反対側の振動を見ると，上下動と発電機軸に平行方向の水平動（軸平行）は幾分減少している程度であるが，直角方向の水平動（軸直角）は約1/3に大きく減少しており，ピット効果が著しいことがわかる。3方向の加速度を合成して点1と点2における振動の強さ（2乗和平方根）を求めると，点1の合成加速度＝53.37 cm/s^2，点2の合成加速度＝43.34 cm/s^{2}となった。したがって，両点の振動強さの比は，点1：点2＝1.00：0.81である。

（ ii ）配電盤付近床面の振動

点3は配電盤の前方0.5 mの床面，点4は配電盤の後方約2.0 mの発電室入口左側の壁の地階床面上にある。3号機1台だけを運転したとき，点3と点4における振動は正弦波の連続であり，振幅と周期はともにほとんど一定になった。配電盤直下の床面における点3の振動は

点1に比べ3方向とも小さかった。ただし，点2と比べると上下動と水平動の軸平行方向は小さかったが，水平動の軸直角方向は大きくなっていた。点4では上下動と水平動の軸平行方向の振幅が点3よりはるかに大きかった。点4が建物の入口に近く，端末振動が生じた可能性が高い。点3と点4はともに上下動が水平動よりもかなり大きかった。両点の合成加速度を求めると，点3の合成加速度 = 27.86 cm/s^2，点4の合成加速度 = 38.75 cm/s^2 となった。したがって，両点の振動の強さの比は，点3：点4 = 1.00：1.39 である。

(iii) 配電盤上部の振動

点3は配電盤直前の床面上にあることから，配電盤の最下部の振動は点3の計測値とほぼ同じと考えてよいと思われる。この配電盤の上部は，水平な鉄管を通して建物の壁に支えられている。この鉄管の上の点5に振動計を設置し，3号機1台を運転したときの計測を行った。配電盤上部の振動は，軸直角方向が最大になった。点5における合成加速度を求めると，点5の合成加速度 = 64.41 cm/s^2 となった。

(iv) 複数の発電機による同調と不同調

ディーゼル発電機2台の回転が完全に一致している場合，すなわち同調したときは正弦波の連続になる。しかし，回転数が少し異なると，その回転差に応じて，周期を異にするうなり現象が現れる。うなりが最大に達したとき振動は最も強くなるが，その大きさは同調のときと大差はなかった。個々の振動成分の周期は不同調のときでも0.06秒と考えてよい。点5において不同調のときに最も留意すべきことは，軸直角方向の振動が非常に大きくなったことである。すなわち，配電盤に0.13 g（gは重力加速度）程度の水平力が連続作用することになった。軸直角方向のうなりの最大振幅と最小振幅の比はほぼ1：0.4となった。このように，振動の強さが周期的に，しかも1秒内外の比較的短い時間をおいて繰り返されると，配電盤に取り付けてある諸計器およびそれらを連結する導線の締結を緩めることが懸念される。ここに述べたディーゼル発電機の不同調回転は，あくまで計測のために意図的に行ったものであり，実際使用するときは同調回転である。ただし，同調させるまでの調整過程（過渡状態）においては，上述したようなうなりを生じることがあるので注意が必要である。

(v) 複数の発電機による発電室入口付近の振動

発電室入口付近の振動状態を調べるために，ディーゼル発電機の2号機と3号機が同調運転しているとき，点6と点7，すなわち発電室入口の盛土上とその傍らの道路上における振動を計測した。両点における合成加速度を求めると，点6の合成加速度 = 149.7 cm/s^2，点7の合成加速度 = 95.13 cm/s^2 となった。このとき配電盤下の点3において計測した合成加速度は，点3の合成加速度 = 49.72 cm/s^2 となった。以上の結果から，配電盤の位置は発電室の中では比較的振動が小さい場所であることがわかる。もし配電盤の位置を壁の近く，たとえば点4付近に移動するということになれば，かえって振動が大きくなることに注意すべきである。

入口付近の盛土上の振動は，ディーゼル発電機2台が同調運転のとき，加速度は0.15 gに

達し，盛土の端末振動の影響が明らかに見られた。このすぐ下の点7においても0.1g程度の振動が起こっていた。これらに比べると，点3における加速度は0.05gと小さく，配電盤の位置は変えずに，そのままの位置で防振対策を講じることが得策であると言える。

2. 発電室周辺の地盤振動

ディーゼル発電機の振動が地盤を伝播して配電盤付近に相当強い振動を励起していることがわかったので，発電室周辺の地盤振動を計測することになった。計測位置は発電室から診療所に至る直線（A測線）上の数点と，発電室前の道路を横切ってインク庫前に至る線（B測線）上の数点としている。

（i）A測線上の計測

ディーゼル発電機の台数および同調・不同調を変化させ，発電室の外壁から2.4m，すなわちディーゼル発電機の中心からほぼ7.8mの位置で地盤振動を計測した。同調運転のときは0.05～0.07g程度であるが，不同調運転になると0.15gを超過していた。不同調運転のときは同調運転の3倍の加速度になっている。

A測線上の計測の目的は，前後動（防振壕に直交方向）に関して，壕の手前と向こう側の変位振幅から距離減衰の状況を調べることである。A測線上に8個所の計測点を設け，変位振幅の距離減衰曲線を求めた。防振壕の手前と最遠方の計測点には防振壕を掘ったときの盛土の影響は生じないと考えられる。その中間点である5箇所の計測点では盛土あるいは壕端部の影響が大きく現れた。防振壕の手前と最遠方の計測点の地盤条件はほぼ等しいと考えて距離減衰曲線を描き，実際に計測された距離減衰曲線と比較することにより，これら中間点における異常な振動の増幅がはっきりと捉えられた。また，A測線方向には次に述べるB測線方向よりも比較的早く減衰する傾向が認められた。しかし，防振壕によってA測線方向に振動が減衰する程度に関しては，この計測結果からは明確にはわからなかった。

（ii）B測線上の計測

発電室入口から道路を横断しインク倉庫に至るB測線上に9個所の計測点を設けた。振動の計測方向は，発電室に向かって前後動（振動源より放射線方向）である。A測線の場合と同様，距離減衰曲線を求めた。距離減衰曲線と計測値を比較すると，道路わきの下水溝および地下燃料貯蔵タンクの存在により振動が減少し，その近傍の計測点における変位振幅が小さくなっていることがわかった。また，B測線上ではA測線上に比べ距離減衰曲線の勾配が緩やかであり，振動が伝播しやすいこともわかった。たとえば，変位振幅が0.0005cmの点がB測線上では60m付近であるのに対し，A測線上ではわずか21m付近であった。

3. 防振対策

診断カルテの最後には，以下のような発電室の防振対策が記されている。「配電盤が現在置

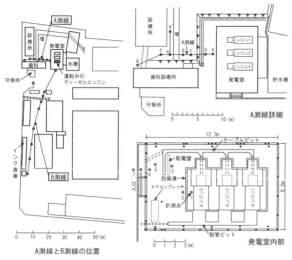

発電機による工場構内の振動影響　　　　当時の大日本印刷市ヶ谷工場正門
　　　　　　　　　　　　　　　　　　　　　（1940年）（本と活字館 HP より）

図 7.2.1　大日本印刷市ヶ谷工場（1952 年）

かれている場所の振動は比較的小さく，配電盤の設置位置として適していることが確認できた。ただし，ディーゼル発電機が不同調回転のとき，配電盤における加速度は 0.17 g に達していることから，震度 0.2 g 以上の振動が相当長時間継続するものとして防振対策を講じることを推奨する。」

防振対策に対する具体的な提案は文章としては残されていない。しかし，診断カルテの中に図番なし・説明なしで配電盤の設置方法の図面が 1 枚挟まれていた（ウェブサイト参照）。この図を文章化すると以下のような具体的な防振対策の提案になっている。

配電盤の振動低減を目的に，配電盤の裏側をアングル部材で構成したトラスで支える。そのトラスの足元の基礎構造は以下のようにする。工場の地盤は関東ローム層であり，このローム層に外径 50 cm のヒューム管（コンクリート製の円筒管）を深さ 1 m まで埋め込む。このヒューム管の内部には粒径 1.17 〜 2.36 mm の砂礫を詰め込む。この詰め込んだ砂礫の地表面高さの位置に，PL 鋼板を溶接して作成した 25 cm × 25 cm × 15 cm の箱型を埋め込む。配電盤を支持するトラスの脚部をこの箱型の上面にボルトで固定する。

後半に検討されていた A 測線と B 測線に関する結論としては，「A 測線の方向に比べると，B 測線の方向には振動が減衰しにくい」という記述くらいしかない。

第 2 節　日本加工製紙王子工場

日本加工製紙は王子製紙の流れを汲む中堅の製紙会社で，カタログなどに使用されるコート紙やアート紙を製造していた。振動源となったスーパーカレンダーは，製紙工場において抄紙

工程（紙漉き）あるいは塗工工程（塗料の塗布）の後に続く仕上げ工程として，紙に平滑性と光沢を与えるためになくてはならない機械だった。スーパーカレンダーによる工場内の振動影響を調べるために，グリッドを形成して工場内外における上下動と水平動の多点計測を実施している。

上下動の計測では工場内も工場外も 3 m 間隔のグリッドを用いており，計測点の総数は 53 点である。一方，水平動の計測では，工場内を 3 m 間隔のグリッド，工場外（舗装道路および自然土）を 6 m 間隔のグリッドとし，計測点の総数は 26 点である。当時，振動計は高価で貴重な計測機器であったため，計測点の数が多いにもかかわらずアレイ観測などはできず，電磁式煤書き振動計の上下動用 1 台と水平動用 1 台を移動計測用，機械式振動計 1 台を固定式の基準計としてそれぞれ使用し，グリッドの中心点を一つずつ移動しながら計測している。計測日は明記されていないが，診断カルテの提出は 1954 年 11 月になっている。計測が行われた日本加工製紙は，1917 年に設立され，2002 年に倒産している。

1. 上下動の計測

上下動の計測を行ったとき，運転中のスーパーカレンダーは 6 号機だけであった。各計測点の変位は最大値の前後 5 個の平均値，また加速度はこれらの振動を正弦波と仮定し，計算により求めた値の平均値として評価した。スーパーカレンダー 6 号機近傍の値はそのほかの点に比べてかなり大きくなっていた。近傍での変位は 5 〜 9 μm，加速度は 2.5 〜 5 cm/s^2，これに対して遠方での変位は 1 〜 2 μm，加速度は 0.2 〜 0.5 cm/s^2 であった。

敷地内には，かつてスーパーカレンダー 1 号機が設置されていた場所がスーパーカレンダー 6 号機の比較的近くにあり，すでに老朽化したため廃棄され，基礎のみが残されていた。この基礎上における変位と加速度は，その近傍に比べると大幅に小さな値になっていた。基礎上の変位はほぼ 2.5 μm，加速度はほぼ 1.5 cm/s^2 であった。このことは，基礎の存在によって他から伝播してきた振動が遮断あるいは吸収されていることを示している。すなわち，強固な基礎がこのような振動に対して有効であることを実証している。また，基礎上の 4 計測点における振幅はほぼ同じ値であり，基礎は一体となって振動していることが確認できた。厳密には，この 4 点の変位振幅には多少差が見られたが，それは 4 点の計測が同時に行われたものではなく，それぞれの計測のときの振動状態が幾分違っていたことによるものと考えられる。自然土の露出している部分は隣接する舗装上よりも振幅が大きくなっていた。

2. 水平動の計測

上下動のときと同じように，各計測点の変位を最大値の前後 5 個の平均値，加速度はこれらの振動を正弦波と仮定して計算により求めた平均値として評価した。スーパーカレンダー 6 号機近傍での変位は 2 〜 6 μm，加速度は 1 〜 4 cm/s^2，これに対して遠方での変位は 1 〜 2 μm，

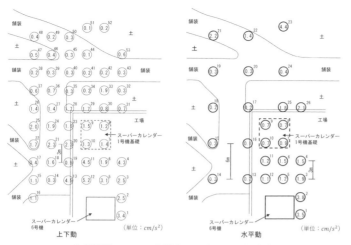

衝撃機械による工場構内の地表面最大加速度　　　製紙工場のスーパーカレンダー

図 7.2.2　日本加工製紙王子工場（1954 年）

加速度は 0.2 ～ 0.3 cm/s² であった。スーパーカレンダー 6 号機近傍の値は上下動の計測と同じようにかなり大きくなったが，そのほかにも値が大きくなった場所があった。その場所は，近くでスーパーカレンダー 6 号機以外の機械が稼働していたためである（ただし，その機械がどの位置にあってどのような機械であったのかということは記されていない）。上下動のときと同じように，スーパーカレンダー 1 号機があった基礎上の変位と加速度は大幅に小さくなっており，変位振幅は上下動の約 1/2 であった。

3. 防振対策

かつて存在したスーパーカレンダー 1 号機の基礎に注目して計測を行うことにより，基礎には外部からの振動を遮断あるいは吸収する作用があること，また基礎は一体となってほぼ剛体として振動していることが明らかになった。この知見に基づき，診断カルテの最後に，今後の工場の拡張計画および機械台の設計に関して以下のような防振対策を記している。

「工場の拡張に当たっては，従来の基礎工法を今後も採用してよいと思われる。その際，基礎の厚さは従来通りでよいと思われるが，基礎面積を従来よりも大きくすることにより，さらに振動の遮断・吸収効果を高めることができると考えられる。拡張計画では，基礎杭は従来のものより長く，その本数も多くすることになっているようなので，振動防止には一層効果があがるものと期待できる。」

第 3 節　不二家製菓川崎工場

川崎市内にあった不二家製菓のチョコレート工場において，チョコレート菓子生産のために

使用されるタッピングマシンから生じる振動が建屋に与える影響を調査した上で，その影響を低減する対策を立てることを目的に振動計測が行われた。タッピングマシンは，チョコレートの型を振動させて生地中の気泡を抜き，型の隅々にまで生地を充填させるために，連続的に衝撃力を加える機械である。タッピングマシンが据え付けられていた建屋の振動状態と，振動源としての機械の振動状態を計測し，建屋と機械の共振関係について検討している。計測日は明記されていないが，診断カルテの提出は1955年5月である。使用した振動計は電磁式煤書き振動計の水平動用1台と上下動用1台の計2台だけである。2台の振動計を順次所定の計測点に移動させながら計測が行われた。水平動に関しては，機械の長手方向とその直角方向の2方向を計測している。診断カルテの最後に，振動低減のためにタッピングマシンに取り付ける防振ばねの設計方法が具体的に示されている。

1. 水平動

タッピングマシン近くの床面で水平動2方向（機械の長手方向とその直角方向）の変位振幅を建屋内の11箇所で計測した。変位振幅が大きくなるのは，機械の長手方向（機械運転時のストローク方向）であった。しかし，振動の強さを表す加速度は必ずしも変位の大小関係とは一致していなかった。たとえば，ある点の変位は他点よりも小さいが，加速度になると3倍程度大きいというようなこともあった。加速度は大きなところで$30\ \mathrm{cm/s^2}$程度になっており，地震の強さとすれば弱震あるいは中震（直接破壊作用は認められないが，だれもが少し驚く）程度である。これらの計測点では，25.0 Hz程度の比較的高振動数が支配的であったが，他の点では11.1～16.7 Hzのやや低振動数が支配的になっていた。

2. 上下動

上下動の変位振幅は水平動よりもはるかに大きく，最大値は$105.3\ \mu\mathrm{m}$（約0.1 mm）に達していた。加速度も$45\ \mathrm{cm/s^2}$を超えており，これは重力加速度のほぼ1/20（震度0.05 g）である。しかし，比較のために計測した隣室では，変位も加速度も著しく小さくなっていた。

タッピングマシンの機械振動が床面と共振しているかどうかを検討するために，床面の2箇所の計測点で錘を落下させ，そのときの振動を記録して床の固有振動数を求めた。落下点には床版上と梁上を選んだ。この計測は全機械の運転を停止させて行った。2点で得られた振動数は，それぞれ15.02 Hzと14.97 Hzであった。

室内に据え付けられていた5台のタッピングマシン上に振動計を設置して，振動源そのものの振動状態を計測した。単独運転と同時運転の振動数の違いに着目した。同時運転のとき，各機械の振動には隣接機械の振動が幾分混じってはいたが，各機械自体の振動が主であることを確認した。5台の機械の振動数は，それぞれ16.2 Hz，11.0 Hz，10.8 Hz，9.6 Hz，13.5 Hzであった。これらの機械の振動数は床の振動数とは完全には一致しておらず，機械と床の共振に

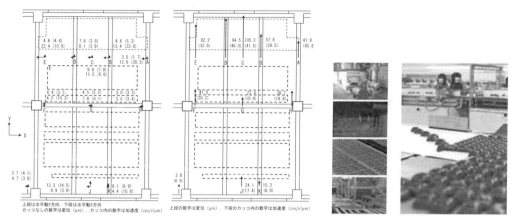

衝撃機械による工場床スラブの最大変位と最大加速度　　　　不二家のチョコレート工場

図 7.2.3　不二家製菓川崎工場（1955 年）

より大きく増幅しているとは考えられないと判定された。

3. 防振対策

上述のように，建物および機械の振動を計測することにより，工場内で発生している振動状況をほぼ把握した上で，診断カルテの最後には，振動低減のための具体的な防振装置の提案が行われている。1 号機用と 2 ～ 5 号機用に分けて，5 台のタッピングマシンの重量と運転時の振動数から，各機械 14 個の弦巻ばねを用いた防振装置の設計とばねの具体的な図が付録として示されている。ここでは，その詳細はウェブサイトに譲り割愛する。

第 4 節　東京ガス豊洲工場

この計測が行われた東京ガス豊洲工場があった敷地は，現在，築地から移転した東京都中央卸売市場になっている。戦後，東京湾の港湾施設のほとんどが GHQ に接収されたため，東京都は 1950 年に海上を埋立てて豊洲石炭埠頭を開設した。その後，隣接地を埋立て，石炭からガスを製造する東京ガスの工場が建造された。さらに埋立は続き，東洋一と呼ばれた石炭火力発電所も造られ，ともに 1956 年に操業を開始した。構築物振動研究会が東京ガス豊洲工場のガス圧縮機から発生する振動の計測を行ったのは，操業開始間もない 1957 年のことである。

当時，東京ガス豊洲工場の建屋内には 1 ～ 3 号機の 3 台のガス圧縮機が稼働していた。建屋の中央部には 2,500 馬力の電動機が置かれ，その回転軸は基礎の短辺方向と一致していた。この電動機回転軸を取り囲むように四隅にガス圧縮機が設置されていた（1 台は予備）。ガス圧縮機は，ガスを取り入れたのち圧縮して送り出すための機械である。ガス圧縮機の基礎は幅 5.61 m，長さ 6.255 m，高さ 5.85 m（杭頭から）のほぼ立方体の鉄筋コンクリート造であり，

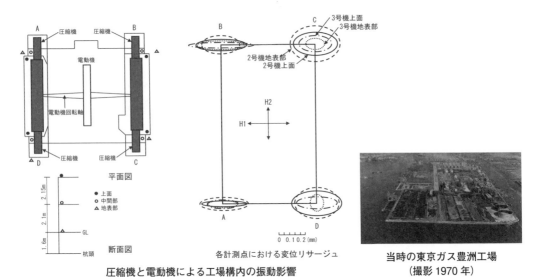

図 7.2.4 東京ガス豊洲工場（1957 年）

　地下に 1.6 m 埋め込まれていた。基礎はコンクリート杭上に載り，建物とは独立していた。

　3 台のガス圧縮機のうち，とくに 2 号機はほかの 1 号機と 3 号機に比べて基礎が激しく振動することが報告されていた。このため，2 号機の防振対策の資料を得ることを目的に振動計測が行われることになった。比較のために，3 号機の振動計測も行われた。振動計として使用したのは，電磁式媒書き振動計 1 台，3 成分強震計 1 台だけである。基礎の上面，中間部，および地表面の高さにおいて，建物四隅における上下 1 方向と水平 2 方向の振動計測が行われた。計測点の数は 3×4＝12 である。

　各計測位置における振動数は，計測誤差により多少の違いはあるが，全体的にはほぼ 5 Hz の値を示し，電動機の回転数に一致していた。2 号機と 3 号機をそれぞれ運転したときの水平動リサージュ（上方から見たときの動き）を建屋四隅の上面と地表部で重ね書きしてみると，いずれのリサージュも電動機の軸直角方向を長軸，軸方向を短軸とする楕円軌道になっており，概して 2 号機のリサージュは 3 号機よりも大きくなっていた。リサージュの短軸方向の振動は，電動機の右側が左側よりも大きく，左右上下に振り回すような振動は右側の方が強くなっていた。

　上下動リサージュ（側方から見たときの動き）を建屋の各高さで重ね書きしてみると，いずれのリサージュも水平動を長軸，上下動を短軸とする楕円軌道になっていた。3 号機のリサージュは高さによる変化が大きかったが，2 号機のリサージュはそのような傾向は見られなかった。

　診断カルテの最後には以下のような記述がある。「2 号機の変位は概して 1，3 号機の変位よりも大きい。その原因の可能性として以下の 3 点が考えられる。

1) 2 号機の電動機の偏心荷重がほかのものよりも大きい。

2) 2号機のコンクリート基礎の質量がとくに小さい。

3) 2号機基礎の杭の本数が他のものよりも少ないか杭長が短い。

しかし，コンクリート基礎の条件が他の基礎と同一である場合は，原因として2)と3)は該当しなくなるから，当然1)だけが残ることになる。この場合，再調査を行って実際の状況を確認することが望ましい。なお，この計測に際し，基礎上面隅角部の突出部分の付け根が損傷している可能性があると推測されるので，その場合は補強を行う必要がある。」

第5節 国鉄川崎給電所

構築物振動研究会の振動カルテのほとんどが，振動計測の依頼を受けたのちに実施されたものであるのに対し，この診断カルテは，研究会が対象構造物を選定した上で振動計測の打診を行い，その後に計測を実施した研究色の強い内容になっている。その冒頭には，研究論文を思わせるような以下の書き出しがある。

「発電用タービン台の振動状態についてはすでに広範囲かつ詳細にわたって研究が行われている。また，これらの研究結果から架台の設計法についてもかなり検討が進んでいる。しかし，これらの研究は主として理論に立脚しており，実験的な部分が少なく，多少理論倒れの感がなきにしもあらずと思われる。実際のタービン架台の振動が必ずしも理論通りではないのではなかろうかと疑える点もある。」文章はこのあとに既往の理論の概要を示した後，振動計測の必要性を説く以下の文章が続く。「このような仮定が実際の場合，どの程度許されるものか，この点が今回計画された我々の研究の問題点の一つでもある。また将来の設計改良を論じる上でも，まず現用の架台の振動性状を十分把握することが必要である。この目的のためには実験的に架台の振動性能を精密に調べることが第一であろう。」さらに，振動計測における着目点に関する記述が続く。「振動性能を知るには定常運転時の振動を計測することももちろん必要であるが，架台上の機械類（発電機，タービン等）の始動から定常状態に至る間，または定常運転から停止に至る間の過渡状態の計測の方がより重要である。これらの過渡期において，共振によって架台の振動が定常時よりもはるかに大きくなることが知られている。」計測対象として国鉄川崎給電所を選定した理由が最後に述べられている。「さて，現在使用されている発電所では絶えずタービンや発電機は定常運転を続けていて，停止あるいは始動という機会はほとんどなく，また計測のためにとくにこのような機会を作ることは困難である。ところが，国鉄の川崎給電所では毎日，停止，始動が行われており，われわれの研究目的にかなっている。そこで，実験的研究の対象として同給電所内にある一つのタービン架台を選んだ。」

振動計測の日時は明記されていないが，診断カルテの提出は1962年10月になっている。振動計には，電磁式振動計が用いられた。架台の各部にひずみゲージを貼って応力計測も行われたが，応力計測に関しては満足いく結果が得られず最終的に削除されている。

選定されたタービン架台底面は21.5 m×7.6 mの矩形，高さは9.0 m，発電機の出力は75,000 kW時であった。架台脚部A，B，C，Dの上方に当たる架台上面で計測を行った。脚部Cは架台のほぼ中央部にあり，脚部Aは右端の細い橋脚，脚部Dは左端の太い橋脚，脚部Bは脚部Cと脚部Aの間にあった。発電機の始動から定常運転に至る過渡状態および定常運転から停止に至る過渡状態に注目して計測が行われた。

　発電機の始動から定常状態に至る間の振動数と変位振幅の関係を見ると，始動より振動数が13.4 Hzに達したとき，CとDの共振が起こり，とくにCの上下動が大きくなった。さらに振動数が増すと，Cは27.87 Hz，Dは26.7 Hzでそれぞれ再び共振し，Cの振動は依然Dよりも大きくなっていた。Cは架台全体のほぼ中央部にあり，かつ脚部が両端（A-B，D）に比べて細いため，比較的揺れやすかったものと考えられる。13.4 Hzの共振現象が何に起因するのかは断定できないが，架台の重量・大きさ等から推定すると，架台の短辺方向のロッキングによる可能性が考えられる。長辺方向にはロッキングを起こすような力は微弱で，ロッキングが生じるとは考えられない。架台自体の弾性振動としても13.4 Hzはあまりに小さすぎる。一方，2番目の共振の27 Hz前後は弾性変形によるものと思われる。CとDで共振時の振動数に若干差が見られるのは，局所的な振動の違いと考えられる。

　以上の2つの著しい共振が生じる中間の20 Hzにおいても，二次的な弱い共振がCとDの水平動で認められた。ここでも，Cは20.0 Hz，Dは22.0 Hzと若干差が見られたが，これもCとDの局所的な振動の違いと思われる。さらに回転が速くなると，Cの上下動は40 Hzのときのみ共振現象を起こし，CとDの水平振動の共振曲線は平行するように次第にある定まった振幅値（定常運転時の1.5 mm程度）に達する傾向が見られた。著しい2つの共振現象が現れたのち，定常運転時の振動へと変化しているが，共振現象の影響の大きさを見ると，低振動数から高振動数に移行するにつれて影響が小さくなる傾向があった。また，これらの中間の振動数では，かえって定常時よりも振動が小さくなることもあった。この現象は，始動から定常に移行する過渡期に特有であった。

　Cにおける定常状態から停止に至る間の振動数と変位振幅を見ると，著しい共振が26 Hz付近で生じていることが目を引いた。その共振振動数は，始動から定常運転に至る場合よりも少し低くなっていた。始動から定常運転に至る場合と比べてみると，Cの水平動で27.8 Hzであったものが26.0 Hz，上下動で27.8 Hzが26.8 Hzになっていた。Cの水平動の20.0 Hzも18.6 Hzに低下していた。始動から定常運転に至る時に見られた13.4 Hzにおける著しい共振現象は，定常状態から停止に至る場合はそれほど顕著ではなかった。この振動数付近の上下動の変化は複雑になっていたが，その理由は不明である。また，35 Hz付近の振幅の減少も著しくはなかった。「始動→定常運転」と「定常運転→停止」の過渡状態では異なる振動への移行過程が見られた。このことは今後の興味ある検討課題として残された。

　定常運転時におけるA，B，C，DおよびCとDの中間点の計5点の2列（計10点）の上

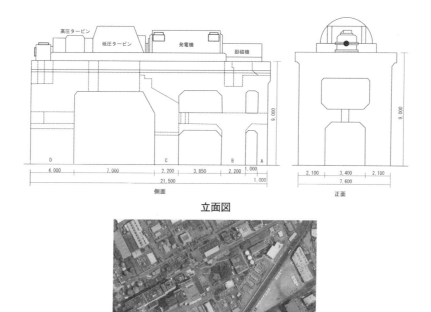

図 7.2.5 国鉄川崎給電所（1962年）

下動分布が検討された。診断カルテには，上下動変位は相対値として示されているので，実際の値はわからない。上下動は全体として 3.0 〜 4.0 の範囲であったが，上下 2 つある上の方の D の 5.3 と C と D の中間点の 2 点がそれぞれ 5.2 と 5.0 となり，他の点に比べると大きかった。D が大きくなる理由も今後の検討課題になったが，C と D の中間点で大きくなる理由は，C と D の柱の間に架せられた一種の梁の中間点における振動の増幅と考えられる。

この振動計測は予備計測として位置づけられ，本計測が予定されていた。しかし，本計測の診断カルテは見つからず，たぶん行われなかったものと思われる。診断カルテの最後には，本番の計測に備えての検討課題として以下のような項目が記されている。

1) 振動計測に用いた電磁式振動計は架台の振動を計測するのに適していることが確認できた。今後はできるだけ多くの点で同時記録が得られるような計測が必要である。
2) 振動の過渡現象は「始動→定常」および「定常→停止」の両過程で異なることが確認できた。両過程で共振回転数が異なる理由については今後検討が必要である。
3) 応力の計測は今回用いたひずみゲージによる方法では不可能である（本文のまま）から，これを改良するか，または全く異なる原理に基づく方法を用いるべきである。
4) 本計測では，変位振幅等の絶対値を正確に知る必要があるので，計器類のキャリブレー

2 工場振動　　299

ションに十分注意する必要がある（この計測では記録紙上の振幅値は示されているが，キャリブレーションは十分とは言えなかったようである）。

第6節　中日新聞社印刷工場

中日新聞印刷工場の輪転機により発生する振動の調査が行われた。輪転機は大量高速印刷のための機械であり，円筒状の印刷版の間に巻取り紙を通過させて印刷，乾燥，裁断，折り加工まで行うことができる。周辺機器も含め設備は大型となり，複数の装置から成り立っているため，発生源も多岐にわたっている。騒音・振動も大きくなり，周辺環境への影響だけでなく，産業従事者の労働環境の面からも対策を検討する必要がある。

振動計測が行われたのは 1968 年 9 月 11 〜 12 日の輪転機休止時（18：00 〜 20：00）と運転時（22：15 〜 2：25）である。運転時には，輪転機によって発生する水平動 2 方向と上下動を計測した。休止時には，常時微動を同じように計測した。事前に，輪転機メインシャフトの最高回転数を考慮して，振動計の固有振動数を 10 Hz と高くして（通常は固有振動数 1 Hz），使用した。地下 1 階の A 柱と B 柱の柱脚付近にそれぞれ基準計としての振動計を固定し，ほかの 3 台の振動計を C-1 柱（地下 1 階，1，3，5 階），C-2 柱（地下 1 階），C-3 柱（地下 1 階），B 柱（1，2，3 階），および D 柱（地下 1 階，1，3 階）の各柱の柱脚付近に随時移動して設置した。

ほとんどの輪転機がフル運転で新聞を印刷していた時間帯に，輪転機付近の床上の基準点（地下 1 階の A 柱と B 柱）において短辺方向の水平動を計測し，この記録波形から周期－頻度分布曲線を求めた。卓越振動数は約 10 Hz，100 Hz，270 Hz に認められた。ただし，上下動には 100 Hz 付近の振動はほとんど現れなかった。270 Hz の振動は，一般の振動とは異なり，音としての振動である。各計測点では 2 つあるいは 3 つの卓越振動が現れていた。ただし，各点における卓越振動数は一定しておらず，ある範囲で変化していた。このことは，計測中の輪転機などの運転状況が一定しておらず，計測のたびに運転台数や回転数が変化していたためと考えられる。上記の各計測時における諸機械の運転状況の変化については，あらかじめ予想されたことでもあり，そのために基準点として 2 か所を設定していた。

各計測における基準点 A，B および点 B，点 C-1，点 D の各階における卓越振動数と最大振幅の関係を調べた。基準点 A の上下動の振幅は顕著に大きくなっていた。点 B，点 C-1，点 D の各階における振動数に関しては，基準点 A，B における傾向と同じであり，10 Hz，100 Hz，270 Hz 付近の 3 つの卓越振動数が認められた。このことから，輪転機で生じた振動が建物各部に広く伝播していることがわかる。ただし，音とみられる 270 Hz だけは地下 1 階の振動が上層階には達していない場合があり，上層階に達している場合でもその頻度は非常に小さくなっていた。振幅に関しては，上層階では地下 1 階よりも小さくなる傾向が認められ，点 B と点 D では 3 階の振幅が地下 1 階に比べてかなり小さくなっていた。このとき，水平動

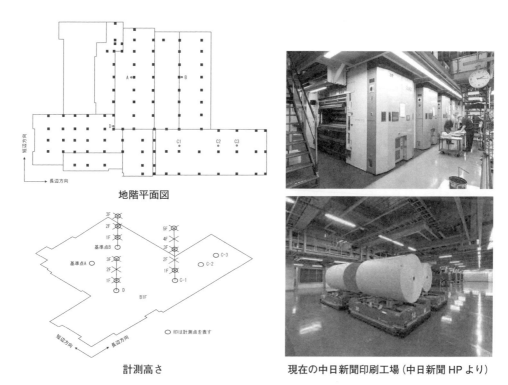

図 7.2.6 中日新聞社印刷工場 (1968 年)

の 80 Hz 付近の振幅は基準点の数分の一程度と大きく低下したが，10 Hz と 270 Hz の振幅はやや小さくなった程度であった．

　輪転機の休止時における基準点の振動には，運転時とほぼ同一の振動数が現れており，運転時の振幅は休止時の振幅の 1.2 〜 3.5 倍程度になっていた．印刷所で発生している振動を変位で表し，恕限度曲線を基準として判断するかぎり，部分的にはやや大きいところもあるが，全体として見ればさほど苦にならない程度ということができる．

　輪転機による振動の計測例は数少ないが，ここでは M 新聞と N 新聞における計測結果と比較する．M 新聞の場合は，基礎上基準点の最大変位は水平動 3.42 μm（100 Hz），上下動 3.42 μm（22 Hz）であり，基準点付近の床上では水平動 0.52 μm（110 Hz），上下動 0.13 μm（25 Hz）になっていた．一方，N 新聞の場合は，基準点で上下動 1.9 μm（39 Hz）である．ちなみに両新聞とも，輪転機基礎には防振装置が施されている．ただし，これらの計測結果に輪転機の運転状況が大きく影響することは中日新聞の計測結果からも容易に判断できる．したがって，M 新聞と N 新聞の場合，輪転機の運転状況が必ずしも一致しておらず，これを中日新聞の結果と直接比較することは適切ではないので，ここでは参考にとどめることにする．

　中日新聞の印刷工場では，輪転機基礎に防振装置が施されていないにもかかわらず，上記参考値と比較しても，また恕限度曲線を基準として考えても，振動はさほど大きくはないと言え

2　工場振動　　301

る。その原因として，基礎構造が剛に造られており振動エネルギーの地下逸散効果が期待できることと，接合部が半剛接であり振動エネルギーの内部散逸が生じることを挙げている。このほかに，輪転機自体の設計に防振性が考慮されており，発生する振動が小さくなっていることと，輪転機が建物とは別個に独立した基礎上に置かれており，その支持地盤が密度中位の砂礫層であるということも振動エネルギーの吸収に寄与していると考えられる。

以上のような現状分析に加えて，新社屋地下室に輪転機を設置した場合の問題点が以下のように指摘されている。「新社屋地下室の剛な床構造上に直接輪転機が設置された場合，輪転機の振動が床構造と共振を生じるか，あるいは減衰効果を減じる危険性が考えられる。また，計測により270 Hzの高振動数がかなり卓越していることがわかったが，この振動は一般の音の振動数（Cの音が261.63 Hz）となるため，新社屋が密閉に近い状態であれば，開放された建物に比べて振動を感じやすくなる恐れがある。」

この後に，新社屋地下室に輪転機を据え付ける予備的検討として，輪転機とスラブの共振に関する検討が行われているが，詳細はウェブサイトに譲る。

3　建設作業振動

　建設作業振動に関する診断カルテは，いずれも，杭あるいは鋼矢板の打込みあるいは引抜きに伴い生じる振動や衝撃による工事現場周辺への振動影響を検討した内容である。高度成長期の建設工事において，杭や矢板の打込みと引抜きに伴う振動・騒音は最大の苦情対象であった。その後，無振動・無騒音工法が次々に開発され，現在では杭や矢板の打込みと引抜きに伴う苦情件数は大幅に減少している。建設作業振動で現在最も苦情が多いのは，老朽化あるいは建て替えに伴う建築物の解体工事である。

　杭や矢板の打込みあるいは引抜きに伴う振動が周辺環境に与える影響を検討するとき，もっとも重要な問題は，振動源から発生する振動の距離減衰の評価である。診断カルテでは，いずれも振動計測に基づき距離減衰式を導くことが主要なテーマになっている。診断カルテの次の3つの事例では，それぞれ異なる距離減衰式が使われている。

◆赤羽地区下水道の鋼矢板引抜工事〜表面波としての距離減衰式，1964年
◆熱海駅前第1ビル基礎工事〜実体波としての距離減衰式，1965年
◆王子電話局新築工事〜指数関数を用いた距離減衰式，1971年

　赤羽地区下水道の鋼矢板引抜き工事においては，地盤振動は表面波による伝播と考え，振動の幾何学的な減衰は距離の平方根に反比例すると仮定し，それに地盤伝播中の材料減衰によるエネルギー消費の影響を乗じる形式の距離減衰式を用いている。熱海駅前第1ビル基礎工事においては，地盤振動は実体波による伝播と考え，振動の幾何学的な減衰は距離に反比例すると仮定し，それに材料減衰による地盤伝播中のエネルギー消費の影響を乗じる距離減衰式を用いている。王子電話局新築工事においては，幾何減衰と材料減衰を一括りにして指数関数を用いた距離減衰式を新たに提案し，実際の振動の距離減衰は，表面波と実体波を仮定した場合の中間的な値になることを示している。

　距離減衰式としてどのような形式を選択するかに関わらず，振動源からの距離が遠くなると，振動強さは徐々に減少する。このとき振動強さがある値以下になれば，周辺環境への影響はないとみなしてよいことになる。この振動強さの閾値をどのように設定するべきなのかが次の問題になる。診断カルテで扱っている建設作業振動が周辺環境に与える影響には，人体への影響と建物への影響の2つがある。人体への影響の有無を判定するための振動強さとしては，知

覚限界に対応する 0.5 cm/s^2 を採用している。振動源からの振動を感じている場所と感じなくなる場所の境界までの半径を「有感半径」と呼ぶ。ここでは，この有感半径の内側にいるのか外側にいるのかによって人体への影響の有無が評価されている。建物に与える影響についての具体的な指標は示されていない。その代わりに有感半径の概念を用いて，建物が有感半径よりも内側にあれば，建物の一部に軽微な損傷が生じる可能性はあるが，有感半径の外側であれば（有感半径近傍であっても）建物全体の安全性に影響を与えるようなことはないと記されている。

以下に各工事に関する概要と計測結果の要約を記す。計測結果についてより詳細な情報が知りたい場合は，ウェブサイトからほぼオリジナルの診断カルテを見ることができる。

第 1 節　赤羽地区下水道の鋼矢板引抜工事

東京都北区赤羽の下水道工事の際，バイブロハンマによる鋼矢板（シートパイル）の引き抜きが行われた。バイブロハンマは，鋼矢板や H 形鋼に強制的に振動を伝達し，先端部分の摩擦抵抗を急速かつ一時的に低減させて打込みや引抜きを行うために用いられる建設機械である。計測は 1964 年 9 月 18 日と 19 日の 2 日間で行われた。

バイブロハンマによる鋼矢板の引き抜きの際に発生する地盤振動には，以下のような特徴が見られた。バイブロハンマの作動中（以下，加振時とよぶ）は振動数 16.7 Hz の高周波が連続し，その振幅は多少の変動はあるものの概ね一定だった。次に，バイブロハンマの電源を切ってから停止させるまでの 2〜3 秒の間（以下，この振動が変化する過渡的な時間を停止時とよぶ），地盤振動の周期は徐々に長くなり最大で約 0.45 秒に達した後，地盤の常時微動になった。停止時の際，振幅は周期とともに変化し，周期 0.225〜0.3 秒あたりで最大になった。これは共振現象（そのメカニズムは後述）による結果である。この 0.3 秒付近は人間が振動にもっとも鋭敏な周期でもある。その後，振幅は徐々に低下し，鋼矢板とその周辺の地盤はほぼ離隔した状態となり，最後にクレーンにより鋼矢板が引き抜かれた。このとき，地盤振動は毎回同じような単純な波形になった。

下水道本線に平行な測線と本線に直角方向の枝線に沿った測線が設定された。計測には電磁式振動計と機械式振動計の 2 種類を用い，それぞれ水平動用と上下動用を用意した。電磁式振動計は随時必要な場所に設置する移動計測用として，機械式振動計は 1 か所に固定し基準計として用いた。鋼矢板の引抜きに伴い発生する振動だけでなく，自動車通過時の振動計測も行い，工事振動の大きさと比較している。自動車通過の計測は，トラックを時速 20〜25 km で走行させて行った。

1. 振動源における共振現象

　バイブロハンマの停止時，変位振幅は周期 0.225 秒と 0.30 秒において増幅し，共振状態になった。この共振現象が現れた原因を究明するために，クレーンから吊り下げられたバイブロハンマをばね-質点系としてモデル化し，固有周期 T を求める次式を導く。

$$T = 2\pi\sqrt{\frac{W}{kg}} = 2\pi\sqrt{\frac{\delta}{g}}$$

ここに，W はバイブロハンマの重量，k は吊りばねのばね定数，g は重力加速度，δ はバイブロハンマの重量 W によるばねの延び（cm）である。実際に使用されたばねの強さは，225 kg の重量に対し 1 mm 伸びたので，重錘を $W = 3$ t とすると $\delta = 1.33$ cm となり，$T = 2\pi\sqrt{1.33/980} = 0.23$ 秒となる。周期 0.225 秒における共振現象は，バイブロハンマがばね-質点系として振動したことによって励起されたことがわかる。バイブロハンマの振動が周辺家屋の共振を起こし有害というのであれば，吊りばねの強さを変えて異なる周期の振動系にする必要がある。

　次に，クレーンの変形の影響を導入する。バイブロハンマを吊り下げたばねとクレーンの変形を生じさせるばねが直列に繋がれた以下の振動モデルを考えると，この振動系の変位 δ^* は次式で表される。

$$\delta^* = \frac{W}{k} + \frac{W}{K} = W\frac{K+k}{Kk}$$

ここに，K はクレーンの変形を生じさせるばね定数である。変位 δ^* はばね定数 K を考えることによりばね定数 k だけのときよりも大きくなる。したがって振動周期も伸びる。クレーンの変形を考えることにより周期が 0.23 秒から 0.3 秒になるとすると，δ^* と δ の比は $\delta^*/\delta = (0.3)^2/(0.23)^2 = 1.7$，したがって $k/K = 0.7$ となる。クレーンはバイブロハンマの吊りばねの 1.43 倍のばね定数に相当する弾力を有していることになる。すなわち，両ばねの振動系が全体として振動すれば周期 0.3 秒になり，バイブロハンマの吊りばねだけが振動する場合は周期 0.23 秒になる。バイブロハンマの停止時の地盤振動はバイブロハンマとクレーンとを合わせた連成系としての振動源により起こされたと考えるのが妥当である。

2. 伝播経路と距離減衰

　地表付近では剛性や密度の異なる地層が層をなし，地下水面もあるため，地表付近の振動源から伝わる波動はこれらの地層あるいは帯水層の表面に沿って進行しやすい。このため，ある一点を振動源として球面上に広がる球面伝播（実体波の伝播）とは異なり，いわゆる平面伝播（表面波の伝播）に近い状態になる。平面伝播の場合，振動エネルギーは実用上地表面に沿って四方に広がると考えることができる。このとき，振動源の位置 0 からの距離 r_1, r_n にある計測点の振幅 y_1, y_n は以下のような距離減衰式から求まる。

$$y_n = y_1 \sqrt{\frac{r_1}{r_n}} \cdot e^{-\alpha(r_n - r_1)}$$

振動源からの距離が増加するにつれて変位振幅は徐々に減少する。一般に、短周期の振動は減衰しやすく、長周期の振動は減衰しにくい。したがって、加振時における比較的短周期（0.0605 秒）の振動と停止時における長い周期（0.30 秒）の振動は、距離による減衰が異なることが考えられる。また、上下動と水平動でも減衰は異なることが考えられる。振動計測により振幅 y_1, y_n は求まり、距離 r_1, r_n は既知であるから、2 点の計測を行えば地盤の材料定数 α を推定することができる。ここでは、振動状態を以下のように分けて材料定数 α が推定された。

水平動の加振時における α の値は 0.0750、停止時における α の値は 0.0677 と推定された。上下動の加振時における α の値は 0.0785、停止時における α の値は 0.0655 と推定された。水平動でも上下動でも、加振時は停止時より減衰が大きくなっている。このように、水平動と上下動における推定値 α の値にはわずかながら違いが見られるが、診断カルテにおいては、この差は推定誤差の範囲とみなすことができ、α の値は水平動と上下動の間に有意な差は認められないと記されている。以下では、α の値は加振時と停止時では異なる値になるが、水平動と上下動における違いはないものとしている。

3. 地盤振動の減衰比

停止時における変位振幅が最大値（周期 0.3 秒）となり、その後、同じ周期が連続し、時間とともに徐々に振幅が減少する減衰自由振動波形が得られることがあったので、これから地盤の臨界減衰比が求められた。減衰自由振動波形の振幅減衰比 v は $v = 1.20$ であった。振幅減衰比 v と運動方程式の減衰係数 ε は $v = e^{\varepsilon T/2}$ の関係があるので、$T = 0.3$ 秒とすると、$\varepsilon = 1.23$ となる。さらに、臨界減衰比 h に変換すると、$h = \varepsilon/\omega = 1.23/20.7 = 0.0595$。この地盤の臨界減衰比は、一般的な鉄筋コンクリート造建物の臨界減衰比と同程度である。

4. 振動感覚と振動影響

人間が振動を知覚する加速度は振動の周期に応じて変化する。多くの人はバイブロハンマ停止時の周期 0.3 秒の振動に対して敏感である。人が振動を知覚する最低加速度（知覚限界）は、バイブロハンマ加振時の 16.7 Hz のときにほぼ $1.5\ cm/s^2$、停止時の周期 0.3 秒（3.3 Hz）のときにほぼ $0.5\ cm/s^2$ である。加振時の知覚限界 $1.5\ cm/s^2$ に達しているのは振動源から約 11 m の範囲、停止時の知覚限界 $0.5\ cm/s^2$ に達しているのは振動源から約 3 m の範囲である。上下動が知覚限界に達しているのは、加振時は振動源から約 7.5 m の範囲、停止時は約 4 m の範囲である。この距離が有感半径であり、有感半径の内側が振動を感じる地域になる。

実際に人間が感じる振動の強さは、加速度成分 a_x, a_y, a_z ごとではなく、3 成分の二乗和平方根である合成加速度 a_{rss} と考えた方が合理的である。バイブロハンマにより励起される加速

度3成分の合成加速度は以下のように表せる。

$$a_{rss} = \sqrt{a_x^2 + a_y^2 + a_z^2}$$

ここで加速度3成分の振幅がほぼ同じと考え，$a_x = a_y = a_z$ と仮定すると $a_{rss} = \sqrt{3}a_x = \sqrt{3}a_y = \sqrt{3}a_z$ が得られる。このときの知覚限界は，加速度成分ごとに考えた場合より小さく，加振時は 0.87 cm/s^2，停止時は 0.29 cm/s^2 となる。

合成加速度で考えたとき，水平動の知覚限界 0.87 cm/s^2 の有感半径は約 14.5 m，停止時の知覚限界 0.29 cm/s^2 の有感半径は約 6.4 m になる。同様に，上下動の有感半径は約 12.0 m，停止時の有感半径は約 7.5 m になる。水平動と上下動の安全側の値をとると，地盤における合成加速度の有感半径は加振時で 14.5 m，停止時で 7.5 m である。

5. 交通振動との比較

バイブロハンマによる振動の大きさを交通振動と比較する。自動車（トラック）通過時の水平動と上下動を計測し，走行時の地盤振動の最大加速度を求めた。バイブロハンマによる振動とは異なり，上下動は水平動の約 1/2 以下と小さかった。バイブロハンマは垂直面内で振動を励起しているため，自動車通過時と比べて上下動が比較的大きくなるものと思われる。バイブロハンマにおける加速度3成分の比 1：1：1 は，自動車走行のときに 1：1：0.5 になると考えると，知覚限界 0.5 cm/s^2 は水平動で 0.33 cm/s^2，上下動で 0.165 cm/s^2 となる。自動車の走行による水平動の有感半径は 16 m，上下動の有感半径は 13 m になった。バイブロハンマによる振動は自動車（トラック）通過時の振動と同程度か少し小さい程度ということができる。ただし，バイブロハンマによる振動の継続時間は一過性の交通振動に比べて長くなるので，振動の大きさだけで振動影響を論じることには注意を要する。

診断カルテの最後には，下水道工事における振動影響の評価として以下の記述がある。

「バイブロハンマの加振時の振動は短周期であるため，家屋に作用すると戸・障子などの共振を引き起こし，地盤振動の有感半径より外側の地点でも振動が感知される可能性がある。しかし，家屋の主要構造部に被害を及ぼすようなことはない。

一方，バイブロハンマの停止時に地盤振動が最大となる周期 0.3 秒では，木造家屋の固有周期に近いため地盤と家屋の共振が生じることが考えられる。しかし，停止時における周期 0.3 秒近傍の波数は少なく，家屋の共振による振動の増幅を引き起こすには十分ではないため，主要構造部に被害を及ぼす可能性は小さい。しかし，家屋の共振により家屋内の人が振動を感じる有感半径は地盤振動の有感半径よりは大きくなると考えられる。すなわち，家屋内で感じる振動は同じ場所の地盤上で計測した振動よりも大きくなる可能性が高い。

バイブロハンマを道路（幅員 8 m）中央に据え付けて加振した場合，加振時における道路両側の地盤振動は最大加速度で 7.6 cm/s^2 になった。これは震度階の震度2相当である。また，

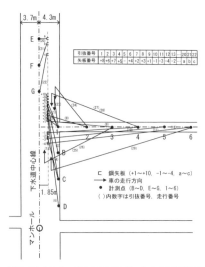

鋼矢板引抜と工事車両通過による振動影響

図7.3.1 赤羽地区下水道の鋼矢板引抜工事（1964年）

停止時における最大加速度は 0.3 cm/s² になり震度0相当であった。バイブロハンマの導入に伴う周辺環境の振動影響はそれほど大きいものとは考えられない（高度成長期における評価であることを考慮する必要がある）。

バイブロハンマによる振動の強さは，自動車（トラック）走行時に発生する振動と比べ，有感半径はわずかに小さいが，実用上，トラックが走行するときとほぼ同じと考えて差し支えない。」

この後に，バイブロハンマを用いた工事により懸念されるもう一つの問題として，周辺建物の不同沈下についてのコメントが付録として加えられているので次に紹介する。

6．不同沈下について

「鋼矢板の引抜後，工事現場付近の不同沈下が現れることは，地下鉄沿線においてしばしば経験されるところであるが，この現象は比較的多量に土を掘削し，または鋼矢板の打込み等により，地下土層の土の平衡状態（土粒子の配列状態および間隙形成など）が変化する結果として起こるものである。人為的振動を加えて土層の圧密を起こさせるには非常に大きな振動源を必要とし，人工的に広範囲（たとえば下水道工事により沈下を見た範囲）にこのような現象を起こすことはめったにない。

地下鉄沿線などでは，バイブロハンマを用いるか否かに関わらず地盤沈下が起こっている。このため，バイブロハンマによる振動が沈下の直接原因であると考えるよりも，地下層の状態変化を起こす土層の掘開あるいは杭打ち等，土層の性質を変える工事そのものに地盤沈下の原因があると考えるべきである。沈下現象は，土質の良好なところ（たとえばローム層）では工

事後比較的遅れて生じるが，軟弱地盤では早く現れる傾向がある。」

第 2 節　熱海駅前第 1 ビル基礎工事

1．振動計測
（ⅰ）計測方法

熱海駅前第 1 ビルの基礎工事中に杭打ちの振動計測が行われた。このとき，工事現場敷地の根切り周壁に法面をつけて地下 4 階分掘り下げ，H 型鋼杭の打ち込みが行われていた。打ち込む位置により鋼杭の長さは異なっていたが，いずれも礫層まで打設された。杭の種類は H 型鋼杭（長さ 11 m を 2 本連結）である。杭打装置は DM-22 杭打機が使用された。計測期間は 1965 年 6 月 16 〜 17 日の 2 日間である。振動計は電磁式の水平動用と上下動用の 2 台が用いられた。

駅前の建物密集地域における工事であったため，杭打ち作業に伴う振動と騒音が近隣に及ぼす影響が問題となった。敷地に隣接する木造 3 階建ての東山旅館で生じる振動と周辺への振動伝播状況を調べるために，杭打ち地点から一定間隔で設けた計測点における振動が計測された。東山旅館では，杭打ちによる計測だけでなく，比較目的で熱海駅を通過した列車による振動も計測している。振動計測とともに騒音計測も行われた。振動計測と同じように丁寧に実施されており，振動と騒音を切り離すことができない問題と見て検討を進めていることがわかる。騒音計測については次項に示す。

（ⅱ）計測結果

杭打ちが行われていない静穏時に常時微動計測が行われた。東山旅館側の計測点における水平動と上下動の周期 − 頻度分布曲線を描いてみると，水平動も上下動も同じような一山の分布形になり卓越周期は 0.13 〜 0.16 秒であった。法面下の計測点における周期 − 頻度分布曲線も一山の形状で卓越周期は 0.12 秒であった。駅側の計測点では，上下動は一山の単純な周期 − 頻度分布になったが，水平動は 0.14 秒と 0.24 秒に二つのピークが現れ，他の計測点とは地層構造が異なっていることが伺えた。

杭打ち作業中の振動計測において，法面下の計測点での卓越周期は 0.1 秒であったが，それより上の計測点では 0.13 〜 0.14 秒になっていた。法面下における計測点の周期が短くなっている理由は，法面の下が切り取られた比較的硬い地盤上であったためと考えられる。

杭打ち地点と各計測点の位置関係から，振動は杭の先端から四方に球面状に伝播するものと考えられる。振動源の位置は杭先端と考えた。杭は 2 本連結した状態で下部の硬い基盤層に若干貫入されていると仮定した。振動が球面伝播となる場合，振動源の位置 0 から距離 x_1, x_n にある計測点の変位振幅 y_1, y_n は以下の距離減衰式から求まる。

$$y_n = y_1 \frac{x_1}{x_n} e^{-\alpha(x_n - x_1)}$$

ここに，α は地層の種類により異なる地盤定数である．

上下動変位に関して，α を法面の下の計測点で算定すると 0.020 〜 0.065 の範囲に分布し，平均値は 0.042 になった．同じように，α を法面の上の計測点で算定すると平均値は 0.053 になった．上下動の加速度に関しては，法面の下の計測点の一つで特異的に大きな値が現れた．この原因は不明であるが，局所的な反射波か屈折波の影響が考えられる．水平動の変位に関して，α を法面の下の計測点で算定すると 0.027 〜 0.031 の範囲，法面の上の計測点では 0.042 〜 0.068 の範囲になった．α は自然地盤で大きく，自然表面を切り取った部分では小さい．また，距離が大きくなるほど減衰が小さくなる傾向が見られるが，これは距離が大きくなると波動が地層下部の硬い基盤を伝わって到達するためと考えられる．水平動の加速度においても前述の点で特異的に大きな値が認められた．

(iii) 振動評価

人体の知覚限界を水平・上下動ともに 0.5 cm/s^2 とする．このとき，上下動に対しては切土部では約 60 m 以内，自然地盤では約 55 m 以内が有感地域になった．一方，水平動に対しては，切土部では約 100 m 以内，自然地盤では約 45 m 以内が有感地域になった．人家のある計測点付近では，振動強さは知覚限界かそれ以下になっていた．したがって，この地点における苦情は，振動を感じるというよりは騒音として感じると考えるのが妥当である．ただし，家屋の構造や地盤の状態によっては部分的に軽微な損傷を生じることがあるかもしれない．しかし，このような場合でも，家屋全体の安全性に影響を及ぼすような損傷ではなく，局所的な影響にとどまるものと考えられる．

計測当時の杭の打設地点は敷地中央線の東端，隣接する東山旅館の崖下であった．このときの人体振動の知覚限界は，上下動に対しては杭打ち地点より最大約 60 m，水平動に対しては最大約 100 m の地点であった．0.5 cm/s^2 の振動は，工事作業や列車通過などのない夜間においても計測される程度の振動であり，敷地西側のバス通りをバスが通過するときの振動は，水平動が 1.56 cm/s^2，上下動が 0.52 cm/s^2，また熱海駅を貨物列車が通過するときの旅館崖下の振動は水平動が 0.74 cm/s^2，上下動が 0.16 cm/s^2 であった．杭打ち振動の大きさは，工事現場敷地外のどの地点においても，バス通過時にバス通り際で計測した振動と同程度かそれ以下となった．このため，計測当時の杭打ちにより隣接建物に構造上の支障を与える可能性はほとんどないと考えられる．

しかし，隣接する東山旅館を詳細に点検した結果，工事現場に面した窓の立て付けの狂いと一部で床の沈下などの障害が認められた．この原因は，東山旅館が木造 3 階建てであり，かつ工事現場側の崖が一部盛土となっていたため沈下しやすかったという特殊事情によるものと考えられた．障害程度としては比較的軽微であり，修復の必要性はあるものの，今後，振動に

よって障害がさらに進み危険な状態になることはないと判定された。

2. 騒音計測

（i）計測方法

精密騒音計と録音機により計測を行い，帯域周波数分析機と高速度記録器を用いて集計した。精密騒音計を通して録音（テープ速度 15 in/s）した各録音の再生出力に対し，帯域周波数分析機により ISO 規格のオクターブバンド分析を行い，高速度記録器により記録した。ISO 規格オクターブバンド中心周波数（Hz）は，31.5－63－125－250－500－1,000（1 K）－2 K－4 K－8 K－16 K，LIN（20～20 K）。高速度記録器における条件は，ポテンシオメーター 50 dB，低周波数限界 20 Hz，記録用紙 50 mm，応動速度：杭打騒音 400～500 mm/s，現場および駅前騒音 250 mm/s。それほど重要とは思われない騒音については精密騒音計を直接読む（特性 IN）ことにした。

杭打ち騒音に関しては，各位置において録音した平均 20 個の杭打音につき 16～31.5 kHz の各オクターブバンドおよび LIN（20～20 kHz）ともにもっとも大きな 5 個の平均値を求め，その中で最大のものを最大値とした。数値のばらつきはほとんど 5 dB 以下である。また SN 比等で 20 個以上読み取れない場合は，2 個の平均を示したがばらつきは少なかった。

杭打停止時の現場騒音と駅前街路騒音として，記録した結果から 2 秒ごとの瞬時値を 35 個（現場）あるいは 40 個（駅前）読み取り，8～63 kH および LIN に関し累積度数分布曲線から中央値と 90 % レンジを求めた。

（ii）計測結果

杭打ち騒音の音圧レベルは，現場騒音や駅前街路騒音の音圧レベルに比べて，中心値で 12～13 dB，90 % レンジ上端で 4～7 dB 高い程度である。しかし，オクターブ分析結果によれば，人間の耳に最も鋭敏な 1～4 kHz の高音成分が最も多く，それに加えて音源が衝撃的であることが苦情を一層強めているように思われる。NR（Noise Rating）曲線と照合すると，駅前街路騒音の中心値が NR-60，現場騒音（ダンプカーのエンジン音が主と考えられる）の中心値が NR-65 程度に対して，杭打ち騒音は陰となる位置以外では NR-85～90 に達している。しかし，杭打ち作業を行うのは昼間のみであること，実際に杭打ちを行っている時間は（計測時間内では）全作業時間の 1/4 程度であること，さらに市街地であることを考慮すると，実際の被害度は数値（NR）が示す値よりも軽減してもよいと思われる。

音源が衝撃的な性質を有していること，暗騒音が相対的に低いことなどを考えると，生理的・心理的な影響を低減することは必ずしも容易なことではない。音源に面した部屋では，窓を閉めた程度では（特別な防音窓でない限り）十分な成果は期待できない。音源から遠ざかるにつれ，高音部に関しては距離，回折効果，遮音性・吸音性などの面から低音部よりも減衰が大きく，旅館帳場や裁判所前では高音成分がかなり減少している。しかし，このことにより心理

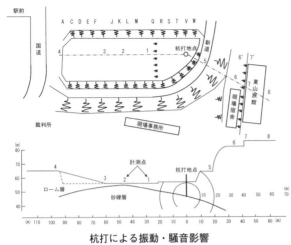
杭打による振動・騒音影響

当時の熱海駅前ビル建設現場（内藤多仲記念館）

図 7.3.2　熱海駅前第1ビル基礎工事（1965年）

面の影響が緩和できるわけではない。音源自体かなりの騒音を発生していることは確かであるが，苦情の中には工事そのものに対する不安などの潜在意識が当然作用していることが考えられる。

杭打ち騒音の計測結果において，低音部における杭打音と暗騒音のSN比が10 dB以下のときもあるが，全体的に見てその影響は軽微であるとして補正は行っていない。

周波数分析した以外の騒音の音圧レベル（LIN）は，東山旅館窓において，貨物列車通過時で74 dB，杭打音は94～95 dB。駅前街路ガソリンスタンド脇では，自動車通過時で85 dB以上，杭打音は81 dB。裁判所前では，小型トラック通過時で94 dB，普通乗用車で74 dB，杭打音は76～77 dBであった。

(iii) 騒音評価

騒音は全音量から言えば工事現場に面した東山旅館でも，熱海駅前の街路騒音や国道脇の自動車騒音と同程度である。しかし，人体に最も鋭敏に感じられる高音域での音圧はかなり高いことが判明した。このため，振動障害に比較すると騒音による公害の程度は大きいといえる。

裁判所辺りでもかなりの音圧が認められたが，この付近になると杭打ち騒音は自動車騒音よりも低いレベルになっている。このため，騒音が実際に問題になるのは工事現場に直面する地域ということになる。この地域の騒音は周囲の地形や建物にも関係するが，杭打ち櫓の周囲を厚手のカンバスで覆うなど，直接音を遮断することによりかなり振動障害を低減できると考えられる。

また，騒音に対して不利な位置にある東山旅館などに対しては，とくに観光地であることを考慮して，土曜午後の杭打ち作業時間を短縮して早めに打ち止めにし，日曜の始動時間を遅らせるなど，騒音の発生時間を短縮化する配慮が望まれる。

第3節　王子電話局新築工事

1. 振動計測
（i）計測方法

　東京都北区の王子電話局新築工事の際，鋼矢板打込みにより生じる周辺地盤の振動低減を目的に振動計測が行われた。現在，王子駅北口の王子1丁目にはNTT東日本の王子ビル本館と王子ビル2号館があるが，計測された建物の工事現場は王子ビル本館の方である。計測は2度に分けて行われた。第1回計測は1971年8月29日，この日は小型のD-12型杭打機が使用された。第2回計測は同年10月8日，この日は大型のD-22型杭打機が使用された。計測には動コイル型ジオフォン10台（水平動用5台，上下動用5台）が用いられた。

　敷地の周囲全面にわたり高さ4 mの鋼製囲いを張り巡らし，その内側に長さ18 mのIII型鋼矢板がディーゼルハンマにより打ち込まれた。打ち込み工法は屏風打ちで，鋼矢板約10枚を一組として建込んだ後に打撃が行われた。この鋼矢板打込み以前，すでに周辺地盤の振動低減を目的に，III型鋼矢板の打ち込み位置の外側約1 mのところに，長さ4 mの軽量鋼矢板が打ち込まれていた。その軽量鋼矢板内側の敷地は，全面にわたり深さ1 mの鋤取り（根切り底の地盤面の起伏を平らに削り取ること）で掘り下げられていた。敷地内の地下1.5〜3 mには既存の工場施設の基礎やピットなどの残骸物が広範囲にわたり埋まっていた。

　敷地に隣接するアパートで生じる振動と，振動伝播状況を調べるために鋼矢板打込み地点から一定間隔に設けた計測点において振動計測が実施された。各計測点では，振動源方向とその直角方向の水平動および上下動が計測された。さらに，軽量鋼矢板による振動の低減効果を確認するために，鋼矢板の内側と外側の振動を計測した。なお，振動計測と共に騒音計測も行われた。騒音計測については次項に示す。

（ii）計測結果

　第1回目も第2回目も，5台の水平動用振動計と5台の上下動用振動計を直線状の測線に沿って設置した。第1回計測では，振動源より15 mと20 mの地点における振動に異常が見られた。とくに20 m地点における周期は他の地点に比べて極端に短く，そのため加速度の値が異常に大きくなっていた。これは，20 m地点付近の地中にある残存基礎等による波動の反射・屈折によるものと考えられる。大型の杭打機を使用した第2回計測になると，20 m地点を除き，加速度は第1回計測のときの3〜4倍大きくなった。

　第1回計測における各計測点の最大変位に関する振動の距離減衰は，15 mと20 m地点の振動が異常であるためなめらかではない。一方，第2回計測における振動の距離減衰は比較的なめらかである。

　従来の指数関数を用いた距離減衰式により材料定数αを推定する方法は，それまでの経験

によれば a のばらつきが大きくなり，特定の地盤における平均的な減衰を評価するには向かないと考えられた．このため，この計測では，幾何学的な減衰と地盤材料の減衰を一括して表す距離減衰式の近似式として，以下のような指数関数による距離減衰式が用いられた．

$$y = ax^{-n}$$

ここに，x は振動源からの距離，y は距離 x の地点における振幅，a と n は地盤の材料定数である．この式から推定した n の値は，水平動の測線方向では第1回目が1.0，第2回目が0.90，水平動の測線直角方向では第1回目が0.7，第2回目が0.67，上下動は第2回目のみしかなく0.72となった．振動源からの距離減衰は水平動の測線方向が最も大きい．また，推定された n の値は表面波と考えた場合と実体波と考えた場合の中間的な値になっていた．杭打ちにより発生する振動はおおむね $n = 0.5 \sim 1.0$ の範囲にあると考えられる．

軽量鋼矢板の内側と外側で同時に振動を計測したとき，外側の振幅は内側の 1/1.1 ～ 1/6.5 と大きくばらついた．杭打ち込みによって生じる振動のうち，地表面近くを伝播する振動は確かに軽量鋼矢板により反射され，外側の振動は低減されているようである．しかし，内側では反射波の影響により逆に振幅が大きくなることもあり，内側と外側の振幅比だけで振動の低減効果を論ずることは難しい．

(iii) 振動評価

振動が人体に与える感覚は，非友好的な潜在感情をもっている場合，マイスナーの知覚限界が苦情限界になるといわれている．マイスナーの知覚限界を使って振動の大きさを評価すると，第1回計測では振動源から 30 m 離れると振動の強さは「無感」あるいは「ようやく感じる」程度になった．約 13 m 地点にある隣接民家の庭先における計測では，敷地短辺方向に平行な水平動は最大約 50 μm（周期 0.20 秒），上下動は 90 ～ 95 μm（周期 0.08 秒）と大きく，とくに上下動は「強く感じる」の範囲に入っている．第2回計測の振動強さは第1回計測に比べて大きく，振動源から 50 m 離れてもまだ「少し感じる」の範囲内である．これは日本建築学会の振動障害防止基準（案）の許容値をわずかではあるが超えている．

振動が建築物に及ぼす影響と計測値の関係は，第2回計測において，建築物が矢板打ち込み地点から 15 m 離れていれば，建築物に被害を及ぼすほどの振動にはならないことが確認できた．20 m 地点における異常値はこの直下に残存基礎が埋まっていたことによる振動の反射・散乱による増幅と考えられるが（その後，掘削を行って実際に確認されている），残存基礎がなければこのような大きな値にはならなかったであろう．なお，建築物に及ぼす振動影響は，振動の継続時間にも関係するほか，対象とする建物の構造強度および老朽度にも関係するため，実態を別途調査する必要がある．

なお，この種の研究は当時わが国ではほとんど行われていなかったため，外国の資料（Vibration in Building, Building Research Station Digest 78）を参照している．このため，診断カル

テには，「資料が対象としている建築物の種類および構造等が明らかではないため，決定的なことは言えないのであくまで参考程度にとどめる」という記述が加えられている。

建設現場の敷地は一部を除きほぼ全面が外部道路に面していたが，ごく一部に道路を隔てることなく隣接する民家があった。この民家に関しては，敷地境界に最も近い位置で鋼矢板が打ち込まれると，振動（とくに上下動）がかなり大きくなり，民家の構造と老朽化の程度によっては部分的ではあるが構造面で影響が及ぶ可能性があると判断された。しかし，地盤が軟弱で打ち込み抵抗が小さかったこともあり，振動よりは騒音（次項参照）の方が強く影響すると考えられた。ただし，このような場合でも，騒音と振動の両方の要素が関係しあって相乗効果をもたらすことになるため，工事による心理的不安を取り除く気配りは必要であろう。

杭打ち機械の加振力の大きさによる振動と騒音の違いは顕著に現れた。加振力の大きなD-22による打込みのときは，打込み地点に近い場所で振動が大きく感じられ，騒音も激しく，産婦人科医院および隣接する木造アパートには心理的・感情的な影響を及ぼすことが予想された。このため，早朝および夕刻以降の作業はしないような作業時間の調整を推奨することが記されている。さらに，心理的・感情的な影響を低減するために，適宜，隣家の点検および補修を実施するとともに，工事計画・作業時間などの周知と打ち合わせ，さらに挨拶回りを怠らないようにすることを指摘している。

2. 騒音計測

（i）計測方法

矢板打ち込み時の騒音および打ち込み作業停止時の暗騒音を計測した。計測にはJIS C 1502に定める指示騒音計を使用した。杭打ち音の計測においては，打撃ごとにその最大値を読み取り，数回～10回の平均値を求めた。暗騒音の計測においては，騒音レベルの変動が小さく狭い範囲内にあったため，約1分間のレベル変動範囲の中間値を求めた。第1回計測では敷地に隣接する民家の玄関先において，また第2回計測では資材搬入口において，騒音を磁気テープに記録し，周波数分析を行って騒音のレベルを求めた。周波数分析には1/3オクターブバンドパスフィルタを用いた。

（ii）計測結果

第1回計測と第2回計測における騒音レベル（単位はホン）を暗騒音とともに示す。両計測とも，敷地周辺の各計測点における暗騒音レベルは55～64ホンの範囲であった。明治通りおよび王子駅方面に通じる交通量が多い大通りに近いため，暗騒音レベルはやや大きな値となっている。第1回計測では，矢板の打ち込み地点が数メートルしか離れていなかった敷地隣接民家（アパート）の窓先において，107ホンという非常に大きな値になった。第2回計測においても，打ち込み地点に最も近い都民銀行前で104ホンを記録した。

騒音計測に基づき騒音の距離減衰の検討を，測線1（第1回計測），測線2および3（第2回

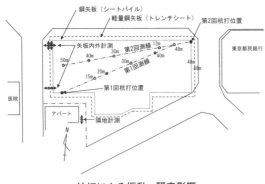
杭打による振動・騒音影響

現在の王子電話局（撮影：濱本）

図 7.3.3　王子電話局新築工事（1971 年）

計測）について示している。測線 3 は道路に沿って計測点を選んだため，道路両側の建物等による反射により騒音レベルがやや乱れていたが，音源より同一距離における騒音レベルは第 2 回計測の方が全体的に高くなっていた。音源より 30 m 地点の騒音レベルは 2 回の計測ともにおおむね 90 ホン以上になっているので，何らかの騒音低減対策を講じる必要があると思われる。

(ⅲ) 騒音評価

第 2 回計測では，資材搬入路出入口において，矢板打ち込み時の騒音が周波数分析されている。50 Hz，200 Hz，400 〜 5,000 Hz の各成分波のレベルが高い。レベルが最も高い 1,000 〜 2,000 Hz の音は人間の聴覚にとって最も敏感な範囲に当たるため，とくにやかましく感じられる。第 1 回計測では，隣接民家の玄関付近で計測が行われた。騒音スペクトルの形状は第 2 回計測と比較的似ており，50 Hz，200 Hz，500 〜 3,000 Hz のレベルが高くなったが，振動数の高い部分（500 〜 5,000 Hz）では相対的に低くなっている。これは，2 階建ての建物によって遮られていることが一因と考えられる。このように，高音部は距離および回折効果，吸音効果により減衰しやすい。このことは，騒音レベルの最も高い，したがって非常にやかましいと感じられる高音部の音は，杭打ち櫓を厚手のシートなど吸音・遮音効果のある材料で覆うことにより，かなり取り除くことができることを示唆している。

付　録

付録 A　固有周期の推定方法

　起振機試験あるいは常時微動計測により求められた基本固有周期の計測値は，対象としている建物が剛構造に属しているか柔構造に属しているかを判別するために，平均的な基本固有周期の推定式から求まる計算値と比較された。基本固有周期の推定式として2種類の式が用いられている。

　1番目の式は当時米国で用いられていたビルの基本固有周期の平均値を与える以下のASCE式（Proc. ASCE, Vol.77, April 1951）である。米国の式なので単位はフィートである。

$$T = (0.05 \sim 0.06)\frac{H}{\sqrt{B}}$$

ここに T は基本固有周期（秒），H は建物高さ（フィート），B は振動方向の建物幅（フィート）である。建物の長辺と短辺の長さがはっきりと異なる場合は，この式が便利である。起振機試験の場合は，加振方向の建物長さが幅 B になる。

　ただし，上記の式を日本のビルに用いると，基本固有周期を過大評価してしまう傾向があるため，日本用として係数を 0.05～0.06 から 0.04 に修正した次式が用いられることが多い。

$$T = 0.04\frac{H}{\sqrt{B}}$$

平均的に見て，日本のビルの基本固有周期はアメリカのビルよりも小さいことを表している。

　2番目の式は日本で使用されている以下の谷口式である。

$$T = (0.07 \sim 0.09) \times N$$

ここに，T は基本固有周期，N は地上の層数である。この式は層数だけがわかれば簡単に推定できて便利ではあるが，長辺方向と短辺方向の基本固有周期を区別したいときには不便である。

　本書の診断カルテでは上記のいずれの式も参考にしているが，もっともよく用いているのはASCE式の係数を0.04として算定する方法である。

付録 B　減衰の評価方法

　構築物振動研究会の診断カルテ群においては，診断カルテが作成された時期により異なる減衰パラメータが用いられている。これらの減衰パラメータはそれぞれ異なる物理的な意味を持っているが，同時に相互に関連しており，ある減衰パラメータは別の減衰パラメータに容易に変換することができる。ただし，相互に変換するためにはそれぞれの減衰パラメータの物理的あるいは数理的な意味を理解していることが前提になるので，以下にそのための基礎知識をまとめておく。

1. 臨界減衰比

1自由度系の減衰自由振動（damped free vibration）の運動方程式は次式で与えられる。

$$m\ddot{x} + c\dot{x} + kx = 0 \quad (1)$$

ここに，m は質量，c は減衰係数（damping coefficient），k は剛性，$\ddot{x}$，$\dot{x}$，x は1自由度系の加速度，速度，変位である。この微分方程式の一般解は次式で与えられる。

$$x = Ae^{s_1 t} + Be^{s_2 t} \quad (2)$$

ここに，A，B は任意定数であり，s_1，s_2 は以下のようになる。

$$s_{1,2} = -\frac{c}{2m} \pm \sqrt{\left(\frac{c}{2m}\right)^2 - \frac{k}{m}} \quad (3)$$

式（3）において，以下のようにばねよりも減衰が強くなると振動は生じなくなる。

$$\left(\frac{c}{2m}\right)^2 > \frac{k}{m} \quad (4)$$

したがって，振動が生じるか生じないかの境界は式（3）の $\sqrt{\Box}$ の中が0となる場合であり，このときの減衰係数 c_c を臨界減衰係数と呼び，式（4）の不等号を等号に変えて変形すると以下のように与えられる。

$$c_c = 2\sqrt{mk} \quad (5)$$

　式（3）を式（2）に代入すると，以下のように変形することができる。

$$x = e^{-(c/2m)t}\{A\cos\sqrt{k/m - (c/2m)^2}\,t + B\sin\sqrt{k/m - (c/2m)^2}\,t\} \qquad (6)$$

減衰がない場合の固有円振動数 ω_0 は質量 m および剛性 k と以下のような関係がある。

$$\omega_0^2 = k/m \qquad (7)$$

ここで，$c/2m$ を以下のように置く。

$$\varepsilon = c/2m \qquad (8)$$

式 (7) と式 (8) を式 (6) に代入すると以下のようになる。

$$x = e^{-\varepsilon t}\{A\cos\sqrt{\omega_0^2 - \varepsilon^2}\,t + B\sin\sqrt{\omega_0^2 - \varepsilon^2}\,t\} \qquad (9)$$

さらに，固有円振動数 ω_0 に対する ε の比 h を以下のように表す。

$$h = \varepsilon/\omega_0 \qquad (10)$$

この h を構造設計の分野では減衰定数と呼ぶ。式 (8) と (10) を式 (9) に代入すると式 (9) は以下のようになる。

$$x = e^{-h\omega_0 t}\{A\cos\omega_0\sqrt{1 - h^2}\,t + B\sin\omega_0\sqrt{1 - h^2}\,t\} \qquad (11)$$

式 (11) において $h = 0$ と置くと，以下のような非減衰自由振動 (undamped free vibration) の解になっている。

$$x = A\cos\omega_0 t + B\sin\omega_0 t \qquad (12)$$

式 (1) の両辺を質量 m で割り，式 (7)，(8)，(10) を代入すると次式を得る。

$$\ddot{x} + 2h\omega_0\dot{x} + \omega_0^2 x = 0 \qquad (13)$$

このとき，式 (10)，(7)，(8) より，h は m, c, k と以下のような関係がある。

$$h = \varepsilon/\omega_0 = (c/2m)/\sqrt{k/m} = c/2\sqrt{km} \qquad (14)$$

式 (5) を代入すると次式を得る。

$$h = \frac{c}{c_c} \qquad (15)$$

大崎順彦著「地震動のスペクトル解析」[1] には，h の名称に関して以下のような記述がある。「定数 h は実際に質点系の持っている減衰の臨界減衰に対する比を表している。したがって，この h のことを臨界減衰比 (fraction of critical damping) と呼んでいる。…このような物理的な

意味からいえば，臨界減衰比という名前は大変ふさわしいのであるが，h はまた減衰定数（damping factor）とも呼ばれている。実際にはむしろこちらの方が使われているようである。」

なお，欧米においては，Clough と Penzien の "Dynamics of Structures"[2] をはじめ damping ratio（減衰比）を用いるのが一般的である。日本でも機械分野では，臨界減衰比（critical damping ratio），あるいは略して減衰比（damping ratio）がもっぱら用いられている。本書では，複数の減衰パラメータを区別するために，h を臨界減衰比あるいは略して減衰比と表記する。構築物振動研究会による減衰評価において，最終的に用いられた減衰パラメータがこの臨界減衰比である。

2. 対数減数率

減衰自由振動の記録波形が得られている場合は，波形から減衰を直接評価することができる。図 B-1 に減衰自由振動波形を示す。図中の破線で表した包絡線は式（11）の $e^{-h\omega_0 t}$ の項に対応している。したがって，記録波形上の相隣り合うピーク x_i と x_{i+1} の比は以下のように与えられる。

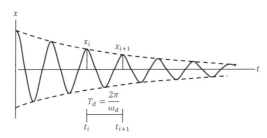

図 B-1　減衰自由振動波形

$$\frac{x_i}{x_{i+1}} = \frac{e^{-h\omega_0 t_i}}{e^{-h\omega_0 t_{i+1}}} = \frac{e^{-h\omega_0 t_i}}{e^{-h\omega_0 \left(t_i + \frac{2\pi}{\omega_d}\right)}} = e^{2\pi h \frac{\omega_0}{\omega_d}} \approx e^{2\pi h} \quad (16)$$

式（16）において，$\omega_d = \omega_0\sqrt{1-h^2}$ は減衰がある場合の固有円振動数であり，減衰が小さいときは $\omega_d \approx \omega_0$ になる。

式（16）の対数を取ると以下のように「対数減衰率」（logarithmic decrement）δ が求まる。

$$\delta = ln\left(\frac{x_i}{x_{i+1}}\right) = ln(e^{2\pi h}) = 2\pi h \quad (17)$$

すなわち，対数減衰率は臨界減衰比 h に 2π を乗じた値になっている。構築物振動研究会による減衰評価において，臨界減衰比を用いる前の減衰パラメータはこの対数減衰率である。

相隣り合うピークではなく j 番目の離れたピークとの比を取った場合は以下のようになる。

$$ln\left(\frac{x_i}{x_{i+j}}\right) = ln(e^{2j\pi h}) = 2j\pi h \quad (18)$$

したがって，

$$\delta = 2\pi h = \frac{1}{j} ln\left(\frac{x_i}{x_{i+j}}\right) \qquad (19)$$

実際に，減衰が小さい場合は，相隣り合うピークの振幅には明瞭な差が見られず誤差が大きくなる可能性がある。このような場合は，式 (19) を用いて明瞭な差が認められる j 番目の離れたピークとの比を用いたほうが誤差を小さくすることができる。

3. 振幅減衰比

式 (16) はあえて対数を取るまでもなく，相隣り合うピークには以下の関係が成立することを示している。

$$v = \frac{x_1}{x_2} = \frac{x_2}{x_3} = \frac{x_3}{x_4} = \cdots\cdots = \frac{x_j}{x_{j+1}} \qquad (20)$$

この v の名称として，宇津徳治「地震学」[3] では減衰比 (damping ratio) あるいは制振比を用いている。宇津は critical damping を臨界制振と訳しているので，減衰と制振はほぼ同じ意味合いで使用していたと考えられる。本書では，この用語を使用すると臨界減衰比（略して減衰比）と紛らわしいので，「振幅減衰比」と呼ぶことにする。すでに式 (16) で示したように振幅減衰比 v は臨界減衰比 h と以下のような関係がある。

$$v = \frac{x_i}{x_{i+1}} \approx e^{2\pi h} \qquad (21)$$

構築物振動研究会による減衰評価において，対数減衰率を用いる前の減衰パラメータはこの振幅減衰比である。

振幅減衰比と同じ意味であるが，もっとも初期の診断カルテにはこれを分数ではなく，$a:1$（a は x_{i+1} を 1 としたときの x_i の値）と表している。

4. 減衰係数

このほかに，式 (8) の減衰係数 ε を用いて減衰を評価していた時期もある。このとき，式 (1) の運動方程式は以下の形式になる。

$$\ddot{x} + 2\varepsilon\dot{x} + \omega^2 x = 0 \qquad (1')$$

減衰係数 ε と臨界減衰比 h の関係は式 (10) で与えられる。減衰自由振動波形の包絡線は $e^{-\varepsilon t}$ と表すことができる。

5. $1/\sqrt{2}$ 法

強制振動試験でよく用いられる減衰評価法が $1/\sqrt{2}$ 法である。構築物振動研究会でも臨界減衰比を求めるときは $1/\sqrt{2}$ 法を用いている。$1/\sqrt{2}$ 法のための基礎式の誘導過程を以下に示す。

調和入力 $p_0 e^{i\sigma t}$ が作用したときの運動方程式は次式で与えられる。

$$m\ddot{x} + c\dot{x} + kx = p_0 e^{i\sigma t} \tag{22}$$

ここに，p_0 は調和外力の振幅，σ は調和外力の円振動数（rad/s）である。

このとき変位振幅は以下のように与えられる。

$$x = \frac{p_0}{k} \frac{1}{\sqrt{\{1-(\sigma/\omega_0)^2\}^2 + 4h^2(\sigma/\omega_0)^2}} = \frac{p_0}{k} D \tag{23}$$

ここに，

$$D = \frac{x}{p_0/k} = \frac{1}{\sqrt{\{1-(\sigma/\omega_0)^2\}^2 + 4h^2(\sigma/\omega_0)^2}} \tag{24}$$

は動的増幅係数（dynamic amplification factor）とよばれ，静的変位 p_0/k（$\sigma=0$ のときの変位）に対する動的変位 x の増幅率を表している。ここで，振動数比 $\beta = \sigma/\omega_0$ と置き，$dD/d\beta = 0$ より D の最大値 D_{max} を求める。このとき，β の値は以下のようになる。

$$\beta_{peak} = \sqrt{1-2h^2} \tag{25}$$

式（25）を式（24）に代入すると，

$$D_{max} = \frac{1}{2h\sqrt{1-h^2}} \tag{26}$$

$h \ll 0$ のとき，式（26）は以下のようになる。

$$D_{max} \approx \frac{1}{2h} \tag{27}$$

これは，式（24）で $\beta=1$（$\sigma=\omega_0$）と置いたときの値に等しくなっている。

最大値 D_{max} の $1/\sqrt{2}$ となる D の値に対応する β は次式を満足する。

$$\frac{1}{\sqrt{2}} \frac{1}{2h\sqrt{1-h^2}} = \frac{1}{\sqrt{\{1-\beta^2\}^2 + 4h^2\beta^2}} \tag{28}$$

式（28）の両辺を2乗して β^2 に関して解くと次式を得る。

$$\beta^2 = 1 - 2h^2 \pm 2h\sqrt{1+h^2} \tag{29}$$

式（29）をべき級数展開（$\sqrt{1+x} = 1 + x/2 - 1/2 \cdot (x/2)^2 + \cdots$）し，$x \ll 1$ であることを考慮すると次式を得る。

$$\beta_1 = 1 - h^2 - h\sqrt{1+h^2} \tag{30a}$$
$$\beta_2 = 1 - h^2 + h\sqrt{1+h^2} \tag{30b}$$

β_1 と β_2 の差と和を求める。

$$\beta_2 - \beta_1 = 2h\sqrt{1+h^2} \approx 2h \tag{31}$$

$$\beta_2 + \beta_1 = 2(1-h^2) \approx 2 \tag{32}$$

式 (31) と (32) から臨界減衰比 h は以下のように求まる。

$$h = \frac{\beta_2 - \beta_1}{\beta_2 + \beta_1} = \frac{f_2 - f_1}{f_2 + f_1} \tag{33}$$

ここに，f_1 と f_2 は D の値が D_{max} の $1/\sqrt{2}$ となる振動数（Hz）である。

$1/\sqrt{2}$ 法の具体的な手順を要約すると以下のようになる（図 B-2）。

1. 応答増幅係数 D の最大値 D_{max} および $1/\sqrt{2} \times D_{max}$ 周辺の曲線を正確に求める。
2. 最大値 D_{max} の位置（振動数 f_0）と値を定める。
3. $D = 1/\sqrt{2} \times D_{max}$ の水平線と応答増幅係数の曲線の交点の振動数 f_1 と f_2 を求める。
4. 式 (31) あるいは式 (33) から h を求める。

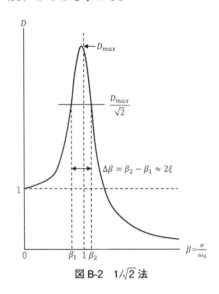

図 B-2 $1/\sqrt{2}$ 法

参考文献

1) 大崎順彦：地震動のスペクトル解析入門，鹿島出版会，1976
2) Clough, R. W., Penzien, J.: Dynamics of Structures, McGraw-Hill, 1975
3) 宇津徳治：地震学，共立全書，1977

付録 C　常時微動計測における周期 – 頻度分布

　構築物振動研究会の初期の診断カルテは，多くが起振機を用いた強制振動試験の結果に基づいている。しかし，強制振動試験にも限界はある。建物の規模が大きくなって起振機の加振力が建物全体を振動させるには十分でなくなったり，強風などの外力や周辺のノイズによって起振機により励起された振動が埋もれてしまったりすることがある。このようなときに実施されたのが，当時金井清らにより研究が進められていた常時微動計測である[1]。常時微動計測においては，強制振動試験の共振曲線と同じような位置付けで，周期 – 頻度分布曲線が用いられた。

　近年は日常的に使われている高速フーリエ変換（FFT）によりフーリエスペクトルやパワースペクトルを求めることができるようになるのは 1960 年代後半であり，本書が対象とした 1950 〜 1970 年の 20 年間において FFT を用いた実例は数えるほどしかない。それ以前はどうしていたかというと，時間領域で記録波形に含まれる成分波の周期を読み取り，各周期の発生頻度を数え上げて周期 – 頻度分布曲線を求めていた。

　構築物振動研究会において，強制振動を補完する計測技術として常時微動計測にいち早く注目したのは那須信治であった。東京大学地震研究所所長を務めていた那須は，豊富な調査経験から地震時の構造物の被害の大小が地盤の性状に大きく支配されること，また都市部で進行していた地盤沈下現象が地盤構造に密接に関連していることを熟知しており，都市地盤調査の必要性を強く意識していた[2]。この地盤調査における有力なツールとして注目されていたのが常時微動計測である。

　地盤の常時微動は，主に交通機関，工場，工事現場などの人工振動源で起こされる振動が四方八方から伝播してきたものの集合である。その変位振幅は普通であれば数ミクロン以下と極めて微小であり，周期は十数秒〜数十分の 1 秒と非常に広帯域である。このうち，通常は周期が数秒以上のものを脈動と呼んで区別し，1 秒程度よりも短いものを常時微動と呼ぶことが多い。

　構築物振動研究会では，振動計により約 5 分間の常時微動を記録し，そのうちの 2 分間を切り出している。この 2 分間のすべての波について，零線を切る相隣る点の間の時間を読み取り，その時間を 2 倍したものをその波の周期と考える。この 2 分間の波の集合に対して，周期別の波数を集計し，図化したものが周期 – 頻度分布曲線である。この曲線のピークとなる周期は，その地盤における地震動の卓越周期とほぼ一致しており，曲線全体の形状も地盤に特有であることが確認されている。

写真 C-1　常時微動周期頻度計（内藤多仲記念館所蔵）

　常時微動の振動性状は，地盤の種類によって異なっている。この常時微動の振動性状が地震時の地盤の振動性状と類似していることがわかり，地震工学において注目されるようになった。読み取り時間2分を全波数で割った値を平均周期と呼ぶが，これは地震時の地盤の卓越周期にほぼ等しくなることがわかっている。地盤の卓越周期は，大ざっぱに言えば，平地では0.4〜0.8秒，台地では0.2〜0.4秒，低湿地帯では1.0秒前後，山地では0.05〜0.2秒である。

　常時微動の振幅は昼が大きく夜は小さい。その最大値は最小値の数倍になることがある。これは，常時微動の振動源が人間活動に由来するものが多いためである。周期−頻度分布曲線は，この振幅の大きさは問題にせず，周期のみを対象にしているので，計測時刻の制約を受けないというメリットがある。

　地盤の振動特性がわかれば，それに基づいて各地盤に適した構造物を合理的に設計することができる。耐震構造とするためには，地震の破壊力を大きくしないように，設計する構造物の固有周期を地盤の卓越周期から遠ざけておくような配慮が必要になる。この構造物の固有周期を，地盤と同じように常時微動計測を利用して求めることができると都合が良い。常時微動計測により地盤の卓越周囲と構造物の固有周期を同時に求めることができれば，地盤と構造物の相互作用問題を考える上でも強力な武器になる。このような考えは構築物振動研究会の中で比較的早い時期から生まれていた。それは，那須信治が早稲田大学に移ってからも東京大学地震研究所とはつながっており，金井清や表俊一郎[3]らを通じて常時微動計測の最前線の情報が入っていたからである。

　常時微動の周期−頻度分布曲線は，当初，記録波形を拡大する専用のルーペを用いて目視により作成されていた。しかし，この方法ではどうしても読み取り誤差が大きくなる。その後，記録波形から自動的に読み取りを行い周期−頻度分布曲線を描く自動読取機が製作された。この自動読取機の製作過程の資料が内藤多仲記念館に残されている。資料の著者は東京大学地震研究所の金井清と田中貞二で，資料名は「常時微動周期頻度計の試作と応用方法に関する研究」[4]である。使用された実際の自動読取機も内藤記念館に保存されているが，写真 C-1 に

示すように意外と大きな機器である。

構築物振動研究会による常時微動計測のデータ処理は，1960年代後半にフーリエ解析が普及するまで，この自動読取機を用いて行われた。

参考文献
1) 金井清：常時微動測定とその意義，建築雑誌，Vol.77, No.919, 日本建築学会，1962
2) 那須信治：地盤震害と地盤調査の必要性，関東大地震50周年論文集，1973
3) 表俊一郎，中島直吉：1968年十勝沖地震災害調査報告（その2）—青森県下における各種地盤および2,3の建物の常時微動測定と十勝沖地震被害との関連—，建築研究報告 No.57, 建築研究所，1970
4) 金井清，田中貞二：常時微動周期頻度計の試作と応用方法に関する研究，昭和33年度建設技術研究，1958

付録 D　診断カルテとしては残っていない振動計測

　早稲田大学理工学部紀要（英文）20号（1957年）に載っている内藤と那須の共著論文 "Vibration Tests of the Actual Buildings II"[1] には，診断カルテとしては残っていない日活国際会館と大同生命ビルの振動計測が紹介されている。日活国際会館の振動計測は強制振動試験や常時微動計測ではなく，地震動観測の結果だけを解説している。一方，大同生命ビルはダイジェスト的に強制振動試験の結果を示しているだけであり，これだけでは計測位置などの詳細な状況を読み取ることはできない。なお，紀要は計測結果を示しているだけであり，主観が加わる建物診断に関する記述はない。

　早稲田大学理工学部紀要（英文）16号（1952年）に掲載されている内藤と那須の共著論文 "Vibration Tests of the Actual Buildings"[2] の Table 1 には，振動計測を行った建物のリスト表が載っているが，その中に診断カルテとしては残っていない四谷電話局と青山電話局の2つの建物の名が挙げられている。2つとも焼けビルの計測である。

第1節　日活国際会館

1. 建物の概要

　日活国際会館は日比谷交差点の東側に1952年に竣工した。意匠設計は小林利助，構造設計は内藤多仲である。鉄骨鉄筋コンクリート造地上9階地下4階，ペントハウス3階分（9 m）で，ペントハウスを除く高さは31 mである。平面は，ほぼ直角三角形で，直角をなす2辺の長さは98.5 mと66.7 mである。6～9階は日活国際ホテルとして使われていた。1970年に三菱地所に売却されてオフィスビルとなり，日比谷パークビルと改名し，2003年に解体されている。現在は跡地に高級ホテルのペニンシュラ東京が建っている。

　敷地は日比谷入り江を埋め立ててできた場所であり，沖積層が13～15 m堆積していた。地下水の湧出問題に対処するために，地下部分を地上で造って自重により地下に沈める潜函工法が初めて用いられた。この建物のケーソン基礎底部の深さは地表から17.35 mにあった。

　この建物で，1954年11月から約3か月間，4台の地震計を使って地震観測が行われた。使用された機器は法政大学大学院棟（第2章2第4節）のときと同じである。

2. 計測結果

建物の平面図と断面図を図 D1-1 に示す。長辺方向と短辺方向を図のように定義した。4 台の地震計のうち 2 台を基準計として屋上と地下 4 階に固定し，残りの 2 台を適宜各階に移動して同時計測を行った。11 月 8 日と 12 月 18 日に発生した地震の各階における記録波形が掲載されている。

各階における振動の大きさを比較するために，地震波記録において S 波到達時の初期振幅とその後の最大振幅に注目し，短辺方向と長辺方向のそれぞれに対し，地下 4 階の振幅を 1.0 として規準化したときの各階床の瞬時の振幅比を求めた。この瞬時の全体変形曲線は時間とともに変化した。地下部分の振幅比は極めて小さく，変形曲線が地上と地下の境界で鋭く曲がる一般的な傾向が認められた。これは，上部構造の剛性に比べて基礎構造の剛性が大きいためである。

地下部分に限定して各階の振幅比が求められた。短辺方向は，地下 4 階の振幅に対する地表面の振幅比が 1.14 ～ 1.60 の範囲にあった。一方，長辺方向は，振幅比が幾分か小さく約 1.25 になった。この比は一般に S 波到達時の初期振幅よりも最大振幅の方が大きくなる傾向が見られた。

以上のようにして求めた基礎の変形は，実際の自然地盤の振動には追従していないように見える。この建物から 200 m 離れた日比谷の第一相互ビルの基礎工事の際に掘削孔で観測された記録によれば，深さ 20.4 m における地盤加速度は地表面の地盤加速度の約 1/3，深さ 9.0 m の地盤加速度の約 1/2 であった。しかし，日活国際会館の基礎においては，このような地表面と基礎底版での加速度の顕著な差は認められなかった。深い基礎があると地盤の振動と建物の基礎の振動とはまったく異なっていた。

法政大学大学院棟で検討した方法（ウェブサイト参照）を用いて曲げ変形とせん断変形の割合について考える。この建物の基礎底版はかなりの深さにあり，法政大学大学院棟に比べて地中にしっかりと固定されている。境界条件は固定－自由に近く，係数 C_1 は小さくなってほぼ 2.0 になると考えられる。このような仮定が許されるならば，曲げ変形とせん断変形の比は，短辺方向に関しては $Y_m/Y_s = 0.8 : 1.0$，長辺方向に関しては $Y_m/Y_s = 0.18 : 1.0$ になる。この計算においては，d は短辺方向で 48 m，長辺方向で 100 m，L は基礎底版から 48 m とした。この建物はせん断変形が卓越しているということができる。

この建物の頂部と底版の振幅比は底版における周期によって変化する。地下 4 階の周期がほぼ 0.40 秒になると，頂部と底板の振幅比は最大値に達し，4.0 以上になった。このことは短辺方向にも長辺方向にも言える。なお，通常時の振動から求めた固有周期は，短辺方向で 0.43 秒，長辺方向で 0.39 秒であった。

この建物の頂部と底版の振幅比の最大値は，この建物の高さの割には比較的小さいと言える。法政大学大学院棟に比べると地盤の抵抗が大きいためと考えられる。この地震観測により，深

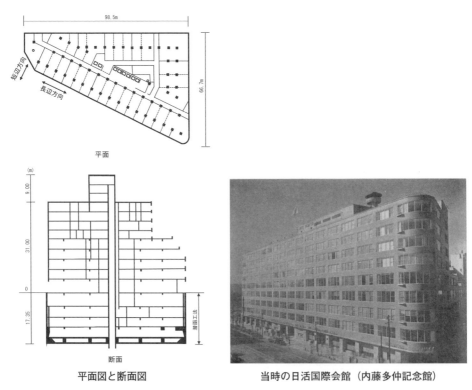

図 D1-1　日活国際会館（1954 年）

い基礎をもつ建物は 1 階の振動は常に地表面の振動よりも小さくなることが確認できた。この建物と同じような規模の建物が地表面上に直接建てられている場合，建物の振動はもっと増幅されているはずである。このことは深い基礎をもつ建物の優位性を示している。

第 2 節　大同生命ビル

1．建物の概要

大同生命ビルは，日本橋に 1937 年に加島銀行東京支店として竣工したが，鹿島銀行の倒産により大同生命に引き継がれた。建物は，地上 7 階地下 1 階，平面は単純でほぼ矩形であった。1987 年には黒川紀章が設計した新ビルに建て替えられ，そのビルも日本橋の再開発に伴いすでに姿を消している。振動計測が行われたのは 1950 年代（1957 年以前）であるが，正確な時期ははっきりしない。

2．計測結果

建物各階の短辺方向と長辺方向に水平動用振動計，1 階床に上下動用振動計を設置した。短辺方向振動と長辺方向振動の共振時における全体変形曲線と上下動変形曲線を図 D2-1 に示す。

330　付録

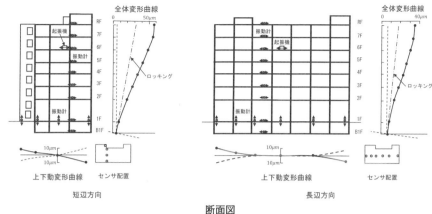

断面図

当時の大同生命ビルは尖り帽子をもつ建物
(1962 年，中央区立京橋図書館)

図 D2-1　大同生命ビル (1955 年頃)

　短辺方向振動のときは，ロッキングの際，建物の基礎版は全体として傾いているが，それに加え，建物の傾きに応じて床版が上方あるいは下方に曲げ変形している。図中の実線は，建物が右側に傾いたときの床の変形を表している。これに対し，長辺方向振動のときは，床の変形状態が少し異なっている。床の中央部では実質的に傾斜はしておらず，端部で局部的に曲げが生じている。このように，この建物は振動方向によって床版の変形状態が異なっている。ロッキング中心は，短辺方向振動も長辺方向振動も床のほぼ中央にある。

　上部構造の全体変形は両図の右側に示されている。短辺方向も長辺方向も，屋上において，スウェイとロッキングによる変形は全体変形の約 1/2 になっている。地盤変形の影響が大きい。

　短辺方向振動と長辺方向振動の共振曲線から求めた短辺方向振動の固有周期は 0.52 秒，長辺方向振動の固有周期は 0.43 秒になった。短辺方向振動と長辺方向振動の振幅減衰比，対数減衰率，共振増幅係数を表 D2-1 に示す。

表 D2-1　短辺方向と長辺方向の振動特性

振動方向	振幅減衰比	対数減衰率	共振増幅係数	固有周期（秒）
長辺方向	1.187：1	0.805	9.1	0.428
短辺方向	1.110：1	0.406	15.0	0.515

第 3 節　その他

"Vibration Tests of the Actual buildings"[2] の Table 1 には，その時点までに構築物振動研究会が計測した建物がリストアップされているが，その中に診断カルテ群にはなかった 2 つの建物が記されている（診断カルテそのものは紛失したと思われる）。四谷電話局と青山電話局である。この 2 つの建物に関する表中の記述を以下に示す。

四谷電話局：計測時期 1949 年，焼けビル，鉄筋コンクリート造 2 階建て，矩形平面，長辺方向長さ 54.3 m，短辺方向長さ 11.0 m，高さ 10.0 m，基本固有周期の計測値は長辺方向 0.35 〜 0.36 秒，短辺方向 0.37 秒，最大変形は長辺方向 9 μm，短辺方向 40 μm，最大起振力 1 t，同規模の平均的な建物の基本固有周期の計算値は長辺方向 0.121 秒，短辺方向 0.276 秒。

青山電話局：計測時期 1949 年，焼けビル，鉄筋コンクリート造 3 階建て，矩形平面，長辺方向長さ 54.3 m，短辺方向長さ 11.0 m，高さ 18.0 m，基本固有周期の計測値は長辺方向 0.335 秒，短辺方向 0.49 秒，最大変形は長辺方向 24 μm，短辺方向 300 μm，最大起振力 1 t，同規模の平均的な建物の基本固有周期の計算値は長辺方向 0.219 秒，短辺方向 0.500 秒。

なお，基本固有周期の計算値 T は ASCE の推定式 $T=0.05\times H/\sqrt{D}$（H は高さ，D は幅）を使用している。

参考文献
1) Naito, T., Nasu, N.: Vibration Tests of the Actual Buildings II, Memoirs of the Faculty of Science and Engineering, Waseda University, 1957
2) Naito, T., Nasu, N.: Vibration Tests of Actual Buildings, Memoirs of the Faculty of Science and Engineering, Waseda University, 1952

付録 E　計測年順リスト

本書に収められている診断カルテを作成年代順に並べて以下の表に示す。

報告年	竣工年（―不明）	建物・工作物名	本書章節
1949	―	四谷電話局	（付 D.3）
	―	青山電話局	（付 D.3）
	―	昭和飛行機工業昭島工場	7.1.1
	―	古河電気工業横浜工場	7.1.2
1950	―	東京第二電気通信学園	5.4.1
	―	港電気通信監理所	5.3.1
	―	浪花電話局	5.3.2
	―	墨田電話局	5.3.3
	1924	松坂屋銀座店	5.2.1
	1927	東京中央電話局新館	5.3.6
	1923	東京中央電話局旧館	5.3.6
	―	立川電気通信監理所	5.4.3
	―	東京近郊電気通信監理所	5.4.2
	1935	熊谷電報電話局	5.3.5
	―	本所電話局	5.3.4
	―	横田基地鋼製給水鉄塔	6.3.1
	1950 頃	キャンプ・ドレイク	3.3.1
1951		水戸電報電話局	5.3.7, 5.4.4
1952	1925	東京中央電信局	5.3.8
	1952	リーダーズダイジェスト東京支店	2.2.1
	―	大日本印刷市ヶ谷工場	7.2.1
	1951	日本楽器東京支店	2.2.2
1953	1952	米国大使館職員宿舎	2.2.3
	1922	埼玉銀行京橋支店	2.3.1
	1952	東京厚生年金病院	3.3.2
	1953	法政大学大学院棟	2.2.4
	―	NHKテレビ塔	6.1.4
1954	1954	名古屋テレビ塔	6.1.1
	―	日本加工製紙王子工場	7.2.2
	1952	日活国際会館	（付 D.1）
1955	―	不二家製菓川崎工場	7.2.3
	1914	星製薬ビル	5.1.1
	―	日本専売公社名古屋地方局既設建物	5.4.5
	1937	大同生命ビル	（付 D.2）

報告年	竣工年（—不明）	建物・工作物名	本書章節
1956	1949	国策パルプビル（1回目）	2.3.2
	1938	共立講堂	3.2.1
	1957	名鉄ビル（1回目）	2.1.1
	1957	千葉火力発電所鋼製煙突	6.3.2
	—	名鉄ビル地下駅	7.1.3
1957	1956	東京ガス豊洲工場	7.2.4
	1956	三井倉庫（大阪市土佐堀）	3.1.1
	1956	神戸新聞会館	5.1.3
	1956	通天閣（1回目）	6.1.2
	1932	平和生命館ビル（1回目）	2.1.2
	1921	第一相互館	5.1.2
1958	—	日本軽金属新潟工場	6.2.1
	—	東芝堀川町工場	6.2.2
	1930	銀座三越百貨店	3.3.3
	1929	東京建物ビル	4.2.2
	1957	名鉄ビル（2回目）	2.1.1
	—	東海銀行中支店	2.3.3
	1930	日本貿易館ビル（1回目）	2.1.3
	1929	上野松坂屋百貨店	4.2.1
	1922	東京会館	3.1.2
	1958	秀和ビル	2.2.5
	1958	千成ビル	4.1.1
	1931	近三ビル	4.2.3
	—	日本軽金属蒲原工場	7.1.4
1959	1929	日本紙業ビル	2.3.5
	1960（臨界）	東海村 JRR-2 原子炉建屋	4.1.2
	—	名古屋精糖小松川工場	6.2.3
	1916（本館）	三和銀行東京支店	2.3.4
	1952（別館）	同上	2.3.4
	1930	日本貿易館ビル（2回目）	2.1.3
1960	1958	東京タワー（1回目）	6.1.3
	1923	日本興業銀行本店	5.1.4
	1957	東京都庁舎	2.2.6
	1932	平和生命館ビル（2回目）	2.1.2
	1961	日本軽金属研究所	7.1.5
1961	—	新和泉町変電所	6.2.4
	1961	日本アスベストビル	2.2.7
	1961	東海銀行本店	2.2.8
	1929	出光興産本社ビル	5.2.2
	1958	東京タワー（1回目）	6.1.3
1962	1935	上野ツーリストホテル	5.2.3
	1962	日本不動産銀行名古屋支店	2.2.9
	1928	守谷ビル	2.3.6
	1963	古室ビル	2.2.10
	—	国鉄川崎給電所	7.2.5

報告年	竣工年（―不明）	建物・工作物名	本書章節
1963	1921	日清紡本社ビル	4.2.4
	1929	東芝商事ビル	5.2.4
	―	住友銀行名古屋支店	2.3.7
	1965	吉池ビル（1回目）	2.1.4
	1913	東京電力山梨支店	5.2.5
	1963	首都高速道路1号線照明灯	6.3.3
	1963頃	足立区内都営アパート	4.1.3
1964	1929	神田YMCA会館	2.3.8
	1955	正進社ビル	2.3.9
	1928	牛込公会堂	3.2.2
	1963	日本生命日比谷ビル	3.2.3
	1949	国策パルプビル（2回目）	2.3.2
	―	赤羽地区下水道の鋼矢板引抜工事	7.3.1
1965	1967	熱海駅前第1ビル基礎工事	7.3.2
	1935	早稲田中学・高校講堂	3.2.4
	1965	吉池ビル（2回目）	2.1.4
1966	1966	新宿区役所	2.2.11
1967	1966	唐ヶ崎電話局	3.1.4
	―	日本鋼管川崎工場大扇橋	6.3.4
	1962	早稲田大学文学部研究棟	3.1.3
	1967	早稲田大学理工学部研究棟	2.2.12
	1967	八重洲大阪ビル	4.1.4
1968	1968	名古屋商工会議所	4.1.5
	1967	名鉄バスターミナルビル	2.2.13
	1958	東京タワー（2回目）	6.1.3
	1968	日本住宅公団飯島団地	4.3.1
	―	中日新聞社印刷工場	7.2.6
1969	1968	日本住宅公団高蔵寺団地	4.3.2
	1969	東亜会館ビル	2.1.5
	1956	通天閣（2回目）	6.1.2
	―	鹿島変電所	6.2.5
1970	―	明豊ビル立体駐車場	6.3.5
1971	―	王子電話局新設工事	7.3.3
1972	―	南千住球型ガスホールダー	6.3.6
	―	ユニ・エックビル	7.1.6
	1973	都営西台団地	4.3.3
1976（1951*）	1958	新潟市役所	5.1.5

＊新潟市役所の診断カルテは第1回報告（1951年，新潟地震前）を紛失しており，第2回報告（1976年，新潟地震後，第1回報告に関する記述あり）を掲載した。

おわりに

　まずは，本書を書くきっかけを与えてくださった恩師の故田中弥寿雄先生に感謝したい。私が研究テーマの一つとして，「構造物のヘルスモニタリング」に関連した研究を始めたころ，田中先生から「戦後まもなく内藤先生が始めた研究に通じるものがあるね」と言われたことがある。内藤多仲は早稲田大学教授となる弟子を多く育てたが，その中でも構造設計を手掛ける唯一の弟子として大学に残したのが田中先生であった。内藤は関東大震災を契機に「耐震設計の父」として一躍名を広めたが，それだけでなく愛宕山ラジオ電波塔，名古屋テレビ塔，通天閣，東京タワーなどの鉄塔の設計により「塔博士」とも呼ばれた。この中で，田中先生は名古屋テレビ塔，通天閣，東京タワーの主要な3塔の設計に助手として加わり，内藤流の設計法を身に着け，早稲田大学教授となった後もシェル構造の設計をはじめとした多くの構造設計作品を残した。

　田中先生に内藤多仲の話を聞き，現在の「構造物のヘルスモニタリング」につながる先駆的な研究を，戦後まもなく始めていたことには強く興味を惹かれた。しかし，当時の私は，「構造物のヘルスモニタリング」に関連した研究テーマで科学研究費補助を4回受け，そのための研究活動に追われていたことと，建築研究所の日米共同構造実験研究「高知能建築構造システムの開発」におけるわが国で初めての「ヘルスモニタリング技術利用ガイドライン」の作成などにも参加して新しい知見を習得するのに精いっぱいで，過去の研究まで遡ってじっくりとその意義を考えるまでの心のゆとりは持てなかった。心の奥底には引っかかりはあったが，そのうちにと思いつつ時間は流れて行った。

　そうこうしているうちに，私も在籍していた東京都市大学をリタイヤする年齢に達し，その後まもなく，コロナウィルス感染の時代に突入した。自宅で過ごす時間が増え，いままでやり過ごしていたことに思いが至るようになり，田中先生の言われていた「戦後まもなく内藤先生が始めた研究」について調べてみたくなった。そう思い立ち，早稲田大学内藤多仲記念館を管理していた早稲田大学教授山田眞先生を訪れることにした。山田先生は私の学生時代の同期で旧知であり，内藤らの残した資料の調査を行いたいという申し出に快く応じてくれた。

　内藤多仲記念館の資料室の片隅には，約70年前から蓄積されてきた田中先生言うところの「戦後まもなく内藤先生が始めた研究」に関する膨大な資料が残されていた。ただ，残されていた資料の文章と図表のほとんどは手描きの青焼きであり，年月の経過により用紙も劣化し，文字や線が薄れたり歪んだりしてよく見えなくなっているものも少なくなかった。また，診断カルテ中の図表はところどころ消失していたり，あるはずの診断カルテが行方不明になってい

たりした．このため，資料を読み始めたころは作業がなかなかはかどらずに時間だけが過ぎて行った．それでもメモを取りながら2度，3度と読み返しているうちに，診断カルテ群の全体像が徐々に見えてくるようになり，資料全体がもつ内容の重さを感じられるようになった．さらに，この膨大な資料から得られる知見を後世に伝えることの意義を強く感じるようになった．

その後，内藤多仲記念館へはほぼ月一回のペースで訪れるようになり，資料室に残されていた約150件の診断カルテのうち「構造物のヘルスモニタリング」に関連した約110件を選び出した．さらに，選んだ診断カルテをテーマごとに分類し，使用されている用語や文章表現を統一し，薄れて読み取りにくい図表をトレースしなおし，本書の原稿化を進めた．山田先生は，その間，内藤多仲記念館や旧内藤邸に埋もれていた関連資料の発掘や私の疑問に対する回答などを通して私の作業を支えてくれた．山田先生のサポートがなければ脱稿することはなかったと思う．

資料調査をしていたある日，山田先生が当時大学院学生であった田中先生が内藤多仲に宛てて書いた自筆の短いメモを見付けたと言って見せてくれた．そこには，「内藤先生　これが提出した論文の中の図表です．縦軸はsec単位で，横軸のHはm単位，γは壁率で1/m単位です．　田中弥寿雄」とだけ書かれていた．その後に添付されていたのは，構築物振動研究会がそれまでに計測した33件のデータ表とそれを統計的に処理した図で，図には建物高さHと壁率γをパラメータとする固有周期の推定式が記入されていた．建物高さや階数から固有振動数を推定する式は多いが，壁率をパラメータに含む推定式は内藤らしさを表している．メモ中の「提出した論文」が何であったのか，そのときはわからなかったが後でわかった．

日本建築学会論文報告集第66号（1960年10月）に掲載された内藤と那須らの共著論文「振動計測に基づく実在建物の振動性状」の図4として同じ図が載っていた．当時大学院生として作図を手伝った田中先生は共著者には入っておらず謝辞の欄に名前があった．構築物振動研究会の診断カルテはこのような学術論文を書くためにも利用されていた．1年後の日本建築学会論文報告集第69号（1961年10月）にも内藤と那須の共著論文「実在建物の振動減衰」が掲載されている．いずれにしろ，私は大学院での研究活動の傍ら，田中先生の設計活動のお手伝いもしながら，田中先生は内藤の設計専属の弟子だと思い込んでいたので，構築物振動研究会の手伝いもしていたことはこのとき初めて知った．「戦後まもなく内藤先生が始めた研究に通じるものがあるね」と言われたことも，私の中でつながったような気がした．

今回整理したうえで紹介した構築物振動研究会の診断カルテ群は，内藤多仲と那須信治の指導の下に，早稲田大学における多くの弟子や大学院生が現地での計測やデータ整理に参加して作り上げた成果である．これらの方々に価値ある診断カルテ群を残していただいたことに対し心より感謝したい．その一人である早稲田大学名誉教授風間了先生は，構築物振動研究会による計測に実際に参加した23事例の要約を「実在建物の振動性状」と題したホームページ上で紹介している．本書で紹介した事例は，構築物振動研究会のもっとも初期の時代まで遡ってお

り，事例数はその約5倍に達している。先人が残した知的財産を次世代に引き継ぐ手伝いができるのであれば，これに勝るものはない。

　以上のような契機とサポートと縁に恵まれて，これまで考えていたことを曲がりなりにもやり終えることができた。ただし，不備な点や無知な点もまだ多々残っていることと思う。ご指摘・ご指導いただければ幸いである。本書の執筆を少しずつ進めたこの数年間は，私にとっては少なくとも「コロナ禍」ではなかった。

　最後に，「耐震構造の父」あるいは「塔博士」の称号をもつ内藤多仲の顕著な業績の中にあって，ともすれば見逃されてしまいそうな「建築ドクター」としての一面を，このような「書籍＋ウェブサイト」の形式で紹介できる機会と様々な助言を頂いた早稲田大学出版部の武田文彦氏に心から感謝する。

　2024年9月吉日

濱本　卓司

索引

（繰返し使用される用語は初出頁を記した）

数字

1/√2法……10, 38
1/3オクターブバンドパスフィルタ……315
1次固有周期……203
1次モード……196
2次曲線型（R型）ポール……253
2次固有周期……203
2次モード……196
3次元全体変形曲線……73

欧文

ASCE式……36
cgs単位系……19
Chicago pile-5型……95
NHKテレビ塔……194
NR（Noise Rating）曲線……311
N値……98
PC杭基礎……117
SI単位系……19
SMAC強震計……124
SN比……312

あ

青山電話局……328
明石信道……42
赤羽地区下水道……303
アースドリル杭……283
アースドリルピア基礎……117
アスペクト比……93
あそび……180
足立区内都営アパート……92
熱海駅前第1ビル基礎工事……303
圧縮側ブレース……262
アナログ情報……17
アナログ世代……17
アレイ観測……292
安全性……92
暗騒音……315
アンダーピング……158
安藤勝男……44
井桁状耐震壁……45

異種基礎……116
異種構造……18, 34, 66
異種地盤……119
伊勢湾台風……205
出光興産本社ビル……145
移動計測……85
今村明恒……3
インフラ施設……240
上野ツーリストホテル……145
上野松坂屋百貨店……108
牛込公会堂……76
うなり……288
エキスパンションジョイント……85
エネルギー吸収能力……181
エレベーター……195
エレベーターシャフト……43
掩蓋……177
エンジニアリング構造物……18
鉛直地盤係数……118
鉛直ばね定数……106, 266
オイルジャッキ……156
王子電話局新築工事……303
横力分布係数……229
大江宏……34
大阪三井倉庫……66
大崎順彦……137
大平板……263
大森房吉……2
オクターブバンド分析……311
表俊一郎……8
音圧レベル……312

か

外殻構造……76
解析モデル……102
階段室……43
階段室型アパート……98
改築……16
回転中心……62
回転ばね定数……266
回転力……287
回転力不足……46

開放空間……18
改良型（3次曲線型）ポール……253
火害……18
火災……18
鹿島変電所……217
荷重増加……59
荷重－変形関係……62
過剰沈下……100
ガス圧縮機……295
がた……180
片廊下型アパート……98
カーテンウォール……140
可動式跳ね橋……257
過渡状態……289, 297
金井清……11, 326
神奈川県東部地震……3, 68
壁付ラーメン構造……34
唐ヶ崎電話局……66
空タンク……243
河角廣……208
緩衝スペース……85
神田YMCA会館……49
関東大震災……2, 49, 68
関東ローム層……80
カントレコーダー……279
機械式振動計……7
機械式駐車場……261
機器影響……270
起振機……5
基礎構造……92
基礎スラブ……28
既存建物……27
機能性……92
基本固有周期……9, 23
基本振動……54, 98
キャリブレーション……299
キャンプ・ドレイク……84
球形ホールダー……264
給水鉄塔……241
旧都庁舎……37
境界条件……29
橋脚……257

340

共振……74	原地形地盤……116	最大加速度……273
共振曲線……9, 32	コア部……42	最大加速度期待値……274
共振現象……77	工学的判断……81	最大瞬間風速……209
共振増幅係数……173	剛構造……12	最大層間変位……17
強震動……18, 130	工作物……15, 18	最大平均風速……209
強制振動試験……5	工事振動……15	最大変位……271
強度計算……26, 229	高次振動……9	埼玉銀行京橋支店……49
強度試験……13	硬質地盤……85	サイドコア形式……58
共立講堂……76	高次モード……44	下げ振り……154
橋梁構造物……16	工場……18	佐藤武夫……140
局部振動……9, 180	工場振動……15	三信ビル……51
居住性……92	剛性……62	残存圧縮強度……151
許容地耐力……83	合成加速度……275	残存基礎……313
距離減衰……274	剛性比……12, 69	サンドドレーン……117
距離減衰曲線……280	剛接合……63	残留変位……135
距離減衰式……282	高層アパート……124	残留変形率……147
切土地盤……116	構造計算……13	三和銀行東京支店……49
きれつ調査……62	構造健全性……12	シェアコネクタ……195
銀座三越百貨店……84	構造健全性診断……2	ジオフォン……74
近三ビル……108	構造設計者……2	ジグボーラー……272
杭……15	構造損傷……18	事後計測……48
杭打ち騒音……311	高速フーリエ変換……10, 141	資産価値……16
杭基礎……116	構造ヘルスモニタリング……4	支持杭……283
矩形平面……84	構築物振動研究会……2	支持層……116
苦情限界……314	交通振動……15, 133	地震応答解析……262
掘削調査……78	構内運搬車……270	地震荷重……94
熊谷空襲……172	甲府空襲……158	地震観測……128
熊谷電報電話局……162	降伏強度……255	地震時増幅係数……173
グリッド……292	神戸新聞会館……130	地震損傷……85
クレーン……304	鋼矢板……15, 303	地震動……35
群杭……261, 266	国策パルプビル……49	事前計測……48
傾斜……154	国鉄川崎給電所……287	実大実験……254
継続使用……76	国鉄列車……278	実体波……303
経年劣化……48	古室ビル……30	質量比……69
軽量コンクリート……93	固有円振動数……232	地盤影響……18, 92
ケーソン基礎……93	固有周期……9, 12	地盤－構造物相互作用……92
牽引力……244	固有周期比……207	地盤条件……93
原地盤……105	固有振動数……17	地盤振動……4, 279
原子炉……95	コンクリート圧縮強度……63, 151	地盤柱状図……265
原子炉建屋……94	コンクリート強度試験……26	地盤調査……241
嫌振機器……272	コンクリートシートパイル……140	地盤沈下……54, 223
減衰係数……232, 319	コンクリート打設……22	地盤特性……186
減衰自由振動波形……173	コンクリート中性化試験……26	地盤ばね……106
減衰性能……27	混合構造……18	地盤反力……97
減衰定数……10, 320		地盤反力係数……96, 118
減衰特性……13	**さ**	尺貫法……19
建設作業振動……15		車両編成……276
建築群……18	載荷試験……13, 62	周期－頻度分析器……11
建築ドクター……3	載荷状態……224	周期－頻度分布曲線……47, 72,

索引　341

325
柔構造……13
自由振動試験……29, 104
修正ポータル法……229
修復工事……108
集約テレビ塔……194
集約電波塔……205
重力式……164
秀和ビル……30
主軸方向……89
手動式起振機……44
首都高速道路1号線照明灯……240
シュミットハンマ……25
竣工検査……30
竣工直後……17
竣工直前……17
純鉄骨造……262
純ラーメン構造……34
ジョイストスラブ……58
衝撃力……248, 287
上下動……271
上下動変形曲線……10, 12
上下動リサージュ……296
常時微動計測……10
状態変化……17
上部構造……92
情報共有……16
情報公開……16
昭和飛行機工業昭島工場……270
恕限度曲線……301
新和泉町変電所……217
震害……18
人工地盤……124
進行性同時爆発……248
震災予防調査会報告……2
新宿区役所……30
伸縮継手……84
深礎工法……93
深礎地業……40
人体影響……270
診断カルテ……2
振動解析……102
振動計測……2
振動障害……15
振動性状……22
振動伝播……270
振動特性……10
振幅減衰比……322

振幅減衰率……10
人力加振……44
水平剛度……146
水平地盤係数……118
水平動……9, 271
水平動リサージュ……296
水平ばね定数……106, 266
スウェイ……10, 44
スウェイ率……107
砂袋……105
スーパーカレンダー……291
スーパーゲイン……195
スーパーターン……195
墨田電話局……162
住友銀行名古屋支店……49
スロッシング……241
制御室……95
生産ライン……217
正進社ビル……49
積載荷重……158
接合部……180
接触面摩擦……108
潜函工法……328
千住火力発電所……250
全体振動……9, 32
全体変形……12
全体変形曲線……9, 12
センターコア形式……100
せん断きれつ……143
せん断変形……36
千成ビル……92
全溶接鋼製煙突……250
走行経路……271
層剛性……161
相互作用問題……18
造成工事……116
造成後地盤……117
増築……16
測線……290
損傷進行……48
損傷程度……130

た

帯域周波数分析機……311
第一相互館……130
対角アーチ……195
耐火被覆……145
大規模団地……116
大空間……76

大空間構造……217
大空間内包構造……80
耐震診断……2, 13
耐震性能……13, 197
耐震設計……137
耐震壁……13, 104
耐震補強……13
対数減衰率……10, 141, 321
大スパン床……29
大展望台……206
大同生命ビル……328
大日本印刷市ヶ谷工場……287
第2室戸台風……205
耐風性能……197
ダイヤルゲージ……254
タイロッド……241
卓越周期……29, 105
卓越振動数……271
竹山謙三郎……31
立川電気通信監理所……181
辰野金吾……133
タッピングマシン……294
竪型三輪式起振機……6
建物間連成……108
建物履歴……62
田中貞二……326
谷口式……36
谷口吉朗……45
短期許容応力度……255
単杭……266
タンクローリー……284
丹下健三……37
ダンスホール……154
弾性変形……39
短辺方向振動……9, 23
地下逸散効果……302
知覚限界……278
地下水位……155
地下通路……108
地下プラットフォーム……277
千葉火力発電所鋼製煙突……240
中性化試験……13
中性化深さ……63
中日新聞社印刷工場……287
跳開橋……257
跳開制御建屋……257
長期許容応力度……255
長尺梁……28, 104
長周期地震動……45

342

長周期振動……203	道路交通振動……15, 270	配電盤……288
長辺方向振動……9, 23	都営住宅西台団地……116	バイブロハンマ……304
直接基礎……40, 116	特別展望台……206	バイリニアモデル……266
沈下計測……142	トラス構造……39	破壊試験……49
ツインコリドー型……124	トラッククレーン……285	爆発……247
通信鉄塔……72	トランシット……251	爆薬……247
通天閣……194		発電用タービン台……297
つなぎ梁……267	**な**	発破試験……241
坪井善勝……31	内藤多仲……2	羽ばたき……72
弦巻ばね……295	内藤多仲記念館……19	パラボラアンテナ……72
定常状態……297	名古屋商工会議所……92	阪神淡路大震災……130
ディーゼル発電機……288	名古屋精糖小松川工場……217	反発硬度……78
ディーゼルハンマ……313	名古屋テレビ塔……194	ピア基礎……124
デジタル情報……17	那須信治……3	光庭……59
デジタル世代……17	浪花電話局……162	引綱試験……241
鉄筋コンクリート造……28	軟弱地盤……85	ひずみゲージ……237
鉄骨造……180	新潟地震……130, 139	非破壊試験……13, 49
鉄骨建方……22	新潟市役所……130	兵庫県南部地震……135
鉄骨鉄筋コンクリート造……23	新潟大火……140	標準貫入試験……83
鉄塔……18	日活国際会館……328	表層地盤……128
鉄道橋梁……257	日清紡本社ビル……108	表面波……303
鉄塔構造物……13	日本アスベストビル……30	フィート・ポンド法……19
鉄道振動……270	日本加工製紙王子工場……287	風圧力……35
電磁式振動計……7	日本軽金属蒲原工場……270	風力試験……241
電動式起振機……44	日本軽金属研究所……270	不二家製菓川崎工場……287
電話局……18	日本軽金属新潟工場……217	腐食……155
東亜会館ビル……22	日本鋼管川崎工場大扇橋（跳開橋）……240	不整形平面……84
東海銀行中支店……49	日本興業銀行本店……130	不同調運転……288
東海銀行本店……30	日本専売公社名古屋地方局……181	不同沈下……100
東海村JRR-2原子炉建屋……92	日本楽器東京支店……30	部分振動……9, 32
東京会館……66	日本原子力発電……95	フラットスラブ構造……220
東京ガス豊洲工場……287	日本紙業ビル……49	プラットフォーム……242
東京近郊電気通信監理所……181	日本住宅公団飯島団地……116	フーリエスペクトル……47
東京厚生年金病院……84	日本住宅公団高蔵寺団地……116	ブリッジ……108
東京大学地震研究所……7	日本生命日比谷ビル……76	古河電気工業横浜工場……270
東京大空襲……34	日本不動産銀行名古屋支店……30	プレキャストコンクリート杭……283
東京第二電気通信学園……181	日本貿易館ビル……22	ブレース付き純鉄骨造……234
東京建物ビル……108	根切……22	不連続性……27
東京タワー……194	ねじれ……12	平均せん断波速度……265
東京中央電信局……162	ねじれ周期……24	米国大使館職員宿舎……30
東京中央電話局……162	ねじれ振動……10	閉鎖空間……18
東京電力山梨支店……145	ねじれ抵抗……33	並進振動……33
東京都庁舎……30	ねじれ・並進周期比……33	平和生命館ビル……22
東京礫層……42, 100, 283	ねじれ変形曲線……10, 12	壁量……34
東芝商事ビル……145		変化検知……22
東芝堀川町工場……217	**は**	変形状態……63, 93
塔状比……12, 36	排水……119	ペンシルビル……38
同調運転……289		変電所……18
動的増幅係数……323		

ペントハウス……40
防火壁……192
防振基礎……282
防振溝……288
防振壕……290
防振装置……301
防振対策……15, 278
防振問題……18
法政大学大学院棟……30
補強……16
補強工事……109
補強対策……64
星製薬ビル……130
補修……16
堀越三郎……3
ボルト……195
本所電話局……162

ま

マイスナーの知覚限界……314
曲げきれつ……143
曲げ変形……36
間仕切壁……102
松井源吾……44
松杭……140
松坂屋銀座店……145
満水状態……225
満水タンク……242
水戸空襲……176
水戸電報電話局（1号館，2号館）……181
水戸電報電話局（3号棟）……162
港電気通信監理所……162
南千住球型ガスホールダー……240
無荷重状態……225
無載荷状態……224
鞭振り現象……71
無柱空間……76
村野藤吾……70
名鉄バスターミナルビル……30
名鉄ビル……22
名鉄ビル地下駅……270
明豊ビル立体駐車場……240
木造公共建物……18
木造建物……180
模型実験……254
盛土地盤……116
守谷ビル……49

や

矢板打ち込み……315
八重洲大阪ビル……92
焼けビル……2
屋根トラス……154
山田守……86
有感半径……304
床剛性……262
床振動……53
ユニ・エックビル……270
溶接……256
横型二輪式起振機……6
横田基地鋼製給水鉄塔……240
吉池ビル……22
四谷電話局……328

ら

ラップルコンクリート……117
ラーメン変形……56
リーダーズダイジェスト東京支店……30
リップル……276
リベット……195
臨界減衰係数……319
臨界減衰比……10, 320
隣接相互作用……108
輪転機……300
輪転機室……136
累積度数分布曲線……311
レーモンド……31
レンガ造建物……231
連結構造……66
連成挙動……92
連成振動……74
老朽化……16
ロッキング……8, 12
ロッキング率……107
ローム層……33

わ

ワイドリンガー……31
早稲田大学文学部研究棟……66
早稲田大学理工学部研究棟……30
早稲田中学・高校講堂……76
渡辺節……137

著者紹介

濱本 卓司（はまもと・たくじ）

東京都市大学名誉教授

1975年　早稲田大学理工学部建築学科卒業
1981年　同大学大学院理工学研究科博士課程修了。工学博士，一級建築士
1986〜1988年　イリノイ大学に客員研究員として留学
1990年　武蔵工業大学助教授
1996年　同大学（2009年東京都市大学に校名変更）教授
1999年　日本建築学会賞（論文）を受賞
2017年　日本海洋工学会中西賞を受賞

主な著書
『建築構造のための力学演習』（共著，鹿島出版会），『わかりやすい環境振動の知識』（共著，鹿島出版会）など

内藤多仲の構造診断書を読む──時代を先取りした振動計測技術

2024年12月20日　初版第1刷発行

著　者	濱本　卓司	
発行者	須賀　晃一	
発行所	株式会社　早稲田大学出版部	
	169-0051　東京都新宿区西早稲田1-9-12	
	電話03-3203-1551	
	https://www.waseda-up.co.jp	
本文組版	株式会社ステラ	
装丁デザイン	佐藤　篤司	
印刷・製本	株式会社ディグ	

©Takuji Hamamoto 2024　Printed in Japan
ISBN 978-4-657-24014-9
無断転載を禁じます。落丁・乱丁本はお取り替えいたします。